Strafrechtlicher Schutz des Wettbewerbs?

Frankfurter kriminalwissenschaftliche Studien

Bd./Vol. 120

PETER LANG
Frankfurt am Main · Berlin · Bern · Bruxelles · New York · Oxford · Wien

Matthias Achenbach

Strafrechtlicher Schutz des Wettbewerbs?

Eine kritische Analyse von Sinn und Zweck der Straftatbestände zum Schutz des Wettbewerbs

PETER LANG
Internationaler Verlag der Wissenschaften

Bibliografische Information der Deutschen Nationalbibliothek
Die Deutsche Nationalbibliothek verzeichnet diese Publikation in der Deutschen Nationalbibliografie; detaillierte bibliografische Daten sind im Internet über <http://www.d-nb.de> abrufbar.

Zugl.: Frankfurt (Main), Univ., Diss., 2009

D 30
ISSN 0170-6918
ISBN 978-3-631-59514-5

www.peterlang.de

Meinen Eltern

Vorwort

Die vorliegende Arbeit wurde im Wintersemester 2009 von der Juristischen Fakultät der Johann Wolfgang Goethe-Universität Frankfurt am Main als Dissertation angenommen. Rechtsprechung und Literatur sowie Stand der Gesetzgebung wurden bis Juni 2008 berücksichtigt.

Mein besonderer und herzlicher Dank gilt meinem Doktorvater und wissenschaftlichen Mentor Herrn Prof. Dr. Peter-Alexis Albrecht, der sowohl mein Strafrechtsverständnis als auch mein gesamtes rechtswissenschaftliches Studium maßgeblich geprägt hat. Des Weiteren möchte ich mich bei Herrn Prof. Dr. Wolfgang Naucke bedanken, der sich bereit erklärte, das Zweitgutachten für diese Arbeit zu erstellen. Den Professoren des Instituts für Kriminalwissenschaften und Rechtsphilosophie der Johann Wolfgang Goethe-Universität sei für die Aufnahme in diese Schriftenreihe gedankt.

Zudem möchte ich Jan Kupfer für seine stete Gesprächs- und Kritikbereitschaft Dank sagen. Außerdem bin ich Dr. Jörg Bussian, Dr. Sebastian Kneisel und Dr. Kathrin Sander für ihre fachlichen Anmerkungen und ihre freundschaftliche Unterstützung sehr dankbar. Meiner Freundin Anna-Luise Luh danke ich nicht nur für fachlichen Austausch und Anregungen, sondern auch für ihr stets offenes Ohr.

Schließlich gilt mein ganz besonderer Dank meiner Schwester und meinen Eltern, ohne deren fortwährende Unterstützung diese Arbeit nie zustande gekommen wäre. Ihnen sei diese Arbeit gewidmet.

Frankfurt am Main, August 2009 — Matthias Achenbach

Inhaltsverzeichnis

Einleitung

Von Korruption im Wirtschaftsverkehr liest und hört man immer wieder - Meldungen in den Medien offenbaren und erwecken den Eindruck, Strafverfolgungsorgane deckten vermehrt Schmiergeldsachverhalte auf. Es scheint, als wäre nahezu jeder Wirtschaftzweig davon betroffen. Man liest von Schmiergeldzahlungen bei Vergabe von Bauaufträgen, von Bestechungspraktiken in Großkonzernen oder im kommunalen Bereich. Sogar die Finanzaufsicht gerät wegen Korruptionsaffären ins Visier der Ermittler.[1] Preisabsprachen in verschiedenen Wirtschaftszweigen, vor allem in der Bauwirtschaft[2], beschäftigen Kartell-, Strafverfolgungsbehörden und die Öffentlichkeit schon seit Jahrzehnten.[3] Das öffentliche Interesse von Medien, Politik und Bevölkerung an der Korruption, die den wirtschaftlichen Wettbewerb zu unterwandern droht, ist groß.[4] Daher haben insbesondere auf dem Gebiet der Wirtschaft politische Vorschläge, gesellschaftliche Problemlagen mit den Mitteln des Strafrechts zu lösen, in den letzten Jahrzehnten stetig zugenommen.[5]

Bereits am 20. August 1997 trat das Gesetz zur Bekämpfung der Korruption in Kraft, das in seinem ersten Abschnitt erhebliche Änderungen und Verschärfungen des Strafrechts enthält.[6] Hintergrund und Motiv für die Verabschiedung dieses Gesetzes waren umfangreiche Korruptionsfälle, die in den Jahren davor aufgedeckt wurden.[7] Der strafrechtliche Teil des Gesetzes zur Bekämpfung der Korruption enthält zwei Schwerpunkte. Neben einer Erweiterung der Vorschriften gegen die Korruption im öffentlichen Bereich und schärferen Strafandrohungen wurde ein neuer Abschnitt, die sog. Straftaten gegen den Wettbewerb, in das Strafgesetzbuch (StGB) eingefügt. Sinn und Zweck der Aufnahme der Wettbewerbsdelikte[8] in das Strafgesetzbuch sollen Gegenstand dieser Untersuchung sein.

---

[1] Vgl. DER SPIEGEL vom 28.08.2006, S. 59; Frankfurter Rundschau vom 12.09.2006, S. 9; Frankfurter Rundschau vom 01.12.2006, S. 40 f.

[2] Zur Korruption in der Bauwirtschaft vgl. Kienle/Kappel, NJW 2007, S. 3530 ff.

[3] Otto, ZRP 1996, S. 300.

[4] Vgl. *Diemer/Krick* in: MüKo, § 299 Rn 34.

[5] Lüderssen, BB 1996 (Beilage), S. 1, 2.

[6] Gesetz vom 13.08.1997 (BGBl. I, S. 2038).

[7] Geerds, JR 1996, S. 309 ff.

[8] In der vorliegenden Arbeit bezeichnet der Begriff Wettbewerbsdelikte die Straftatbestände § 298 und § 299 StGB.

A. Überblick über Aufbau und Struktur der Wettbewerbsdelikte

Das Wettbewerbsstrafrecht umfasst entsprechend der Gliederung des Wettbewerbsrechts zwei Rechtsgebiete mit unterschiedlichen Zielsetzungen und Ausprägungen: das Unlauterkeitsstrafrecht, d.h. die Rechtsnormen, die eine Ahndung von Verstößen gegen die Lauterkeit des Wettbewerbs zum Ziel haben sowie das Recht der ahndenden Sanktionen gegen die von der Rechtsordnung nicht zugelassenen Beschränkungen des Wettbewerbs, also das Kartellstrafrecht. Im Hinblick auf die Ausgestaltung der möglichen Rechtsfolgen erweist sich dieser Komplex als Strafrecht im weiteren Sinne.[9] Neben eigentlichen Straftaten, also solchen, für die Strafe als die spezifisch kriminalrechtliche, mit einem staatlichen Unwerturteil über den Täter verbundene Rechtsfolge angedroht wird, gibt es insbesondere auf dem Gebiet des Kartellrechts auch Ordnungswidrigkeiten, für die Geldbußen von erheblicher Höhe drohen. Der Gesetzgeber hat die Straftatbestände zum Schutz des Wettbewerbs als 26. Abschnitt in das Strafgesetzbuch eingefügt. Die Vorschrift des § 298 StGB kriminalisiert wettbewerbsbeschränkende Absprachen bei Ausschreibungen.[10] Die Regelungen der §§ 299, 300 StGB stellen die Bestechlichkeit und Bestechung im geschäftlichen Verkehr unter Kriminalstrafe.[11]

I. Wettbewerbsbeschränkende Absprachen bei Ausschreibungen

Durch § 298 StGB werden Submissionsabsprachen[12] als Sonderfall korruptiven

---

[9] So *Achenbach* in: Achenbach/Ransiek, Hdb. Wirtschaftsstrafrecht, Kap. III 1 Rn 2.

[10] Zum Tatbestand des § 298 StGB und seiner Entstehung eingehend Grützner, Die Sanktionierung von Submissionsabsprachen – Eine Untersuchung der bestehenden Möglichkeiten einer Bekämpfung von Submissionsabsprachen unter besonderer Berücksichtigung des § 298 StGB, 2002.

[11] Zur Abgrenzung der Straftatbestände untereinander: BGHSt 49, 201 ff. = BGH JZ 2005, S. 47 ff.

[12] Unter Submissionsabsprachen werden in dieser Untersuchung sowohl Vereinbarungen als auch abgestimmte Verhaltensweisen zwischen Bewerbern (einzelne Unternehmen oder Bietergemeinschaften) verstanden, die damit bei einem Vergabeverfahren ihre Angebote aufeinander abstimmen, um festzulegen, wer als "Herausgestellter" den Zuschlag für einen ausgeschriebenen Auftrag erhalten soll. Zum Begriff der Submissionsabsprache statt vieler: Hohmann, NStZ 2001, S. 566, 567; Moosecker, FS-Lieberknecht, S. 407. Zur Streitfrage, ob sowohl – horizontale – Absprachen zwischen mindestens zwei miteinander im Wettbewerb ste-

Vorgehens unter Kriminalstrafandrohung gestellt. Für das Eingreifen dieses Tatbestandes muss bei einer Ausschreibung[13] über Waren oder gewerbliche Leistungen ein Angebot abgegeben werden, das auf einer rechtswidrigen Absprache beruht, die darauf abzielt, den Veranstalter einer Ausschreibung zur Annahme eines bestimmten Angebots zu veranlassen. Die Absprache ist rechtwidrig, wenn sie gegen das Verbot wettbewerbsbeschränkender Vereinbarungen nach § 1 des Gesetzes gegen Wettbewerbsbeschränkungen (GWB)[14] oder gegen die Vorschriften des europäischen Wettbewerbsrechts, also Art. 81 und 82 des Vertrags zur Gründung der Europäischen Gemeinschaft (EGV) verstößt.[15]

Der Gesetzgeber hat bei § 298 StGB auf das Erfordernis eines dadurch verursachten Vermögensschadens verzichtet, um angebliche Beweisprobleme, die sich bei der Feststellung des Vermögensschadens im Rahmen des § 263 StGB stellen würden, zu beseitigen.[16] Bei der Ausgestaltung des § 298 StGB hat der Gesetzgeber den Leistungswettbewerb als Schutzgut zugrunde gelegt und beabsichtigt, die Marktkonkurrenz von unlauteren, nicht offenbarten Einflüssen durch ein abstraktes Gefährdungsdelikt zu schützen.[17] Da bereits die Abgabe eines Submissionsangebots zur Strafbarkeit führt, auch wenn der Auftrag noch nicht vergeben oder keine konkrete Gefährdung der Zwecke der Ausschreibung eingetreten ist, sieht § 298 Abs. 3 StGB als Ausgleich für diese Vorverlagerung der Strafbarkeit die Möglichkeit der tätigen Reue vor, die zur Straflosigkeit führ-

---

henden Unternehmen als auch – vertikale – Absprachen zwischen einem Anbieter und einer Person auf der Seite des Veranstalters erfasst werden, siehe BGH JZ 2005, S. 47, 48 mit zahlreichen weiteren Nachweisen zum Streitstand.

[13] Unter Ausschreibung oder Submission wird ein Verfahren der Vergabe öffentlicher oder privater Aufträge unter Wettbewerbsbedingungen verstanden. Zum Begriff der Submission bzw. Ausschreibung statt vieler: *Heine* in: Schönke/Schröder, § 298 Rn 4; zu Begriff, Sinn und Zweck einer Ausschreibung eingehend Satzger, Submissionsbetrug, S. 27 ff.

[14] Der Tatbestand des § 1 GWB lautet in seiner derzeitigen Fassung:
„Vereinbarungen zwischen Unternehmen, Beschlüsse von Unternehmensvereinigungen und aufeinander abgestimmte Verhaltensweisen, die eine Verhinderung, Einschränkung oder Verfälschung des Wettbewerbs bezwecken oder bewirken, sind verboten."

[15] BT-Drs. 13/5584, S. 14; BGHSt 49, 201, 205 = BGH JZ 2005, S. 47, 49; Tröndle/Fischer, § 298 Rn 10; *Heine* in: Schönke/Schröder, § 298 Rn 13; LK-*Tiedemann*, § 298 Rn 35; Grützner, Submissionsabsprachen S. 524 f.; Achenbach, WuW 1997, 958, 959; Hohmann, NStZ 2001, S. 566, 571; König, JR 1997, S. 397, 402.

[16] BT-Drs. 13/5584, S. 13.

[17] Vgl. statt vieler Tröndle/Fischer, Vor § 298 Rn 6 und § 298 Rn 3a.

en kann. Submissionsabsprachen erfüllen in der Regel das allgemeine Kartellverbot gemäß § 1 GWB und stellen eine Kartellordnungswidrigkeit i.S.d. § 81 GWB dar.

II. Bestechlichkeit und Bestechung im geschäftlichen Verkehr

Der Straftatbestand des § 299 StGB kriminalisiert Bestechungshandlungen im Geschäftsverkehr. Nach § 299 StGB macht sich strafbar, wer als Angestellter oder Beauftragter eines geschäftlichen Betriebes im geschäftlichen Verkehr einen Vorteil für sich oder einen Dritten als Gegenleistung dafür fordert, sich versprechen lässt oder annimmt, dass er einen anderen bei dem Bezug von Waren oder gewerblichen Leistungen im Wettbewerb in unlauterer Weise bevorzugt. Ebenso wird bestraft, wer einem Angestellten solche Leistungen anbietet, verspricht oder gewährt. Der Tatbestand des § 299 StGB entspricht weitgehend dem früheren Straftatbestand des § 12 des Gesetzes gegen unlauteren Wettbewerb (UWG). Unter anderem soll durch diese Vorschrift der freie Wettbewerb geschützt werden.[18] Inhaltlich ist die Vorschrift sehr den auf Amtsträger bezogenen Bestechungs- und Bestechlichkeitsdelikten der §§ 332 ff. StGB angenähert, setzt aber darüber hinaus das Erfordernis der Gegenleistung voraus. Neben dem Grundtatbestand des § 299 StGB enthält § 300 StGB eine Strafzumessungsregel für besonders schwere Fälle, die den Regelungen in § 335 Abs. 2 Nr. 1 und 3 StGB, teilweise auch in § 263 Abs. 3 Nr. 1 und 2 StGB entspricht. Nach § 301 StGB ist grundsätzlich ein Strafantrag erforderlich, es sei denn, dass die Staatsanwaltschaft ein besonders öffentliches Interesse an der Strafverfolgung bejaht. Schließlich ist in § 302 StGB für den Zweck der Gewinnabschöpfung die Vermögensstrafe[19] und der Erweiterte Verfall vorgesehen.

B. Ziel der Untersuchung

Die Frage nach Sinn und Zweck bzw. der Legitimation der im 26. Abschnitt

---

[18] So die überwiegende Meinung in der rechtswissenschaftlichen Literatur. Statt vieler: Tröndle/Fischer, § 299 Rn 2 m.w.N.

[19] Die Vermögensstrafe kann nicht mehr verhängt werden, denn das Bundesverfassungsgericht hat in seiner Entscheidung vom 20. März 2002 die Vermögensstrafe wegen Verstoßes gegen das Bestimmtheitsgebot aus Art. 103 Abs. 2 GG und das Schuldprinzip für verfassungswidrig erklärt; BVerfG NJW 2002, S. 1779 ff. = BVerfGE 105, 135 ff.

normierten Strafvorschriften soll im Folgenden untersucht werden. Daher sind sowohl Strafwürdigkeit als auch Strafbedürftigkeit der Wettbewerbsdelikte zu erörtern. Besteht die Notwendigkeit, den freien Wettbewerb durch Normen des Strafgesetzbuches zu schützen oder sollte ein entsprechender Schutz nicht besser über die Vorschriften des Kartell-, Ordnungswidrigkeiten- oder Wettbewerbsrechts erfolgen? Vor dem Hintergrund der rechtsstaatlich-liberalen Tradition in der Strafrechtsdogmatik, die für die Begründung und Begrenzung strafrechtlicher Intervention nach einer möglichst genau bestimmbaren Rechtsgüterverletzung fragt und das Unrecht vom Erfolg und nicht von der Handlung abhängig macht, sind die Wettbewerbsdelikte kritisch zu betrachten. Deshalb soll insbesondere der Frage nachgegangen werden, ob der Wettbewerb als solcher überhaupt strafrechtlichen Schutz genießen kann, und ob die strafrechtlichen Steuerungsmöglichkeiten innerhalb der marktwirtschaftlichen Ordnung – insbesondere aus rechtsstaatlicher Sicht – ein taugliches Instrument für den Schutz von Rechtsgütern der Volkswirtschaft darstellen.[20] Ferner soll anhand der Wettbewerbsdelikte des 26. Abschnitts exemplarisch herausgearbeitet werden, dass sich insbesondere neue wirtschaftliche Tatbestände von dem klassischen Individualrechtsgüterschutz abwenden und auf einen Schutz von Funktionen und Institutionen des Wirtschaftlebens abzielen[21].

Am Beispiel der Wettbewerbsdelikte und deren Strafverfolgung in der Praxis sollen Möglichkeiten und Grenzen, wirtschaftliche Institutionen durch das Strafrecht zu schützen, aufgezeigt werden. Möglicherweise ist durch solche wirtschaftsstrafrechtliche Normen eine Gefährdung der Grundlagen eines an tradierten und bewährten Prinzipien orientierten Strafrechts und eine mit liberalen Traditionen schwer vereinbare Einschränkung bürgerlicher und wirtschaftlicher Freiheiten verbunden. Jeder, der sich im Wirtschaftsstrafrecht auch nur mit einer speziellen Frage beschäftigt, sollte sich über diese Problematik, die darüber hin-

---

[20] Vgl. Albrecht, Kriminologie, S. 292 ff.

[21] Vgl. Albrecht, Kriminologie, S. 304; Albrecht, KritV 1993, S. 163, 166; Hassemer, ZRP 1992, S. 378, 381; Volk, JZ 1982, S. 85, 87; hierzu auch *Bottke* in: Bausteine des europäischen Wirtschaftsstrafrechts, Madrid-Symposium, S. 109, 111: Während das klassische Kriminalrecht die Dispositionsfreiheiten des Einzelnen (etwa um seine Gesundheit, sein Vermögen) schützen und gegen schädigende oder konkret gefährdende Übergriffe absichern soll, soll das Wirtschaftsstrafrecht im engeren Sinne wesentliche Funktionsbedingungen des jeweiligen Wirtschaftssystems schützen.

aus mit ständig neuen Anforderungen im Zusammenhang mit der europäischen Integration belastet wird, bewusst sein.[22] Ob die angedeutete Entwicklung aus rechtstaatlicher Perspektive wünschenswert ist, erscheint fraglich und wird in dieser Arbeit erörtert.

C. Aufbau der Untersuchung

Die Untersuchung ist in fünf Kapitel gegliedert: Im ersten Kapitel wird zunächst die historische Entwicklung der Straftatbestände zum Schutz des Wettbewerbs vorgestellt und der Frage nachgegangen, was den Gesetzgeber dazu veranlasst hat, die §§ 298 ff. StGB in das Strafgesetzbuch aufzunehmen.[23] Damit im weiteren Verlauf der Abhandlung geklärt werden kann, ob die Erwägungen und Argumente für die Einführung der §§ 298 ff. StGB gemessen an den Einwänden gegen eine Aufnahme in das Strafgesetzbuch haltbar sind oder nicht, sind Ausführungen zur Entstehungsgeschichte der Tatbestände des 26. Abschnitts erforderlich. Zugleich soll anhand der zahlreichen Gesetzesentwürfe und Stellungnahmen zur Einführung der Straftatbestände aufgezeigt werden, wie kontrovers die Aufnahme der Straftaten zum Schutz des Wettbewerbs in das Strafgesetzbuch im rechtswissenschaftlichen Schrifttum und in der Praxis diskutiert wurde.

---

[22] Vgl. Lüderssen, BB 1996 (Beilage), S. 1, 2.

[23] Die Entstehungsgeschichte der Straftatbestände zum Schutz des Wettbewerbs und die zugrunde liegenden rechtspolitischen Ansichten waren bereits Gegenstand anderer Arbeiten. Zum Teil konzentrieren sich die Arbeiten auf die Strafbarkeit von Submissionsabsprachen und untersuchen, ob zur Ahndung von Submissionsabsprachen eine neue Strafnorm erforderlich scheint, oder ob Submissionsabsprachen bereits nach § 263 StGB strafbar sind. Siehe hierzu: Oldigs, Möglichkeiten und Grenzen der strafrechtlichen Bekämpfung von Submissionsabsprachen, 1998; Grützner, Die Sanktionierung von Submissionsabsprachen – Eine Untersuchung der bestehenden Möglichkeiten einer Bekämpfung von Submissionsabsprachen unter besonderer Berücksichtigung des § 298 StGB, 2002; Bartmann, Der Submissionsbetrug, 1997; Cramer, Zur Strafbarkeit von Preisabsprachen in der Bauwirtschaft – Der Submissionsbetrug, 1995; Huhn, Die strafrechtliche Problematik des Submissionsbetruges unter besonderer Berücksichtigung der neueren Rechtsprechung, 1996; Satzger, Der Submissionsbetrug. Eine Untersuchung zur Strafbarkeit von Manipulationen bei Ausschreibungsverfahren als Betrug, 1994; Zu Bestechungshandlungen im Geschäftsverkehr: Sievers, Bestechung und Bestechlichkeit von Angestellten, 1963; Jaques, Die Bestechungstatbestände unter besonderer Berücksichtigung des Verhältnisses der §§ 331 ff. StGB zu § 12 UWG, 1993; Pragal, Die Korruption innerhalb des privaten Sektors und ihre strafrechtliche Kontrolle durch § 299 StGB, 2006; Szebrowski, Kick-Back, 2005, S. 140 ff.

Mit dem zweiten Kapitel beginnt der Hauptteil der Arbeit. Es wird erörtert, inwieweit für die Wettbewerbsdelikte eine Strafwürdigkeit, also Handlungs- und Erfolgsunwert der kriminalisierten Verhaltensweisen, bejaht werden kann. Neben der Analyse des Handlungsunwertes wird insbesondere der Erfolgsunwert der Wettbewerbsdelikte beleuchtet, wobei sich die Ausführungen im Hinblick auf den Untersuchungsgegenstand auf den freien Wettbewerb als mögliches Schutzgut konzentrieren. Ausgehend vom Stellenwert des freien Wettbewerbs in der Gesellschaft wird die Möglichkeit, diesen strafrechtlich zu schützen, untersucht. In Anbetracht dessen kommt man nicht umhin, die Aufgaben des Strafrechts sowie Maßstäbe für die Einordnung von Rechtsgütern darzustellen. Darüber hinaus ist zu diskutieren, ob der Verfassung konkrete Vorgaben entnommen werden können, den freien Wettbewerb dem Schutz des Strafrechts zu unterstellen. Das Ergebnis der Ausführungen bildet den Ausgangspunkt für eine eigene Stellungnahme, ob der freie Wettbewerb durch das Strafrecht geschützt werden soll.

Anschließend widmet sich das dritte Kapitel der Frage, ob die durch die §§ 298 ff. StGB kriminalisierten Verhaltensweisen überhaupt strafbedürftig sind. Ausgehend von der Subsidiarität des Rechtsgüterschutzes und dem Prinzip der Verhältnismäßigkeit als Maßstab von Strafgesetzgebung wird diskutiert, ob nicht andere Regelungsmaterien oder der Straftatbestand des Betrugs ausreichen, um unlauteren Preisabsprachen bzw. Bestechung und Bestechlichkeit im geschäftlichen Verkehr entgegenzuwirken. Anhand der Kriterien „Geeignetheit" und „Erforderlichkeit" wird erörtert, ob sich die Wettbewerbsdelikte mit dem *ultima ratio* - Gedanken des Strafrechts vereinbaren lassen. Zum Abschluss erfolgt eine kritische Betrachtung im Hinblick auf die Ausgestaltung der §§ 298 ff. StGB als abstrakte Gefährdungsdelikte. Die Bedingungen des Einsatzes von Strafrecht als *ultima ratio* sozialer Kontrolle gilt es hier erneut in den Blickwinkel zu nehmen.

Im vierten Kapitel wird der Frage nachgegangen, welchen Stellenwert die Wettbewerbsdelikte in der Praxis der Strafverfolgung haben. Anhand von polizeilicher Kriminalstatistik, Strafverfolgungsstatistik, Dunkelfeldforschung und praktischen Erfahrungen wird in diesem Kapitel die rechtstatsächliche Situation herausgearbeitet. Im Kontext der statistischen Darstellung werden die zugrundeliegenden rechtstatsächlichen empirischen Grundlagen beleuchtet. Hierbei wird auf bekannt gewordene Fälle, Tatverdächtige, die Aufklärungsquote, Aburteilungen und Verurteilungen sowie auf die in diesem Zusammenhang bestehende Problematik der statistischen Erfassung von Straftaten gegen den Wettbewerb eingegangen. Anschließend erfolgt eine Auseinandersetzung mit Dunkelfeld und Dunkelziffer, um aufzuzeigen, ob und inwieweit überhaupt sichere Aussagen über die rechtstatsächliche Situation gemacht werden können. Schließlich wird untersucht, inwieweit die durch die Straftatbestände zum Schutz des Wettbewerbs kriminalisierten Verhaltensweisen zu Schäden der Volks- und Marktwirtschaft führen können.

Sowohl für die vergleichend-legitimierende Bewertung der Strafwürdigkeit nationaler Straftatbestände als auch für internationalstrafrechtliche Fragestellungen kommen den Regelungen auf Europarechtlicher Ebene Bedeutung zu.[24] Daher wird im fünften Kapitel untersucht, ob sich auf Europarechtlicher Ebene strafrechtliche Vorgaben in Bezug auf die Wettbewerbsdelikte im Strafgesetzbuch finden lassen, die für den Strafgesetzgeber rechtlich verbindlich sind. Dies erfordert eine kritische Auseinandersetzung mit der Frage, inwieweit auf Europäischer Ebene strafrechtliche Vorgaben für die Mitgliedstaaten getroffen werden können, also der Europäischen Union oder der Europäischen Gemeinschaft eine Kompetenz zum Erlass strafrechtlicher Normen und Vorgaben zusteht. Im Anschluss soll ein Überblick über die bestehenden rechtlichen Vorgaben und Entwürfe im Zusammenhang mit Tatbeständen, die mit den Wettbewerbsdelikten im deutschen Strafgesetzbuch vergleichbar sind, gegeben werden. Schließlich wird erörtert, ob sich anhand europarechtlicher Vorgaben eine Legitimation für die Straftatbestände gegen den Wettbewerb im deutschen Strafgesetzbuch herleiten lässt.

Eine Zusammenfassung der Ergebnisse und eine Schlussbetrachtung im Anschluss des 5. Kapitels bilden den Abschluss der Arbeit. Die Schlussbetrachtung ist eine eigene Stellungnahme und soll die Folgen und Konsequenzen der gefundenen Ergebnisse für ein freiheitlich-liberales Strafrecht aus Sicht des Verfassers aufzeigen.

---

[24] Vgl. LK-*Tiedemann*, Vor § 298 Rn 12 ff.

1. Kapitel - Entstehungsgeschichte und Kriminalpolitik

Das erste Kapitel stellt die Entstehung der Straftatbestände zum Schutz des Wettbewerbs dar und zeigt deskriptiv auf, was den Gesetzgeber dazu veranlasst hat, die §§ 298 ff. StGB in das Strafgesetzbuch aufzunehmen. Eine Auseinandersetzung mit der Einführung der Tatbestände des 26. Abschnitts ist notwendig, um im weiteren Verlauf der Abhandlung erörtern zu können, ob die Erwägungen und Argumente für eine Einführung dieser Vorschriften gemessen an den Einwänden gegen eine Aufnahme in das Strafgesetzbuch haltbar sind oder nicht.

A. Die Entwicklung seit 1945

Die Ausführungen konzentrieren sich hierbei auf die wesentlichen Entwicklungen, insbesondere die Entstehungsgeschichte des 26. Abschnitts im Strafgesetzbuch, seit Ende des Zweiten Weltkriegs.[25] Anhand der zahlreichen dargestellten Gesetzesentwürfe und Stellungnahmen soll verdeutlicht werden, wie kontrovers und umstritten die Aufnahme der Straftaten zum Schutz des Wettbewerbs in das Strafgesetzbuch im rechtswissenschaftlichen Schrifttum und in der Praxis diskutiert wurde. Dabei wird zunächst zwischen Submissionsabsprachen und Bestechungshandlungen differenziert.

I. Submissionsabsprachen

1. Erste Entwürfe eines Straftatbestandes (ab 1945)

Nach dem Ende des zweiten Weltkriegs leitete maßgeblich die amerikanische Besatzungsmacht in Deutschland eine Umorientierung im Hinblick auf die Behandlung von Kartellen ein.[26] Hintergrund war die wirtschaftliche Situation während des Nationalsozialismus. Die deutsche Wirtschaft war zur Förderung

---

[25] Zur historischen Entwicklung davor siehe insbesondere für die Strafbarkeit von Submissionsabsprachen: Oldigs, Strafrechtliche Bekämpfung von Submissionsabsprachen, S. 30 ff.; Einen ausführlichen Gesamtüberblick von der historischen Entwicklung der Strafbarkeit von Submissionsabsprachen gibt auch Grützner, Sanktionierung von Submissionsabsprachen, S. 359 ff. m.w.N.; zur Entstehungsgeschichte des § 298 StGB vgl. auch Dahs, Kriminelle Kartelle? Zur Entstehungsgeschichte des neuen § 298 StGB, 1998.

[26] Franzen, Strafbarkeit und Strafwürdigkeit von Submissionskartellen und Bietungsabkommen, S. 44.

der Kriegsproduktion durch das nationalsozialistische Regime systematisch in staatlich gelenkte Zwangskartelle überführt worden. Im Widerspruch hierzu stand die seit über fünfzig Jahren bestehende Anti-Trust-Gesetzgebung der Amerikaner.

Um die wirtschaftlichen Machtstrukturen Deutschlands zu zerschlagen, beschloss man am 2. August 1945 auf der Potsdamer Konferenz, die übermäßige Zusammenballung wirtschaftlicher Kraft, wie sie sich in Kartellen in Deutschland zeigte, zu beseitigen. Die Zerschlagung der wirtschaftlichen Macht Deutschlands stand im Vordergrund. Daneben beabsichtigten die Westmächte, nach und nach die Westgebiete in das westliche Europa wirtschaftlich zu integrieren. Eine solche Integration war aus Sicht der Westmächte nur durch einen freien Wettbewerb zu erreichen. Infolge dessen erließen die Alliierten Kartellverordnungen, die Kartelle jeder Art verboten und Zuwiderhandlungen mit Geldstrafe oder Freiheitsstrafe ahndeten.[27] Diese Submissionsabsprachen erfassende Regelungen galten nach dem Überleitungsvertrag zum Bonner Vertrag vom 26. Mai 1952 bis zum Inkrafttreten des GWB am 1. Januar 1958 und wurden von der deutschen Rechtsprechung bis 1958 auch gegen die Beteiligten an Submissionsabsprachen angewandt.[28]

Nachdem seit 1949 Bemühungen um die Einführung eines deutschen Kartellrechts stattgefunden hatten, verabschiedete der Bundestag am 27. Juli 1957 das Gesetz gegen Wettbewerbsbeschränkungen.[29] Das Gesetz beinhaltete in den §§ 1 und 15 eine generelle Unwirksamkeitserklärung für wettbewerbsbeeinträchtigende Verträge. Ein Verstoß gegen die in §§ 1 und 15 normierten Verbote wurde nach § 38 GWB als Ordnungswidrigkeit geahndet. Diese Regelung beendete zunächst die strafrechtliche Verfolgung bei Zuwiderhandlungen gegen das Kartellrecht und wurde zum Teil heftig kritisiert. Zugleich war zu dieser Zeit die Bestrafung von Submissionsabsprachen wegen Betruges möglich.[30]

---

[27] Vgl. Amerikanische MRG Nr. 56 und Britische VO Nr. 78 vom 12.02.1947; Französische VO Nr. 96 vom 09.06.1947.

[28] OLG Düsseldorf WuW/E OLG, S. 108 f.; OLG Frankfurt WuW/E OLG, S. 148 f.; OLG Hamm BB 1957, S. 1055.

[29] Gesetz gegen Wettbewerbsbeschränkungen vom 27.07.1957 (BGBl. I, S. 1081).

[30] Grützner, Sanktionierung von Submissionsabsprachen, S. 374 m.w.N: RGSt 63, 186, 187 f.; OLG Hamm BB 1958, S. 1055 f.

Daneben erarbeitete parallel zu dieser Entwicklung die Große Strafrechtskommission von 1954 bis zu ihrem abschließenden Entwurf im Jahr 1959 einen Vorschlag für ein Strafgesetzbuch, in dem § 270[31] die unerlaubte Einflussnahme auf Vergaben öffentlicher Stellen mit Geld- oder Freiheitsstrafe bedrohte.[32]

Die weitere Entwicklung der strafrechtlichen Behandlung von Submissionsabsprachen wurde maßgeblich durch den Entwurf der Großen Strafrechtskommission und einer Leitentscheidung des Bundesgerichtshofs aus dem Jahr 1961 beeinflusst. Das Bundesjustizministerium übernahm den Vorschlag der Großen Strafrechtskommission und legte diesen dem Entwurf für ein Strafgesetzbuch zugrunde, der im September 1960 vom Kabinett beschlossen wurde. Der Entwurf E 1960 übernahm den vorgeschlagenen § 270 fast wörtlich. Zu einer Verabschiedung des neuen Gesetzes kam es jedoch nicht, so dass in der darauffolgenden Legislaturperiode derselbe Entwurf als E 1962 erneut in den Bundestag eingebracht wurde.[33] Zur Begründung der Einführung des § 270 führte man an, dass bei schwerwiegenden Taten der Schutz des GWB nicht ausreiche, und der Versuchung der Unternehmer, sich bei öffentlichen Ausschreibungen durch Absprachen große Gewinne auf Kosten der Allgemeinheit zu verschaffen, mit einer

---

[31] § 270 lautete in seiner Fassung:
„Unlautere Einflussnahme auf Versteigerungen und Vergaben
(1) Wer in der Absicht,
1. eine Zwangsversteigerung oder eine andere auf gesetzlicher Vorschrift beruhende öffentliche Versteigerung oder
2. eine von einer Körperschaft, Anstalt oder Stiftung des öffentlichen Rechts vorgenommene Vergabe von Lieferungen und Leistungen zu verhindern oder ihren Erfolg zu beeinträchtigen, einem anderen ein Entgelt anbietet, verspricht oder gewährt oder ein empfindliches Übel androht und ihn dadurch dazu bestimmt, dass er sich an der Versteigerung oder der Vergabe nicht beteiligt oder dabei unzulässige Bindungen einhält, wird mit Gefängnis bis zu zwei Jahren, mit Strafhaft oder mit Geldstrafe bestraft.
(2) Der Versuch ist strafbar."

[32] Zu den Einzelheiten der Vorschrift siehe Franzen, Strafbarkeit und Strafwürdigkeit von Submissionskartellen und Bietungsabkommen, S. 112 ff.; Oldigs, Strafrechtliche Bekämpfung von Submissionsabsprachen, S. 39 m.w.N.

[33] Baumann, NJW 1992, S. 1661, 1662.

Strafdrohung nachdrücklich entgegengetreten werden müsse.[34] Zu einer Aufnahme in das Strafgesetzbuch kam es wiederum nicht.[35]

2. Folgenschwere Entscheidung des Bundesgerichtshofs (1961)

Mit Urteil vom 21. November 1961 entschied der Bundesgerichtshof, dass bei Submissionsabsprachen eine Strafbarkeit wegen Betrugs nach § 263 StGB nicht in Betracht komme.[36] Diese folgenschwere Entscheidung verhinderte eine strafrechtliche Verfolgung von Submissionsabsprachen bis zum Jahr 1992, also über 30 Jahre. In seinem Urteil bestätigte der Bundesgerichtshof ein freisprechendes Urteil des Landgerichts Freiburg mit der Begründung, nicht jede Täuschung, sondern nur eine vermögensschädigende Täuschung sei nach § 263 StGB strafbar.[37]

Wenn der Betrug oder der Betrugsversuch in der Eingehung eines gegenseitigen Vertrages bestehen soll, gehöre zum Tatbestand, dass der Handelnde seinen Geschäftspartner durch Täuschung zu einer Leistung bestimmen will, die mehr wert sei als die von ihm angebotene Gegenleistung, so dass nach Austausch von Leistung und Gegenleistung der Vertragsgegner in seinem Vermögen geschädigt sei. Wenn der Handelnde, um seinen Vertragsgegner zu täuschen, andere dazu bestimme, günstigere Angebote zu unterlassen, oder mit ihnen verabrede, dass sie seinem Partner nicht ernst gemeinte höhere Angebote unterbreiten sollen, seien solche Umstände für den Tatbestand des Betrugs gleichgültig. Denn sie besagen nichts unmittelbar dafür, dass die vom Handelnden angebotene Leistung der geforderten Gegenleistung nicht gleichwertig sei und der Handelnde durch den Austausch von Leistung und Gegenleistung den Vertragsgegner in seinem Vermögen schädigen will.[38] Absprachen mit dem Ziel, den Geschäftspartner über die Marktlage zu täuschen, wären zu diesem Zeitpunkt nur dann über das Kartellrecht hinaus als Betrug strafbar gewesen, wenn der Handelnde von seinem Vertragspartner eine Leistung gefordert hätte, die hinter der zu erbringenden Gegenleistung im Wert wirtschaftlich zurückgeblieben wäre. Da

---

[34] BR-Drs. 200/62, Entwurf eines Strafgesetzbuches (StGB) E 1962 mit Begründung, Bonn, 1962, Begründung zu § 270, S. 443 f.

[35] Oldigs, Strafrechtliche Bekämpfung von Submissionsabsprachen, S. 41 m.w.N.

[36] BGHSt 16, 367 ff.

[37] BGHSt 16, 367, 372.

[38] BGHSt 16, 367, 373.

dies so gut wie nie festgestellt werden könne, hielten Strafverfolgungsbehörden und Vertreter aus Politik und Wissenschaft eine Verurteilung von an Submissionskartellen Beteiligten wegen Betrugs nicht mehr für möglich.[39] Infolge dessen führte diese Entscheidung dazu, dass die Staatsanwaltschaften von einer strafrechtlichen Verfolgung der Submissionsabsprachen unter dem Gesichtspunkt des Betrugs absahen.[40]

3. Der 49. Deutsche Juristentag (1972)

Anfang der siebziger Jahre kam es erneut zu Bestrebungen in Politik und Wissenschaft, einen neu gefassten Straftatbestand des Submissionsbetrugs einzuführen. In der Zeit vom 19. bis 22. September 1972 tagte der 49. Deutsche Juristentag in Düsseldorf, dessen strafrechtliche Abteilung sich mit dem Thema „Welche strafrechtliche Mittel empfehlen sich für eine wirksamere Bekämpfung der Wirtschaftskriminalität?“ beschäftigte. Zu diesem Thema legte *Tiedemann* ein vorbereitendes Gutachten vor[41], in dem er sich dafür aussprach, dass einer bloßen Verschärfung von Strafandrohungen keine oder fast keine generalpräventive Wirkung zukomme. Eine Verhinderung von Wirtschaftskriminalität sei nur durch eine erhöhte Intensität der praktischen Verfolgung und eine dadurch bedingte Vergrößerung des Risikos faktischer Strafbarkeit zu erreichen. Dies setze eine Erleichterung der prozessualen Arbeit der Strafverfolgungsorgane voraus, die wiederum materiell praktikable Tatbestände erfordere.[42] Für unlautere Absprachen im Submissionswesen könne man § 270 des E 1962 aufgreifen, wobei die Ausgestaltung des Tatbestandes im Einzelnen überdacht werden müsse.[43] Nach heftigen Diskussionen und Verhandlungen über die mögliche Einordnung von Kartellrechtsverstößen im Strafrecht nahm man den abschließenden Antrag, gegenwärtig als Ordnungswidrigkeiten qualifizierte Rechtsgutsverletzungen hohen Unrechtsgehalts in Straftaten umzuwandeln, mit großer Mehrheit an.[44]

---

[39] Vgl. BGH mit Anm. Kramm, JZ 1993, S. 420, 422; vgl. Bruns, NStZ 1983, S. 386, 386 f.

[40] Hohmann, NStZ 2001, S. 566.

[41] Tiedemann, Welche strafrechtlichen Mittel empfehlen sich für eine wirksamere Bekämpfung der Wirtschaftskriminalität?, Verhandlungen des 49. DJT, Gutachten Teil C.

[42] Tiedemann, Gutachten, Teil C 41.

[43] Tiedemann, Gutachten, Teil C 60 f.

[44] Verhandlungen des 49. DJT, Teil M 155.

4. Entwurf der Sachverständigenkommission (1975)

Infolge der Behandlung des Themas durch den Deutschen Juristentag und die Ergebnisse des Gutachtens von *Tiedemann* übertrug der Bundesjustizminister die Vorarbeiten für gesetzgeberische Maßnahmen der Sachverständigenkommission zur Bekämpfung der Wirtschaftskriminalität.[45] Das Justizministerium legte bereits im Jahr 1975 einen Entwurf des 1. Gesetzes zur Bekämpfung der Wirtschaftskriminalität (WiKG) vor[46], den der Bundestag im Juli 1976 verabschiedete.[47]

Neben dem Erlass eines Subventionsgesetzes beinhaltete der Entwurf Regelungen des Subventions- und Kapitalanlagebetruges, der Konkurs- und Wucherdelikte sowie zahlreiche Änderungen im Wirtschaftsrecht. Auch nach der Verabschiedung des 1. WiKG setze die Kommission ihre Arbeit fort und setzte sich auf der zehnten Arbeitstagung im Oktober und November 1975 mit einer möglichen Kriminalisierung von Kartellrechtsverstößen auseinander.[48]

In diesem Zusammen befasste sich *Tiedemann* erneut mit der Problematik von Kartellabsprachen und setzte sich mit der Frage auseinander, ob besonders schwere Kartellrechtsverstöße unter Strafdrohung gestellt werden sollten. Er untersuchte Strafwürdigkeit und Strafbedürftigkeit einzelner Wettbewerbsverstöße sowie von Submissionsabsprachen und bejahte diese.[49] *Tiedemann* befürwortete eine Pönalisierung von Kartellrechtsverstößen, da die Sozialschädlichkeit dieser Verhaltensweisen sehr hoch sei, ihr Unrechtsgehalt durch die Einstufung als Ordnungswidrigkeiten nicht ausreichend erfasst werde und entscheidende Bedenken gegen eine Kriminalisierung aus Sicht der Praktikabilität eines Kartellstrafrechts nicht bestünden.

---

45 Weinmann, FS-Pfeiffer, S. 87, 88.

46 BT-Drs. 7/3441.

47 Erstes Gesetz zur Bekämpfung der Wirtschaftskriminalität vom 29.07.1976 (BGBl. I, S. 2034).

48 Vgl. Bundesministerium der Justiz, Tagungsberichte der Sachverständigenkommission zur Bekämpfung der Wirtschaftskriminalität – Reform des Wirtschaftsrechts, Band X, Anlage 1 und 2.

49 Tiedemann, Tagungsberichte, S. 125 ff., S. 177 ff.

Des Weiteren enthielt das Referat unter den Tatbestandsvorschlägen[50] einen über den von ihm geforderten allgemeinen Kartellverbotstatbestand hinausgehenden Tatbestand des Submissionsbetrugs.[51] In seinem Koreferrat zu derselben Problematik setze sich *Ulmer* mit dem gleichen Fragenkreis wie *Tiedemann* auseinander[52] und stimmte *Tiedemann* im Ergebnis zu, dass Submissionsabsprachen zu kriminalisieren und ein Tatbestand des Ausschreibungsbetrugs einzuführen sei. Ob die von *Tiedemann* vorgeschlagene Fassung allerdings den erforderlichen Ansprüchen gerecht werde, sollte nach Ansicht *Ulmers* noch einmal überdacht werden.[53]

Entgegen den Bestrebungen der Industrie kam es bereits vor den entscheidenden Beratungen zur Einigung über die Erforderlichkeit eines solchen Tatbestandes.[54] Nachdem auf der zehnten Arbeitstagung über die zu schützenden Rechtsgüter, die zu sanktionierenden Tatbestandshandlungen und die erforderliche Strafandrohung diskutiert worden war, schlug man abschließend einstimmig die Aufnahme eines Ausschreibungsbetrugstatbestandes in das Strafgesetzbuch vor.[55]

---

[50] Vgl. die Einzelausgestaltung der Tatbestandsvorschläge bei Tiedemann, Tagungsberichte, S. 200 ff. und zu den konkreten Vorschlägen S. 223 ff.; Die Industrie versuchte diese Vorschläge zu verhindern. Hierzu siehe Savelsberg/Brühl, Politik und Wirtschaftsstrafrecht, S. 185 ff.

[51] Der Tatbestand des Submissionsbetrugs sollte die Überschrift „Unlautere Einflussnahme auf die Vergabe von Aufträgen" haben und wie folgt lauten:
„(1) Wer einen anderen durch Anbieten, Versprechen oder Gewähren eines wirtschaftlichen Vorteils, durch Drohung mit einem empfindlichen Übel oder durch Täuschung dazu bestimmt, dass er sich an einem öffentlichen Verfahren zur Vergabe von Aufträgen zu Lieferungen oder Leistungen nicht als Bewerber beteiligt oder bei einer Beteiligung unzulässiger Binden einhält, wird mit Freiheitsstrafe bis zu drei Jahren oder mit Geldstrafe bestraft.
(2) Der Versuch ist strafbar.
(3) Nach Absatz 1 wird auch bestraft, wer unzulässige Abreden über die Beteiligung an einem öffentlichen Verfahren im Sinne des Absatzes 1 einhält."

[52] Ulmer, Tagungsberichte, Band X, Anlage 2.

[53] Ulmer, Tagungsberichte, Band X, S. 39.

[54] Oldigs, Strafrechtliche Bekämpfung von Submissionsabsprachen, S. 46.

[55] Tagungsberichte, Band X, S. 78. Die vorgeschlagene Fassung stimmte mit der konkreten Ausgestaltung der Fassung überein, die *Tiedemann* in seinem vorbereitenden Gutachten vorgelegt hatte (siehe Fußnote 51).

5. Alternativentwurf eines Strafgesetzbuches (1977)

Bevor die Sachverständigenkommission ihre Beschlussempfehlungen zur Bekämpfung der Wirtschaftskriminalität vorlegte, hatten sich mehrere deutsche und schweizerische Strafrechtslehrer zusammengeschlossen und 1977 einen „Alternativentwurf eines Strafgesetzbuches – Besonderer Teil – Straftaten gegen die Wirtschaft“ (AE) erarbeitet.[56] Anfang 1975 hatte die Bundesregierung den Entwurf des 1. WiKG vorgelegt, der jedoch nur einige Bereiche des neu zu gestaltenden Wirtschaftsstrafrecht erfasste und ein umfassendes Konzept vermissen ließ. Ein solches sollte der Alternativentwurf liefern.[57] Nach den Vorarbeiten der Großen Strafrechtskommission enthielt der Entwurf in § 175 auch eine Strafvorschrift gegen den Submissionsbetrug[58], die nur unwesentlich von dem Vorschlag der Sachverständigenkommission abwich. Der als Gesamtkonzept des Wirtschaftsstrafrechts vorgeschlagene zweite Abschnitt des Alternativentwurfs enthielt in den Vorschriften der §§ 170 bis 178 „Straftaten gegen den Wettbewerb und die Verbraucher“, die der Konkretisierung des strafrechtlichen Schutzes von wirtschaftlichen Institutionen des Wettbewerbs dienen sollten und im Ergebnis eine Aneinanderreihung von Strafvorschriften des Gesetzes gegen den Unlauteren Wettbewerb und der kriminalisierten Verstöße des GWB darstellten.[59]

---

[56] Alternativentwurf eines Strafgesetzbuches, Besonderer Teil, Straftaten gegen die Wirtschaft, vorgelegt von Lampe-Lenckner-Stree-Tiedemann-Weber, 1977.

[57] Baumann, FS-Oehlers, S. 291, 294.

[58] Der Tatbestand des § 175 AE sollte die Überschrift „Unlautere Beeinflussung von Bewerbern bei Aufträgen“ haben und lauten:

„(1) Wer zu Zwecken des Wettbewerbs einen anderen durch Anbieten, Versprechen oder Gewähren eines wirtschaftlichen Vorteils, durch Drohung mit einem empfindlichen Übel oder durch Täuschung dazu bestimmt, dass er sich an einem öffentlichen Verfahren zur Vergabe von Aufträgen zu Lieferungen oder Leistungen als Bewerber nicht beteiligt oder bei einer Beteiligung unzulässige Bedingungen einhält, wird mit Freiheitsstrafe bis zu drei Jahren oder mit Geldstrafe bestraft.

(2) Ebenso wird bestraft, wer unzulässige Abreden über die Beteiligung an einem öffentlichen Verfahren im Sinne des Absatz 1 einhält.

(3) Der Versuch der Tat nach Absatz 1 ist strafbar.“

[59] Grützner, Sanktionierung von Submissionsabsprachen, S. 384.

6. Weitere Gesetzgebungsverfahren (ab 1978)

Ende der siebziger und Anfang der achtziger Jahre, als es um die Vorarbeiten zum 2. WiKG[60] ging, kam es erneut zu Diskussionen, ob die Strafbarkeit des Submissionsbetruges in das Strafgesetzbuch aufzunehmen sei. Zeitweise hatte es sogar den Anschein, als würde diese Diskussion die Vorarbeiten zum 2. WiKG erheblich verzögern.[61] Obwohl sich das Wirtschaftsministerium vehement gegen die Pönalisierung von Kartellabsprachen aussprach, legte das Bundesjustizministerium 1978, 1979 und 1980 mehrere Referentenentwürfe vor, welche die Einführung eines Straftatbestandes zum Schutz des Submissionsverfahrens vorsahen.

In dem ersten Referentenentwurf (RefE) des Bundesjustizministeriums zum 2. WiKG hatte man mit § 264a eine Vorschrift aufgenommen, die sich stark an den vorgeschlagenen Regelungen der Sachverständigenkommission und des Alternativentwurfs orientierte. Im Unterschied zu den vorangegangenen Vorschlägen verzichtete man jedoch auf einzelne Tatbestandsvoraussetzungen.[62] Erheblicher Widerstand gegen die Reformbestrebungen des Bundesjustizministeriums kam von Industrie und Bundeswirtschaftsministerium. Dieser dürfte unter anderem auch darin begründet gewesen sein, dass nach dem Rücktritt von Wirtschaftsminister *Friedrichs* im Jahr 1977 dessen Nachfolger *Graf Lambsdorff* wurde, der sich bereits zuvor in seiner Funktion als wirtschaftspolitischer Sprecher der FDP-Fraktion gegen eine Kriminalisierung von Kartell-

[60] Zweites Gesetz zur Bekämpfung der Wirtschaftskriminalität vom 15.05.1986 (BGBl. I, S. 721 ff.).

[61] Baumann, NJW 1992, S. 1661, 1662.

[62] § 264a in der Fassung des RefE 1978 lautete:
„(1) Wer einen anderen durch Täuschung, Anbieten, Versprechen oder Gewähren eines Vorteils, Gewalt oder Drohung mit einem empfindlichen Übel dazu veranlasst, dass er bei einer Ausschreibung über Waren oder gewerbliche Leistungen kein oder ein ihrem Zweck zuwiderlaufendes Angebot abgibt, wird mit Freiheitsstrafe bis zu drei Jahren oder mit Geldstrafe bestraft.
(2) Ebenso wird bestraft, wer wegen eines ihm angebotenen, versprochenen oder gewährten Vorteils bei einer Ausschreibung nach Absatz 1 ein ihrem Zweck zuwiderlaufendes Angebot abgibt.
(3) In den Fällen des Absatz 1 ist der Versuch strafbar."
Auf die Tatbestandsvoraussetzungen „zu Zwecken des Wettbewerbs" und „in einem öffentlichen Verfahren" verzichtete man. Ferner reichte das Versprechen jeden Vorteils aus.

rechtsverstößen ausgesprochen hatte.[63] Infolge des starken Widerstands von Industrie, Opposition und Wirtschaftsministerium überarbeitete man den vorgeschlagenen Tatbestand noch einmal komplett und nahm in den Referentenentwurf von 1979/1980 eine völlig andere Fassung[64] auf, die sich von Inhalt und Ausgestaltung vom Wettbewerbsrecht entfernte und sich mehr am Tatbestand des § 263 StGB orientierte. Auch wenn der Entwurf von 1979/1980 sowohl bei den politischen Parteien als auch im Justizressort eigentlich gute Chancen hatte[65], lehnte das Wirtschaftsministerium den überarbeiteten Entwurf erneut ab.

In einem Gespräch mit Vertretern des Hauptverbandes der Deutschen Bauindustrie soll der damalige Bundeswirtschaftsminister *Graf Lambsdorff* erklärt haben, er werde einer Kriminalisierung von Kartellrechtsverstößen nicht zustimmen und notfalls die Entscheidung über die Einführung eines entsprechenden Straftatbestandes zur Koalitionsfrage machen.[66] Hieran lässt sich erkennen, wie uneinig Justiz- und Wirtschaftsministerium im Hinblick auf die Einführung eines Ausschreibungsstraftatbestandes waren. Infolge dessen und aufgrund der Tatsache, dass zu dem damaligen Zeitpunkt das Klima innerhalb der sozialliberalen Koalition insgesamt nicht zum Besten stand, verzögerten sich die Arbeiten

---

[63] Dieser hatte bereits in seiner vorherigen Funktion als wirtschaftpolitischer Sprecher der FDP-Bundestagsfraktion im November 1975 gegenüber den Wirtschaftsverbänden zu den in der Diskussion befindlichen Vorschlägen einer Kriminalisierung des Kartellrechts erklärt, „er werde den Unsinn einer Kriminalisierung nicht mitmachen." Zitiert nach Savelsberg/Bühl, S. 241.

[64] In der Fassung des RefE 1979/1980 sollte § 264a – Ausschreibungsbetrug – lauten:
„(1) Wer bei einer Ausschreibung über Waren oder gewerbliche Leistungen ein betrügerisches Angebot abgibt, wird mit Freiheitsstrafe bis zu drei Jahren oder mit Geldstrafe bestraft.
(2) Betrügerisch im Sinne des Absatz 1 ist ein solches Angebot, das
1. auf einer vor dem Veranstalter verheimlichten Absprache beruht, die darauf abzielt, diesen zur Annahme eines bestimmten Angebots zu veranlassen, und
2. in der Absicht abgegeben wird, sich oder einem anderen dadurch einen besonderen Vermögensvorteil zu verschaffen.
(3) Der Ausschreibung im Sinne des Absatzes 1 steht ein Teilnahmewettbewerb zur freihändigen Vergabe eines Auftrags gleich.
(4) Nach Absatz 1 wird auch bestraft, wer die Abgabe eines betrügerischen Angebots dadurch fördert, dass er sich an einer Absprache im Sinne des Absatzes 2 Nr. 1 beteiligt."

[65] Baumann, NJW 1992, S. 1661, 1663; Oldigs, Strafrechtliche Bekämpfung von Submissionsabsprachen, S. 49.

[66] Savelsberg/Brühl, S. 243.

für das 2. WiKG. Erst im Juni 1982 wurde dann die Vorlage für das 2. WiKG im Kabinett beraten. Letztlich nahm man in den am 2. Juni 1982 beschlossenen Regierungsentwurf den vorgeschlagenen Tatbestand des Ausschreibungsbetrugs nicht auf.[67]

Nach der Stellungnahme des Bundesrates leitete die Bundesregierung am 30. September 1982 den Gesetzesentwurf dem Bundestag zu.[68] Nach der Wahl von *Kohl* zum Bundeskanzler und dem Antritt der neuen Regierung im Oktober 1982 brach man aufgrund des Grundsatzes der sachlichen Diskontinuität[69] das Gesetzgebungsverfahren ab.

Nach den Wahlen im März 1983 und der Bildung einer Regierungskoalition aus CDU/CSU/FDP leitete die Bundesregierung den alten Regierungsentwurf erneut dem Bundesrat zu.[70] Dieser bestätigte Ende April 1983 seine bereits für die erste Eingabe entworfene Stellungnahme, woraufhin die Bundesregierung den Entwurf, die Stellungnahme des Bundesrates und ihre Gegenäußerung an den Bundestag weiterleitete.[71] Bereits zuvor hatte das Bundesland Hessen eine ergänzende Bundesratsvorlage eingebracht, um den Tatbestand des Submissions-

---

[67] Savelsberg/Brühl, S. 244; Tiedemann, ZRP 1992, S. 149, 150. Der gegenüber den Referentenentwürfen vorgesehene Gesetzesentwurf sah neben einer Änderung von Vorschriften im Wirtschaftsrecht, im Nebenstrafrecht und im Ordnungswidrigkeitenrecht die Einführung der Tatbestände über Computerkriminalität, über Kapitalanlagebetrug, über das Vorenthalten und Veruntreuen von Arbeitsentgelt, über den Missbrauch von Scheck- und Kreditkarten und über das Fälschen von Vordrucken für EC-Schecks und EC-Karten vor.

[68] BT-Drs. 9/2008; Bereits am 04.06.1982 war der Regierungsentwurf dem Bundesrat zugeleitet worden (BR-Drs. 219/82). Dieser schloss sich dem Sondervotum des Wirtschaftsausschusses an und empfahl, den Tatbestand des Ausschreibungsbetrugs nicht in das 2. WiKG aufzunehmen (BR-Drs. 219/82).

[69] Zum Grundsatz der Diskontinuität siehe Maurer, StaatsR, § 13 Rn 53 ff. m.w.N.: Der Grundsatz der sachlichen Diskontinuität bezieht sich auf alle Beschlussvorlagen im Bundestag und besagt, dass Anträge, Eingaben und dergleichen, die am Ende der Wahlperiode nicht abgeschlossen sind, als erledigt gelten (vgl. auch § 125 Geschäftsordnung des Bundestages). Das schließt nicht aus, dass ein damit abgebrochenes Vorhaben von dem neuen Bundestag wieder aufgegriffen wird. Aber es muss neu eingebracht werden und das gesamte Verfahren noch einmal durchlaufen.

[70] BR-Drs. 150/83.

[71] BT-Drs. 10/318.

betruges doch noch einzuführen.[72] Aufgrund des Widerstandes der überwiegenden Anzahl der Länderregierungen scheiterte dieses Vorhaben aber schon im Bundesrat. Nach der ersten Lesung im September 1983 überwies der Bundestag den Regierungsentwurf an die Bundestagsausschüsse. Die Ausschüsse nahmen die Arbeit im November desselben Jahres auf. Zur zweiten und dritten Lesung und zu einer Verabschiedung eines Entwurfs – ohne einen Tatbestand des Submissionsbetruges – kam es im März 1986, also erst zweieinhalb Jahre nach der ersten Lesung im Bundestag.

Ein letzter Versuch der SPD-Fraktion, unlautere Einflussnahmen auf Vergabeverfahren zu kriminalisieren, war ebenfalls gescheitert. Diese hatte bereits vor dem Entwurf der Bundesregierung einen eigenen Entwurf für ein 2. WiKG in den Bundestag eingebracht, der in § 264a einen Submissionstatbestand vorsah.[73] Dieser glich in Formulierung und Begründung dem Referentenentwurf von 1980. Um die Vorlage war zwischen Regierung und Opposition heftig gestritten worden.[74] Im Rechtsausschuss des Bundestages wurde gegen die Einführung eines Submissionsbetrugstatbestandes vorgebracht, für vorsätzliche Schädigungen reiche der Betrugstatbestand und für alle weiteren Verstöße der Sanktionsapparat des GWB aus. Ferner führte man zur Ablehnung an, es sei systemwidrig, den Wettbewerb zum Schutzgut eines Strafgesetzes zu machen, und außerdem wirke sich ein solcher Tatbestand als Sonderregelung für die Bauwirtschaft

---

[72] BR-Drs. 215/83.

[73] BT-Drs. 10/119; Der Tatbestand des § 264a – Ausschreibungsbetrug – sollte folgenden Wortlaut haben:

„(1) Wer bei einer Ausschreibung über Waren oder Leistungen ein betrügerisches Angebot abgibt, wird mit Freiheitsstrafe bis zu drei Jahren oder mit Geldstrafe bestraft.

(2) Betrügerisch im Sinne des Absatzes 1 ist ein solches Angebot, das

1. auf einer vor dem Veranstalter verheimlichten oder ihm gegenüber unterdrückten Absprache beruht, die darauf abzielt, diesen zur Annahme eines bestimmten Angebots zu veranlassen, und

2. in der Absicht abgegeben wird, sich oder einem anderen dadurch einen Vermögensvorteil zu verschaffen.

(3) Der Ausschreibung im Sinne des Absatzes 1 steht ein Teilnahmewettbewerb zur freihändigen Vergabe eines Auftrages gleich.

(4) Nach Absatz 1 wird auch bestraft, wer die Abgabe eines betrügerischen Angebots dadurch fördert, dass er sich an einer Absprache im sinne des Absatzes 2 Nr. 1 beteiligt."

[74] Vgl. Savelsberg/Brühl, S. 196 ff. und S. 245 ff.

aus.[75] Nach dem Scheitern versuchte die SPD-Fraktion mit einem Änderungsantrag zur zweiten Beratung des Gesetzes im Bundestag erneut, den Ausschreibungsbetrug in das Strafgesetzbuch zu bringen.[76] Auch dieser blieb ohne Erfolg.

Mit der Verabschiedung des 2. WiKG endeten bis Anfang der neunziger Jahr zunächst sämtliche Versuche, einen speziellen Tatbestand des Submissionsbetrugs in das Strafgesetzbuch aufzunehmen. Die einzig wesentliche Änderung bei der Bekämpfung von unerlaubten Absprachen bei Ausschreibungen war eine Erhöhung der zu verhängenden Bußgelder nach dem GWB.[77]

II. Bestechlichkeit und Bestechung im geschäftlichen Verkehr

Der Straftatbestand des § 299 StGB geht auf § 12 UWG a.F. aus dem Jahr 1909 zurück.

1. Ursprüngliche Fassung (1909)

Im Unterschied zu den zahlreichen Auseinandersetzungen und Debatten in Wissenschaft, Politik und Wirtschaft, einen Straftatbestand gegen Submissionsabsprachen einzuführen, hat der Tatbestand der Bestechlichkeit und Bestechung im geschäftlichen Verkehr keine so umfangreiche Entstehungsgeschichte.[78] Erst im Jahr 1974 kam es zur einer Neufassung des Tatbestands. Bis dahin hatte es keine Änderung der erstmals durch die Neufassung des UWG im Jahr 1909 zur Bekämpfung des damals stark verbreiteten Schmiergeldunwesens eingeführten Regelung gegeben.[79] Die Vorschrift war den §§ 331 ff. StGB nachgebildet worden.[80] Bei den Beratungen über die Neufassung des UWG im Jahr 1909 hatte

---

[75] Siehe hierzu die Abschlussberatung des Rechtsausschusses, BT-Drs. 10/5058, S. 31.

[76] BT-Drs. 10/5100; Der Tatbestand des Ausschreibungsbetrugs sollte als § 264b in das Strafgesetzbuch aufgenommen werden. Dieser glich in seiner Ausgestaltung § 264a des ersten Entwurfs der SPD-Fraktion (siehe Fußnote 73).

[77] Im Jahr 1980 war mit der 4. GWB-Novelle (BGBl. I, S. 458) der Bußgeldrahmen des § 38 GWB a.F. von 100.000,- DM auf eine Millionen DM erhöht worden. Dieselbe Bußgeldhöhe konnte auch bei Verstößen gegen §§ 30 und 130 OWiG verhängt werden.

[78] Eingehend zur Entstehung des § 12 UWG in seiner ursprünglichen Fassung siehe Sievers, Bestechung und Bestechlichkeit von Angestellten, S. 7 ff.; Szebrowski, Kick-Back, S. 140 ff.

[79] Gesetz gegen den Unlauteren Wettbewerb vom 07.06.1909 (RGBl., S. 499, 502).

[80] § 12 UWG i.d.F. vom 07.06.1909 lautete:

man versucht, einer Ausuferung des Tatbestandes durch eine geeignete Abgrenzung der „harmlosen und nicht wohl anfechtbaren Zuwendungen“ gegenüber strafwürdigen Geschenken vorzubeugen. Zu diesem Zweck war eine Fassung vorgeschlagen worden, die auf pflichtwidriges Verhalten des Angestellten oder Beauftragten gegen seinen Geschäftsherrn abstellte. Allerdings wurde dieser Vorschlag verworfen und man wählte in Anlehnung an die im englischen Recht gebrauchte Wendung „corruptly“ die Worte „durch unlauteres Verhalten“. Nach Auffassung der Reichstagskommission sollte eine Strafbarkeit bereits dann gegeben sein, wenn die Handlungsweise gegenüber einem Mitbewerber den Stempel der Unlauterkeit oder Unredlichkeit trage. Durch § 12 UWG a.F. sollte im öffentlichen Interesse das Schmiergeldunwesen in jeder Form bekämpft werden.[81]

2. Neufassung des Bestechungstatbestands (1974)

Die Neufassung des § 12 UWG a.F. erfolgte durch Art. 139 Ziffer 6 des Einführungsgesetzes zum Strafgesetzbuch vom 2. März 1974.[82] Im Wege der Neufassung kam es zu einer Straffung der Regelung.[83] Der Gesetzgeber passte sie den entsprechenden Strafvorschriften für Amtsträger und der für den öffentlichen Dienst besonders Verpflichteten in §§ 332 Abs. 1 und § 334 Abs. 1 StGB an, um sonst mögliche, aber unerwünschte Spannungen zwischen den Tatbeständen zu vermeiden. Die Verfallerklärung in § 12 Abs. 3 UWG a.F. entfiel ebenso wie die

---

„Mit Gefängnis bis zu einem Jahre und mit Geldstrafe bis zu fünftausend Mark oder mit einer dieser Strafen wird, soweit nicht nach anderen Bestimmungen eine schwere Strafe verwirkt wird, bestraft, wer im geschäftlichen Verkehre zu Zwecken des Wettbewerbs dem Angestellten oder Beauftragten eines geschäftlichen Betriebes Geschenke oder andere Vorteile anbietet, verspricht oder gewährt, um durch unlauteres Verhalten des Angestellten oder Beauftragten bei dem Bezuge von Waren oder gewerblichen Leistungen eine Bevorzugung für sich oder einen Dritten zu erlangen.

Die gleiche Strafe trifft den Angestellten oder Beauftragten eines geschäftlichen Betriebes, der im geschäftlichen Verkehre Geschenke oder andere Vorteile, fordert, sich versprechen lässt oder annimmt, damit er durch unlauteres Verhalten einen anderen bei dem Bezuge von Waren oder gewerblichen Leistungen im Wettbewerb eine Bevorzugung verschaffe.

Im Urteil ist zu erklären, dass das Empfangene oder sein Wert dem Staate verfallen sei.“

[81] Pfeiffer, FS-Gamm, S. 129 f.; Szebrowski, Kick-Back, S. 141; vgl. auch BGHSt 10, 358, 367; BGHSt 31, 207, 211.

[82] EGStGB vom 02.03.1974, BGBl. I, S. 469, 574.

[83] Gamm, Gesetz gegen den unlauteren Wettbewerb, § 12 Rn 1.

Subsidiaritätsklausel.[84] Damit brachte der Gesetzgeber zum Ausdruck, dass er § 12 UWG a.F. eine größere Bedeutung beimesse als bisher.[85]

B. Die rechtspolitische Situation in den neunziger Jahren

Mit Beginn der neunziger Jahre verging kaum ein Tag, an dem die Medien nicht über neu aufgedeckte Korruptionsfälle mit zum Teil gravierenden Schäden zu berichten hatten. Nach *Schaupensteiner* erlebte Deutschland eine „Korruptionskonjunktur".[86] Insbesondere durch die Aufdeckung einer Reihe von spektakulären Bestechungsfällen nahm das Vertrauen der Bevölkerung in Staat und Wirtschaft ab.[87] So glaubten einer Umfrage von 1992 zufolge gerade nur noch 34% der Bürger an die Unbestechlichkeit deutscher Beamter. Laut einer Umfrage im Jahr 1995 waren 64% der West- und 78% der Ostdeutschen Bürger der Meinung, dass es in Deutschland Korruption in „erheblichem Umfang" gebe.[88] Aber auch die medienwirksam häufig zu Skandalen hochstilisierten Korruptionsverfahren haben in der breiten Öffentlichkeit Fragen nach der Seriosität des Wirtschaftsverhaltens einiger bundesdeutscher Unternehmen im besonderen und der Wirtschaftsmoral im allgemeinen aufkommen lassen. Korruption wurde als „ein Angriff auf die Glaubwürdigkeit des politischen Systems" dargestellt.[89] Als Ursachen und Bedingungen verwies man auf „das Verblassen altruistischer Werte wie Loyalität gegenüber dem Gemeinwohl",[90] den „Verfall ethischer Grundwer-

---

[84] § 12 UWG i.d.F. vom 02.03.194 lautete:

„(1) Wer im geschäftlichen Verkehr zu Zwecken des Wettbewerbs einen Angestellten oder Beauftragten eines geschäftlichen Betriebes einen Vorteil als Gegenleistung dafür anbietet, verspricht oder gewährt, dass er ihn oder einen Dritten bei dem Bezug von Waren oder gewerblichen Leistungen in unlauterer Weise bevorzuge, wird mit Freiheitsstrafe bis zu einem Jahr oder mit Geldstrafe bestraft.

(2) Ebenso wird ein Angestellter oder Beauftragter eines geschäftlichen Betriebes bestraft, der im geschäftlichen Verkehr einen Vorteil als Gegenleistung dafür fordert, sich versprechen lässt oder annimmt, dass er einen anderen bei dem Bezug von Waren oder gewerblichen Leistungen im Wettbewerb in unlauterer Weise bevorzuge."

[85] Pfeiffer, FS-Gamm, S. 192, 130 m.w.N.

[86] Schaupensteiner, NStZ 1996, S. 409; ders., Kriminalistik 1996, S. 237.

[87] Geerds, JR 1996, S. 309.

[88] Ahlf, Kriminalistik 1996, S. 154 mit Verweis auf die Information des BMI vom 13.10.1995, IPOS 1995, S. 77.

[89] Schaupensteiner, NStZ 1996, S. 409, 410; ders., Kriminalistik 1996, S. 237.

[90] Schaupensteiner, Kriminalistik 1994, S. 523.

te",[91] den „Rückgang traditioneller Pflichtwerte",[92] das „Wegbrechen sozialer Normen" und den „Verlust von Anständigkeit"[93] sowie eine „Privatisierung von Moral" und ein „Trend zum Eigennutz".[94] Sogar die Kirche schaltete sich in die gesellschaftliche Diskussion ein: Dass „sich in Wirtschaft, Verwaltung, Kommunen und sogar bei einigen Staatsdienern" ein „skrupelloser Hang zur Korruption breitgemacht habe" sei Folge einer „Verkehrung ethisch-spiritueller Grundeinstellungen".[95]

Neben der Bedrohung von moralischen Grundlagen der Gesellschaft, machte man geltend, dass die korruptionsbedingten Schäden verheerend seien. Die besondere Gefährlichkeit der Korruption für das Funktionieren des demokratischen Gemeinwesens erfordere daher dringend eine klare und energische Antwort des Staates.[96] Eine wirksame – auf die Garantie der stabilen Geltung gesellschaftlicher Grundnormen abzielende – strafrechtliche Verfolgung sei nicht möglich, da das geltende Strafrecht ein „stumpfes Schwert"[97] sei, das den „Wildwuchs der Korruption"[98] nicht aufhalten könne. Neben nichtstrafrechtlichen Präventionsmaßnahmen (z.B. interne Kontrollen in Verwaltung und Privatwirtschaft) seien für eine effektive Korruptionsbekämpfung eine Verbesserung der Strafverfolgung und auch gesetzgeberische Maßnahmen erforderlich.[99]

Das Korruptionsphänomen wurde Gegenstand politischer Diskussionen. Sowohl auf Bundes- als auch auf Landesebene kam es zu Bestrebungen, die Korrupti-

---

[91] Kube/Vahlenkamp, Verwaltungsarchiv 85 (1994), S. 432, 437.

[92] Sielaff, Kriminalistik 1992, S. 352.

[93] *Hassemer* in: Friedrich-Ebert-Stiftung, Korruption in Deutschland, S. 80

[94] Vgl. Dölling, Empfehlen sich Änderungen des Straf- und Strafprozessrechts, um der Gefahr von Korruption in Staat, Wirtschaft und Gesellschaft wirksam zu begegnen? – Verhandlungen des 61. Deutschen Juristentages, Band I, Gutachten Teil C 32 m.w.N.; Ein stichwortartiger Hinweis auf einige mögliche Korruptionsursachen und -bedingungen findet sich auch bei Kube/Vahlenkamp, Verwaltungsarchiv 85 (1994), S. 432, 437.

[95] So der Vorsitzende der Deutschen Bischofskonferenz Lehmann (KNA-Meldung vom 06.03.1995).

[96] Schaupensteiner, Kriminalistik 1996, S. 237.

[97] So der Landesvorsitzende der baden-württembergischen SPD Maurer, Schwäbisches Tagesblatt vom 15.01.1996, zitiert nach Kerner/Rixen, GA 1996, S. 355, 356 (Fn. 9) und Grützner, Sanktionierung von Submissionsabsprachen, S. 394 (Fn. 241).

[98] Raith, Der Korruptionsschock, 1994, S. 106 ff.

[99] Schaupensteiner, Kriminalistik 1996, S. 237.

onsbekämpfung zu verbessern. Das Ergebnis gesetzgeberischer Maßnahmen war das Gesetz zur Bekämpfung der Korruption vom 13. August 1997, das am 20. August 1997 in Kraft trat.[100]

C. Weitere Gesetzesinitiativen (ab 1995)

Den ersten Schritt in der Politik machten einige Bundestagsabgeordnete sowie die Fraktion Bündnis 90/Die Grünen. Sie stellten den Antrag „Maßnahmen gegen Korruption" vom 17. Februar 1995.[101] Der Deutsche Bundestag sollte die Bundesregierung auffordern, mit Nachdruck gegen die Ausbreitung von Korruption vorzugehen.[102]

In dem Antrag heißt es: Korruption sei zu einer ernsten Bedrohung der moralischen Grundlagen der Gesellschaft geworden. Dies zeige sich in Deutschland vor allem in einer dramatischen Häufung der Fälle von Bestechung im öffentlichen Beschaffungswesen. Darüber hinaus erlaube derzeit das geltende Steuer- und Abgabenrecht, dass Bestechungszahlungen und Schmiergelder völlig legal von der Steuer absetzbar seien. Hierdurch werde ein Klima gefördert, in dem Korruption nur als Kavaliersdelikt oder lediglich als unverzichtbarer Bestandteil unternehmerischen Handels angesehen werde. Die Ausnutzung von Gesetzeslücken bis hin zum kalkulierten Rechtsverstoß werde vielfach kaum noch als anstößig empfunden. Darüber hinaus sei eine Zunahme der internationalen Korruption festzustellen, die als eines der größten Hindernisse für die wirtschaftliche und politische Entwicklung gesehen werden müsse. Sie führe im nationalen und im internationalen Geschäftsverkehr zu erheblichen ökonomischen und

---

[100] BGBl. I, S. 2038.

[101] Antrag der Abgeordneten Christine Scheel, Manfred Such, Elisabeth Altmann, Antje Hermenau, Kristin Heyne, Dr. Manuel Kiper, Simone Probst, Halo Saibold, Werner Schulz, Rainer Steenblock, Ludger Volmer, Margareta Wolf-Mayer und der Fraktion Bündnis 90/Die Grünen vom 17.02.1995, BT-Drs. 13/617.

[102] Neben den Gesetzesinitiativen versuchte man im Rahmen der Bemühungen um eine effektive Bekämpfung der unlauteren Einflussnahme auf Submissionsverfahren mit Hilfe verschiedener Verwaltungsvorschriften auf Bundes- und Landesebene eine wirksame Eindämmung von unlauteren Submissionsabsprachen zu erreichen. Zur Einführung von Vergabesperren siehe Grützner, Sanktionierung von Submissionsabsprachen, S. 395 f. und Oldigs, Strafrechtliche Bekämpfung von Submissionsabsprachen, S. 58 f.

politischen Kosten sowie beeinträchtige die moralischen und kulturellen Grundlagen eines fairen Handels.[103]

Die Antragsteller forderten Maßnahmen, um die „weitere Erosion der Grundsätze eines vertrauenswürdigen und unbestechlichen Verwaltungs- und Wirtschafthandelns aufzuhalten".[104] Neben Gesetzesänderungen zum Ausschluss der steuerlichen Absetzbarkeit von Bestechungsgeldern, unverzüglich zu ergreifender Sofortmaßnahmen zur Effizienzsteigerung der Kontrolldichte in öffentlichen Verwaltungen und der Überprüfung und Novellierung der Vergaberichtlinien sollte geprüft werden, ob die Beteiligung an wettbewerbsausschließenden Maßnahmen ungeachtet eines nachweisbaren Schadens als Straftatbestand in das StGB eingeführt werden könne.[105] Erwähnenswert ist, dass in der Begründung des Antrags eine alleinige Ausweitung und Schaffung von Strafvorschriften nicht als ausreichend angesehen wurde: Der Korruption könne nicht ausschließlich mit einer fortwährenden Ausweitung des Strafrechts entgegengewirkt werden. Vielmehr müsse man organisatorische, strafrechtliche, bildungsrelevante und auch ethisch-moralische Regelungen finden, die das Vertrauen der Bürgerinnen und Bürger in das staatliche und wirtschaftliche Geschäftsgebaren wieder stärken.[106]

Kurze Zeit später brachte das Land Berlin am 24. Mai 1995 einen „Entwurf eines Gesetzes zur Änderung des Strafgesetzbuches und der Strafprozessordnung – Korruptionsbekämpfungsgesetz" im Bundesrat ein.[107] Mit dem Gesetzentwurf sollte eine Lücke geschlossen werden, die bei der letzten auf die Bekämpfung

---

[103] BT-Drs. 13/617, S. 1 f.

[104] Der umfangreiche Maßnahmenkatalog ist in BT-Drs. 13/617, S. 2 bis 5 im Einzelnen dargestellt.

[105] BT-Drs. 13/617, S. 4; Daneben wurden in dem Antrag noch weitere Prüfungsaufträge gefordert. Diese betrafen die Präzisierung der Strafdrohung in §§ 331 ff. StGB, Prüfung eines Tatbestandes „Haushaltsuntreue", Ermöglichung der Verfallsanordnung nach § 73 StGB, Prüfung einer Straffreiheit bei Selbstanzeigen in Korruptionsfällen, die Erweiterung der Amtsträgereigenschaft sowie die Begründung der Zuständigkeit von Wirtschaftsstrafkammern bei den Landgerichten.

[106] BT-Drs. 13/617, S. 7.

[107] BR-Drs. 298/95.

der organisierten Kriminalität gerichteten Änderungen des Strafgesetzbuchs[108] offen geblieben war.[109] Bereits am 2. Juni 1995 wurde der Antrag im Bundesrat begründet und anschließend an den Rechtsausschuss verwiesen.[110] Dieser „trieb die Beratungen in beispielhaft zügiger Weise voran".[111]

Der Freistaat Bayern stellte ebenfalls einen Gesetzesantrag und legte am 12. September 1995 den Entwurf eines Gesetzes zur Änderung des Strafgesetzbuches, des Gesetzes gegen den unlauteren Wettbewerb und der Strafprozessordung (Gesetz zur Bekämpfung der Korruption) vor.[112] Zielsetzung des Gesetzes sei die Bekämpfung der Korruption sowie der Schutz des Wettbewerbs, die zu einer zentralen gesellschaftspolitischen Aufgabe der Gegenwart geworden seien. Das Schmiergeldunwesen im privaten Bereich stelle eine der wesentlichen Bedrohungen für einen fairen Leistungswettbewerb dar. Daher liege es im Interesse des Staates, Missständen durch Verbesserungen auf dem Gebiet der Prävention entgegenzuwirken.[113] Darüber hinaus müsse eine Verfolgung und Ahndung einschlägiger Straftaten gewährleistet sein.[114] Der Entwurf empfahl unter anderem, durch empfindliche Strafverschärfungen bei den Bestechungsdelikten (§§ 331 ff. StGB, § 12 UWG a.F.) den Rang der geschützten Rechtsgüter besser zu kennzeichnen; ferner eine Kronzeugenregelung sowie die Einbeziehung der Bestechlichkeit und Bestechung von Amtsträgern und Angestellten in die Überwachung des Fernmeldeverkehrs nach § 100a StPO.

In der Folgezeit kündigte der Freistaat Bayern am 28. September 1995 einen Änderungsantrag zur Einführung einer Strafvorschrift gegen den Ausschreibungsbetrug an.[115] Nach zweimaliger Beratung in den Rechtsausschüssen

---

108 Gesetz zur Bekämpfung des illegalen Rauschgifthandels und anderer Erscheinungsformen der Organisierten Kriminalität – OrgKG – vom 15.07.1992 (BGBl. I, S. 1302) und Verbrechensbekämpfungsgesetz vom 28.10.1994 (BGBl. I, S. 3186).

109 Hierzu sah der Entwurf eine Umgestaltung der Tatbestände Vorteilsannahme und Vorteilsgewährung (§§ 331, 333 StGB) sowie die Hochstufung der Tatbestände Bestechlichkeit und Bestechung von Amtsträgern (§§ 332, 334 StGB) vor.

110 BR-Protokolle 1995, S. 259.

111 Schaupensteiner, Kriminalistik 1996, S. 237, 238.

112 BR-Drs. 571/95.

113 Stichworte sind die Stärkung des Vier-Augen-Prinzips bei Auftragsvergaben sowie die Stärkung der Personalrotation oder die bessere Erfassung von Korruptionssündern und deren Ausschluss von Vergaben der öffentlich Hand; vgl. BR-Drs. 571/95, S. 8.

114 BR-Drs. 571/95, S. 1.

115 Schaupensteiner, Kriminalistik 1995, S. 237, 238.

des Bundesrates am 9. und 18. Oktober 1995 fasste man die Anträge der Länder zu einem einheitlichen zusammen.

Der federführende Rechtsausschuss und der Ausschuss für Innere Angelegenheiten empfahlen daraufhin am 23. Oktober 1995 dem Bundesrat die zusammengefassten Gesetzesanträge beim Deutschen Bundestag einzubringen.[116] Neben Verschärfungen und Änderungen des § 12 UWG a.F. enthielt der Beschlussvorschlag, wie dies der Freistaat Bayern in seinem am 28. September 1995 angekündigten Änderungsantrag für seinen Gesetzentwurf vorsah, den Tatbestand eines Ausschreibungsbetrugs.[117]

Am 3. November 1995 beschloss der Bundesrat einen „Gesetzentwurf zur Änderung des Strafgesetzbuches, des Gesetzes gegen den unlauteren Wettbewerb, der Strafprozessordnung und anderer Gesetze – Korruptionsbekämpfungsgesetz."[118] Der Gesetzentwurf des Bundesrates sah ebenso wie der Entwurf des Freistaates Bayern die Einführung eines eigenständiges Straftatbestandes im Vorfeld des Betruges vor. Zur Begründung wurde angeführt, das derzeit geltende Recht biete keine ausreichende Handhabe, betrügerische Submissionsabsprachen mit strafrechtlichen Mitteln zu bekämpfen. Staatsanwaltschaftliche und gerichtliche Praxis hätten mitgeteilt, derartige Absprachen ließen sich trotz Berücksichtigung der neueren Rechtsprechung des Bundesgerichtshofes[119] nicht immer als Betrug ahnden. Mit § 264b StGB sollte eine Vorschrift in das Strafgesetzbuch aufgenommen werden, die unlautere Preisabsprachen im Rahmen von Submissionsverfahren bereits im Vorfeld des Betruges kriminalisiert.[120]

---

[116] Vgl. BR-Drs. 298/1/95; Dabei wurde überwiegend dem Entwurf des Landes Berlin gefolgt. Der Antrag des Landes Sachsen-Anhalt – BR-Drs. 298/2/95 vom 02.11.1995, die in den übrigen Entwürfen vorgesehene Ausweitung des Straftatenkatalogs von § 100a StPO auf die §§ 332, 334 StGB, zu streichen, fand keine Mehrheit.

[117] Hettinger, NJW 1996, S. 2263; Schaupensteiner, Kriminalistik 1996, S. 237, 238.

[118] BR-Drs. 298/95 (Beschluss).

[119] Vgl. BGHSt 38, 186; BGH wistra 1994, 346.

[120] § 264b StGB sollte lauten:
„(1) Wer bei einer Ausschreibung über Waren oder Leistungen ein Angebot abgibt, das auf einer vor dem Veranstalter verheimlichten oder ihm gegenüber unterdrückten Absprache beruht, die darauf abzielt, diesen zur Annahme eines bestimmten Angebots zu veranlassen oder wer die Abgabe eines derartigen Angebots dadurch fördert, dass er sich an einer solchen Absprache beteiligt, wird mit Freiheitsstrafe bis zu drei Jahren oder mit Geldstrafe bestraft, wenn die Tat nicht in § 263 StGB mit Strafe bedroht ist.
(2) Der Ausschreibung im Sinne des Absatz 1 steht ein Teilnahmewettbewerb zur freihändigen Vergabe eines Auftrages gleich."

Der als abstraktes Gefährdungsdelikt ausgestaltete Tatbestand sollte das Vermögen des Veranstalters der wettbewerblichen Ausschreibungsmaßnahme sowie das Allgemeininteresse an einem freien und fairen Wettbewerb bei Ausschreibungen und Vergaben schützen.[121] Die Ausgestaltung und die Strafandrohung der Regelung seien in hohem Maß geeignet, generalpräventive Wirkung zu entfalten.[122] Die Norm sei gegenüber § 263 StGB formell subsidiär und sollte als Auffangtatbestand dienen, wenn der für einen Betrug erforderliche Schadensnachweis nicht geführt werden kann.

Die Bundesregierung leitete am 18. Dezember 1995 den in der am Sitzung vom 3. November 1995 beschlossenen „Entwurf eines Gesetzes zur Änderung des Strafgesetzbuches, des Gesetzes gegen den unlauteren Wettbewerb, der Strafprozessordnung und anderer Gesetze – Korruptionsbekämpfungsgesetz" dem Bundestag zu.[123] In ihrer Stellungnahme stimmte die Bundesregierung dem Bundesrat zu, dass die Bekämpfung der Korruption eine gesellschaftspolitische Aufgabe sei. Ferner teilte sie die Auffassung, kollusives Zusammenwirken von Amtsträgern und Personen in der Wirtschaft sowie Schmiergeldunwesen im geschäftlichen Bereich müsse verhindert werden und Verbesserungen auf dem Gebiet der Prävention seien notwendig. Eine Anpassung des rechtlichen Instrumentariums sei erforderlich. Jedoch sah die Bundesregierung von einer Stellungnahme zu den Vorschlägen im einzelnen ab, da sie selbst einen Regierungsentwurf zur Korruptionsbekämpfung vorzulegen beabsichtigte.[124]

Die Bundesregierung verabschiedete am 19. Juni 1996 den „Entwurf eines Gesetzes zur Bekämpfung der Korruption", den sie am 16. August 1996 an den Bundestag weiterleitete.[125] Um Korruption in jeder Form vorzubeugen und Korruptionsfälle wirksam bekämpfen zu können, sollte neben zahlreichen Änderungen des Straf- und Strafverfahrensrechts erstmals ein neuer Abschnitt in das Strafgesetzbuch eingefügt werden.

---

[121] Schaupensteiner, Kriminalistik 1996, S. 237, 238.

[122] BR-Drs. 298/95, Anlage S. 9 ff.

[123] BR-Drs. 13/3353.

[124] BR-Drs. 13/3353, Anlage 2, S. 15.

[125] BR-Drs. 553/96.

In dem neuen Abschnitt des Strafgesetzbuches über „Straftaten gegen den Wettbewerb“ sollte neben der bisher im UWG enthaltenen Vorschrift über die passive und aktive Bestechung im geschäftlichen Verkehr ein neuer Straftatbestand gegen „Wettbewerbsbeschränkende Absprachen bei Ausschreibungen aufgenommen werden.[126]

Im Unterschied zu dem Entwurf des Bundesrates sollte durch den neuen Tatbestand des § 298 StGB ebenso wie durch § 299 StGB geschütztes Rechtsgut der freie Wettbewerb sein. Das Vermögen des Veranstalters oder möglicher Mitbewerber sei lediglich mitgeschützt.[127]

---

[126] BR-Drs. 553/96, S. 1. Der neueinzufügende 26. Abschnitt – Straftaten gegen den Wettbewerb – sollte folgende Straftatbestände enthalten:
„§ 298 Wettbewerbsbeschränkende Absprachen bei Ausschreibungen
(1) Wer bei einer Ausschreibung über Waren oder gewerbliche Leistungen ein Angebot abgibt, das auf einer rechtswidrigen Absprache beruht, die darauf abzielt, den Veranstalter zur Annahme eines bestimmten Angebots zu veranlassen, wird mit Freiheitsstrafe bis zu fünf Jahren oder mit Geldstrafe bestraft.
(2) Der Ausschreibung im Sinne des Absatzes 1 steht die freihändige Vergabe eines Auftrages nach vorausgegangenem Teilnahmewettbewerb gleich.
(3) Nach Absatz 1, auch in Verbindung mit Absatz 2, wird nicht bestraft, wer freiwillig verhindert, dass der Veranstalter das Angebot annimmt oder dieser seine Leistung erbringt. Wird ohne Zutun des Täters das Angebot nicht angenommen oder die Leistung des Veranstalters nicht erbracht, so wird er straflos, wenn er sich freiwillig und ernsthaft bemüht, die Annahme des Angebots oder das Erbringen der Leistung zu verhindern.
§ 299 Bestechlichkeit und Bestechung im geschäftlichen Verkehr
(1) Wer als Angestellter oder Beauftragter eines geschäftlichen Betriebes im geschäftlichen Verkehr einen Vorteil für sich oder einen Dritten als Gegenleistung dafür fordert, sich versprechen lässt oder annimmt, dass er einen andern bei dem Bezug von Waren oder gewerblichen Leistungen im Wettbewerb in unlauterer Weise bevorzuge, wird mit Freiheitsstrafe bis zu drei Jahren oder mit Geldstrafe bestraft.
(2) Ebenso wird bestraft, wer im geschäftlichen Verkehr zu Zwecken des Wettbewerbs einem Angestellten oder Beauftragten eines geschäftlichen Betriebes einen Vorteil für diesen oder einen Dritten als Gegenleistung dafür anbietet, verspricht oder gewährt, dass er ihn oder einen anderen bei dem Bezug von Waren oder gewerblichen Leistungen in unlauterer Weise bevorzuge.“

[127] BR-Drs. 553/96, S. 29.

In der Ausgestaltung des „Ausschreibungstatbestandes“ sah der Regierungsentwurf nur eine rechtswidrige und keine heimliche Absprache vor. Außerdem nahm man in Absatz 3 eine Tätige-Reue-Regelung auf, um dem Täter die Möglichkeit zu geben, von einem wettbewerbswidrigen Angebot wieder Abstand zu nehmen und Straffreiheit zu erlangen.[128]

Maßgebliche Unterschiede finden sich jedoch in der Begründung zur Aufnahme der Straftaten gegen den Wettbewerb. Zunächst wird klargestellt, dass der Schutz des freien Wettbewerbs in der Bundesrepublik Deutschland in erster Linie durch die Regelungen im GWB und im UWG gewährleistet werde. Beide Gesetze enthielten auch Sanktionsvorschriften, zu denen die Bußgeldtatbestände im GWB (§§ 38 und 39 a.F.) und UWG (§ 6 a.F.) sowie darüber hinaus mehrere Straftatbestände im UWG (§§ 4, 6c, 12, 15, 17, 18 und 20 a.F.) gehörten. Durch die Einfügung des neuen Abschnitts in das Strafgesetzbuch und den damit verbundenen Änderungen des geltenden Rechts werde verdeutlicht, dass der Schutz des Wettbewerbs eine wichtige Aufgabe des Staates darstelle, zu dessen Durchsetzung nicht zuletzt auch ein verstärkter strafrechtlicher Schutz geboten sei. Heutzutage dürfe sich das Strafrecht nicht mehr nur auf den Schutz traditioneller Rechtsgüter wie Leben, Leib, Freiheit, Ehre, Eigentum und Vermögen beschränken, sondern müsse auch überindividuelle Interessen einbeziehen.[129]

Der Schutz des Wettbewerbs sei für eine funktionierende soziale Marktwirtschaft von hoher Bedeutung. Daher müsse der Wettbewerb durch Straftatbestände im Strafgesetzbuch geschützt werden.[130] Die Strafwürdigkeit von wett-

---

[128] BR-Drs. 553/96, S. 31 f.: Zur Begründung verwies man auf die vergleichbaren Straftatbestände des Subventionsbetruges (§ 264 Abs. 4 StGB a.F.), Kapitalanlagebetruges (§ 264a Abs. 3 StGB) und Kreditbetruges (§ 265b Abs. 2 StGB). Kritisch zur Regelung der Tätigen-Reue: Lüderssen, BB 1996, S. 2525, 2526; nach dessen Ansicht, „die Vorverlagerung des Strafrechtsschutzes so weit gehe, dass diese Kompensation sich (geradezu) aufdränge“; siehe auch Möhrenschlager, JZ 1996, S. 822, 830.

[129] BR-Drs. 553/96, S. 26.

[130] BR-Drs. 553/96, S. 26 f.; damit knüpft der Entwurf an Grundüberlegungen in den Entwürfen eines Ersten und Zweiten Gesetzes zur Bekämpfung der Wirtschaftskriminalität an (vgl. BT-Drs. 7/3441, Einleitung unter A III 3; BT-Drs. 10/318, Einleitung unter I). Mit den Gesetzen zur Bekämpfung der Umweltkriminalität vom 28.03.1980 (BGBl. I, S. 373) und vom 27.06.1994 (BGBl. I, S. 1440) zielte der Gesetzgeber bereits darauf ab, durch Vorschriften im StGB einen Beitrag zum Schutz von Interessen der Allgemeinheit und des Einzelnen

bewerbsbeschränkenden Absprachen bei Ausschreibungen ergebe sich aus dem Zweck[131] des Ausschreibungsverfahrens. Dieser Zweck werde gefährdet, wenn die für die Abgabe eines Angebots in Frage kommenden Unternehmen miteinander in Verbindung treten, Vereinbarungen über Preise oder den sonstigen Inhalt der Angebote oder sogar über Ausfallentschädigungen und Bestechungen treffen und so eine den wirklichen Wettbewerbsverhältnissen entsprechende Vergabe verhindern. Im Übrigen würden Submissionskartelle überwiegend in Organisationsformen auftreten, die auf eine ständige Wiederholung der wettbewerbsbeschränkenden Tätigkeit angelegt sind. Die Folge seien schwerwiegende Beeinträchtigungen des Wettbewerbs.[132]

Nach dem derzeit geltenden Recht könne man Submissionsabsprachen nur als Ordnungswidrigkeiten nach §§ 1, 38 Abs. 1 Ziffer 1 GWB a.F. oder als Zuwiderhandlungen gegen verbotene abgestimmte Verhaltensweisen nach §§ 25, 38 Abs. 1 Ziffer 8 GWB a.F. sanktionieren. Obwohl der Bundesgerichtshof unter Aufgabe seiner früheren Rechtsprechung[133] Möglichkeiten aufgezeigt hat, um solche Absprachen als Betrug gemäß § 263 StGB zu ahnden[134], scheitere nach Ansicht der Bundesregierung in der Praxis die Verfolgung entsprechender Taten häufig an der fehlenden Beweisbarkeit eines Vermögensschadens. Im Übrigen zeige die Erfahrung, dass Geldsanktionen in Verbindung mit präventiven Maßnahmen zur Verhinderung solcher Wettbewerbsverstöße nicht ausreichend seien.

---

an der Erhaltung ökologischer Lebensbedingungen der gegenwärtigen und künftigen Generation zu leisten.

[131] *Hohmann* in: MüKo, § 298 Rn 13 ff. m.w.N.: Nach dem Haushaltsrecht, das insoweit in zunehmendem Maß durch EG-Richtlinien bestimmt wird, sind öffentliche Aufträge grundsätzlich im Wettbewerb zu vergeben. Dies gilt aufgrund der Vorgaben durch die Europäische Gemeinschaft auch für die meisten Aufträge von Unternehmen der Wasser- und Energieversorgung, des Verkehrswesens und der Telekommunikation. Ziel und Zweck von Ausschreibungen ist, einen Markt zu schaffen, der die Ermittlung eines Marktpreises für die geforderte Leistung ermöglicht. Des Weiteren soll zwischen den potentiellen Anbietern ein Wettbewerb ausgelöst werden, um den Preis zu Gunsten des Auftraggebers zu beeinflussen; Satzger, Submissionsbetrug, S. 27 ff. m.w.N.

[132] BR-Drs. 553/96, S. 27.

[133] BGHSt 16, 347.

[134] BGHSt 38, 186; BGH NJW 1995, S. 737.

Sowohl der general- als auch der spezialpräventive Effekt einschlägiger Bußgeldtatbestände sei schon „naturgemäß“ beschränkt.[135]

Ferner hielt man es für erforderlich, den Straftatbestand „Bestechlichkeit und Bestechung im geschäftlichen Verkehr“ aus dem UWG in das Strafgesetzbuch zu verlagern, damit das Bewusstsein der Bevölkerung geschärft werde, auch bei der Korruption im geschäftlichen Bereiche handele es sich um eine Kriminalitätsform, die nicht nur die Wirtschaft betrifft, sondern auch Ausdruck eines allgemein sozialethisch missbilligten Verhaltens sei. Eine inhaltliche Änderung war nicht beabsichtigt, so dass für die Auslegung der Tatbestandsmerkmale des neuen § 299 StGB weiterhin von Bedeutung sein sollte, dass es sich hierbei um eine Regelung aus dem Bereich des Rechts gegen den unlauteren Wettbewerb handele.[136] Mit dieser auch durch die Einführung des neuen Abschnitts in das Strafgesetzbuch deutlich werdenden neuen Konzeption verfolgte die Bundesregierung das Ziel im Strafgesetzbuch, Tatbestände gegen besonders strafwürdige, dem Prinzip des freien Wettbewerbs zuwiderlaufende Verhaltensweisen, zusammenzufassen.[137]

D. Der 61. Deutsche Juristentag (1996)

In der Zeit vom 17. bis zum 20. September 1996 tagte der 61. Deutsche Juristentag in Karlsruhe. Anlässlich immer neu aufgedeckter Fälle von Korruption beschäftigte sich auch die strafrechtliche Abteilung des Juristentages mit der in Öffentlichkeit und Politik aktuell diskutierten Frage, ob sich Änderungen des Straf- und Strafprozessrechts empfehlen, um der Gefahr von Korruption in Staat, Wirtschaft und Gesellschaft wirksam zu begegnen.[138]

---

135 BR-Drs. 553/96, S. 28.

136 BR-Drs. 553/96, S. 32.

137 *Korte* in: Dahs, S. 45.

138 Bereits zuvor am 14.06.1996 hatte sich der Verein Deutscher Strafverteidiger e.V. auf einer Fachveranstaltung mit dem Thema „Kriminelle Kartelle? – Zur Strafbarkeit von Submissionsabsprachen“ auseinandergesetzt. Siehe hierzu Michalke, NJW 1997, S. 380.

I. Gutachten zur Einführung der Wettbewerbsdelikte

Zur Vorbereitung auf die Verhandlungen und Debatten in Karlsruhe legte *Dölling* ein ausführliches Gutachten vor[139], in dem er eingehend die Frage behandelte: „Empfehlen sich Änderungen des Straf- und Strafprozessrechts, um der Gefahr von Korruption in Staat, Wirtschaft und Gesellschaft wirksam zu begegnen?“. Neben Umfang, Struktur, Ursachen und Entwicklung von Korruption begutachtet *Dölling* straf- und strafprozessrechtliche Möglichkeiten zur Eindämmung der Korruption und zum Schutz des Wettbewerbs.

1. Übernahme des § 12 UWG a.F. in das Strafgesetzbuch

In seinem Gutachten sprach sich *Dölling* dafür aus, den Tatbestand der Angestelltenbestechung im UWG zu belassen. Der Tatbestand sei Bestandteil des im UWG geregelten Systems von Vorschriften zum Schutz des fairen Leistungswettbewerbs. Den Schutz des Wettbewerbs in verschiedenen Gesetzen zu regeln, führe zu einer Unübersichtlichkeit des Rechts, denn Verstöße gegen das Verbot der Angestelltenbestechung könnten nicht nur strafrechtliche Rechtsfolgen auslösen, sondern auch zivilrechtliche Unterlassungs- und Schadensersatzansprüche (vgl. § 13 UWG a.F.).[140]

Nach seiner Auffassung sei eine Erweiterung des Tatbestandes ebenfalls nicht geboten, denn § 12 UWG a.F. solle die Einhaltung grundlegender Regeln des fairen Wettbewerbs gewährleisten. Daher sei der Tatbestand auf Täter zu be-

---

[139] Dölling, Empfehlen sich Änderungen des Straf- und Strafprozessrechts, um der Gefahr von Korruption in Staat, Wirtschaft und Gesellschaft wirksam zu begegnen? – Verhandlungen des 61. Deutschen Juristentages, Band I, Gutachten Teil C.

[140] Dölling, Gutachten Teil C 85; Auch der Gesetzesantrag des Freistaates Bayern (BR-Drs. 571/95) und der Gesetzentwurf des Bundesrates (BR-Drs. 298/95) sahen von einer Übernahme des Tatbestandes in das StGB ab. Für ein Verbleiben des Tatbestandes im UWG auch die Sachverständigenkommission zur Bekämpfung der Wirtschaftskriminalität in: Bundesministerium der Justiz, Tagungsberichte der Sachverständigenkommission zur Bekämpfung der Wirtschaftskriminalität, XI. Band, Empfehlung 26, S. 98.

grenzen, die zu Wettbewerbszwecken handeln.[141] Ebenso sei die Aufnahme eines Strafaufhebungsgrundes der Verhinderung der Bevorzugung vertretbar, aber nicht unbedingt erforderlich, da man in diesen Fällen auf die §§ 153 ff. StPO zurückgreifen könne.

Im Übrigen führt *Dölling* zur Begründung an, wegen der bisher geringen praktischen Erfahrung mit der Anwendung des § 12 UWG a.F. durch die Strafverfolgungsorgane erscheine es vorzugswürdig, sich vor der weiteren Ausdehnung des Tatbestandes zunächst um eine wirksamerer Anwendung der geltenden Vorschrift zu bemühen. Dazu zähle insbesondere die Ermöglichung der Verfolgung von Amts wegen, um dann auf einer breiteren Erfahrungsbasis über mögliche Tatbestandserweiterungen entscheiden zu können.[142] Zurückhaltung sei auch für die Anhebung des Strafrahmens geboten. Der Gesetzesantrag des Freistaates Bayern[143] und der Entwurf des Bundesrates[144] sahen vor, die Angestelltenbestechung mit Freiheitsstrafe bis zu fünf Jahren oder mit Geldstrafe und in besonders schweren Fällen mit Freiheitsstrafe von drei Monaten bis zu zehn Jahren zu ahnden. Diese Strafrahmen stünden jedoch in einem Missverhältnis zu den anderen Strafandrohungen des UWG a.F., die deutlich geringer seien.

Möglicherweise beruhten die niedrigen Strafrahmen des UWG darauf, dass der kriminelle Gehalt bestimmter Formen der Wirtschaftskriminalität noch nicht ausreichend erkannt sei und eine Überarbeitung der Strafandrohungen noch erfolge. Solange eine Überarbeitung noch nicht erfolgt sei, sollte nicht jede einzelne Strafandrohung über das sonstige Strafniveau des UWG angehoben werden. Wie viele andere Autoren des rechtswissenschaftlichen Schrifttums forderte

---

[141] Dölling, Gutachten Teil C 85 ff. m.w.N.; So wurde gefordert, neben der Bestechung von Angestellten und Beauftragten geschäftlicher Betriebe solle auch die Bestechung des Geschäftsinhabers in den Tatbestand aufgenommen werden. Ferner solle der Tatbestand auch die Bestechung von Hilfspersonen Privater erfassen. Als zu eng wurde es angesehen, nur die Bevorzugung beim Bezug von Waren oder gewerblichen Leistungen unter Strafe zu stellen. Des Weiteren sollte der Tatbestand nicht nur die Bestechung im Hinblick auf künftige Bevorzugungen, sondern auch die Zuwendung von Vorteilen für einen bereits verschafften Vorzug erfassen. Auch ein Verzicht auf das Merkmal „in unlauterer Weise“ wurde befürwortet, da diesem Merkmal im Ergebnis keine praktische Bedeutung zukomme.

[142] Dölling, Gutachten C 88 f.

[143] BR-Drs. 571/95.

[144] BR-Drs. 298/95.

auch *Dölling* die Möglichkeit einer Verfolgung von Amts wegen. Diese müsse wegen des sozialen Schutzguts des lauteren Wettbewerbs möglich sein.[145]

2. Einführung eines Straftatbestandes des Ausschreibungsbetruges

In Anbetracht der überhöhten Preise und drohenden Schädigungen durch Submissionsabsprachen hielt *Dölling* die Einführung eines eigenständigen Tatbestandes „Ausschreibungsbetrug" für erforderlich. Zur Begründung führte er die Rechtsprechung des Bundesgerichtshof an, nach der lange Zeit bei Submissionsabsprachen in der Praxis mangels Feststellbarkeit eines Schadens ein Betrug gemäß § 263 StGB verneint werden musste.[146]

Auch nachdem der Bundesgerichtshof in zwei Entscheidungen[147] diese Rechtsprechung aufgegeben habe, sei die Ermittlung des Marktpreises für die Feststellung des Vermögensschadens oftmals mit Beweisschwierigkeiten verbunden, die man in der Praxis häufig nicht bewältigen könne.[148]

Absprachen bei Vergabeverfahren seien wegen ihrer Gefährdung des Vermögens des Ausschreibenden und wegen Unterlaufens der Ausschreibung als einer wichtigen Institution des Leistungswettbewerbs strafbedürftig und strafwürdig.[149] Da sie einen doppelten Rechtsgutsbezug aufweisen, könne man bei derartigen Kartellrechtsverstößen nicht von einer Teilkriminalisierung des Kartellrechts sprechen.[150] Vielmehr sei der Gesetzgeber angehalten, für Submissionsabsprachen ebenso wie für Subventions-, Kapitalanlage- und Kreditbetrug gemäß §§ 264, 264a und 265b StGB einen eigenständigen Tatbestand zu schaffen.[151]

---

[145] Dölling, Gutachten C 91 f. m. zahlreichen weiteren Nachweisen. § 12 UWG schütze neben den Mitbewerbern und dem Geschäftsherrn auch das öffentliche Interesse an der Eindämmung des Schmiergeldunwesens.

[146] Dölling, Gutachten C 93 ff.

[147] BGHSt 38, 186; BGH NJW 1995, S. 737. Darin entschied der BGH, dass bei Submissionsabsprachen der Auftraggeber grundsätzlich einen Schaden erleidet, wenn Anbieter durch Preisabsprachen und Vorspiegelung von Wettbewerb die Bildung des Wettbewerbspreises verhindern und wenn der mit einem Anbieter vereinbarte Preis höher als der erzielbare Wettbewerbspreis ist.

[148] Dölling, Gutachten C 94.

[149] Vgl. Jaath, FS-Schäfer, 1980, S. 89, 116.

[150] Jaath, FS-Schäfer, S. 89, 114.

[151] Dölling, Gutachten C 95.

Ebenso wie der Gesetzentwurf des Bundesrates lehnt *Dölling* die Bereicherungsabsicht als Tatbestandsmerkmal auf subjektiver Seite ab.[152] Durch das Abstellen auf das Verheimlichen der Submissionsabsprache werde der Unrechtsgehalt der Tat ausreichend erfasst. Zudem bestünde bei dem Tatbestandsmerkmal der Bereicherungsabsicht die Gefahr, dass sich die Probleme, die man in der Praxis bei der Ermittlung des Betrugschadens hat, dann bei den Feststellungen der subjektiven Tatbestandsvoraussetzungen ergeben. Ferner wird in dem Gutachten auch eine entsprechend den Regelungen der §§ 264 Abs. 4, 264a Abs. 3 und 265b Abs. 2 StGB a.F. vorgeschlagen, wonach derjenige, der eine Absprache freiwillig aufdeckt, straffrei bleiben sollte.[153]

II. Beschlüsse des 61. Deutschen Juristentages

Die strafrechtliche Abteilung des 61. Deutschen Juristentages traf die nachfolgend dargestellten Beschlüsse in Bezug auf die Aufnahme der in Frage stehenden Straftatbestände in das Strafgesetzbuch.

1. Aktive und passive Bestechung im geschäftlichen Verkehr

Eine Übernahme des Tatbestandes der aktiven und passiven Bestechung im geschäftlichen Verkehr in das Strafgesetzbuch wurde mit überwiegender Mehrheit abgelehnt.[154] Die in dem Gesetzesantrag des Freistaates Bayern und dem Entwurf des Bundesrates vorgesehene Anhebung des Strafrahmens des § 12 UWG a.F. im Höchstmaß auf fünf Jahre Freiheitsstrafe und für besonders schwere Fälle auf Freiheitsstrafe von drei Monaten bis zu zehn Jahren wurde ebenfalls abgelehnt.[155] Stattdessen sprach sich die strafrechtliche Abteilung des 61. Juristentages für eine Anhebung des Strafrahmens im Höchstmaß auf drei Jahre Freiheitsstrafe und für besonders schwere Fälle im Höchstmaß auf fünf Jahre Freiheitsstrafe aus.[156]

---

[152] A.A. Jaath, FS-Schäfer, S. 89, 116.

[153] Dölling, Gutachten C 96.

[154] Das Abstimmungsergebnis, ob § 12 UWG a.F. in das Strafgesetzbuch aufgenommen werden sollte, war 25:73:22. Abgedruckt in: 61. Deutscher Juristentag: Der Tagungsverlauf, NJW 1996, S. 2987, 2996.

[155] 61. Deutscher Juristentag: Der Tagungsverlauf, NJW 1996, S. 2987, S. 2997 – Abstimmungsergebnis war 36:82:2.

[156] Die Abstimmungsergebnisse lauteten 84:23:10 und 68:39:14.

Entgegen der Ansicht von *Dölling* stimmte die Mehrheit für eine Erweiterung des § 12 UWG a.F. Es wurde sich dafür ausgesprochen, den Geschäftsinhaber in die Strafbarkeit einzubeziehen.[157] Ferner sollten die Strafvorschriften gegen die aktive und passive Bestechung im geschäftlichen Bereich auch Betriebe erfassen, deren Aufgabe in der Aufklärung und Beratung von Kunden bestehe.[158] Auch die Zuwendung an Dritte sollte in den Tatbestand einbezogen werden.[159]

Schließlich stimmte man mit ganz überwiegender Mehrheit – wie in den Gesetzesanträgen und – entwürfen vorgesehen – dafür, die aktive und passive Bestechung im geschäftlichen Verkehr auch ohne Strafantrag verfolgen zu können, wenn die Strafverfolgungsbehörde ein besonderes öffentliches Interesse an der Strafverfolgung für gegeben hält.[160]

2. Rechtswidrige Submissionsabsprachen

Nach kontroversen Auseinandersetzungen, ob unlautere Submissionsabsprachen, wie in den Gesetzesentwürfen vorgesehen, zu kriminalisieren seien, sprach man sich im Ergebnis für die Notwendigkeit eines Straftatbestandes gegen rechtswidrige Submissionsabsprachen aus. Entgegen der Ansicht von Vertretern der Wirtschaft, die sich gegen eine solche Kriminalisierung aussprachen, fasste die Mehrheit den Beschluss, wettbewerbsbeschränkende Absprachen bei Ausschreibungen und freihändigen Vergaben mit strafrechtlichen Mitteln entgegenzuwirken. Dazu sei es erforderlich einen Straftatbestand zu schaffen, der das spezifische Unrecht kennzeichne und eine effektive Strafverfolgung ermögliche.[161]

---

[157] Das Abstimmungsergebnis lautete 71:44:4.

[158] Das Abstimmungsergebnis lautete 72:28:19.

[159] Ebenfalls angenommen mit dem Ergebnis 75:31:15.

[160] Das Abstimmungsergebnis lautete hier 95:10:10.

[161] 61. Deutscher Juristentag: Der Tagungsverlauf, NJW 1996, S. 2987, 2997. Vgl. Dahs, S. 213 ff.; Das Abstimmungsergebnis lautete 68:48:9; Die Vertreter der Wirtschaft sprachen sich gegen eine Aufnahme eines Tatbestandes gegen rechtswidrige Submissionsabsprachen aus. Zur Begründung führten sie die effektiven Instrumente des Ordnungswidrigkeitenrechts und die mögliche Betrugsstrafbarkeit an. Daneben befürchteten die Angehörigen der Kartellbehörden den Verlust infolge einer Verlagerung der Ermittlungen auf die Strafjustiz. Vgl. König, JZ 1997, S. 132, 134 f.; Oldigs, Strafrechtliche Bekämpfung von Submissionsabsprachen, S. 58; Grützner, Sanktionierung von Submissionsabsprachen, S. 405.

Die strafrechtliche Abteilung beschloss im Hinblick auf die Ausgestaltung des Ausschreibungstatbestandes, dass man dem Vorschlag des Bundesrates folgen und ein betrügerisches Element beibehalten solle. Ferner solle man auf eine Bereicherungsabsicht verzichten.[162] Unrechtskern des entsprechenden Tatbestandes sollte die Abgabe eines Angebots unter Verheimlichung einer Absprache gegenüber dem Veranstalter sein, sofern sie den Veranstalter unter Ausschaltung des Wettbewerbs zur Annahme eines bestimmten Angebots veranlassen soll.[163] Dagegen lehnte die Abteilung den von der Bundesregierung unterbreiteten Vorschlag, in einem bestimmten Bereich wettbewerbsbeschränkende Absprachen ohne Hinzutreten eines betrügerischen Elements aus dem Ordnungswidrigkeitenrecht in das Strafrecht zu verlagern, mit überwiegender Mehrheit ab.[164] Entsprechend dem Gutachten *Döllings* sollte das Vermögen des Ausschreibenden geschütztes Rechtsgut sein.[165]

E. Weiterer Gesetzgebungsverlauf (ab 1996)

I. Entwurf zum Korruptionsgesetz (1996)

Am 24. September 1996 brachte die Regierungskoalition den Regierungsentwurf in Gesetzestext und Begründung identischer Form in den Deutschen Bundestag ein.[166] Über den Regierungsentwurf und den von diesem abweichenden Bundesratsentwurf eines „Gesetzes zur Bekämpfung der Korruption“[167] sowie über den Antrag der SPD-Fraktion[168] beriet der Bundestag zwei Tage später in erster Lesung und leitete diese zur weiteren Arbeit an die Ausschüsse weiter. Dem Bundesrat war der Gesetzesentwurf der Bundesregierung am 16. August

---

[162] Das Abstimmungsergebnis lautete 61:51:9.

[163] Die Annahme erfolgte mit einem Abstimmungsergebnis von 65:45:13.

[164] Die Entscheidung war 27:78:15.

[165] Vgl. Oldigs, Strafrechtliche Bekämpfung von Submissionsabsprachen, S. 58; Grützner, Sanktionierung von Submissionsabsprachen, S. 405.

[166] BT-Drs. 13/5584; vgl. hierzu oben die Ausführungen zum Regierungsentwurf, BR-Drs. 553/96.

[167] BT-Drs. 13/3353.

[168] BT-Drs. 13/4118.

1996 zugeleitet worden. Woraufhin er gemäß Art. 76 Abs. 2 S. 2 GG Stellung zu dem Gesetzentwurf der Bundesregierung nahm.[169]

Die Bundesregierung übersandte am 5. Dezember 1996 ihren Gesetzesentwurf sowie die Stellungnahme des Bundesrates und ihre Gegenäußerung hierzu an den Bundestag.[170] Hierüber beriet der Bundestag in erster Lesung am 12. Dezember 1996.[171] Im Anschluss überwies der Bundestag den Gesetzentwurf inklusive Stellungnahme des Bundesrates und der betreffenden Gegenäußerung an den Rechtsausschuss. Dieser legte dem Bundestag am 26. Juni 1997 eine Beschlussempfehlung vor, wonach der Bundestag beschließen sollte, die Gesetzentwürfe der Bundesregierung und der Koalitionsparteien anzunehmen.[172] Der Gesetzentwurf des Bundesrates[173] und der Antrag der SPD-Fraktion[174] sollten abgelehnt werden.[175]

II. Verabschiedung des „Korruptionsbekämpfungsgesetzes“ (1997)

Zumindest im Hinblick auf die konkrete Ausgestaltung des § 298 StGB kam es zu keiner parteiübergreifenden Diskussion[176], auch wenn die öffentlich Anhö-

---

[169] Zur Stellungnahme des Bundesrates zum Gesetzentwurf der Bundesregierung und zur Gegenäußerung der Bundesregierung siehe BT-Drs. 13/6424. Darin wurde erörtert, ob den Kartellbehörden die Möglichkeit eröffnet werden kann, unabhängig von einer täterbezogenen Strafverfolgung Kartellordnungswidrigkeiten durch Bußgeldverhängung gegen Unternehmen nach dem Vorbild des Art. 15 der Verordnung (EWG) Nr. 17/62 zu ahnden. Nach Auffassung des Bundesrates sollte die primäre Ermittlungszuständigkeit für kartellrechtliche Verstöße bei den Kartellbehörden verbleiben, um deren wettbewerbsrechtlichen Sachverstand nutzbar zu machen, die Staatsanwaltschaften zu entlasten und Doppelarbeit zu vermeiden. Es sollte eine strafprozessuale Regelung geschaffen werden, die den Staatsanwaltschaften die Möglichkeit einer Verfahrenseinstellung unter Abgabe des Verfahrens an die Kartellbehörden einräumt. Ferner hielt es der Bundrat nicht für sachgerecht, die in § 12 UWG a.F. geregelten Straftaten der Bestechlichkeit und Bestechung in das Strafgesetzbuch zu übernehmen. Zur Begründung im Einzelnen siehe BT-Drs. 13/6424, S. 6 ff.

[170] BT-Drs. 13/6424.

[171] Vgl. Sitzungsprotokoll des Deutschen Bundestages, 13/148, S. 13432.

[172] Siehe BT-Drs. 13/5584 und 13/6424.

[173] BT-Drs. 13/3353.

[174] BT-Drs. 13/4118.

[175] BT-Drs. 13/8079 vom 26.06.1997, S. 4.

[176] Korte, NJW 1997, S. 2556.

rung durchaus Anlass zu Zweifeln gegeben hatte, und der von Bundesregierung und den Regierungsfraktionen vorgeschlagene Tatbestand des § 298 StGB abgelehnt worden war.[177] Die Kritik der Sachverständigen zu diesem Punkt fand keine Beachtung.[178] Infolge dessen nahm der Bundestag aufgrund der wohl grundsätzlich bestehenden Einigkeit im Hinblick auf die Notwendigkeit der Strafbarkeit unlauterer Submissionsabsprachen und der damaligen Mehrheitsverhältnisse die inhaltlich identischen Gesetzesentwürfe der Bundesregierung und der Regierungsfraktionen an.[179] Das am 4. Juli 1997 auch vom Bundesrat[180] beschlossene „Gesetz zur Bekämpfung der Korruption" vom 13. August 1997 wurde am 19. August 1997 verkündet und trat am 20. August 1997 in Kraft.[181]

III. Weitere Gesetzgebung (ab 1997)

In der Folgezeit wurde die Regelung der Art. 7 und 8 des Übereinkommens zur strafrechtlichen Bekämpfung von Korruption vom 27. Januar 1999[182] aufgegriffen.[183] Für § 299 StGB erfolgte eine Erweiterung auf den ausländischen Wettbewerb. Durch das Gesetz vom 22. August 2002[184] zur Ausführung der Gemeinsamen Maßnahme betreffend die Bestechung im privaten Sektor vom

---

[177] Vgl. Grützner, Sanktionierung von Submissionsabsprachen, S. 407 m.w.N.; siehe auch Protokoll der 82. Sitzung des Rechtsausschusses des Bundestages, S. 45 ff.

[178] Ablehnend: *Lüderssen* und der Vertreter des Deutschen Industrie- und Handelstags *Möllering*, Protokoll der 82. Sitzung des Rechtsauschusses, S. 11 ff., 63 f. und 163 f.

[179] Vgl. Sitzungsprotokolle des Deutschen Bundestages 13/184, S. 16644 ff. Siehe auch BR-Drs. 482/97; zusammenfassende Übersicht des Gesetzgebungsverfahrens bei Korte, NStZ 1997, S. 513 ff.

[180] BR-Drs. 482/97 (Beschluss).

[181] Gesetz vom 13.08.1997 (BGBl. I, S. 2038 ff.).

[182] Strafrechtsübereinkommen über Korruption, Straßburg, 27.1.1999 (Bereinigte Übersetzung zwischen Deutschland, Österreich und der Schweiz abgestimmte Fassung), abrufbar unter: http://conventions.coe.int/Treaty/GER/Treaties/Html/173.htm; sowie das Zusatzprotokoll zum Strafrechtsübereinkommen über Korruption Straßburg, 15.5.2003 (Bereinigte Übersetzung zwischen Deutschland, Österreich und der Schweiz abgestimmte Fassung), abrufbar unter: http://conventions.coe.int/Treaty/GER/Treaties/Html/191.htm.

[183] Vgl. dazu BT-Drs. 14/8998; LK-*Tiedemann*, § 299 Rn 3.

[184] Gesetz zur Ausführung der Gemeinsamen Maßnahme betreffend die Bestechung im privaten Sektor vom 22.08.2992 (BGBl. I, S. 3387).

22. Dezember 1998[185] wurde Abs. 3 hinzugefügt, mit dem die Strafbarkeit von Korruption im Geschäftsverkehr ausdrücklich auf Auslandssachverhalte erstreckt wird.[186] Danach gelten die Absätze 1 und 2 „auch für Handlungen im ausländischen Wettbewerb“. Derzeit sieht der Gesetzgeber eine weitere Anpassung des § 299 StGB an die Vorgaben des Rahmenbeschlusses 2003/668/JI und des Korruptionsübereinkommens des Europarates vor.[187]

F. Zusammenfassung und Stellungnahme

Das rechtspolitische Ziel des Korruptionsbekämpfungsgesetzes war unter anderem eine verbesserte Strafverfolgung von korruptivem Verhalten in der Wirtschaft. Der neue Abschnitt der Straftaten gegen den Wettbewerb soll nach Auffassung des Gesetzgebers verdeutlichen, dass der Schutz des Wettbewerbs eine wichtige Aufgabe des Staates ist, zu dessen Schutz Regelungen im Strafgesetzbuch erforderlich erscheinen. Ferner sollte das Bewusstsein von Gesellschaft, Wirtschaft und Verwaltung dahingehend geschärft werden, dass es sich

---

[185] ABl. EG Nr. L 358/2 vom 22.12.1998. Die gemeinsame Maßnahme vom 22.12.1998 wurde jedoch durch Art. 8 und 11 des Rahmenbeschlusses 2003/568/JI des EU-Rats vom 22.07.2003 zur Bekämpfung der Bestechung im privaten Sektor (ABl. EU NR. L 192 vom 31.07.2003) mit Wirkung vom 31.07.2003 aufgehoben. Der Rahmenbeschluss verpflichtete die Mitgliedstaaten, bis zum 22.07.2005 folgende vorsätzlichen Handlungen im Rahmen von Geschäftsvorgängen unter Strafe zu stellen:
„Art. 2 (1): ...Handlungen, bei denen jemand unmittelbar oder über einen Mittelsmann einer Person, die für ein Unternehmen im privaten Sektor in leitender oder sonstiger Stellung tätig ist, einen unbilligen Vorteil für diese Person selbst oder für einen Dritten verspricht, anbietet oder gewährt, damit diese Person unter Verletzung ihrer Pflichten eine Handlung vornimmt oder unterlässt;
Handlungen, bei denen jemand, der in einem Unternehmen im privaten Sektor in leitender oder sonstiger Stellung tätig ist, unmittelbar oder über einen Mittelsmann für sich oder für einen Dritten einen unbilligen Vorteil als Gegenleistung dafür fordert, annimmt oder sich versprechen lässt, dass er unter Verletzung seiner Pflichten eine Handlung vornimmt oder unterlässt.
(2) Absatz 1 gilt für Geschäftsvorgänge in Unternehmen mit oder ohne Erwerbszweck.
(3) Ein Mitgliedstaat kann erklären, dass er den Geltungsbereich von Absatz 1 auf Handlungen beschränkt, die im Zusammenhang mit der Beschaffung von Waren oder gewerblichen Leistungen eine Wettbewerbsverzerrung zur Folge haben oder haben können.“
[186] Zur Einführung des dritten Absatzes Randt, BB 2002, S. 2252 ff.
[187] BT-Drs. 16/6558; BR-Drs. 548/07.

bei Korruption im geschäftlichen Bereich und in der Wirtschaft um kriminelles Unrecht handelt.[188]

Die Änderungen durch das Korruptionsgesetz sind eine Reaktion auf rechtspolitische Forderungen der Strafrechtspraxis und zugleich eine Reaktion auf internationale Rechtsentwicklungen. Anhand der zahlreichen Gesetzesvorhaben und Auseinandersetzungen im Zusammenhang mit der Einführung des Straftatbestandes der wettbewerbsbeschränkenden Absprachen bei Ausschreibungen wird deutlich, wie kontrovers die Einführung dieser Vorschrift zum Schutz des Wettbewerbs diskutiert wurde. Die Übernahme des Tatbestandes der Bestechlichkeit und Bestechung im geschäftlichen Verkehr in das Strafgesetzbuch wurde im Vorfeld des Korruptionsbekämpfungsgesetzes ebenfalls unterschiedlich und zum Teil kritisch bewertet. Trotz Kritik und Zweifel hat man die Straftaten gegen den Wettbewerb durch das Korruptionsbekämpfungsgesetz in das Strafgesetzbuch eingeführt. In Anbetracht der im Rahmen der Bestrebungen um eine Harmonisierung des Wirtschaftsstrafrechts in der Europäischen Union vorzufindenden Bemühungen ist aber anzunehmen, dass die Diskussion um die Straftatbestände zum Schutz des Wettbewerbs in nächster Zeit noch nicht beendet ist.

---

[188] Ebenso zusammenfassend: *Heine* in: Schönke/Schröder: Vorbem §§ 298 Rn 1 mit zahlreichen weiteren Nachweisen.

2. Kapitel - Zur Strafwürdigkeit der Straftaten gegen den Wettbewerb

Mit dem Gesetz gegen Wettbewerbsbeschränkungen und dem Gesetz gegen den unlauteren Wettbewerb existieren bereits Vorschriften zum Schutz des Wettbewerbs. Umso mehr verwundert es, wie selbstverständlich neue und erweiterte Straftatbeständen, höhere Strafrahmen und Erleichterungen für die Ermittlungsarbeit zum Schutz des wirtschaftlichen Wettbewerbs vor Verabschiedung des Korruptionsbekämpfungsgesetzes gefordert wurden. Kommt der wirtschaftliche Wettbewerb als ein durch Strafrecht zu schützendes Rechtsgut überhaupt in Betracht?

Im Rahmen eines Gesetzesvorhabens, ein bestimmtes Verhalten durch die Schaffung eines neuen Straftatbestandes zu kriminalisieren, ist das zu schützende Interesse zu bestimmen. Der Gesetzgeber ist zum Erlass von Strafnormen nur dann berechtigt, wenn sie zur Wahrung und Sicherung der Lebensbedingungen unserer auf der Freiheit und Verantwortung der Lebensbedingungen basierenden Gesellschaft notwendig sind. Ob und welche Angriffe gegen schützenswerte Interessen einem Straftatbestand unterfallen, bestimmt sich nach deren Strafwürdigkeit und Strafbedürftigkeit.[189] Daher dürfen nur solche Verstöße gegen den Wettbewerb von natürlichen Personen unter Strafandrohung gestellt werden, die tatsächlich strafwürdig und strafbedürftig sind.[190]

A. Begriff der Strafwürdigkeit

Während die Strafwürdigkeit im Wesentlichen auf den wertrationalen Aspekt der Sozialschädlichkeit abstellt, berücksichtigt die Strafbedürftigkeit vorrangig das Zweckelement staatlichen Strafens.[191] Strafwürdig ist ein Verhalten, wenn es

---

[189] Frisch, FS-Stree/Wessels, S. 69; Otto, NJW 1979, S. 681, 683; Fürhoff, AG 2003, S. 80, 81; kritisch zu den Begriffen Strafwürdigkeit und Strafbedürftigkeit: Kasper, Erheblichkeitsschwelle, S. 24 ff. m.w.N.

[190] Vgl. *Dannecker/Biermann* in: Immenga/Mestmäcker, EG-Wettbewerbsrecht, Bd. 1, Vorbem. Art. 23 VO 1/2003 Rn 19.

[191] Altpeter, Strafwürdigkeit und Straftatsystem, S. 37 ff. Nach Auffassung von *Altpeter* ist eine terminologische Differenzierung beider Begriffe nicht notwendig. Dies führe lediglich zu Scheinproblemen als zur Lösung von Sachfragen. Deshalb sei es ausreichend von dem Begriff „Strafwürdigkeit" zu sprechen, wobei hierunter sämtliche verfassungsrechtlichen Kriterien in wert- und zweckrationaler Beziehung zu berücksichtigen seien.

ein Maß an Sozialgefährlichkeit oder Sozialschädlichkeit erreicht, das geeignet ist, die Beziehungen innerhalb der Gesellschaft erheblich zu gefährden oder zu schädigen.[192] Die Beurteilung ist anhand zweier Kriterien vorzunehmen. Sie erfolgt im Hinblick auf den Wert, der dem angegriffenen Interesse in der Gesellschaft beigemessen wird und der Verwerflichkeit der Angriffshandlung selbst. Das Verhältnis beider Kriterien zueinander ist so beschaffen, dass je höher der Rang des Rechtsgutes eingestuft wird, um so eher wird jede erhebliche Gefährdung oder Verletzung strafwürdig erscheinen. Hingegen ist ein Verhalten, das ein Rechtsgut mit geringem Rang beeinträchtigt, nur dann als strafwürdig einzuordnen, wenn den Angriffen gegen dieses Gut ein besonderer Unwertgehalt zukommt.[193] Somit ist für die Strafwürdigkeit eines Verhaltens dessen Handlungs- und Erfolgsunwert festzustellen.[194]

B. Handlungsunwert als Voraussetzung der Strafwürdigkeit

Die Bewertung der Strafwürdigkeit eines Verhaltens erfordert die Feststellung eines in der Verletzungshandlung liegenden sozialen Unwertes beschreibendes und die Verwerflichkeit der Angriffshandlung bewertenden Handlungsunwertes.[195] Nur solche Verhaltensweisen sind zu kriminalisieren, welche die Rechts- und Gemeinschaftsordnung in besonders starkem Maß verletzen. Sie müssen sich als unerträgliche Angriffe auf den Gemeinschaftsfrieden darstellen.[196] Im Folgenden wird untersucht, inwieweit den von den §§ 298 ff. StGB unter Strafe gestellten Tathandlungen ein sozialer Unwert und eine besondere Verwerflichkeit zugesprochen werden können.

---

[192] Zum Begriff der Strafwürdigkeit: Altpeter, Strafwürdigkeit und Straftatsystem, S. 30 ff.; Otto, Jura 1989, S. 24, 27; Otto, NJW 1979, S. 681, 683; Fürhoff, AG 2003, S. 80, 85; Otto, Grundkurs, § 1 Rn 49; kritisch zum Begriff Strafwürdigkeit: Kasper, Erheblichkeitsschwelle, S. 25 f.

[193] Vgl. LK-*Jescheck*, Einl. Rn 4; Otto, NJW 1979, S. 681, 683; Günther, Jus 1978, S. 8, 13.

[194] Vgl. Satzger, Submissionsbetrug, S. 51 f.; Otto, NJW 1979, S. 681, 683 m.w.N; Günther, JuS 1978, S. 8, 13; Bartmann, S. 160.

[195] Oldigs, Strafrechtliche Bekämpfung von Submissionsabsprachen, S. 99, 121 und 131; vgl. Kasper, Erheblichkeitsschwelle, S. 27 f.; eingehend zu Inhalt und Funktionen des Handlungsunwertes siehe: Rudolphi, FS-Maurach, S. 51 ff.

[196] Kasper, Erheblichkeitsschwelle, S. 28.

I. Handlungsunwert von Submissionsabsprachen

Bei den Submissionsabsprachen besteht die durch § 298 StGB erfasste Tathandlung in der Abgabe von abgesprochenen Angeboten bei einem Ausschreibungsverfahren als angeblich unabhängige, frei kalkulierte Offerten. Dabei kann in der Abgabe überhöhter Angebote in einer von der unternehmerischen Handlungsfreiheit, dem Wettbewerbsgedanken und der Privatautonomie geprägten sozialen Marktwirtschaft, in der jeder Unternehmer für die von ihm erwirtschafteten Erträge verantwortlich ist, mangels eines Kontrahierungszwangs für die Marktgegenseite grundsätzlich kein soziales Fehlverhalten gesehen werden.[197] Ein oder mehrere Unternehmen bieten einem potentiellen Auftraggeber eine bestimmte Leistung zu einem bestimmten Preis an. Diesem bleibt es überlassen, ob er das Angebot annimmt oder nicht. In diesem Zusammenhang ist es nicht als verwerflich anzusehen, dass das Angebot höher ist, als es sein könnte. Ein Anbieter muss dazu berechtigt sein, seine Ware teuerer anzubieten, solange er für diese genügend Abnehmer findet.

Diese Betrachtungsweise ändert sich aber dann, wenn die höheren Preise nicht auf geschickter kaufmännischer Tätigkeit beruhen, sondern durch eine Absprache mit anderen Anbietern über die Anhebung des Preisniveaus erzielt werden. Eine wirtschaftliche Betätigung wird nur dann gebilligt, wenn sie in Übereinstimmung mit den marktüblichen Regeln erfolgt. Da die Absprachen im wirtschaftlichen Verkehr eine Gefahr darstellen, werden sie mittels des Kartellrechts unabhängig von einer konkreten Auswirkung auf die Preise als Ordnungswidrigkeiten verfolgt.[198] Ein darüber hinausgehender, Sanktionen rechtfertigender Handlungsunwert liegt in Wettbewerbsverstößen allerdings grundsätzlich nicht.

1. Bedeutung des Ausschreibungsverfahrens

Eine andere Bewertung ergibt sich bei der Durchführung solcher Absprachen im Rahmen von Ausschreibungsverfahren. Dieses ist in unserem Wirtschaftsleben von großer Bedeutung.[199] Es ist kein besseres Verfahren bekannt, mit dem bei Objekten, die wegen ihrer konkreten Beschaffenheit keinen Marktpreis besitzen,

---

[197] Grützner, Sanktionierung von Submissionsabsprachen, S. 475.

[198] Oldigs, Strafrechtliche Bekämpfung von Submissionsabsprachen, S. 131 f.

[199] *Dannecker* in: NK-StGB, § 298 Rn 6.

der günstigste Anbieter und damit der Wert ermittelt werden kann.[200] Außerdem macht es in größeren, unüberschaubaren Einheiten – Behörden oder große Unternehmen – den Vergabevorgang und die abschließende Entscheidung transparent, so dass hier Unregelmäßigkeiten wesentlich besser zu entdecken und zu bekämpfen sind, als dies bei Verhandlungen des zuständigen Beschäftigten mit den Anbietern der Fall wäre. Ein ordnungsgemäßes Ausschreibungsverfahren bietet für den Ausschreibenden die Gewähr, bei komplexen Großprojekten, deren Wert sich ex-ante nicht genau bestimmen lässt, einen Marktpreis und im laufenden Verfahren eine größtmögliche Transparenz zur Verhinderung von Bevorzugungen oder Bestechungen zu erhalten. Diese Vorzüge machen dieses Verfahren sowohl für den öffentlichen wie auch für den privaten Auftraggeber unentbehrlich.

Bei den öffentlichen Auftraggebern kommt noch der Gesichtspunkt hinzu, dass der Staat bei der Aufgabe, einen reibungslosen und geordneten Ablauf des wirtschaftlichen, gesellschaftlichen und kulturellen Lebens in der Gesellschaft zu schaffen und zu gewährleisten, auf die Mitwirkung der privaten Unternehmen angewiesen ist. Da sich der Staat die hierfür erforderlichen Mittel von den Bürgern in Form von Steuern und Abgaben beschaffen muss, ist er im Gegenzug zu einer optimalen Verwendung des Steueraufkommens verpflichtet. Er muss seine Ausgabenpolitik so ausrichten, dass er für die zur Verfügung stehenden Mittel ein Maximum an Leistungen erhält. Deshalb ist auch der Staat darauf angewiesen, durch das Ausschreibungsverfahren möglichst günstige Anbieter zu finden.[201] Daneben dient das Submissionsverfahren auch und gerade der Wahrung einer größtmöglichen Objektivität bei der staatlichen Auftragsvergabe. Es konkretisiert somit den unsere Wirtschaftsordnung bestimmenden Wettbewerbsgedanken in Teilbereichen, in denen zu dessen Durchsetzung ein besonderer Kontrollmechanismus erforderlich ist.

Mit dem effektiven Bieterwettbewerb geht auch die notwendige Chancengleichheit der einzelnen Bieter einher. Diese Funktion des Wettbewerbs wird beeinträchtigt bzw. außer Kraft gesetzt, wenn Ausschreibungskartelle gebildet werden.[202]

---

[200] Vgl. Tiedemann, Kartellrechtsverstöße, S. 117.

[201] Zur besonderen Bedeutung des Vergabeverfahrens vgl. LK-*Tiedemann*, Vor § 298 Rn 4.

[202] *Dannecker* in: NK-StGB, Vor § 298 Rn 14.

2. *Verfälschung des Vergabeverfahrens*

Die Kartellmitglieder nehmen an dem Vergabeverfahren unter Missachtung seiner grundlegenden Regeln teil. Sie täuschen dem Auftraggeber vor, das von ihm zur Vergabe seines Auftrags gewählte Ausschreibungsverfahren laufe ordnungsgemäß ab. Tatsächlich wird durch die Absprache der Zweck des Verfahrens vereitelt. Mit der Abgabe der abgesprochenen Angebote täuschen die Anbieter zum einen den Auftraggeber über das Entstehen ihres Angebots und umgehen das Verfahren als solches.[203] Infolge dessen wird ein ordnungsgemäßer Wettbewerb ausgeschaltet. Vielmehr wird durch die Abgabe übersetzter Angebote darüber hinaus auch noch zusätzlich echtes Wettbewerbsverhalten verhindert. In der Verfälschung des Vergabeverfahrens durch die Abgabe abgesprochener Angebote liegt ein über das Maß bloßer Wettbewerbsbeschränkungen hinausgehender sozialer Unwert[204], denn das Verhalten weist ein erhebliches Täuschungspotential auf, das ähnlich wie bei § 263 StGB einen Handlungsunwert begründet.[205] Hinzu tritt eine Steigerung des Unrechts bei kollusivem Zusammenwirken der Kartellmitglieder mit Mitarbeitern der Vergabestellen.[206] Die oftmals unlautere Preisabsprachen im Rahmen eines Submissionsverfahrens unterstützende Korruption verstärkt den sozialen Unwertgehalt solcher Absprachen. Zusätzlich begründet die Tendenz zur Wiederholung derartiger Absprachen eine besondere volkswirtschaftliche Schädlichkeit.[207] Der Handlungsunwert liegt bei den Submissionsabsprachen also neben der Täuschung in der Unterwanderung des für eine kontrollierbare und günstige Auftragsvergabe unbedingt notwendigen Ausschreibungsverfahrens.[208]

II. Handlungsunwert von Bestechlichkeit und Bestechung im geschäftlichen Verkehr

Bei der Bestechlichkeit nach § 299 Abs. 1 StGB besteht die Tathandlung darin, dass ein Angestellter oder Beauftragter eines geschäftlichen Betriebs im geschäftlichen Verkehr einen Vorteil für sich oder einen Dritten als Gegenleistung

---

[203] Tiedemann, Kartellrechtsverstöße, S. 115.

[204] So Grützner, Sanktionierung von Submissionsabsprachen, S. 475.

[205] LK-*Tiedemann*, Vor § 298 Rn 4 m.w.N.

[206] Wessels/Hillenkamp, BT/2, § 16 Rn 700; Tiedemann, FS-Müller-Dietz, S. 905, 910.

[207] Tiedemann, FS-Müller-Dietz, S. 905, 911; LK-*Tiedemann*, Vor § 298 Rn 4.

[208] Oldigs, Strafrechtliche Bekämpfung von Submissionsabsprachen, S. 132 f.

fordert, sich versprechen lässt oder annimmt. Dabei muss der Täter die Absicht haben, einen anderen bei dem Bezug von Waren oder gewerblichen Leistungen im Wettbewerb in unlauterer Weise zu bevorzugen. Die Tathandlung des § 299 Abs. 2 StGB ist das Anbieten, Versprechen oder Gewähren eines Vorteils an einen Angestellten oder Beauftragten eines geschäftlichen Betriebes als Gegenleistung für eine zukünftige unlauteres Bevorzugung des Täters oder eines Dritten bei dem Bezug von Waren oder gewerblichen Leistungen. Bestechung und Bestechlichkeit, auch umgangssprachlich als sog. Schmieren bezeichnet, ist nicht nur im öffentlichen Sektor, sondern auch in der Privatwirtschaft anzutreffen. Mit der Übernahme des § 12 UWG a.F. in das Strafgesetzbuch wollte der Gesetzgeber das Bewusstsein der Bevölkerung schärfen, „dass es sich auch bei der Korruption im geschäftlichen Bereich, um eine Kriminalitätsform handelt, die nicht nur die Wirtschaft selbst betrifft, sondern Ausdruck eines allgemein sozialethisch missbilligten Verhaltens ist".[209]

Grundsätzlich kann man es in einer freien Marktwirtschaft nicht als sozialethisch missbilligend ansehen, wenn im geschäftlichen Verkehr ein Geschäftspartner seinen Geschäftspartnern oder Angestellten als Belohnung materielle Vorteile zuwendet, wenn diese seine Waren absetzen oder Dienstleistungen erbringen. Dies beurteilt sich jedoch anders, wenn die Waren oder Dienstleistungen aufgrund einer unlauteren Absprache abgenommen bzw. erbracht werden. Dem Wettbewerbsgedanken liegt die Überlegung zu Grunde, dass in einer freien Marktwirtschaft jeder die gleichen wirtschaftlichen Chancen hat. Vereinbaren Geschäftspartner Vorteile für die Bevorzugung der eigenen Waren bzw. Dienstleistungen, widerspricht dies dem Wettbewerbsgedanken. Der freie Wettbewerb soll eine optimale Ressourcenallokation bewirken, wobei grundsätzlich die Leistung der jeweiligen Wettbewerber den Maßstab für die Verteilung liefert.

Zugleich legitimiert der freie Wettbewerb durch Verfahren grundsätzlich das durch ihn bewirkte Ergebnis, übermäßige wirtschaftliche Macht zu binden und individuelle Leistungsfähigkeit zur Entfaltung zu bringen.[210]

---

[209] BT-Drs. 13/5584, S. 15; vgl. Lackner/Kühl, § 299 Rn 1.

[210] *Heine* in: Schönke/Schröder, Vorbem. §§ 298 Rn 2.

Das Schmiergeldunwesen stellt nach Auffassung des Gesetzgebers eine Bedrohung für den Leistungswettbewerb dar.[211] Das Schmieren verfälscht den Wettbewerb und beeinträchtigt die Chancengleichheit in der sozialen Marktwirtschaft. Es setzt an Stelle des Vergleichs der Waren und Preise eigennützige Erwägungen des „Geschmierten".[212] Folglich handelt es sich bei den Tathandlungen des § 299 StGB um unlautere Einflussnahmen in den Wettbewerb, die geeignet sind, sachwidrige Marktentscheidungen zu begünstigen. Sachwidrige Entscheidungsfaktoren sind geeignet, das Allgemeininteresse an lauteren Wettbewerbsbedingungen zu beeinträchtigen und wirtschaftliche Interessen von Mitbewerbern und Geschäftsherren zu gefährden.[213] Genauso verwerflich handelt, wer schmiert, denn er gefährdet das anständige Gebaren im wirtschaftlichen Wettbewerb und schwächt die wettbewerbliche Position anderer.[214] Beide Tathandlungen untergraben die geschäftlichen Sitten und Gebräuche. Zudem verteuert es die Preise, denn das Schmiergeld wird bei der Preiskalkulation miteinbezogen.[215] Das Schmieren, also Bestechung und Bestechlichkeit, führt somit zu einer Verfälschung des Wettbewerbs.[216] Hinzu tritt, dass der Bestochene interne Pflichten etwa gegenüber seinem Arbeitgeber verletzt, um ungerechtfertigte Vorteile zu erhalten.[217]

Neben der Verfälschung des Wettbewerbs liegt der soziale Unwert der Tathandlungen also darin, dass Mitbewerber und Kunden über Waren oder Dienstleistungen getäuscht und wirtschaftliche Entscheidungen durch sachfremde Kriterien beeinflusst werden. Ethisch zu missbilligen sind die Angriffshandlungen auch deshalb, weil es zu einem kollusiven Zusammenwirken von Marktteilnehmern zum Nachteil anderer kommt. Demnach kann man den Tathandlungen des § 299 StGB den Handlungsunwert nicht absprechen.

---

[211] BT-Drs. 13/3353, S. 8.
[212] Vgl. Sievers, Bestechung und Bestechlichkeit von Angestellten, S. 50.
[213] *Heine* in: Schönke/Schröder, § 299 Rn 2 und 19.
[214] Sievers, Bestechung und Bestechlichkeit von Angestellten, S. 53.
[215] Pfeiffer, FS-Lampe, S. 129, 145.
[216] Vgl. LK-*Tiedemann*, § 299 Rn 10 f.; Schaupensteiner, Kriminalistik 1996, S. 306, 309.
[217] Ransiek, StV 1996, S. 446, 453.

C. Erfolgsunwert als Voraussetzung der Strafwürdigkeit

Der Unrechtsgehalt einer Straftat wird zudem durch den Erfolgsunwert, d.h. die Verletzung oder Gefährdung eines Schutzobjektes, bestimmt.[218] Zur Begründung des Erfolgsunwertes wird bei den Delikten des 26. Abschnitts in erster Linie auf das Schutzgut des freien Wettbewerbs abgestellt. Zwar sollen die Straftatbestände gegen den Wettbewerb auch andere Rechtsgüter schützen. Für die vorliegende Untersuchung, ob das Strafrecht als Schutzinstrument des Wettbewerbs in Betracht kommt, sind die anderen Schutzgüter auszuklammern, denn die vorliegenden Untersuchung konzentriert sich nur auf den freien Wettbewerb als mögliches Schutzgut.

Der wirtschaftliche Wettbewerb, den die Abschnittsüberschrift als gemeinsames Rechtsgut der §§ 298, 299 StGB ausweist, wird als das leitende Grundprinzip der deutschen Wirtschaftsordnung bezeichnet. Er gilt trotz zahlreicher Wandlungen der wirtschaftstheoretischen Grundaussagen und Annahmen „als Motor höchster ökonomischer Leistungsfähigkeit bei größtmöglicher Freiheitssicherung“.[219] Dennoch sind die Meinungen in der Strafrechtswissenschaft geteilt, ob der Wettbewerb als Schutzgut eines Straftatbestandes anzuerkennen ist. Einerseits wird der freie Wettbewerb als Freiheit der Marktkonkurrenz als zu schützendes Rechtsgut anerkannt. Andere Stimmen in der Literatur lehnen ein durch Strafrecht zu schützendes Rechtsgut Wettbewerb ab. In diesem Abschnitt wird untersucht, ob das Rechtsgut Wettbewerb – ebenso wie Individualrechtsgüter – eine verfassungsgemäße oder eine allgemein gesellschaftstheoretische Grundlage aufweist, um strafrechtlichen Schutz zu legimitieren.

Die Untersuchung beginnt mit einer Darstellung des Meinungsstandes und theoretischen Vorüberlegungen zum Begriff des Wettbewerbs. Anhand von Bedeutung und Funktionen des Wettbewerbs soll aufgezeigt werden, welchen grundsätzlichen Stellenwert der Wettbewerb in unserer Gesellschaftsordnung hat. Anschließend wird erörtert, ob der Wettbewerb als Rechtsgut, welches durch das Strafgesetzbuch Schutz erfahren soll, in Betracht kommt. Diese Erörterung erfolgt in drei Schritten: Zunächst werden Aufgaben und Legitimation des Strafrechtsschutzes abstrakt dargestellt. In diesem Zusammenhang erfolgt die Fest-

---

[218] Wessels/Beulke, AT, § 1 Rn 15; LK-*Jescheck*, Einl. Rn 4.

[219] LK-*Tiedemann*, Vor §§ 298 Rn 4; Tiedemann, FS-Müller-Dietz, S. 905, 910.

stellung, ob der Schutz des Wettbewerbs der Zweck des Strafrechts gerecht werden kann. In einem zweiten Schritt wird untersucht, ob sich auf Verfassungsebene Anhaltspunkte finden lassen, den Schutz des Wettbewerbs durch das Strafrecht zu legitimieren. Schließlich erfolgt in einem letzten Schritt eine Auseinandersetzung mit den unterschiedlichen Auffassungen im rechtswissenschaftlichen Schrifttum, ob der Schutz des Wettbewerbs durch Strafrecht angemessen ist. Eine eigene Stellungnahme bildet den Abschluss dieses Kapitels.

I. Meinungsstand in der Rechtswissenschaft

1. Meinungsstand zum Wettbewerb als Schutzgut des § 298 StGB

Die rechtspolitische Diskussion, ob der Wettbewerb als ein vom Strafrecht zu schützendes Rechtsgut angesehen werden kann, erfolgte in erster Linie im Zusammenhang mit der Einführung des § 298 StGB durch das Korruptionsbekämpfungsgesetz. Die ganz überwiegende Meinung sieht das Rechtsgut des Wettbewerbs – ausgehend vom Wortlaut der Überschrift des 26. Abschnitts – als „Institution des Wirtschaftslebens".[220] Zur Begründung wird angeführt, dies folge sowohl aus der Begründung des Regierungsentwurfs als auch aus der Tatsache, dass das Tatbestandsmerkmal der Rechtswidrigkeit der Absprache auf das GWB mit seinem insgesamt institutionellen Wettbewerbsschutz verweist.[221] Schützenswert sei die marktwirtschaftliche Gesellschaftsordnung als Ganzes, für die das Funktionieren des auf dem Leistungsprinzip beruhenden Wettbewerbs und das Bewusstsein der Bevölkerung von der Rationalität und Öffentlichkeit des Marktes konstituierend sind.[222] Demgegenüber wird vereinzelt im rechtswissenschaftlichen Schrifttum vertreten, das Strafrecht sei kein taugliches Instru-

---

[220] *Heine* in: Schönke/Schröder, § 298 Rn 1; Tröndle/Fischer, § 298 Rn 2 und Vor § 298 Rn 6; Kindhäuser, LPK-StGB, § 298 Rn 1; Lackner/Kühl, § 298 Rn 1; *Dannecker* in: NK-StGB, § 298 Rn 11; *Rudolphi* in: SK-StGB, § 298 Rn 3 und 5; Maurach/Schroeder/Maiwald, § 68 Rn 2; Achenbach, WuW 1997, S. 958, 959; Dölling, ZStW 112 (2000), S. 334, 348; König, JR 1997, S. 397, 402; Wolters, JuS 1998, S. 1100, 1102; *Achenbach* in: Achenbach/Ransiek, Hdb. Wirtschaftsstrafrecht, Kap. III 4 Rn 11; *Schubert* in: Wabnitz/Janovsky, § 12 Kap. Rn 94; LK-*Tiedemann*, § 298 Rn 9 m.w.N.; Dölling, ZStW 112 (2000), S. 334, 348; *Gruhl* in: Müller-Gugenberger/Bieneck, Wirtschaftsstrafrecht, § 58 Rn 20; Otto, wistra 1999, S. 41, 42; Grützner, Sanktionierung von Submissionsabsprachen, S. 461; *Dannecker/Biermann* in: Immenga/Mestmäcker, GWB, Vor 81 Rn 144 ff.; Kuhlen, FS-Lampe, S. 743, 744 m.w.N.; Bartmann, S. 202 ff.; Pasewaldt, ZIS 2008, S. 84 f.; Krey/Hellmann, BT/2, § 15 Rn 534b; Hefendehl, Kollektive Rechtsgüter im Strafrecht, S. 278 ff.

[221] LK-*Tiedemann*, § 298 Rn 9.

[222] Vgl. Tröndle/Fischer, § 298 Rn 6.

ment für den Schutz von Rechtsgütern der Volkswirtschaft. Der Wettbewerb als ein strafrechtlich schützenswertes Kollektivrechtsgut sei daher grundsätzlich abzulehnen.[223]

2. Meinungsstand zum Wettbewerb als Schutzgut des § 299 StGB

Geschützes Rechtsgut des § 299 StGB ist nach überwiegender Auffassung ebenfalls der freie Wettbewerb.[224] Die Vorschrift dient dem Interesse der Allgemeinheit an der Sicherung eines freien Wettbewerbs in seiner sozialen und rechtlichen Bedeutung für die Gesellschaft und den Einzelnen sowie dem Schutz potentieller Geschäftsinteressen von Mitbewerbern.[225] Ferner soll § 299 StGB auch den Schutz des Geschäftsherrn der Angestellten oder Beauftragten bei internen pflichtwidrigem Verhalten umfassen.[226] Hingegen stellt nach einer vereinzelten Ansicht § 299 StGB ein abstraktes Vermögensgefährdungsdelikt dar, da § 299 StGB den Schutz der Mitbewerber bezwecken soll, und dieser Schutz deren Vermögen betreffe.[227] Abstrakt sei der Schutz deshalb, weil ein konkreter Ver-

---

[223] Oldigs, wistra 1998, S. 291, 293; Oldigs, Strafrechtliche Bekämpfung von Submissionsabsprachen, S. 122 ff.; Lüderssen, BB 1996, S. 2528 ff.; *ders.*, BB 1996 (Beilage), S. 6 ff.; *Lüderssen* in: Dahs, S. 53 ff.; *Hohmann* in: MüKo, § 298 Rn 3; auch kritisch Möllering, WRP 1997, S. 933, 934 f.; Schroth, Strafrecht BT, S. 189

[224] BT-Drs. 13/5584, S. 9; BGHSt 31, 207, 209 = NJW 1983, S. 1919, 1920 = GRUR 1983, S. 330, 331; LK-*Tiedemann*, Vor §§ 298 Rn 5; *Heine* in: Schönke/Schröder, Vorbem. §§ 298 ff. Rn 2, § 299 Rn 2; Tröndle/Fischer, § 299 Rn 2; Kindhäuser, LPK-StGB, § 299 Rn 1; Lackner/Kühl, § 299 Rn 1; Winkelbauer, FS-Weber 2004, S.385, 386; Tiedemann, FS-Lampe, S. 759, 762; Haft/Schwoerer, FS-Weber, 2004, S. 367, 372; Bürger, wistra 2003, S. 130, 133; *Möhrenschlager* in: Dölling, Hdb. Korruptionsprävention, S. 431; vgl. Sievers, Bestechung und Bestechlichkeit von Angestellten, S. 49 f.; Joecks, Studienkommentar, § 299 Rn 1; Wessels/Hillenkamp, BT 2, § 17 Rn 702; hingegen a.A. Jaques, Bestechungsdelikte, S. 104 ff.; Szebrowski, Kick-Back, S. 163 f.; Pragal, Korruption innerhalb des privaten Sektors, S. 129 ff.; Pragal, ZIS 2006, S. 63, 69 ff.

[225] LK-*Tiedemann*, § 299 Rn 5; *Heine* in: Schönke/Schröder, § 299 Rn 2; Tröndle/Fischer, § 299 Rn 2; Lackner/Kühl, § 299 Rn 1; Achenbach, WuW 1997, S. 959, 960; Kleinmann/Berg, BB 1998, S. 277; Wolters, JuS 1998, S. 1100, 1103; *Diemer/Krick* in: MüKo, § 299 Rn 2.

[226] BGHSt 31, S. 207, 211; LK-*Tiedemann*, § 299 Rn 6; Tröndle/Fischer, § 299 Rn 2; Lackner/Kühl, § 299 Rn 1; Pfeiffer, FS-Gamm, S. 129, 133; *Diemer/Krick* in: MüKo, § 299 Rn 2; kritisch hierzu Pragal, ZIS 2006, S. 65 ff.

[227] So auch Ransiek, StV 1996, S. 446, 453; Nach *Ransiek* gehe es bei § 299 StGB (§ 12 UWG a.F.) nicht um ein diffuses öffentliches Schutzgut „Eindämmung des Schmiergeldunwesens“ oder ein von den tatsächlichen Interessen existierender Wettbewerber losgelöstes

mögensschaden nicht festgestellt werden müsse.[228] Auch nach anderer Auffassung soll § 299 StGB in erster Linie dem Schutz der Mitbewerber und erst in zweiter Linie dem redlichen Wettbewerb dienen.[229]

II. Theoretische Vorüberlegungen zum Begriff des Wettbewerbs

Grundlage der in der Bundesrepublik Deutschland bestehenden Wirtschaftsordnung einer sozialen Marktwirtschaft ist der Wettbewerb, der auf der Wettbewerbsfreiheit der Marktteilnehmer beruht. Die Wettbewerbsfreiheit ist Grundlage, Folge und Ziel von Wettbewerb. Bevor darauf eingegangen wird, ob der wirtschaftliche Wettbewerb als ein vom Strafrecht zu schützendes Rechtsgut in Betracht kommt, soll zunächst untersucht werden, was unter dem Begriff Wettbewerb zu verstehen ist und welche Funktionen und Aufgaben dem Wettbewerb in unserer Gesellschaft zukommen.[230]

1. Zur Begriffsbestimmung

Der Wettbewerbsbegriff wird weder im EG-Vertrag noch im GWB definiert.[231] Es gibt jedoch zahlreiche Versuche, den Begriff des wirtschaftlichen Wettbewerbs zu definieren.[232] Eine exakte Begriffsbestimmung ist allerdings kaum möglich[233], denn bei dem Wettbewerb handelt es sich um ein reales Phänomen.

„soziales Schutzgut des lauteren Wettbewerbs“, sondern wie auch bei dem Tatbestand des Geheimnisverrats (§ 17 UWG) um den Schutz wirtschaftlicher Interessen.

[228] Maurach/Schroeder/Maiwald, § 68 Rn 2.

[229] Pfeiffer, FS-Gamm, S. 129, 131.

[230] Ausgeklammert werden hierbei die unterschiedlichen Wettbewerbstheorien und deren Entwicklung. Die Entwicklung der Wettbewerbstheorie ist dargestellt bei Emmerich, Kartellrecht, S. 6 ff.; zu den einzelnen gegenwärtig diskutierten Wettbewerbstheorien siehe den Überblick bei Bunte, Kartellrecht, S. 7 f.; vgl. auch Rittner, FS-Kraft, S. 519, 522 ff.

[231] Wiedemann, Hdb. des Kartellrechts, § 1 Rn 3; Rittner/Dreher, Wirtschaftsrecht, § 15 Rn 41.

[232] Überblick bei: Köhler/Bornkamm, 1.6 Einl. m.w.N.; Immenga/Mestmäcker, GWB, § 1 Rn 134 ff. m.w.N.

[233] Vgl. Emmerich, Kartellrecht, S. 15 f. m.w.N.; Rittner, Wettbewerbs- und Kartellrecht, § 5 Rn 45. Nach Rittner/Dreher, Wirtschaftsrecht, § 15 Rn 45 kann der wirtschaftliche Wettbewerb weder hinsichtlich seiner Voraussetzungen (Marktformen/-strukturen) noch hinsichtlich seiner Abläufe (Marktverhalten) und Ergebnisse abschließend definiert werden, durch Gesetz ebenso wenig wie durch kartellbehördliche Maßnahmen.

Der Begriff lässt sich nur allgemein umschreiben.[234] Das Phänomen Wettbewerb bezeichnet den Wettkampf zwischen Unternehmen und anderen Wirtschaftssubjekten um die jeweils beste Leistung bzw. den größten Erfolg am Markt. Der Wettbewerb wird als Kernelement der Marktwirtschaft betrachtet. Voraussetzungen für den Wettbewerb sind Entscheidungs- und Handlungsfreiheit des Einzelnen, die sogenannte Wettbewerbsfreiheit, sowie Regeln und rechtliche Rahmenbedingungen, die einen fairen Wettbewerb ermöglichen und unfaire oder kriminelle Methoden oder wettbewerbswidriges Verhalten unterbinden. Anbieterwettbewerb ist etwa dadurch charakterisiert, dass mehrere, unabhängig voneinander (d.h. ohne Absprachen) nach Gewinn strebende Anbieter um den Abschluss von Verträgen mit Nachfragern kämpfen, so dass diese unter mehreren Anbietern wählen können. Diesen Mechanismus zwingt jeden einzelnen Anbieter, zu möglichst günstigen Bedingungen anzubieten und möglichst kostengünstig zu produzieren. Das wiederum bewirkt eine optimale Versorgung der Bevölkerung, da das am Eigeninteresse der Wirtschaftssubjekte orientierte Handeln durch die „unsichtbare Hand“[235] des Wettbewerbs in gesamtwirtschaftlich und gesellschaftspolitisch gewünschte Bahnen gelenkt wird.[236]

[234] Köhler/Bornkamm, 1.1 Einl.: Wirtschaftlicher Wettbewerb setzt die Freiheit der Marktteilnehmer voraus. Deshalb lässt sich nicht vorhersagen, welche Art von Marktprozessen sich aus der Ausübung dieser Freiheit ergeben. Wettbewerb ist in demnach ein Such-, Lern- und Informationsprozess. Jeder Versuch einer Definition würde Gefahr laufen, bestimmte Maßnahmen entweder nicht als wettbewerbsschädlich zu erfassen oder aber als wettbewerbsfremd einzustufen.

[235] Adam Smith, An Inquiry into the Nature and Causes of the Wealth of Nations, 5. Aufl., London 1789/München 1974, S. 371 ff.; Der Begriff „der unsichtbaren Hand“ stammt von Adam Smith, dem Gründervater der Volkswirtschaftslehre. Er behauptete, es reiche für das Gemeinwohl vollkommen aus, wenn jedes Individuum nur in seinem Eigeninteresse handeln würde, weil gerade das Streben nach eigenem Vorteil notwendigerweise dazu führe, dass das Allgemeinwohl gefördert werde. Jeder einzelne werde „in diesem wie auch in vielen anderen Fällen von einer unsichtbaren Hand geleitet, um einen Zweck zu fördern, den zu erfüllen er in keiner Weise beabsichtigt“ habe. Die Theorie der unsichtbaren Hand wird als Selbstorganisation des Marktes erklärt, die zur optimalen Allokation der Ressourcen führe. Das eigennützige Streben der wirtschaftenden Menschen oder Unternehmen trage im "System der natürlichen Freiheit" zum Wohl der gesamten Gesellschaft bei.

[236] Der Brockhaus Wirtschaft, S. 673 f.

2. Funktionen des Wettbewerbs

In der wettbewerbstheoretischen Literatur ist allgemein anerkannt, dass der Wettbewerb unterschiedliche wirtschafts- und gesellschaftspolitischen Funktionen übernimmt.[237] Neben der Steuerungs- und Ordnungsfunktion zählt man zu den wirtschaftspolitischen Funktionen auch die Verteilungs-, die Antriebs- oder Leistungs- und die Auslesefunktion des Wettbewerbs.[238] Wettbewerb bewegt die Marktteilnehmer zu ständigen Leistungsverbesserungen (Antriebsfunktion). Er steuert den Wirtschaftsablauf, und zwar auf der Grundlage von Angebot und Nachfrage, nicht aufgrund staatlicher Vorgaben (Steuerungsfunktion).[239] Damit verbunden ist eine Kontrolle des Verhaltens der einzelnen Marktteilnehmer (Ordnungs- oder Kontrollfunktion). Ineffiziente Marktteilnehmer oder Produkte werden ausgesondert, effektivere werden gefördert (Auslesefunktion). Schließlich verteilt der Wettbewerb das Einkommen nach Leistung, wobei die Leistung nicht nach sozialen Gesichtspunkten bemessen wird, sondern nach ihrer Durchsetzung am Markt (Verteilungsfunktion).[240] Die Bedeutung dieser Funktionen liegt darin, dass sich den Verbrauchern ohne Wettbewerb keine Möglichkeit bieten würde, eine ihren Präferenzen entsprechende Auswahl zu treffen, und die Anbieter demgegenüber aufgrund des fehlenden Konkurrenzdrucks die Preise beliebig festsetzen könnten und sich nicht um die Kostensenkungen bemühen müssten.[241]

Nach der gesellschaftspolitischen Funktion ist es Aufgabe des Wettbewerbs, für eine einigermaßen gleichmäßige Machtverteilung in Wirtschaft und Gesellschaft zu sorgen. Über die rechtliche Bindung privater Macht soll die individuelle Handlungsfreiheit der Marktpartner sowie die Gleichheit aller Rechtspersonen im wirtschaftlichen Verkehr gewährleistet werden.[242] Der Wettbewerb gilt daher

---

[237] Emmerich, Kartellrecht, S. 2 ff.; Köhler/Bornkamm, 1.25 Einl.; *Dannecker* in: NK-StGB, Vor § 298 Rn 11; Bunte, Kartellrecht, S. 4; eingehend hierzu: Kantzenbach, Funktionsfähigkeit des Wettbewerbs, S. 15 ff.

[238] Wiedemann, Hdb. des Kartellrechts, § 1 Rn 2; Emmerich, Kartellrecht, S. 3 ff.; Kantzenbach, Funktionsfähigkeit des Wettbewerbs, S. 17 f.

[239] Kantzenbach, Funktionsfähigkeit des Wettbewerbs, S. 17.

[240] Bechthold/Otting, Kartellgesetz, § 1 Rn 43.

[241] Emmerich, Kartellrecht, S. 4.

[242] Vgl. Bunte, Kartellrecht, S. 5; Rittner, Wettbewerbs- und Kartellrecht, § 5 Rn 41; Tiedemann, Kartellrechtsverstöße, S. 103 ff.

bei Einrichtung eines rechtlichen Ordnungsrahmens[243] und trotz zahlreicher Wandlungen der wirtschaftstheoretischen Grundaussagen und Annahmen als „Motor höchster ökonomischer Leistungsfähigkeit bei größtmöglicher Freiheitssicherung“. Wettbewerb lässt für den Verbraucher die günstigsten Preise entstehen[244] und wirkt einer Vermachtung der Märkte entgegen.[245]

3. Zwischenergebnis

Damit lassen sich zwei Grundfunktionen feststellen. Einerseits soll der freie Wettbewerb eine optimale Ressourcenallokation bewirken, wobei grundsätzlich die Leistung der jeweiligen Wettbewerber den Maßstab für die Verteilung liefert. Andererseits legitimiert der freie Wettbewerb zugleich durch Verfahren grundsätzlich das durch ihn bewirkte Ergebnis, übermäßige wirtschaftliche Macht zu binden und individuelle Leistungsfähigkeit zur Entfaltung zu bringen.[246] Neben dem Schutz individueller Handlungsfreiheiten werden durch den freien Wettbewerb Entfaltungsbedingungen des Einzelnen institutionell gewährleistet.[247] Als zentraler Bestandteil der sozialen Marktwirtschaft kann eine herausragende Bedeutung des freien Wettbewerbs in der Gesellschaft nicht bestritten werden.[248]

III. Legitimation von Strafrecht

Die Legitimation für den Einsatz des Strafrechts ergibt sich aus der Notwendigkeit für ein friedliches und geordnetes Zusammenleben in der menschlichen Gemeinschaft.[249] Die Einhaltung von Grundwerten und die Bewahrung des Rechtsfriedens in der staatlichen Gemeinschaft kann nur dadurch gesichert wer-

---

[243] Vgl. Rittner, FS-Kraft, S. 519, 532.

[244] Pasewaldt, ZIS 2008, S. 84, 85.

[245] Tiedemann, Kartellrechtsverstöße, S. 104 f.; LK-*Tiedemann*, Vor § 298 Rn 4 m.w.N.; vgl. auch Ritter, FS-Kraft, S. 519, 522; Dieser Grundgedanke liegt auch innerhalb der Gesetzgebungszuständigkeit des Art. 74 Nr. 16 GG: „Verhütung des Missbrauchs wirtschaftlicher Machtstellung“.

[246] *Heine* in: Schöne/Schröder, Vorbem. §§ 298 Rn 2.

[247] Wiedemann, Hdb. des Kartellrechts, § 1 Rn 2; vgl. Rittner/Dreher, Wirtschaftsrecht, § 15 Rn 44.

[248] So auch Möschel, Kriminalisierung von Submissionsabsprachen, S. 34.

[249] *Sternberg-Lieben* in: Hefendehl/von Hirsch/Wohlers, Rechtsgutstheorie, S. 65.

den, dass bestimmte sozialschädliche Verhaltensweisen mit Strafe geahndet werden können.[250]

1. Aufgabe des Strafrechts

Das Strafrecht dient nach allgemeiner Auffassung in erster Linie dem Rechtsgüterschutz, der Verwirklichung des Gemeinwohls, Wahrung des Rechtsfriedens und somit der Aufrechterhaltung der Ordnung innerhalb einer Gemeinschaft.[251] Bereits *Birnbaum* wies dem Strafrecht als Aufgabe den Schutz von Gütern zu.[252] Ebenso sahen *Binding* und *von Liszt* den Zweck der Strafe im Rechtsgüterschutz.[253] Demnach soll das Strafrecht wichtige Interesse des Einzelnen oder fundamentale Allgemeininteressen vor Verletzungen schützen.[254]

Zu diesen Grundwerten und Interessen zählen insbesondere Freiheit, Menschenwürde und andere universale Menschenrechte.[255] Einzelne Autoren im Schrifttum lehnen jedoch den Rechtsgüterschutz als Aufgabe des Strafrechts ab:

Welzel geht davon aus, dass die unmittelbare Funktion strafrechtlicher Zwangsanwendung in der kontrafaktischen[256] Stabilisierung von Normen liege.[257] Daher könne es nicht unmittelbare Aufgabe des Strafrechts sein, Rechtsgüter vor gegenwärtigen Beeinträchtigungen zu schützen. Bloßer Rechtsgüterschutz habe

---

[250] Statt vieler Wessels/Beulke, § 1 AT Rn 9.

[251] Statt vieler: Appel, KritV 1999, S. 278 m.w.N.; Günther, JuS 1978, S. 8, 9; vgl. BVerfGE 88, 203, 257; zum Rechtsgüterschutz aus amerikanischer Sicht siehe Dubber, ZStW 117 (2005), S. 485, 499 f.

[252] Birnbaum, Archiv des Criminalrechts, S. 149, 175 f.; vgl. auch Jäger, Rechtsgüterschutz, S. 7 ff.

[253] Von Liszt, Lehrbuch des Deutschen Strafrechts, S. 64 ff.; Binding, Lehrbuch des Gemeinen Deutschen Strafrechts, BT 1, S. 187 ff.

[254] Wessels/Beulke, AT, § 1 Rn 6; Baumann/Weber/Mitsch, AT, § 3 Rn 10 ff.; *Stree* in: Schönke/Schröder, Vorbem. §§ 38 ff. Rn 1 m.w.N.

[255] Roxin, AT I, § 2 Rn 8. Vgl. zu den Aufgaben des Strafrechts auch Günther, JuS 1978, S. 8, 9.

[256] Der Begriff Kontrafaktizität (gegen die Fakten) ist ein in der Philosophie und Wissenschaftstheorie verwendeter Begriff zur Kennzeichnung des Gegensatzes zwischen Behauptungen oder Gedankenmodellen und der Realität. Kontrafaktische Aussagen, d.h. solche, die der Wirklichkeit widersprechen, können unter bestimmten Bedingungen auch einfach als „falsch" klassifiziert werden.

[257] Welzel, Das Deutsche Strafrecht, S. 3.

lediglich eine negativ-vorbeugende, polizeilich-präventive Zielsetzung. Der Einsatz des Strafrechts setze Rechtsgüter daher schon voraus. Allerdings ist für *Welzel* die Stabilisierung von Normen weder Selbstzweck noch erschöpfe sich das Strafrecht im Schutz sozialethischer Gesinnungswerten, sondern das Strafrecht sei zumindest auch mittelbar auf den Schutz von Rechtsgütern ausgerichtet.[258]

Dem ist entgegenzuhalten, dass die Stabilisierung von Normen lediglich Mittel zum Zweck des Rechtsgüterschutzes ist. Es ist zwar richtig, dass ein wirksamer Rechtsgüterschutz nur durch das Verbot oder Gebot menschlichen Verhaltens, d.h. durch Bekämpfung von Verhaltensunwerten erzielt werden kann. Dennoch bestehen gegen eine derartige über den rein präventiven Rechtsgüterschutz hinausgehende Zielsetzung staatlichen Strafrechts Bedenken.

Denn immer dann, wenn das kriminalisierte Verhalten keine Gefahr für ein Rechtsgut begründet, bestünde die Strafdrohung allein, um das sozialethische Urteil der Bürger zu formen und ihre rechtstreue Gesinnung zu stärken.[259] Sie bestünde nicht, um die von ihr „bekämpfte" Verhaltensweise aus in ihr selbst liegenden Gründen zu verhindern, sondern allein deshalb, um in der Zukunft mögliche andere zu „bekämpfen". Das Ergebnis wäre, dass der Gesetzgeber eine selbst an sich überhaupt nicht zu bekämpfende Handlung zum Anlass nehmen könnte, um durch deren Bestrafung andere Zwecke, etwa solche der allgemeinen Abschreckung zu verfolgen. Mit unserer Verfassung wäre dies schwer zu vereinbaren.[260]

Demgegenüber vertreten *Jescheck/Weigend* den Standpunkt, der Rechtsgutbegriff diene heute dazu, das Strafrecht auf die Sanktionierung gemeinschädlichen Verhaltens zu beschränken. Maßgebend für die Einordnung als gemeinschädliches Verhalten sei die rechtspolitische Entscheidung, die sich an den im Grund-

---

[258] Welzel, Das Deutsche Strafrecht, S. 3.

[259] Vgl. auch Koriath, GA 1999, S. 561, 572, der sich auf die kantische Tradition beruft, Legalität und Moralität strikt zu trennen. Nach *Koriath* sei für die Rechtmäßigkeit einer Handlung lediglich entscheidend, ob diese geltendes Recht befolge, aber nicht mit welcher Absicht oder Gesinnung dies erfolgt.

[260] *Rudolphi* in: SK-StGB, Vor § 1 Rn 2 m.w.N.

gesetz enthaltenen Vorgaben zu orientieren habe.[261] Jedoch wird auch von diesen Autoren wie von der überwiegenden Meinung darauf abgestellt, dass ein Verhalten, das wichtige Interesse des Einzelnen oder fundamentale Allgemeininteressen verletzt, zu sanktionieren ist. Im Ergebnis läuft diese Ansicht somit ebenfalls auf einen Rechtsgüterschutz hinaus.

Jakobs verzichtet auf den Gedanken des Rechtsgüterschutzes und beschreibt die Aufgabe des Strafrechts als „Generalprävention durch Einübung in Normanerkennung".[262] Strafe erfolge zur Einübung in Normvertrauen und somit zur Einübung in Rechtstreue. Ziel sei die Verhinderung eines Normgeltungsschadens. Diese Ansicht ist jedoch zwei erheblichen Bedenken ausgesetzt. Zum einen sollte ein System wie das Strafrecht nicht um seiner selbst willen erhalten werden, sondern um der Menschen willen, die in der jeweiligen Gesellschaft leben.[263] Zum anderen kann diese Argumentation lediglich dann überzeugen, wenn man nach der Funktion des Strafrechts als Institution losgelöst von konkreten strafrechtlichen Normen fragt. Stellt man aber auf die einzelnen Normen ab, kommt es nach dem Verständnis von Normen als Erwartungen, an denen man auch im Fall der Enttäuschung festhalten will und der Bestrafung als Verarbeitung von Enttäuschungen darauf an, in welchen Fällen die Reaktion auf einen Normverstoß mit dem Vollzug von Strafen legitim erscheint.[264] Aufgrund der Tatsache, dass nicht jede Verhaltensnorm unterschiedslos durch Sanktionsnormen abgesichert werden soll, kann eine Beurteilung der Legitimität konkreter strafrechtlicher Normen nicht ohne Bezug zu dem geschützten Interesse vorgenommen werden.

Einen ähnlichen Standpunkt wie *Jakobs* vertritt *Amelung*. Nach dessen Auffassung ist der materielle Verbrechensbegriff dadurch zu begründen, dass durch Strafdrohung ein Sozialschaden verhindert werden müsse.[265] Ähnlich wie *Jakobs* greift auch er für seine Begründung auf eine soziale Systemtheorie zurück. Das Abstellen auf die Systemfunktionalität eines sozialschädlichen Verhaltens ist abzulehnen, denn hierdurch wird die beeinträchtigte Person nicht um ihrer selbst

---

261 Jescheck/Weigend, AT, § 26 I 2 m.w.N.

262 Jakobs, AT, 1. Abschnitt Rn 15; Jakobs, Schuld und Prävention, S. 10, 32 f.

263 Roxin, AT I, § 2 Rn 110.

264 Vgl. Wohlers, Deliktstypen S. 217, vgl. Müssig, Schutz abstrakter Rechtsgüter, S. 142.

265 Amelung, Rechtsgüterschutz, S. 330 ff.

willen geschützt, sondern nur um der Gesellschaft willen. Solange das Gesellschaftssystem im Ganzen unbeeinträchtigt bleibt, könnte man dieser Ansicht zufolge die Interessen des Einzelnen preisgeben. Um dies zu vermeiden ist nach Auffassung von *Amelung* eine Einschränkung durch die Wertentscheidungen des Grundgesetzes, insbesondere durch Art. 1 und 2 GG, erforderlich.[266] Hierdurch setzt sich *Amelung* in Widerspruch zu seiner Konzeption, denn letztlich werden über die Wertentscheidungen des Grundgesetzes Grundwerte, und damit Rechtsgüter, des Einzelnen geschützt. Lediglich die theoretische Einkleidung ist eine andere. Ferner wird nicht berücksichtigt, dass der Staat für den Einzelnen da ist, der um seiner selbst willen und nicht nur als Teil des sozialen Gesamtsystems zu schützen ist.[267]

Schließlich vertritt *Stratenwerth* den Standpunkt, sowohl Rechtsgutlehre als auch die gesellschaftstheoretischen Ansätze seien abzulehnen.[268] Der Begriff des Rechtsguts sei zu unklar[269], und die gesellschaftstheoretischen Ansätze würden lediglich abstrakte Hypothesen aufstellen.[270] Eine konkrete Aufgabe des Strafrechts gäbe es demnach nicht. Nach *Stratenwerth* beruht das Strafrecht also letztlich auf nicht weiter erklärbarer Verhaltensregeln.[271] Die gesellschaftliche oder gesetzgeberische Grundhaltung sei entscheidend, eine bestimmte Norm aufrechterhalten zu wollen oder andererseits ein Verhalten schlicht nicht zu wollen. Der Auffassung ist entgegenzuhalten, dass man die freiheitlich-liberale Grundlage des Strafrechts aufgibt, wenn man es für ausreichend hält, dass die Bevölkerung oder der Gesetzgeber etwas will oder nicht. Rechtsstaatlicher Gesetzgebungstechnik dürfte dies nicht entsprechen.[272]

Dennoch ist nach überwiegender Auffassung im rechtswissenschaftlichen Schrifttum Aufgabe des Strafrechts der Schutz von Rechtsgütern vor Verletzungen.[273] Dem Strafrecht den Rechtsgüterschutz als Aufgabe zuzuweisen, lässt sich

---

[266] Amelung, Rechtsgüterschutz, S. 389 f.

[267] Roxin, AT 1, § 2 Rn 116; vgl. die Kritik bei Hassemer, ZStW 87 (1975), S. 146, 161 ff.

[268] Stratenwerth/Kuhlen, AT, § 2 Rn 5 ff.

[269] Vgl. Stratenwerth, FS-Leckner, S. 377, 388.

[270] Stratenwerth/Kuhlen, AT, § 2 Rn 14.

[271] Stratenwerth/Kuhlen, AT, § 2 Rn 15.

[272] Roxin, AT I, § 2 Rn 119.

[273] Lackner/Kühl, Vor § 13 Rn 4; *Rudolphi* in SK-StGB, Vor § 1 Rn 2; Jescheck/Weigend, AT § 1 III 1; Baumann/Weber/Mitsch, AT, § 3 Rn 10 ff.; Kindhäuser, LPK-StGB, Vor § 1

als einen durch die Aufklärung inspirierten Versuch bezeichnen, dem Strafgesetzgeber ein plausibles und verwendungsfähiges Kriterium seiner Entscheidungen an die Hand zu geben und zugleich einen externen Prüfungsmaßstab für die Gerechtigkeit seiner Entscheidungen zu entwickeln.[274]

Das Strafrecht hat damit nicht nur die Aufgabe, die Rechtsunterworfenen vor Beeinträchtigungen anderer zu schützen, sondern auch vor staatlichen Zugriffen auf den Kernbereich von Freiheit und Menschenwürde.[275] Somit dient das Strafrecht auch dem Freiheitsschutz des Einzelnen.[276] Nur ein so freiheitlich legitimiertes Strafrecht lässt sich auch als rechtsstaatliches Strafrecht bezeichnen.[277] Im Hinblick auf ein rechtsstaatliches und freiheitssicherndes Strafrecht wird man mit der herrschenden Meinung dem Strafrecht die Aufgabe des Rechtsgüterschutzes zusprechen müssen.[278]

2. Maßstab zur Schaffung von Rechtsgütern

Der Rechtsgüterschutz ist aber nicht allein durch den Einsatz des Strafrechts zu verwirklichen. Vielmehr muss die gesamte Rechtsordnung hierzu beitragen. Das Strafrecht ist nur die letzte aller in Betracht kommenden Schutzmaßnahmen. Es darf nur dann eingesetzt werden, wenn andere Mittel der sozialen und gesellschaftlichen Problemlösungen, also nichtstrafrechtliche Sanktionsmöglichkeiten, scheitern.[279] Strafe wird als die „*ultima ratio* der Sozialpolitik" bezeichnet[280], deren Aufgabe subsidiärer Rechtsgüterschutz ist. Da das Strafrecht nur einen

---

Rn 13; LK-*Jescheck*, Vor § 13 ff. Rn 5 ff.; *Stree* in: Schönke/Schröder, Vorbem. §§ 38 ff. Rn 1; Naucke, Strafrecht § 6 Rn 59 ff.; Otto, Grundkurs, § 1 Rn 22; Roxin, AT I, § 2 Rn 7; *Joecks* in: MüKo, Einl. Rn 26; Günther, Jus 1978, S. 8, 9; Hassemer, ZRP 1997, S. 316, 318; Dubber, ZStW 117 (2005), S. 485, 501.

[274] *Hassemer/Neumann* in: NK-StGB, Vor § 1 Rn 115.

[275] Vgl. *Sternberg-Lieben* in: Hefendehl/von Hirsch/Wohlers, Rechtsgutstheorie, S. 66; Volk, JZ 1982, S. 85, 88; Albrecht, ZRP 2004, S. 1, 2 f.

[276] Vgl. Günther, JuS 1978, S. 8, 10; Schubert, Verbotene Worte, S. 276.

[277] Zum Freiheitsschutz als Aufgabe eines rechtsstaatlichen Strafrechts siehe Albrecht, Kriminologie, S. 93 ff.; Albrecht, Die vergessene Freiheit, S. 48 f.

[278] A.A. Sander, Grenzen instrumenteller Vernunft im Strafrecht, S. 6, nach deren Auffassung Strafrecht Rechtsverletzungslehre ist.

[279] Kempf, NJW 1997, S. 1729, 1730.

[280] Vgl. Albrecht u.a., Empfehlungen der Niedersächsischen Kommission zur Reform des Strafrechts und des Strafverfahrensrechts, S. 13.

Teil der Rechtsgüter und diesen auch nicht generell, sondern oft nur gegen einzelne Angriffsarten schützt, ist ein umfassender Schutz durch das Strafrecht nicht gegeben. Der Schutz des Strafrechts ist daher fragmentarisch.[281]

Die Erkenntnis, dass alle Strafgesetze einen fragmentarischen Charakter aufweisen geht auf *Binding* zurück. Nach dessen Ansicht weist das Strafrecht Lücken auf, die Handlungen ohne Strafe lassen, die ihrem Unwert nach gleich schwer wiegen wie andere, die im Gesetz beschrieben und damit strafbar sind. Nach *Binding* lässt sich der Gesetzgeber „die Handlungen vor die Füße spielen, die er dann lässig aufgreift, um sie wegen ihrer Unerträglichkeit zu Verbrechenstatbeständen zu erheben. Fassbar ist ihm ursprünglich nur die gröbere Form. Das Feine und Seltenere, ob es schon nicht fehlt, nimmt er nicht wahr oder weiß es nicht zu packen. Doch wiegt vielleicht dessen Unrechtsgehalt schwerer wie der des sanktionierten Deliktes.“[282]

Im Unterschied zur Auffassung von *Binding*, der diese Unstimmigkeit als Nachteil des gesetzgeberischen Werks ansah, wird heute die Forderung nach der fragmentarischen Ausgestaltung des Strafgesetzbuchs an den Gesetzgeber formuliert.[283] Der Grund dafür ist, dass Ausgangsbasis des Strafens zwar die sittlichen Wertvorstellungen der Allgemeinheit sein sollen. Zugleich soll die Strafgesetzgebung begrenzt werden. Der Staat darf angesichts des Gewichts, das die Strafe als Eingriff in die Sphäre des Einzelnen auf weist, nur dann strafen, wenn der Einzelne durch sein Verhalten auch einen wirklich schwerwiegenden Unwert realisiert hat. Des Weiteren dürfen derartige Handlungen nur unter der weiteren Voraussetzung unter Strafe gestellt werden, dass sie nicht nur sittlich anstößig sind, sondern auch für die strafende Gesellschaft ein erhebliches Maß an Sozialschädlichkeit aufweisen. Der Täter muss Rechtsgüter verletzen mit der Folge, dass sich andere konkret von seiner Handlung betroffen fühlen.[284]

---

[281] Maiwald, FS-Maurach, S. 9 ff.; Roxin, AT I, § 2 Rn 97; Wessels/Beulke, AT, § 1 Rn 9; Volk, JZ 1982, S. 85, 88; BVerfGE 90, 145, 213.

[282] Vgl. Binding, Lehrbuch des Gemeinen Deutschen Strafrechts, BT 1, S. 20.

[283] Kritisch Naucke, Strafrecht, § 2 Rn 13, nach dessen Auffassung der fragmentarische Charakter des Strafrechts eigentlich aus dem Satz „nullum crimen sine lege“ folgt; ferner Appel, Verfassung und Strafe, S. 411.

[284] Maiwald, FS-Maurach, S. 9, 10 f.

Infolge dessen ist die Implementierung eines Straftatbestandes nur dann legitim, wenn hierdurch ein menschlich und gesellschaftlich schützenswerte Interesse, das als strafrechtliches Rechtsgut qualifiziert werden kann, geschützt wird.[285] Nur die Verletzung sozialvertraglich gesicherter Freiheiten darf als Straftat gelten. Das zu schützende Rechtsgut „erhält einen systematischen Ort als negatives Kriterium einer legitimen Kriminalisierung“[286], d.h. ohne fassbare Rechtsgutsverletzungen kommt eine Straftat nicht in Betracht. Es stellt sich daher die Frage, ob sich der Gesetzgeber bei Schaffung der Straftatbestände des 26. Abschnitts an die Vorgaben der Rechtsgutlehre gehalten oder deren Grenzen überschritten hat.

a) Systemimmanentes und –transzendentes Rechtsgutskonzept

Die beiden in der Rechtsgutsdogmatik vertretenen Rechtsgutskonzepte unterscheiden sich dadurch, dass sie das Rechtsgut entweder aus dem Bezugssystem des positiven Rechts der geltenden Strafnormen oder aus dem Bezugssystem der in der gesellschaftlichen Realität faktisch existierenden Interessen heraus bestimmen.[287]

Infolge dessen hängt die Nutzbarkeit des Rechtsguts als systemimmanente Auslegungshilfe oder als vorpositiver, systemtranszendenter Legitimationsmaßstab maßgeblich von dem vertretenen Rechtsgutskonzept ab. Während ein systemimmanenter Rechtsgutsbegriff denklogisch keine „kritische Potenz“[288] gegenüber dem Strafgesetzgeber entfalten kann, vermag ein vorpositiver, systemtranszendenter Rechtsgutsbegriff lediglich in einem sehr begrenztem Umfang bei der Ermittlung von zulässigen Rechtsgütern von Nutzen sein.

---

[285] Vgl. Hassemer, GS-Schlüchter, S. 133, 152.

[286] Hassemer, ZRP 1992, S. 378, 380.

[287] Grützner, Sanktionierung von Submissionsabsprachen, S. 423 ff., untersucht ebenfalls, inwieweit sich der Lehre vom Rechtsgut als Aufgabe des Strafrechts, Erkenntnisse entnehmen lassen, anhand welcher Kriterien strafrechtlich schützenswerte Rechtsgüter zu bestimmen sind. Hierzu differenziert er, ebenso wie Hassemer, Theorie und Soziologie des Verbrechens, S. 19 ff., zwischen einem systemimmanenten und einem systemkritischen bzw. systemtranszendenten Rechtsgutsverständnis. Zur Gegenüberstellung von systemimmanenten und systemtranszendenten Rechtsbegriff siehe auch Müssig, Schutz abstrakter Rechtsgüter, S. 9; kritisch zum systemkritischen bzw. systemtranszendenten Rechtsgutsverständnis: *Leckner/Eisele* in: Schönke/Schröder, Vorbem §§ 13 ff. Rn 10.

[288] Der Begriff stammt von Frisch, FS-Stree/Wessels, S. 69, 72.

aa) Systemimmanentes Rechtsgutskonzept

Das systemimmanente[289] Rechtsgutskonzept orientiert sich ausschließlich am positiven Recht und stellt deshalb im Ergebnis nur eine zusammenfassende Denkform für den Sinn und Zweck einzelner Strafrechtssätze dar.[290] Danach gäbe es ohne Strafnormen auch keine Rechtsgüter im strafrechtlichen Sinn, sondern diese würden erst durch den Strafgesetzgeber geschaffen. In diesem Sinne formulierte *Honig*, dass „die Schutzobjekte nicht als solche existieren, sondern erst an Leben gewinnen, indem wir die Gemeinschaftswerte als Zweckobjekte der Strafrechtssätze ins Auge fassen".[291] Zugleich schützt aber bei diesem Verständnis jede Strafnorm, völlig unabhängig von der Strafwürdigkeit des Verhaltens, in Gestalt ihres Zwecks stets ein Rechtsgut. Ein solches, ausschließlich am positiven Recht orientiertes Rechtsgutskonzept hat jedoch gegenüber dem Gesetzgeber keinerlei, kritische, begrenzende Funktion.

bb) Systemtranszendentes Rechtsgutskonzept

Das systemtranszendente[292] Rechtsgutskonzept orientiert sich dagegen statt am positiven Recht an den unabhängig von ihm existierenden, mit Hilfe der Sozial- und Gesellschaftswissenschaften zu bestimmenden, schutzwürdigen menschlichen Lebensinteressen.[293] Mit einer gewissen Berechtigung wird allerdings darauf hingewiesen, dass eine vollständig stringente, vorpositive Orientierung nicht möglich sei und teilweise sogar behauptet, dass eine Wechselwirkung zwischen systemtranszendentem und –immanentem Rechtsgutsbegriff bestehe.[294] Wegen der Berührungspunkte des systemtranszendenten Rechtsgutskonzepts mit dem ebenfalls vorpositiv orientierten, materiellen Verbrechensbegriff verwundert es nicht, dass die sachlichen Kriterien zur inhaltlichen Bestimmung beider Begriffe

---

[289] Der systemimmanente Rechtsgutsbegriff wird auch als methodologischer, teleologischer, methodischer oder hermeneutischer Rechtsgutsbegriff bezeichnet.

[290] Honig, Einwilligung, S. 30; Rudolphi, FS-Honig, S. 151, 153.

[291] Honig, Einwilligung, S. 94.

[292] Der systemtranszendente Rechtsgutsbegriff wird auch als liberaler, kriminalpolitischer, systemkritischer, substanzieller, substanzorientierter oder materialer Rechtsgutsbegriff bezeichnet.

[293] Stächelin, Strafgesetzgebung im Verfassungsstaat, S. 33; vgl. Rudolphi, FS-Honig, S. 151, 155.

[294] Vgl. Krüger, Entmaterialisierungstendenz, S. 75.

in ähnlicher Weise umstritten sind.[295] Das systemtranszendente Rechtsgutskonzept besitzt zwar nur begrenzten Nutzen für die Auslegung eines Straftatbestandes, dafür kann hierdurch möglicherweise ohne Rückgriff auf das positive Recht untersucht werden, ob ein schützenswertes Interesse als strafrechtlich schützenswertes Rechtsgut in Betracht kommt.

cc) Stellungnahme

Gegen das systemimmanente Rechtsgutskonzept spricht, dass es keinen Nutzen für die Überprüfung der Legitimität von Strafrechtsnormen besitzt. Das Rechtsgut wird nach diesem Konzept erst aus dem Tatbestand selbst ermittelt, also positivistisch definiert. Damit ist es nicht möglich, dem Gesetzgeber Grenzen bei der Schaffung von Strafnormen aufzuzeigen. Ferner bestehen aber auch erhebliche Zweifel hinsichtlich seiner Leistungsfähigkeit als Auslegungshilfe. Das systemimmanente Rechtsgutskonzept versucht den Zweck einer Strafnorm wiederzugeben. Aus verfassungsrechtlicher Perspektive handelt es sich hierbei um das Erfordernis eines legitimen Zwecks eines Gesetzes als erste Prüfungsstufe der Verhältnismäßigkeit im weiteren Sinne.[296] Zur Festlegung und Begründung seiner Legitimität stellt der Gesetzgeber aber insbesondere bei der Vorarbeit in den Ausschüssen umfangreiche Überlegungen an, die in den Gesetzesmaterialien nachvollzogen werden können. Die in den Materialien niedergelegten Aspekte des Normzwecks können aber vielfach nicht mit einem Wort beschrieben werden, insbesondere dann nicht, wenn ein komplexer Tatbestand mehrere gleichwertige Schutzzwecke verfolgt.[297] Ein systemimmanentes Rechtsgutskonzept berücksichtigt dies nicht. Schließlich verhindert ein derartiges Rechtsgutskonzept eine selbsttätige Anpassung der Rechtsgüter an den gesellschaftlichen Wandel, denn ein Rechtsgut würde durch eine Strafnorm statisch geschaffen.[298]

Für das systemtranszendente Rechtsgutskonzept spricht jedoch sein Nutzen bei der Überprüfung der Legitimität eines Straftatbestandes. Nur von diesem Konzept des Rechtsgutsbegriffs sind Aufschlüsse über das Vorhandensein und die

---

[295] Siehe hierzu Appel, Verfassung und Strafe, S. 337 ff.; Hefendehl, Kollektive Rechtsgüter im Strafrecht, S. 5 ff.

[296] Appel, Verfassung und Strafe, S. 199 f.

[297] Vgl. Müssig, Schutz abstrakter Rechtsgüter, S. 152 ff., 170 f., 238.

[298] Vgl. Roxin, AT, § 2 V Rn 15.

Begründung möglicher Schutzobjekte im Strafrecht zu erwarten[299], denn nur hierdurch kann ohne Rückgriff auf bereits bestehende Rechtsnormen überprüft werden, ob ein schutzwürdiges Interesse als Rechtsgut eines Straftatbestands in Betracht kommt. Ein systemtranszendentes Rechtsgutsverständnis ist vorzuziehen, da nur dieses den Strafgesetzgeber begrenzen kann.[300]

Nur eine Analyse des vorpositiv existierenden schutzwürdigen Interesses bzw. Rechtsguts, vorliegend des Wettbewerbs, kann geeigneter Maßstab für die Überprüfung der Legitimität der §§ 298 ff. StGB sein.[301] Somit ist lediglich das systemtranszendente Rechtsgutskonzept geeignet, um festzustellen, ob der Wettbewerb als strafrechtlich schützenswertes Rechtsgut in Betracht kommt.

b) Unterscheidung - Individualrechtsgüter und Universalrechtsgüter

Im Rahmen der Rechtsgutstheorien wird zwischen Individual- und Universalrechtsgütern[302] unterschieden.[303] Je nachdem, ob bestimmte Güter vorrangig der Entfaltung der Persönlichkeit einzelner oder aller Mitglieder der Rechtsgesellschaft dienen, werden sie als Individualrechtsgüter oder Universalrechtsgüter bezeichnet.[304] Leben, Freiheit, körperliche Unversehrtheit, Eigentum oder Ehre sind Beispiele für Individualrechtsgüter. Wohingegen die Sicherheit des Staates, die Volksgesundheit, die Rechtspflege oder die Sicherheit des Straßenverkehrs Schutzgüter der Allgemeinheit, also Universalrechtsgüter darstellen.[305] Auch der freie Wettbewerb als Institution der Marktordnung ist kein Individual- sondern ein Universalrechtsgut.[306]

---

[299] Hassemer, Theorie und Soziologie des Verbrechens, S. 24; Grützner, Sanktionierung von Submissionsabsprachen, S. 426.

[300] Pragal, ZIS 2006, S. 63, 64 f.

[301] Vgl. Pragal, Korruption innerhalb des privaten Sektors, S. 104.

[302] Die Begriffe „Universalrechtsgüter" und „Kollektivrechtsgüter" bezeichnen in dieser Untersuchung die gleiche Art von Rechtsgütern.

[303] *Hassemer/Neumann* in: NK-StGB, Vor § 1 Rn 126 ff.; Wohlers, Deliktstypen, S. 221; Bereits *von Liszt* differenzierte danach, ob bestimmte Güter vorrangig der Entfaltung der Persönlichkeit einzelner oder aller Mitglieder der Rechtsgesellschaft dienen; von Liszt, Das Deutsche Strafrecht, S. 64 f.

[304] Otto, Grundkurs, § 1 Rn 33.

[305] Vgl. Wessels/Beulke, AT, § 1 Rn 7.

[306] BT-Drs. 13/5584, S. 12;

Die Notwendigkeit, Kollektivrechtsgüter durch das Strafrecht zu schützen, wird unter Hinweis auf die gesellschaftliche Entwicklung und den sozialen Wandel begründet[307] und erfolgt mit dem Ziel, Probleme in der modernen Gesellschaft (Umwelt, Wirtschaft, Drogen und organisierte Kriminalität) durch ein möglichst präventives Strafrecht bekämpfen zu wollen.[308] In der Strafrechtspolitik finden Kollektivrechtsgüter immer mehr Beachtung, was sich am Beispiel des Gesetzes zur Bekämpfung der Korruption vom 13. August 1997 zeigt.

Die Aufnahme der Straftaten gegen den Wettbewerb in das Strafgesetzbuch erfolgt mit der Intention des Gesetzgebers, die Freiheit des Wettbewerbs zu schützen, und die bedeutende Stellung des Wettbewerbs für die soziale Marktwirtschaft hervorzuheben.[309] Die Aufnahme der Straftaten gegen den Wettbewerb, die primär dem Schutz des freien Wettbewerbs dienen sollen, lässt sich aber nur rechtfertigen, wenn der Wettbewerb als Universalrechtsgut legitimer Schutzgegenstand einer strafbewehrten Norm sein kann. Daher ist zunächst herauszuarbeiten, in welchem Verhältnis Individual- und Kollektivrechtsgüter zueinander stehen, um festzustellen, ob für die beiden Kategorien von Rechtsgütern unterschiedliche Kriterien erfüllt werden müssen oder Beschränkungen bestehen, damit sie als Schutzgut einer strafrechtlichen Regelung in Betracht kommen.

aa) Dualistische Theorie

Nach der dualistischen Theorie ist zwischen Individual- und Kollektivrechtsgütern zu differenzieren.[310] Jede Kategorie steht für sich, eine Unterordnung unter einen gemeinsamen Oberbegriff findet nicht statt.[311] Demnach existieren zwei unterschiedliche und selbständige Typen von Rechtsgütern. Ausgehend von ei-

---

[307] Vgl. BT-Drs. 13/5584, S. 8 und 12. Danach werde mit der Aufnahme des 26. Abschnitts in das Strafgesetzbuch der Tatsache Rechnung getragen, dass sich heutzutage das Strafrecht nicht mehr auf den Schutz traditioneller Rechtsgüter wie Leib, Leben, Freiheit, Ehre, Eigentum und Vermögen beschränken dürfe, sondern auch überindividuelle Interessen einzubeziehen habe. Vgl. auch die Grundüberlegungen in den Entwürfen eines Ersten und Zweiten Gesetzes zur Bekämpfung der Wirtschaftskriminalität (BT-Drs. 7/3441 und BT-Drs. 10/318).

[308] Kritisch zu dieser Entwicklung insbesondere Albrecht, KritV 1993, S. 161 ff.; Naucke, KritV 1993, S. 135 ff.; Hassemer, ZRP 1992, S. 378 ff.

[309] Siehe oben 1. Kapitel F. Zusammenfassung und Stellungnahme.

[310] *Hassemer* in: AK-StGB, Vor § 1 Rn 271.

[311] Vgl. Tiedemann, Tatbestandsfunktionen im Nebenstrafrecht, S. 118 ff., insbesondere S. 119; Kasper, Erheblichkeitsschwelle, S. 17; *Hassemer* in: AK-StGB, Vor § 1 Rn 271.

nem solchen Verständnis ist es aber nicht möglich, bestimmte einheitliche Qualifikationen und Anforderungen an strafrechtlich zu schützende Rechtsgüter festzulegen.[312]

Zwar erscheint vorteilhaft, dass diese Ansicht davon entbunden ist, einen gemeinsamen Oberbegriff zu ermitteln. Zugleich wird jedoch die Entwicklung einer einheitlichen Rechtsgutstheorie unmöglich.[313] Schließlich hat diese Theorie einen weiteren Schwachpunkt, denn sie vermag nicht zu erklären, weshalb beide Kategorien trotz ihrer Trennung als strafrechtliche Schutzgüter zu begreifen sind und lässt die Frage offen, ob die beiden Kategorien überhaupt ein gemeinsames Merkmal aufweisen.[314] Die dualistische Theorie ist daher abzulehnen.

bb) Monistische Theorie

Im Unterschied hierzu stehen nach dem Standpunkt der monistischen Theorien Individual- und Kollektivrechtsgüter in einem Ableitungsverhältnis zueinander. Innerhalb der monistischen Theorien ist danach zu differenzieren, ob die Rechtsgüter einen Bezug zum Staat oder dem Individuum aufweisen. Während man die Entwicklung der Rechtsgüter in Bezug auf den Staat als monistisch etatistischen Ansatz bezeichnet, handelt es sich bei der Entwicklung im Hinblick auf das Individuum um einen monistisch personalen Ansatz. Die Ansätze unterschieden sich demnach danach, ob Kollektivrechtsgüter aus den Staatsfunktionen abgeleitet werden und damit Güter der Gesamtheit oder des Staates sind[315], oder ob sie von Interessen der einzelnen Personen abgeleitet werden, und infolge dessen der persönlichen Entfaltung des Einzelnen dienen.[316]

Nach dem erstgenannten Ansatz erscheint der Staat als übergeordneter Rechtsträger, denn die Güter desselben sollen geschützt werden. Da der Staat aber zugleich Gesetzgeber ist, wird man anhand des monistisch etatistischen Ansatz

---

[312] Grützner, Sanktionierung von Submissionsabsprachen, S. 428.

[313] *Hassemer/Neumann* in: NK-StGB, Vor § 1 Rn 128 f.; Kasper, Erheblichkeitsschwelle, S. 17; Hohmann, Rechtsgut der Umweltdelikte, S. 60.

[314] Kritisch hierzu: *Hassemer* in: AK-StGB, Vor § 1 Rn 273 ff.; Hassemer, Theorie und Soziologie des Verbrechens, S. 78; Kasper, Erheblichkeitsschwelle, S. 17; Grützner, Sanktionierung von Submissionsabsprachen, S. 428.

[315] Jescheck/Weigend, AT, § 26 I 4; vgl. Pragal, Korruption innerhalb des privaten Sektors, S. 106.

[316] *Hassemer/Neumann* in: NK-StGB, Vor § 1 Rn 128; vgl. Roxin, AT I, § 2 Rn 11.

keine rechtstaatlichen Beschränkungen herleiten können, um überindividuelle Interessen zu schützen.[317] Im Gegensatz dazu stellt der monistisch personale Ansatz bei der Ableitung von Kollektivrechtsgütern auf die Entfaltung des Individuums ab[318], so dass dieser bei der Schaffung von Straftatbeständen demnach für den Gesetzgeber zu einer Begrenzung der legitimerweise strafrechtlich zu schützender Interessen führt.[319] Nur eine solche (personale) Rechtsgutslehre kann sich auf eine liberale Staatskonzeption berufen.[320]

Die Frage, ob für Individual- und Kollektivrechtsgüter unterschiedliche Kriterien zu erfüllen sind oder Beschränkungen bestehen, damit sie als Schutzgut einer strafrechtlichen Regelung in Betracht kommen, hängt demnach davon ab, welchem der beiden oben genannten Ansätze man folgt. Der Rechtsgüterschutz hat sich an dem herrschenden Staatsverständnis und damit an dem Grundgesetz und darin enthaltenen Grundrechten und Wertentscheidungen zu orientieren.[321] Im Mittelpunkt der Wertentscheidungen unserer Verfassung steht der Mensch.[322] Das ergibt sich bereits aus der Stellung der Grundrechte. Als höchste Wertentscheidung unserer Verfassung gilt der in Art. 1 Abs. 1 GG normierte Schutz der Menschenwürde, der umfassend gewährleistet wird.[323] Der Mensch steht im Zentrum der verfassungsrechtlichen Werteordnung, wodurch hervorgehoben wird, dass der Staat um des Menschen willen existiert und nicht umgekehrt.[324]

Demnach erfüllt der Staat gegenüber dem Menschen eine dienende Funktion.[325] Dieser Funktion wird der monistisch etatistische Ansatz nicht gerecht, wenn Rechtsgüter von den Staatsfunktionen abgeleitet werden sollen. Ausgangspunkt

---

[317] Vgl. Hohmann, Rechtsgut der Umweltdelikte, S. 62; Kasper, Erheblichkeitsschwelle, S. 18.

[318] Vgl. *Hassemer/Neumann* in: NK-StGB, Vor § 1 Rn 137 f.; Stächelin, Strafgesetzgebung im Verfassungsstaat, S. 68 f.

[319] Kasper, Erheblichkeitsschwelle, S. 18.

[320] *Hassemer/Neumann* in: NK-StGB, Vor 1 Rn 133.

[321] Kasper, Erheblichkeitsschwelle, S. 19 m.w.N.

[322] Hefendehl, GA 2002, S. 21, 24.

[323] Vgl. BVerfGE 5, 85, 204; BVerfGE 6, 32, 40 f.; Jarass/Pieroth, Art. 1 Rn 2 m.w.N.

[324] BverfGE 7, 198, 205; *Starck* in: v. Mangoldt/Klein, GG, Art. 1 Rn 1; Schmidt-Bleibtreu/Klein, GG, Art. 1 Rn 1 und 4; Dreier, GG, Art. 1 I Rn 32; *Herdegen* in: Maunz/Dürig, GG, Art. 1 Rn 4.

[325] *Sternberg-Lieben* in: Hefendehl/von Hirsch/Wohlers, Rechtsgutstheorie, S. 65 f.

des gesetzgeberischen Handelns im Strafrecht ist der Schutz wichtiger Interessen des Einzelnen oder fundamentaler Allgemeininteressen vor Verletzungen.[326] Wobei letztere als Summe von Einzelinteressen zu begreifen sind. Zu diesen Grundwerten und Interessen zählen insbesondere Freiheit, Menschenwürde und andere universale Menschenrechte.[327] Somit kann nur das Individuum Ausgangspunkt staatlichen Handelns sein, und Rechtsgüter der Allgemeinheit sind von den zu schützenden Interessen des Einzelnen abzuleiten.[328] Die Konsequenz dieser monistischen Lehre auf Basis der Interessen des Einzelnen ist die personale Rechtsgutlehre.[329] Aufgrund unserer verfassungsrechtlichen Werteordnung ist der monistisch personale Ansatz, der auch als personale Rechtsgutslehre bezeichnet wird, zu bevorzugen.[330] Danach leiten sich Kollektivrechtsgüter von den Interessen des Individuums ab. Kollektivrechtsgüter, die nicht der Freiheit und Entfaltung des Individuums dienen, sind mit unserer verfassungsrechtlichen Werteentscheidung nicht vereinbar und daher abzulehnen.[331]

cc) Stellungnahme

Hierdurch erscheint eine Begrenzung bei der Schaffung von Universalrechtsgütern möglich, denn notwendige Voraussetzung ist stets, mittelbar die Entfaltungsbedingungen des Einzelnen zu schützen bzw. zu fördern.[332] Problematisch ist aber, ob der monistisch personale Ansatz tatsächlich geeignet ist, dem Strafgesetzgeber in seiner Entscheidung, bestimmte Interessen zu schützen, Grenzen zu setzen und ihn dahingehend zu kontrollieren, dass er zur Einführung eines bestimmten Straftatbestandes legitimiert ist. Es stellt sich daher die Frage, an-

---

[326] Wessels/Beulke, AT § 1 Rn 6; *Stree* in: Schönke/Schröder, Vorbem. §§ 38 ff. Rn 1.

[327] Roxin, AT I, § 2 Rn 8.

[328] So auch Kasper, Erheblichkeitsschwelle, S. 20; Hohmann, Rechtsgut der Umweltdelikte, S. 66 ff., insbesondere S. 73; vgl. *Sternberg-Lieben* in: Hefendehl/von Hirsch/Wohlers, Rechtsgutstheorie, S. 67 f.

[329] Grundlegend hierzu Hassemer, Theorie und Soziologie des Verbrechens, S. 85 f.; Zur Kritik an der personalen Rechtsgutslehre: Müssig, Schutz abstrakter Rechtsgüter, S. 191 ff.

[330] Vgl. *Hassemer/Neumann* in: NK-StGB, Vor § 1 Rn 133 ff.; Hassemer, GS-Schlüchter, 2002, S. 133, 156 f.; *Hassemer* in: AK-StGB, Vor § 1 Rn 274 ff.; Pragal, Korruption innerhalb des privaten Sektors, S. 105 f.

[331] *Rudolphi* in: SK-StGB, Vor § 1 Rn 1; Hassemer, Theorie und Soziologie des Verbrechens, S. 231 und 233; Kasper, Erheblichkeitsschwelle, S. 20; so auch Grützner, Sanktionierung von Submissionsabsprachen, S. 430.

[332] Vgl. *Hassemer* in: AK-StGB, Vor § 1 Rn 281.

hand welcher Merkmale festzustellen ist, dass ein bestimmtes Kollektivrechtsgut der persönlichen Entfaltung des Einzelnen dient und ob, ausgehend von dieser Zielsetzung, überhaupt eine Differenzierung von Individual- und Kollektivrechtsgütern möglich ist.

Grundlage jeglicher persönlicher Entfaltung ist die Anerkennung einer persönlichen Freiheitssphäre.[333] Aber in unserer modernen und komplexen Gesellschaft gibt es faktisch keine Freiheitsräume mehr. Der Einzelne kann nur insoweit von seiner Freiheit Gebrauch machen, ohne dass er in die Freiheitssphäre der anderen Gesellschaftsmitglieder eingreift.[334] Die Freiheit des Einzelnen in der Gesellschaft wird vor Beeinträchtigungen von außen geschützt. Daneben ist elementare Grundvoraussetzung für eine freie Entfaltung der Persönlichkeit, dass die eigene Ausübung der Freiheit ebenfalls geschützt wird.[335] Infolge dessen haben die einzelnen Mitglieder unserer Gesellschaft ein gemeinsames Interesse an der Gewährleistung der für die Entfaltung ihrer individuellen Freiheit erforderlichen Voraussetzungen. Eine trennscharfe Unterscheidung zwischen Individual- und Kollektivrechtsgütern ist dann aber nicht mehr möglich.[336] Denn die schutzwürdigen Interessen des Einzelnen sind stets auch mittelbar für die Gesellschaft und umgekehrt sind die für die Gesellschaft bedeutsamen Interessen ebenso immer mittelbar für das Individuum und dessen persönlichen Entfaltung von Bedeutung.[337]

Der Schutz von Kollektivrechtsgütern dient demnach auch der Gewährleistung der freien Entfaltung des Individuums durch den Staat und damit dem Schutz für ein geordnetes Zusammenleben. Andererseits vermag auch der monistisch personale Ansatz keine Kriterien aufzuzeigen, die den Gesetzgeber bei der Schaffung von Kollektivrechtsgütern begrenzen können.[338] Eine klare Abgrenzung zwischen Individual- und Kollektivrechtsgüter ist nicht möglich, denn letztere

---

[333] Vgl. BVerfGE 6, 32, 36 ff.; BVerfGE 80, 137, 153 ff.

[334] Wohlers, Deliktstypen, S. 94 und 165.

[335] Roxin, JuS 1966, S. 377, 381; Wohlers, Deliktstypen, S. 94 f.

[336] Hassemer, Theorie und Soziologie des Verbrechens, S. 231; Wohlers, Deliktstypen, S. 222.

[337] *Hassemer* in: AK-StGB, Vor § 1 Rn 281; so auch Grützner, Sanktionierung von Submissionsabsprachen, S. 431.

[338] Stächelin, Strafgesetzgebung im Verfassungsstaat, S. 79; a.A. Kasper, Erheblichkeitsschwelle, S. 21 f.

lassen sich auch auf den Einzelnen in der Gesellschaft zurückführen und bezwecken zumindest mittelbar den Schutz des Individuums.

Überträgt man das hier gefundene Ergebnis auf das Schutzgut Wettbewerb, kann die Funktion des von den §§ 298 ff. StGB zu schützenden freien Wettbewerbs im Hinblick auf persönliche Entfaltung und Freiheitsausübung in Bezug zum Individuum gebracht werden[339], denn durch Kollektivrechtsgüter wird auch immer mittelbar die Freiheit und die freie Entfaltung des Individuums geschützt. Damit bleibt festzuhalten, dass auch mittels des monistisch personalen Ansatzes Kriterien für eine Unterscheidung von Individual- und Kollektivrechtsgüter nicht zu ermitteln sind. Demnach sind Kollektivrechtsgüter an denselben Kriterien zu messen, die für Individualrechtsgüter gelten. Ob der freie Wettbewerb strafrechtlichen Schutz erfordert, ist daher anhand der Kriterien für einen Strafrechtsschutz von Individualrechtsgütern zu beurteilen.

c) Materieller Gehalt von Rechtsgütern

Zwar ist festgestellt, dass Kollektiv- und Individualrechtsgüter an denselben Kriterien zu messen und damit dieselben Anforderungen bei der Schaffung eines Straftatbestandes erfüllen müssen. Der materielle Gehalt des Rechtsgutsbegriffs ist damit aber noch nicht geklärt.[340] Bisher wurden lediglich die sozialen Gegebenheiten und bedeutende Wertgesichtspunkte genannt, mit deren Hilfe der materielle Gehalt des Rechtsgutsbegriffs bestimmt werden kann. Es handelt sich hierbei aber nicht um einen bereits inhaltlich fixierten Begriff.[341]

Der Rechtsgutsbegriff als solcher besagt nichts darüber, welchen Inhalt Wertungen haben müssen, um etwas zum Rechtsgut zu erheben.[342] Nach *Amelung* ist der Begriff völlig unbestimmt, wodurch das Rechtsgutsdogma zum Verbin-

---

[339] Lüderssen, BB 1996, Beilage 11, S. 7 spricht in diesem Zusammenhang von „Zwischenrechtsgütern“, die eine wichtige Station für den Schutz der primären höchsten Rechtsgüter darstellen und ebenso entsprechenden Schutz erfordern.

[340] Im Hinblick auf den materiellen Gehalt des Rechtsgutsbegriffs herrscht im rechtswissenschaftlichen Schrifttum erhebliche Uneinigkeit. Zum Streitstand siehe *Joecks* in: MüKo, Einl. Rn 34 m.w.N.; *Leckner/Eisele* in: Schönke/Schröder, Vorbem. § 13 ff. Rn 9 m.w.N.; Stratenwerth, FS-Leckner, S. 377, 378 ff.; vgl. auch Pragal, ZIS 2006, S. 63; kritisch zum Rechtsgutsbegriff: Naucke, Strafrecht, § 6 III Rn 62 ff.

[341] Vgl. *Rudolphi* in: SK-StGB, Vor § 1 Rn 7.

[342] Vgl. Appel, Verfassung und Strafe, S. 344.

dungsglied der Politik mit der Dogmatik und der Rechtsgutsbegriff ein Komplementärbegriff zur Positivität des Rechts wird, der die Dynamik des politischen in die Festigkeit des rechtlichen Systems überführt.[343] Im Vordergrund der Schwierigkeiten um eine inhaltliche Bestimmung des Rechtsgutsbegriffs steht die weitgehend ungeklärte, jedoch maßgebliche Frage, inwieweit der Begriff im Allgemeinen einen „real-gegenständlichen“ Bezugspunkt aufweisen muss, ob also neben „körperlich-substanzhaften“ Objekten auch Interaktionszusammenhänge oder gar rein geistige oder ideelle Werte als legitime Schutzgegenstände strafrechtlicher Vorschriften in Betracht kommen.[344] Im Hinblick auf den Schutz des Wettbewerbs stellt sich daher die Frage, ob auch Interessen, die kein körperlich-substanzhaftes Objekt darstellen, legitimer Schutzgegenstand von Strafvorschriften sein können, denn der Wettbewerb als solcher ist weder ein körperlicher Gegenstand noch ein substanzhaftes Objekt.

Soweit ersichtlich hat sich eine einheitliche Definition für den Begriff des Rechtsguts noch nicht entwickelt.[345] Allgemein lassen sich Rechtsgüter als strafrechtlich schutzbedürftiges menschliches Interesse definieren.[346] Andere bezeichnen sie als für unsere verfassungsmäßige Gesellschaft und damit auch für die verfassungsmäßige Stellung und Freiheit des einzelnen Bürgers unverzichtbare und deshalb werthafte Funktionseinheiten.[347] *Krey* definiert Rechtsgüter als von der Rechtsordnung vorgefundene oder von ihr erst geprägte Lebensgüter, Sozialwerte und rechtlich anerkannte Interessen, die für den Einzelnen oder die Allgemeinheit nützlich sind und daher Rechtsschutz genießen.[348] Nach älteren Aussagen von *Jäger* und *Roxin* kann das Rechtsgut als werthafter Zustand be-

---

[343] *Amelung* in: Hefendehl/von Hirsch/Wohlers, Rechtsgutstheorie, S. 158 f.

[344] Wohlers, Deliktstypen, S. 220.

[345] Ein Überblick zu den verschiedenen Definitionsversuchen des Rechtsgutsbegriffs findet sich bei: Koriath, GA 1999, S. 561, 565; Otto, Rechtsgutsbegriff und Deliktstatbestand in: Strafrechtsdogmatik und Kriminalpolitik, S. 2 ff.; *Hassemer* in: AK-StGB, Vor § 1 Rn 286 f.; *Leckner/Eisele* in: Schönke/Schröder, Vorbem §§ 13 ff. Rn 9; *Hassemer/Neumann* in: NK-StGB, Vor § 1 Rn 143; *Rudolphi* in: SK-StGB, Vor § 1 Rn 8; *Joecks* in: MüKo, Einl. Rn 34; jeweils mit zahlreichen weiteren Nachweisen.

[346] So *Hassemer/Neumann* in: NK-StGB, Vor § 1 Rn 144; vgl. LK-*Jescheck*, Vor § 13 Rn 6.

[347] *Rudolphi* in: SK-StGB, Vor § 1 Rn 8; Rudolphi, FS-Honig, S. 151, 163; Otto, Rechtsgutsbegriff und Deliktstatbestand in: Strafrechtsdogmatik und Kriminalpolitik, S. 1, 8.

[348] Krey, Strafrecht, Band 1, § 1 Rn 7.

zeichnet werden.[349] *Jäger* charakterisierte Rechtsgüter als „werthafte Zustände, die durch menschliches Handeln verändert und durch strafgesetzliche Regelungen vor solchen Veränderungen bewahrt werden können“ oder anders ausgedrückt als „verletzbare, schützbare Zustände“.[350] Hingegen definierte *Roxin* Rechtsgüter als „abgrenzbare, in der Außenwelt verwirklichte und deshalb durch äußeres Handeln zu beeinträchtigende, werthafte Zustände“.[351]

Hielte man jedoch eine reale Beeinträchtigungsfähigkeit als Kriterium von Rechtsgütern für erforderlich, könnten Schutzgüter wie die öffentliche Ordnung, der öffentliche Friede, die innere Sicherheit der Wirtschaftsordnung oder auch die Umwelt als solche ebenso wenig als strafrechtlich schützenswerte Rechtsgüter anzusehen sein, wie der freie Wettbewerb, der Schutzgut von §§ 298 ff. StGB sein soll. Ferner spricht gegen ein Erfordernis der tatsächlichen Beeinträchtigungsfähigkeit der Bezug von Rechtsgütern zu unserer Gesellschaft. Die Gesellschaft ist nicht etwas Statisches, sondern etwas sich stets von neuem Produzierendes und dabei zugleich Veränderungen und Weiterentwicklungen unterworfen.[352]

Auch die Voraussetzungen für ein gedeihliches Zusammenleben der Bürger in unserer Gesellschaft sind daher nicht irgendwelche Zustände, d.h. etwas Statisches. Dies wird besonders deutlich, wenn man anerkannte Rechtsgüter des Staates in seinen verschiedenen Tätigkeitsbereichen heranzieht. Die Rechtspflege ist zum Beispiel schutzwürdig, weil die ihr obliegende Funktion ein integrierender Bestandteil unserer Gesellschaft und damit zugleich auch eine unabdingbare Voraussetzung für das gedeihliche Zusammenleben freier Menschen in unserer Gesellschaft ist. Aber das Rechtsgut Rechtspflege ist kein realer Gegenstand oder ein körperliches, greifbares Objekt, sondern erfüllt eine Funktion in

---

[349] Jäger, Rechtsgüterschutz, S. 13; Roxin, JuS 1966, S. 377, 381.

[350] Jäger, Rechtsgüterschutz, S. 13.

[351] Roxin, Täterschaft und Tatherrschaft, S. 413; Dabei verdient Beachtung, dass sowohl *Jäger* als auch *Roxin* nicht ohne weiteres davon ausgehen, dass Rechtsgüter konkrete, sinnlich wahrnehmbare Gegenstände im Sinne dinglich-substanzhaltiger Gebilde darstellen müssen, sondern es sich vielmehr um beeinträchtigungsfähige, reale Gegebenheiten handelt, die nachvollziehbaren Veränderungen unterworfen sein können.

[352] Vgl. Rudolphi, FS-Honig, S. 151, 163.

der Gesellschaft.[353] Demnach ist es nicht überzeugend, in unserer heutigen Gesellschaft, nur solche Rechtsgüter anzuerkennen, die konkret-gegenständliche Güter sind.[354] Vielmehr ist der Einsatz des Strafrechts auch grundsätzlich dann gerechtfertigt, wenn und soweit es wesentliche Funktionsbedingungen und Subordnungen der sozialen Marktwirtschaft als eigenständige Rechtsgüter schützt. Allein diese Sicht trägt der ökonomischen Wirklichkeit Rechnung.[355]

Der freie Wettbewerb erfüllt in unserer Gesellschaft wichtige Funktionen und hat eine herausragende Bedeutung für das Wirtschaftsleben.[356] Da nicht nur rein körperlich-substanzhafte Objekte legitimer Schutzgegenstand von Strafvorschriften sein können, sondern auch bedeutende Funktionen, die durch Universalrechtsgüter in unserer Gesellschaft erfüllt werden, sind diese als schützenswerte Güter anzuerkennen. Auch wenn der freie Wettbewerb kein körperlich-substanzhaftes Objekt ist, kann er somit grundsätzlich als ein strafrechtlich zu schützendes Rechtsgut in Betracht kommen.

d) Zwischenergebnis

Obwohl sich der materielle Gehalt der Straftat aus einer Rechtsgutsbeeinträchtigung ergeben muss, und es somit Straftatbestände ohne Rechtsgutsbezug nicht

---

[353] Nach *Rudolphi* in: SK-StGB, Vor § 1 Rn 8 f. gilt dies auch für Individualrechtsgüter wie Leben, Gesundheit, Freiheit und Eigentum, die seiner Auffassung nach sich nicht nur in einem bloß statischen Dasein in der sozialen Wirklichkeit erschöpfen. Vielmehr liege die Bedeutung der einzelnen Güter darin, dass sie dem Einzelnen bestimmte Wirkungsmöglichkeiten eröffnen. Daher sei die in der gesellschaftlichen Wirklichkeit objektiv zukommende Funktion entscheidender Faktor für die Einordnung als Schutzgut.

[354] Müssig, Schutz abstrakter Rechtsgüter, S. 155 f.; Grützner, Sanktionierung von Submissionsabsprachen, S. 435; Wohlers, Deliktstypen, S. 226; vgl. *Lenckner/Eisele* in: Schönke/ Schröder, Vorbem. §§ 13 ff. Rn 9; Umgekehrt sind nach Hefendehl, GA 2002, S. 21, 22, Rechtsgüter aber auch nicht lediglich als ideelle Werte anzusehen.

[355] *Bottke* in: Bausteine des europäischen Wirtschaftsstrafrechts, Madrid-Symposium, S. 109, 122.

[356] Zu den Funktionen des Wettbewerbs siehe oben 2. Kapitel C. II. 2.

geben darf[357], ist es bisher – soweit ersichtlich – nicht gelungen, eine abschließende Anzahl von Rechtsgütern zu bestimmen.[358]

Die Rechtsgüter werden durch die tatsächlichen gesellschaftlichen Verhältnisse, wie sie sich auf Grund der unterschiedlichen faktischen und normativen Faktoren, nicht zuletzt auf Grund der gesellschaftsgestaltenden Kraft der Verfassung und des Rechts selbst entwickelt haben und noch entwickeln, als auch durch die verfassungsrechtliche Entscheidung, dass Aufgabe des Strafrechts ist, die bestehende Gesellschaft vor sozialschädlichem Verhalten zu schützen, vorgegeben. Dass hierbei die Menschenwürde, die Gleichheit der Person und die sonstigen Grundrechte des Menschen respektiert werden müssen, ist das Ergebnis aufklärerischen Denkens, wonach diese Gewährleistungen essentielle Bedingungen menschlicher Freiheit sind.[359]

Vereinzelt wird davon ausgegangen[360], die Wertordnung der Verfassung biete eine verlässliche Richtschnur für die Entscheidung der Frage, welche Rechtsgüter so hochrangig sind, dass sie strafrechtlichen Schutz verdienen.[361] Die Entscheidung des Strafgesetzgebers beschränke sich daher darauf, aus dem Kreis der verfassungsrechtlich möglichen Rechtsgüter jene auszuwählen, und im ein-

---

[357] Siehe hierzu Stratenwerth, FS-Lenckner, S. 377, 386 ff.; *Leckner/Eisele* in: Schönke/Schröder, Vorbem. §§ 13 ff Rn 9; Grützner, Sanktionierung von Submissionsabsprachen, S. 437.

[358] Lüderssen, BB 1996, Beilage 11, S. 6.; Wohlers, Deliktstypen, S. 214; Roxin, AT I, § 2 Rn 5; vgl. Stratenwerth/Kuhlen, AT, § 2 Rn 12 ff.; *Hassemer/Neumann* in: NK-StGB, Vor § 1 Rn 144 sprechen sich sogar dafür aus, den Begriff des Rechtsguts offen zuhalten, um nicht von vornherein den Blick auf relevante Phänomene zu verengen.

[359] Vgl. Albrecht, Die vergessene Freiheit, S. 18 ff.; siehe auch Roxin, AT I, § 2 Rn 8.

[360] Baumann/Weber/Mitsch, AT, § 3 Rn 12. Zu diesem Verweis kritisch: Appel, Verfassung und Strafe, S. 354 f., 372 ff.; kritisch zum Rekurs auf die objektive Wertordnung im Strafrecht auch Braum, KritV 1995, S. 371, 375 ff.

[361] So auch Sax, Grundsätze, S. 909, 911 ff.; Otto, NJW 1979, S. 681, 683 m.w.N.: Nach dessen Ansicht kommt bei der Entscheidung der Frage, ob eine Wertbeziehung als Rechtsgut anerkannt ist und welchen Rang diese Beziehung neben oder vor anderen Beziehungen einnimmt, der Grundrechtsordnung des Grundgesetzes eine entscheidende Bedeutung zu. Zur Begründung führt er an, das Grundgesetz verkörpere vor allem in seinem Grundrechtskatalog eine „objektive Werteordnung“, in der die wesentlichen sozialethischen Grundentscheidungen den Rang verfassungsrechtlicher Entscheidungen erhalten haben.

zelnen festzulegen, die tatsächlich strafrechtlichen Schutz genießen sollen.[362] Nur die für unsere staatliche Gesellschaft erforderlichen sozialen Funktionen und Wirkungsmechanismen sollen vor Störungen und Beeinträchtigungen geschützt werden. Verhaltensweisen, denen dieser Charakter der Störung sozialer Funktionen fehlt, die also keinerlei schädliche Wirkungen auf den gesellschaftlichen Funktionsorganismus haben und deren Unwertgehalt sich mithin in einer reinen Moralwidrigkeit erschöpft, kommen als Gegenstand strafrechtlicher Ge- oder Verbote grundsätzlich nicht in Betracht[363], denn eine schrankenlose Anerkennung von Gemeinwohlinteressen und Gemeinschaftswerten als strafrechtlich zu schützende Kollektivrechtsgüter hätte im Ergebnis eine unangemessene Ausweitung des Strafrechtsschutzes zur Folge.[364]

Der Wert der personalen Rechtsgutslehre liegt folglich darin, ein gewichtiger Argumentationstopos für eine am Menschen orientierte, durchsichtige und nachprüfbare Kriminalpolitik und Strafrechtsanwendung zu sein. Eine personale Konzeption vom Rechtsgut streitet für eine Strafrechtspolitik, die prinzipiell gebunden ist und ihre Entscheidungen daran messen lassen und rechtfertigen muss, ob sie schutzwürdige menschliche Interessen wahren.[365]

Als Zwischenergebnis bleibt somit festzuhalten, dass nur solche sozialen Gegebenheiten zum Schutzgut strafrechtlicher Normen erhoben werden dürfen, die für die verfassungsmäßige Stellung und Freiheit des einzelnen Bürgers und für unser sich im Rahmen der Verfassung bewegendes Gesellschaftsleben notwendig sind.[366] Im Hinblick auf die Frage, ob der Gesetzgeber legitimiert war, den freien Wettbewerb als zentralen Bestandteil unserer sozialen Marktwirtschaft strafrechtlich zu schützen, ist daher die verfassungsmäßige Ordnung in den Blick zu nehmen, um festzustellen, anhand welcher Kriterien der Kreis der strafrechtlich zu schützenden Interessen bestimmt werden kann.[367]

---

[362] *Rudolphi* in: SK-StGB, Vor § 1 Rn 6.

[363] Vgl. Naucke, Strafrecht, § 2 Rn 94.

[364] Volk, JZ 1982, S. 85, 87 f.

[365] *Hassemer/Neumann* in: NK-StGB, Vor § 1 Rn 146.

[366] Vgl. Hassemer, ZRP 1992, S. 378, 380.

[367] Grützner, Sanktionierung von Submissionsabsprachen, S. 437 ff., untersucht darüber hinaus, inwieweit eine Begrenzung des legitimen Anwendungsbereichs der Strafgesetzgebung anhand des Topos der Sozialschädlichkeit möglich ist. Hierbei bezieht er sich auf *Amelung*, nach dessen Auffassung sich aus der Verfassung ergebe, dass das Strafrecht nur sozial-

IV. Rechtsgüterschutz und Verfassung

Die Funktion der staatlichen Rechtsordnung ist es, notwendige Voraussetzungen und Bedingungen zu schaffen und zu sichern, damit sich der Einzelne als ein sozialgebundenes Individuum entfalten kann. Die hierfür verbindlichen Maßstäbe können möglicherweise der Verfassung entnommen werden.[368] Die Lehre vom Rechtsgüterschutz im Strafrecht erhält somit zunehmend Impulse aus dem Verfassungsrecht und der Rechtsprechung des Bundesverfassungsgerichts.[369] Unter Bezugnahme auf die auch für den Strafgesetzgeber verbindlichen Verfassungsordnung ist mittels verschiedener Ansatzpunkte eine normative Bewertung der Legitimität einer dem Schutz kollektiver Interessen dienenden Ausgestaltung strafrechtlicher Normen vorzunehmen.

Ob sich anhand der Verfassung bestimmen lässt, dass Kollektivrechtsgüter im Allgemeinen und der Wettbewerb im Besonderen strafrechtlichen Schutz genießen sollen, hängt dabei von drei Fragen ab: Zunächst stellt sich die Frage, inwieweit die Verfassung den Gesetzgeber möglicherweise ausdrücklich verpflichtet, bestimmte Kollektivrechtsgüter dem Schutz des Strafrechts zu unterstellen. Des Weiteren ist der Frage nachzugehen, inwieweit die Verfassung dem Strafgesetzgeber eine Orientierung im Hinblick auf die Frage gibt, welche Güter oder Werte individueller oder überindividueller Art verfassungsrechtlich geeignet erscheinen, Strafgesetze zu legitimieren. Abschließend ist zu hinterfra-

---

schädliche Verhalten verbieten dürfe. Zum Begriff der Sozialschädlichkeit siehe Amelung, Rechtsgüterschutz, S. 387. Im Ergebnis lehnt *Grützner* eine Begrenzung der Strafgesetzgebung anhand des Topos der Sozialschädlichkeit zutreffend ab, denn der Begriff der Sozialschädlichkeit sei zu unbestimmt. Infolge dessen kann man hieraus keine verallgemeinerungsfähigen Beurteilungskriterien ableiten, um die Strafgesetzgebung zu begrenzen. Zwar ist anerkannt, dass der Anwendungsbereich des Strafrechts auf ein im besonderen Maße sozialschädliches Verhalten zu beschränken ist. Eine nähere Umschreibung des Begriffs der Sozialschädlichkeit, anhand dessen sich genaue Kriterien zur Eingrenzung des legitimen Anwendungsbereichs der Strafgewalt durch den Gesetzgeber festlegen lassen, findet man in der strafrechtlichen Literatur aber nicht. Vgl. hierzu auch Kasper, Erheblichkeitsschwelle, S. 22 ff. m.w.N.; *Rudolphi* in: SK-StGB, Vor § 1 Rn 1, 10; Wessels/Beulke, AT, § 1 Rn 9.

[368] Vgl. Wohlers, Deliktstypen, S. 241; vgl. Lüderssen, BB 1996, Beilage 11, S. 6; ausführlich zum strafrechtlichen Rechtsgüterschutz am Maßstab der Verfassung siehe Appel, Verfassung und Strafe, S. 198 ff.

[369] So auch Vogel, StV 1996, S. 110 ff.

gen, ob der Verfassung Kriterien entnommen werden können, dass bestimmte Rechtsgüter gerade nicht als strafwürdig einzustufen sind.

Um normative Maßstäbe zur Bestimmung eines legitimen Anwendungsbereichs strafrechtlicher Normen aufzustellen, ist im Zusammenhang mit den aufgeworfen Fragen ein Rückgriff auf die Rechtsprechung des Bundesverfassungsgerichts unerlässlich.

1. Vorgabe von Pönalisierungsgeboten durch die Verfassung

Aus der verfassungsrechtlichen Aufgabe, die Lebensbedingungen unserer auf Freiheit und Verantwortung der Person basierenden Gesellschaft zu wahren und zu sichern, kann sich unter bestimmten engen Voraussetzungen die Pflicht des Gesetzgebers ergeben, bestimmte Straftatbestände zu schaffen.[370] Ein ausdrückliches Pönalisierungsgebot enthält lediglich Art. 26 Abs. 1 GG[371], das der Gesetzgeber durch die §§ 80, 80a StGB[372] erfüllt hat. Das Bundesverfassungsgericht hat hingegen mehrfach entschieden, dass der Gesetzgeber verfassungsrechtlich verpflichtet sein kann, zur Erfüllung einer ihm obliegenden staatlichen Schutzpflicht auch das Strafrecht einzusetzen.[373] In dem bekannten Rechtsstreit um die Gesetzgebung zum Schwangerschaftsabbruch[374] hat das Bundesverfassungsgericht die sog. Fristenlösung, d.h. die Straffreistellung der Abtreibung in den ersten drei Monaten der Schwangerschaft, mit der Begründung für verfassungswidrig erklärt, der Gesetzgeber dürfe nicht gänzlich auf den Strafrechts-

---

370 *Rudolphi* in: SK-StGB, Vor § 1 Rn 1a.

371 Nach Art. 26 Abs. 1 GG sind Handlungen, die geeignet sind und in der Absicht vorgenommen werden, das friedliche Zusammenleben der Völker zu stören, insbesondere die Führung eines Angriffskrieges vorzubereiten, verfassungswidrig. Sie sind unter Strafe zu stellen.

372 Die Straftatbestände der §§ 80, 80a StGB stellen das Vorbereiten eines Angriffskrieges und das Aufstacheln zum Angriffskrieg unter Strafe.

373 Vgl. BVerfGE 39, 1; BVerfGE 88, 203; allgemein zur Schutzpflicht siehe Pieroth/Schlink, § 4 Rn 88 ff.; Die Problematik betrifft nicht nur das Strafrecht, sondern wird umfassend im Zusammenhang mit den staatsrechtlich heute anerkannten grundrechtlichen Schutzpflichten des Staates behandelt. Eingehend hierzu insbesondere: Isensee, Grundrecht auf Sicherheit, 1983; vgl. auch Hermes, Das Grundrecht auf Schutz von Leben und Gesundheit, 1987; Klein, NJW 1989, S. 1633 ff.; kritisch gegenüber der staatlichen Schutzpflicht: Albrecht, KritV 2006, S. 295, 299; kritisch in Bezug auf ein „Grundrecht auf Sicherheit": Sander, Grenzen instrumenteller Vernunft im Strafrecht, S. 255 ff.

374 BVerfGE 39, 1 ff.

schutz verzichten. Der Gesetzgeber könne „im äußersten Falle, wenn nämlich der von der Verfassung gebotene Schutz auf keine andere Weise zu erreichen ist, verpflichtet sein, zum Schutz des sich entwickelnden Lebens das Mittel des Strafrechts einzusetzen".[375] In der Folgezeit hat das Bundesverfassungsgericht dem Gesetzgeber zugestanden, das werdende Leben auch durch andere als strafrechtliche Mittel zu schützen.[376]

Allerdings hat das Bundesverfassungsgericht zugleich ein solches verfassungsrechtlich begründetes Pönalisierungsgebot unter einen, in erster Linie dem gesetzgeberischen Ermessen unterfallenden Vorbehalt gestellt und damit dem Gesetzgeber einen weiten Beurteilungsspielraum zuerkannt.[377] Einem Pönalisierungsgebot wird man für den Fall der Zerstörung fundamentaler Rechtsgüter unter engen Voraussetzungen zustimmen müssen. Die Annahme eines Verfassungsauftrages an den Gesetzgeber zum Erlass einer Strafdrohung setzt damit voraus, dass es um den Schutz existentieller Lebensinteressen des Bürgers oder der Gesellschaft geht, und dass dieser sich allein durch eine Strafandrohung in dem gebotenen Maß sicherstellen lässt.[378]

Nach *Kühl* handelt es sich hierbei um die „elementaren Voraussetzungen beziehungsweise Manifestationen der äußeren Freiheit", zu denen nach seiner Auffassung neben dem Leben auch die private Verfügungsmacht über Sachen zu rechnen ist.[379]

Tiedemann verweist auf konkret verfassungsrechtlich geschützte Werte wie das Leben, die Gesundheit, die Bewegungsfreiheit und das Eigentum. Bezogen auf

---

[375] BVerfGE 39, 1, 45.

[376] BVerfGE 88, 203, 258 und 274 f.; So sieht der neue § 218a StGB neben rechtfertigender medizinisch-psychischer und kriminologischer Indikation einen Tatbestandsausschluss in sonstigen Fällen durch eine an eine Pflichtberatung geknüpfte Fristenlösung vor.

[377] BVerfGE 39, 1, 44 ff.; BVerfGE 46, 160, 164 f.; BVerfG NJW 2006, S. 751, 760; *Joecks* in: MüKo, Einl. Rn 18; *Eser* in: Schönke/Schröder, Vorbem. § 1 Rn 29; vgl. Roxin, AT I, § 2 Rn 95 f.; Pieroth/Schlink, § 4 Rn 88 ff. m.w.N.

[378] *Rudolphi* in: SK-StGB, Vor § 1 Rn 1a; Kriele, Urteilsanmerkung zu BVerfGE 39, 1, JZ 1975, S. 222; Wohlers, Deliktstypen, S. 244.

[379] Kühl, GA 1977, S. 353, 364 f.

diese Werte unterliege der Staat einer sich aus den Grundrechten und der durch sie verkörperten Werteordnung ableitbaren strafrechtlichen Schutzpflicht.[380]

Hingegen vertritt *Wolter* einen sehr restriktiven Standpunkt, denn er möchte eine Pflicht zur Kriminalisierung von Verhaltensweisen nur bei der Beeinträchtigung von „extremen Menschenwürdepositionen" zulassen.[381] Infolge dessen können verfassungsrechtliche Pönalisierungsverbote nur die klassischen Straftatbestände zum Schutz von individuellen Rechtsgütern von Leib, Leben und der Freiheit erfassen. Denn nur diese Rechtsgüter verfügen über eine hinreichend konkretisierte Grundrechtsposition als Basis einer entsprechenden Schutzpflicht.[382]

Ob der Wettbewerb als existentielles Lebensinteresse des Einzelnen qualifiziert und hieraus eine staatliche Schutzpflicht hergeleitet werden kann, ist zu bezweifeln. Der freie Wettbewerb mag in dem in der Bundesrepublik Deutschland bestehenden Wirtschaftssystem eine bedeutende Rolle spielen. Betracht man aber die grundgesetzliche Werteordnung, stellt man fest, dass der freie Wettbewerb weder grundrechtlich abgesichert ist noch an anderer Stelle im Grundgesetz ausdrücklich gewährleistet wird. Das Grundgesetz enthält – im Gegensatz zur Weimarer Reichsverfassung (Art. 151 ff. WRV) – keine ausdrücklichen Regelungen über die Ordnung des Wirtschaftslebens.[383] Es statuiert weder eine bestimmte Wirtschaftsverfassung noch verlangt es eine bestimmte Wirtschaftspolitik.[384] Vielmehr ist es, wie das Bundesverfassungsgericht mehrfach betont hat, wirtschaftspolitisch neutral und überlässt die Wirtschaftspolitik grundsätzlich dem gesetzgeberischen Ermessen.[385] Zu einem freiheitlichen Staat gehört die freiheitliche Wirtschaft. Während der freiheitliche Staat das Recht und die

---

[380] Tiedemann, Verfassungsrecht und Strafrecht, S. 53; Tiedemann, Tatbestandsfunktionen im Nebenstrafrecht, S. 30.

[381] *Wolter* in: Bausteine des europäischen Strafrechts, Coimbra-Symposium, S. 3, 13.

[382] So auch Stächelin, Strafgesetzgebung im Verfassungsstaat, S. 88, nach dessen Auffassung die staatlichen Schutzpflichten nur auf Grundrechte und somit Individualrechtsgüter des Einzelnen bezogen sind. Schutzpflichten für kollektive Interessen, etwa wirtschaftsstruktureller Art wie die Funktionstüchtigkeit des Kreditwesens, sind nicht bekannt. Vgl. hierzu Tröndle/Fischer, § 265b Rn 3.

[383] Rittner/Dreher, Wirtschaftsrecht, § 2 Rn 47.

[384] Badura, JuS 1976, S. 205, 208 f.; BVerfGE 50, 290, 337.

[385] BVerfGE 4, 7, 17 f.; BVerfGE 50, 290, 336 ff.; Pieroth/Schlink, § 21 Rn 814; Badura, JuS 1976, S. 205, 208; kritisch *Herzog* in: Maunz/Dürig, GG, Art. 20, II. Abschnitt VIII. Rn 60.

Möglichkeit der Bürger voraussetzt, auf das staatliche Geschehen Einfluss nehmen zu können, ist Voraussetzung für eine freiheitliche Wirtschaft, dass der Staat diesen Bereich der eigenverantwortlichen Entscheidung und Gestaltung seiner Bürger überlässt.[386]

Das Grundgesetz schafft lediglich bestimmte Rahmenbedingungen, wie etwa die Vertrags-, die Berufs-, die Koalitionsfreiheit, die Tarifautonomie, das Institut des sozialgebundenen Privateigentums oder die Möglichkeit der Enteignung.[387] Verfassungsrechtlicher Prüfungsmaßstab für die Beurteilung wirtschaftspolitischer Gesetze oder sonstiger wirtschaftspolitisch relevanter Entscheidungen bilden die Grundrechte, die allgemeinen Verfassungsprinzipien, insbesondere das Rechtsstaats- und Sozialstaatsprinzip und die Kompetenzvorschriften des Grundgesetzes.[388] Enthält die Verfassung für den Gesetzgeber weder verbindliche Vorgaben für die konkrete Ausgestaltung des Wirtschaftssystems noch die Gewährleistung eines bestimmten Wirtschaftssystems, kann ihr auch kein Pönalisierungsgebot im Hinblick auf den Schutz einer konkreten, den gesetzlichen vorgegebenen Rahmen ausfüllenden Ausgestaltung eines Wirtschaftssystems entnommen werden.[389] Damit ergibt sich aus der Verfassung keine Verpflichtung für den Strafgesetzgeber, den freien Wettbewerb und damit die soziale Marktwirtschaft beeinträchtigende Verhaltensweisen unter Strafe zu stellen. Die Verfassung enthält demnach kein Pönalisierungsgebot in Bezug auf den freien Wettbewerb als Schutzgut der §§ 298 ff. StGB.

2. Verfassungsrechtliche Kriterien für den Rechtsgüterschutz

Möglicherweise vermittelt unsere Verfassung aber dem Strafgesetzgeber zumindest eine Orientierung im Hinblick auf die Frage, welche Werte und Interessen individueller oder überindividueller Art verfassungsrechtlich geeignet erscheinen, Strafgesetze zu legimitieren.

Vereinzelt wird die strafrechtliche Rechtsgüterordnung als Konkretisierung grundgesetzlicher Werteentscheidungen interpretiert, in der die strafrechtlich

---

[386] Maurer, StaatsR, § 8 Rn 87.

[387] Vgl. Art. 2 Abs. 1, Art. 12 Abs. 1, Art. 14 Abs. 1 und Art. 9 Abs. 3 GG.

[388] Vgl. *Papier* in: Maunz/Dürig, GG, Art. 14 Rn 32 und 34; vgl. BVerfGE 50, 290, 337 f.; Maurer, StaatsR, § 8 Rn 88; Rittner/Dreher, Wirtschaftsrecht, § 2 Rn 62 f.

[389] So auch Grützner, Sanktionierung von Submissionsabsprachen, S. 443.

geschützten Rechtsgüter als „Mittelwerte" die Grundlage der angestrebten Entfaltung der „Oberwerte" in Form der sozialethischen Grundwerte des Grundrechtskatalogs darstellen.[390] Schließt man sich dieser Ansicht an, könnte man für die Einführung strafrechtlicher Normen aber immer eine verfassungsrechtlich schützenswerte Position finden, denn die verfassungsrechtliche Werteordnung lässt keinen wertfreien Raum offen. Demnach können verbindliche Handlungsanweisungen für oder gegen die Kriminalisierung bestimmter Verhaltensweisen der Verfassung nicht entnommen werden.[391]

a) Rechtsprechung des Bundesverfassungsgerichts

Das Bundesverfassungsgericht hat bisher keine Kriterien entwickelt, anhand derer sich Rechtsgüter aus der Verfassung ableiten lassen. Soweit ersichtlich hat es auch die Rechtsgutslehre nicht aufgegriffen, um hieran die Verfassungsmäßigkeit von Strafvorschriften zu beurteilen.[392] Vielmehr hat es, für die Beurteilung, ob bestimmte Strafvorschriften verfassungsgemäß sind, als entscheidendes Prüfungskriterium das aus dem Rechtsstaatsgrundsatz abgeleitete Verhältnismäßigkeitsprinzip und das Schuldprinzip, das seine Grundlage in Art. 1 Abs. 1 GG findet, herangezogen.[393] Die vom Gesetzgeber erlassenen Strafnormen müssen sich ebenso wie die im Einzelfall vom Richter verhängten Sanktionen als angemessenes Mittel zur „Verbrechensbekämpfung"[394] erweisen. Zu der Richtigkeit und Vernünftigkeit des Zwecks müssen – soll die jeweilige Strafnorm im vollen Umfang gerechtfertigt sein – die Richtigkeit und Vernünftigkeit des Mittels hin-

---

[390] Sax, Grundsätze, S. 909, 912 f.; kritisch hierzu Appel, Verfassung und Strafe, S. 372; Appel, KritV 1999, S. 278, 294; ebenfalls kritisch zum Rekurs auf die objektive Werteordnung im Strafrecht: Braum, KritV 1995, S. 371, 375 ff.

[391] Grützner, Sanktionierung von Submissionsabsprachen, S. 444; Wohlers, Deliktstypen S. 246 ff.

[392] Vgl. Vogel, StV 1996, S. 110, 113.

[393] Vgl. BVerfGE 90, 145, 172; Appel, Verfassung und Strafe, S. 199 ff.

[394] Nach Naucke, ZStW 94 (1982), S. 525, 564 und *Sander* in: Jenseits des rechtsstaatlichen Strafrechts, Sonderdruck aus Institut für Kriminalwissenschaften und Rechtsphilosophie Frankfurt a.M., S. 252, 272, ist „Aufgabe eines rechtstaatlichen Strafrechts gerade die *rechtliche* Begrenzung der Verbrechensbekämpfung", die Beschränkung aller verbrechensbekämpfenden Mittel. Die Kritik setzt dabei bereits terminologisch an dem Diktum des „Kampfes" an; spiegele sich in diesem doch die Systemlogik entsprechender Strafrechtskonzeptionen. Vgl. auch Sander, Grenzen instrumenteller Vernunft im Strafrecht, S. 16 ff., 307 ff.

zukommen, d.h. eine Strafrechtsnorm muss einen legitimen Zweck erfüllen, geeignet, erforderlich und angemessen im engeren Sinne sein.[395]

Das Bundesverfassungsgericht nimmt eine Prüfung nur in begrenztem Umfang vor.[396] Zur Begründung wird angeführt, es gebe einen Grenzbereich zwischen kriminellem Unrecht und Ordnungsrecht und es sei Sache des Gesetzgebers, hier eine genaue Grenzlinie festzulegen. Ob der Gesetzgeber dabei die zweckmäßigste oder gerechteste Lösung gefunden habe, unterliege nicht der Prüfung durch das Bundesverfassungsgericht. Es habe lediglich zu überprüfen, ob die Entscheidung des Gesetzgebers im Einklang mit der verfassungsrechtlichen Werteordnung stehe und auch den ungeschriebenen Verfassungsgrundsätzen und Grundentscheidungen des Grundgesetzes entspreche. Eine Strafvorschrift sei erst dann als ungeeignet anzusehen, wenn die Maßnahme im Zeitpunkt des Erlasses des Gesetzes als zweckuntauglich festgestellt werden könnte.

Ferner sei die Strafdrohung angemessen, wenn sie „nicht schlechthin unangemessen“ ist, wobei es grundsätzlich die Sache des Gesetzgebers sei, den Bereich strafbaren Handelns unter Berücksichtigung der jeweiligen Lage im Einzelnen festzulegen.[397] Damit lässt das Bundesverfassungsgericht im Ergebnis nahezu jeden erheblichen Gemeinschaftswert als Legitimationsgrund für Strafgesetze genügen.[398] Dabei müssen Gemeinschaftswerte und -belange nicht zwingend Verfassungswerte sein[399], erforderlich ist nur, dass sie vor der Verfassung Bestand haben.[400] Der Rechtsprechung des Bundesverfassungsgerichts ist somit keine substantielle Eingrenzung von Belangen, die durch den Einsatz von Strafe geschützt werden dürfen, zu entnehmen.[401]

---

[395] Zu den Kriterien des Verhältnismäßigkeitsgrundsatzes siehe Albrecht, Die vergessene Freiheit, S. 79 ff.; Maurer, StaatsR, § 8 Rn 55 ff.

[396] BVerfGE 90, 145, 173; vgl. BVerfGE 77, 170, 215; BVerfGE 88, 203, 262.

[397] BVerfGE 90, 145, 173; BVerfGE 80, 244, 255m.w.N.

[398] So auch Hefendehl, Kollektive Rechtsgüter im Strafrecht, S. 44 f.; vgl. BVerfGE 37, 201, 212; BVerfGE 51, 60, 75; BVerfGE 90, 145, 174 ff.

[399] Vgl. Vogel, StV 1996, S. 110, 113.

[400] Vgl. BVerfGE 90, 145, 175.

[401] So auch Appel, Verfassung und Strafe, S. 204; Appel, KritV 1999, S. 278, 303.

b) Standpunkt der Literatur

Die rechtswissenschaftliche Literatur, die sich mit den verfassungsrechtlichen Grenzen des Strafrechts auseinandergesetzt hat, sieht zum Teil in der Werteordnung der Verfassung keine hinreichende Richtschnur für die Entscheidung der Frage, welche Rechtsgüter mit den Mitteln des Strafrechts geschützt werden dürfen. So bestreitet *Lagodny* die Existenz eines dem Strafgesetzgeber vorgelagerten und für ihn verbindlichen Rechtsgutsbegriffs. Ferner entziehe sich das materielle Strafrecht der verfassungsgerichtlichen Kontrolle.[402] Nach *Appel* hat die strafrechtliche Rechtsgutslehre in ihrer strafbegrenzenden Funktion keine Bedeutung.[403] Dieser Auffassung ist auch *Stächelin*, nach dessen Ansicht die Rechtsgutstheorie dem Gesetzgeber keine Grenzen setzt.[404]

Demgegenüber wird teilweise vertreten, die Werteordnung der Verfassung biete eine verlässliche Richtschnur für die Entscheidung der Frage, welche Rechtsgüter derart hochrangig sind, dass sie strafrechtlichen Schutz verdienen.[405] Zur Begründung werden die Grundrechte angeführt, von deren Unverzichtbarkeit für eine menschenwürdige Existenz des Einzelnen ausgegangen wird.

Diese mögen zwar als Richtschnur für bestimmte Individualrechtsgüter wie beispielsweise Leben, körperliche Unversehrtheit, Freiheit und Eigentum in Betracht kommen. Die Frage, anhand welcher Kriterien, sich Kollektivrechtsgüter im Allgemeinen und der Wettbewerb als zu schützendes Rechtsgut im Besonderen aus der Verfassung herleiten lassen, ist damit aber nicht beantwortet.

c) Zwischenergebnis

Als Ergebnis ist festzuhalten, dass die Verfassung nur im Hinblick auf zu schützende Individualrechtsgüter als Erkenntnisquelle herangezogen werden kann. Demgegenüber lassen sich ihr keine konkreten Kriterien oder Handlungsanweisungen entnehmen, um festzustellen, welche überindividuellen Rechtsgü-

---

402 Lagodny, Strafrecht vor den Schranken der Grundrechte, S. 138 ff., 144, 536.

403 Appel, Verfassung und Strafe, S. 390; Appel, KritV 1999, S. 278, 285 und 296 ff.

404 Stächelin, Strafgesetzgebung im Verfassungsstaat, S. 67.

405 Die Erweiterung des Kreises der güterkonstruierenden Werturteile um die Wertungen des Verfassungsrechts ist vor allem auf die Anregung von *Sax* zurückzuführen. Vgl. hierzu Sax, Grundsätze, S. 909, 911 ff.; Baumann/Weber/Mitsch, AT, § 3 Rn 12; a.A. Koriath, GA 1999, S. 561, 580.

ter so bedeutend sind, dass sie strafrechtlichen Schutz verdienen.[406] Infolge dessen kann die Verfassung nicht als Maßstab für die Strafgesetzgebung herangezogen werden, um den strafrechtlichen Schutz von überindividuellen Rechtsgütern im Allgemeinen und des freien Wettbewerbs im Besonderen zu legitimieren.

3. Verfassungsrechtliche Begrenzung für den Rechtsgüterschutz

Zwar können der Werteordnung unserer Verfassung keine konkreten Kriterien entnommen werden, anhand derer sich die Frage beantworten lässt, welche überindividuellen Interessen als strafschutzwürdig anzusehen sind. Jedoch könnte die Verfassung möglicherweise Hinweise darauf enthalten, dass bestimmte Rechtsgüter nicht als schützenswert anzusehen sind.[407]

Die Verfassung enthält keine ausdrücklichen oder konkreten Beschränkungen, welche Interessen oder Schutzgüter nicht als strafwürdig gelten. Demnach lassen sich Grenzen für die Bestimmung von Rechtsgütern nicht unmittelbar aus der Werteordnung des Grundgesetzes herleiten. Die Frage nach den Grenzen einer legitimen Strafgesetzgebung durch die Verfassung kann daher nur in Bezug auf die sozialen Gegebenheiten und die maßgebenden Wertgesichtspunkte in unserer Gesellschaft beantwortet werden. Der Kreis möglicher strafrechtlicher Schutzgüter bestimmt sich anhand der tatsächlichen gesellschaftlichen Verhältnisse und anhand der gesellschaftsgestaltenden Kraft der Verfassung sowie durch die verfassungsrechtliche Entscheidung, dass es Aufgabe des Strafrechts ist, die bestehende Gesellschaft vor sozialschädlichem Verhalten zu schützen.[408]

Aus dieser verfassungsrechtlichen Zielsetzung ergeben sich zugleich auch die Grenzen staatlicher Strafgesetzgebung. Der Gesetzgeber ist bei der Entscheidung, was er zum Schutzgut einer Strafvorschrift erheben will, nicht völlig frei. Wie bereits festgestellt, ist es Aufgabe des Strafrechts und somit auch des staatlichen Strafgesetzgebers, die für ein gedeihliches Zusammenleben freier Bürger in unserer verfassungsgemäßen Gesellschaft notwendigen Voraussetzungen zu

---

[406] So auch Stächelin, Strafgesetzgebung im Verfassungsstaat, S. 89; vgl. auch *Lenckner/ Eisele* in: Schönke/Schröder, Vorbem. §§ 13 ff. Rn 10; Eser, FS-Mestmäcker, S. 1005, 1019.
[407] Vgl. Wohlers, Deliktstypen, S. 249 f.
[408] Vgl. *Rudolphi* in: SK-StGB, Vor § 1 Rn 7.

schaffen und vor Angriffen zu schützen.[409] Der Gesetzgeber darf daher nur solche sozialen Gegebenheiten und Interessen zu Schutzgütern des Strafrechts machen, die für die verfassungsmäßige Stellung und insbesondere die Freiheit des Einzelnen und für unser sich im Rahmen der Verfassung bewegendes Gesellschaftsleben erforderlich sind.[410] Infolge dieser Zielsetzung dürfen solche sozialen Gegebenheiten nicht zu strafrechtlichen Schutzgütern erhoben werden, die nicht zur Schaffung und Erhaltung eines auf der Freiheit und Verantwortung des Individuums basierenden Gesellschaftslebens notwendig sind, also beispielsweise bloße religiöse oder moralische Werte.[411] Da der Staat des Grundgesetzes keine transzendenten, sondern nur rein weltliche Ziele verfolgen darf, ist er beim Einsatz des Strafrechts auf eine rein weltliche Zielsetzung beschränkt. Der einzelne Bürger darf seine Mitmenschen nicht moralisch bevormunden. Daher darf das Strafrecht nicht die Funktion erfüllen, „die sittliche Verbesserung erwachsener, aber als geistig unerleuchtet und moralisch unmündig vorgestellter Menschen durch die Obrigkeit" zu bewirken.[412] Auch dem Staat, der seine Strafberechtigung nur von den Bürgern und nicht aus eigenem Recht herleitet, steht keine Befugnis zu, ausschließlich moralwidriges oder unsittliches Verhalten unter Strafe zu stellen.[413]

Gegenstand strafrechtlicher Verbote und Gebote darf also nur ein rechtsguts- und damit sozialschädliches Verhalten sein.[414] Ein weltanschaulich neutraler Staat hat die politischen, religiösen, weltanschaulichen und moralischen Über-

---

409 Nach Roxin, JuS 1966, S. 377, 381 kann der Zweck des Strafrechts nur aus dem Zweck des Staates abgeleitet werden. Dessen Funktion und somit Zweck ist es, einer im Staatsverband zusammengefassten Gruppe nach außen und innen die Bedingungen einer ihren Lebensbedürfnissen gerechtwerdenden Existenz zu schaffen und zu sichern. Daher liegt der Zweck des Strafrechts darin, ein ungefährdetes Zusammenleben aller Bürger zu gewährleisten.

410 *Rudolphi* in: SK-StGB, Vor § 1 Rn 5 ff.; Jaques, Bestechungsdelikte, S. 28 f.

411 Appel, KritV, 1999, S. 278, 281 f.

412 Vgl. Roxin, JuS 1966, S. 377, 381.

413 Vgl. Roxin, AT I, § 2 Rn 9 ff. beschreibt Rechtsgüter als "Gegebenheiten oder Zwecksetzungen, die dem Einzelnen und seiner freien Entfaltung im Rahmen eines auf dieser Zielvorstellung aufbauenden sozialen Gesamtsystems oder dem Funktionieren dieses Systems selbst nützlich sind." Aus diesem verfassungspositivistisch, dem Gesetzgeber vorgegebenen Rechtsgutsbegriffs leitet er das Verbot willkürlicher Strafdrohungen und dem Schutz ideologischer oder lediglich moralwidriger Zielsetzungen dienender Strafgesetze ab.

414 Vgl. Appel, KritV 1999, S. 278, 281.

zeugungen seiner Bürger solange zu tolerieren, soweit diese Überzeugungen und ein daran ausgerichtetes Verhalten nicht bei Dritten zu Rechtsgutsbeeinträchtigungen führen.[415] Ein strafrechtliches Verbot zum bloßen Moralschutz oder zum Schutz tiefverwurzelter Wertüberzeugungen ist unzulässig.[416]

Rudolphi kennzeichnet unsere Gesellschaft dadurch, dass sie ständigen Veränderungen und Fortentwicklungen unterworfen ist. Auch die Voraussetzungen für eine friedliches Zusammenleben sind daher Veränderungen unterworfen. Dies gelte auch für die Universalrechts- bzw. Kollektivrechtsgüter, die eine unabdingbare Voraussetzung für ein friedliches Zusammenleben für die Menschen in unserer Gesellschaft darstellen können und deren Schutz mit den Mitteln des Strafrechts zu gewährleisten sei, um die für eine freie Entfaltung der Bürger notwendigen Voraussetzung zu sichern.[417]

4. Zwischenergebnis

Die Untersuchung hat gezeigt, dass es durchaus zahlreiche Berührungspunkte zwischen der Werteordnung unserer Verfassung und dem Rechtsgüterschutz durch das Strafrecht gibt. Der Erkenntniswert im Hinblick auf die Frage, welche Kriterien der Verfassung entnommen werden können, um den Schutz von Kollektivrechtsgütern durch das Strafrecht zu rechtfertigen, ist jedoch gering. Abgesehen von den Individualrechtsgütern, die sich eindeutig der Verfassung entnehmen lassen, enthält die Verfassung keine ausdrücklichen oder konkreten Vorgaben, welche überindividuellen Rechtsgüter zu schützen sind. Übereinstimmung besteht darüber, dass zumindest höchst private, esoterische, transzendente oder moralische Interessen nicht zu dem Kreis strafschutzwürdiger Belange zu zählen sind.[418]

Kann jedoch der Verfassung nicht eindeutig entnommen werden, was mit den Mitteln des Strafrechts geschützt werden darf, können zunächst nur diejenigen Interessen ausgeschlossen werden, die von vornherein nicht zu dem Kreis der

---

415 *Sternberg-Lieben* in: Hefendehl/von Hirsch/Wohlers, Rechtsgutstheorie, S. 74.

416 Wohlers, Deliktstypen, S. 267 f., 273 f.

417 *Rudolphi* in: SK-StGB, Vor § 1 Rn 7 f.

418 *Rudolphi* in: SK-StGB, Vor § 1 Rn 10; Roxin, JuS 1966, S. 377, 381; Roxin, AT I, § 2 Rn 9 ff.; Grützner, Sanktionierung von Submissionsabsprachen, S. 451; vgl. auch Wessels/Beulke, AT, § 1 Rn 9.

durch Strafrecht zu schützenden Belange zu zählen sind. Weder der Rechtsgutslehre noch dem Grundgesetz kann eine grundsätzliche Aussage entnommen werden, welche überindividuellen Interessen legitimerweise durch das Strafrecht zu schützen sind. Bezogen auf den freien Wettbewerb bedeutet dies zweierlei: Der Wettbewerb kann nicht als ein höchst privates, esoterisches, transzendentes oder moralisches Interesse eingeordnet werden. Vielmehr erfüllt der freie Wettbewerb, wie bereits ausgeführt, Funktionen, die der Persönlichkeitsentfaltung des Einzelnen und zur Machtbegrenzung dienen, also besondere Funktionen, die dem gemeinschaftlichen Zusammenleben dienen. Ein strafrechtlicher Schutz scheidet für den Wettbewerb daher grundsätzlich nicht aus. Kann jedoch weder anhand der Rechtsgutslehre noch anhand der verfassungsrechtlichen Werteordnung eindeutig festgestellt werden, dass der Wettbewerb ein strafrechtlich zu schützendes Rechtsgut darstellt, muss Vorgabe für die weitere Untersuchung sein, zu ermitteln, ob es hinreichend gewichtige Argumente gibt, den freien Wettbewerb als strafrechtlich zu schützendes Gut anzuerkennen. Nur auf diese Weise kann festgestellt werden, ob sich der Gesetzgeber bei der Einführung der Straftaten gegen den Wettbewerb im Rahmen der ihm vorgegebenen Grenzen gehalten hat.

V. Keine strafrechtliche Legitimation zum Schutz des freien Wettbewerbs

Mit dem Gesetz zur Bekämpfung der Korruption führte der Gesetzgeber im Strafgesetzbuch die sogenannten „Straftaten gegen den Wettbewerb“ und damit erstmals den freien Wettbewerb als Schutzgut ein.[419] Die Straftatbestände des 26. Abschnitts sollen besonders strafwürdige Verhaltensweisen, die dem Prinzip des freien Wettbewerbs zuwiderlaufen, kriminalisieren. Der Schutz des Wettbewerbs sei so bedeutend, dass durch Straftatbestände im Strafgesetzbuch zum Schutz dieses Rechtsguts beigetragen werden sollte.[420] Durch die Einführung des neuen Abschnitts in das Strafgesetzbuch verfolgte der Gesetzgeber demnach die Intention, zu verdeutlichen, dass der Schutz des Wettbewerbs eine wichtige Aufgabe des Staates sei, dessen Durchsetzung auch den Schutz des Strafrechts erfordere.

---

[419] Bereits zuvor hatte es Bestrebungen gegeben, den Wettbewerb als strafrechtlich zu schützendes Gut in das Strafgesetzbuch einzuführen. Diese waren jedoch gescheitert.

[420] BT-Drs. 13/5584, S. 12.

Infolge dessen ist zu hinterfragen, ob der Wertbewerb für unsere Gesellschaftsordnung tatsächlich so bedeutend ist, dass er strafrechtlichen Schutz verdient, oder ob er im Verhältnis zum UWG und GWB lediglich als ein weiteres Steuerungsmittel für wirtschaftliche Abläufe anzusehen ist. Ob der Wettbewerb als strafrechtlich zu schützendes Gut in Betracht kommt, wurde bisher in der Rechtswissenschaft in erster Linie im Zusammenhang mit der Einführung des § 298 StGB erörtert. Ausgangspunkt der Untersuchung bilden die Aussagen von *Tiedemann* und *Ulmer* in ihren die Sachverständigenkommission zur Bekämpfung der Wirtschaftskriminalität vorbereitenden, bereits im Jahr 1975 erarbeiteten Gutachten. Diese werden besonders im Rahmen der Diskussionen um eine Kriminalisierung des Kartellrechts bis in die heutige Zeit immer wieder herangezogen.[421] Insbesondere *Tiedemann* spricht sich für einen strafrechtlichen Schutz des Wettbewerbs aus.[422] Hingegen bezweifeln *Oldigs* und *Lüderssen*, dass sich der freie Wettbewerb als strafrechtlich zu schützendes Gut eignet, und lehnen ihn als Rechtsgut von Straftatbeständen ab.[423] Auch *Grützner* spricht sich grundsätzlich dafür aus, den freien Wettbewerb als strafrechtswürdiges Rechtsgut anzusehen.[424] Nach Darstellung der unterschiedlichen Auffassungen und deren Begründungen wird zu den unterschiedlichen Ansichten Stellung genommen und festgehalten, welche der unterschiedlichen Auffassungen vorzugswürdig ist.

Obwohl § 298 StGB den Wettbewerb als Institution und § 299 StGB hingegen dessen Lauterkeit schützen soll[425], wird im Folgenden diskutiert, ob die Institution Wettbewerb und dessen Lauterkeit als strafrechtlich zu schützendes Rechtsgut in Betracht kommt.

1. Befürwortende Meinungen

Insbesondere im Zusammenhang mit dem Tatbestand des Submissionsbetrugs und des § 298 StGB wurde mit den nachfolgenden Argumenten vertreten, dass

[421] Tiedemann und Ulmer, Tagungsberichte, Anlage 1 und 2.

[422] LK-*Tiedemann*, Vor § 298 Rn 4 ff., § 298 Rn 9; Tiedemann, FS-Müller-Dietz, S. 905 ff.; *Tiedemann* in: Immenga/Mestmäcker, GWB, Vor § 38 Rn 5.

[423] Oldigs, Strafrechtliche Bekämpfung von Submissionsabsprachen, S. 122 ff.; Oldigs, wistra 1998, S. 291 ff.; Lüderssen, BB 1996, Beilage 11, S. 2 ff.; Lüderssen, BB 1996, S. 2525 ff.; Lüderssen, StV 1997, S. 318, 321; Lüderssen in: Dahs, S. 53 ff.; einschränkend auch Otto, wistra 1999, S. 41, 42; vgl. auch *Hohmann* in: MüKo, § 298 Rn 2 f.

[424] Grützner, Sanktionierung von Submissionsabsprachen, S. 457 ff.

[425] LK-*Tiedemann*, Vor § 298 Rn 6.

es sich bei dem freien Wettbewerb um ein schützenswertes Rechtsgut i.S.d. Strafrechts handelt.

a) Wettbewerb als essentieller Bestandteil der sozialen Marktwirtschaft

Nach dem die Beratungen der Sachverständigenkommission vorbereitenden Gutachten von *Tiedemann* ist der Wettbewerb als essentieller Bestandteil der sozialen Marktwirtschaft nicht lediglich als bloßes Ordnungsprinzip anzusehen.[426] Vielmehr sei der freie Wettbewerb ein bedeutendes Instrument zur Umsetzung sowohl wirtschaftspolitischer als auch gesellschaftspolitischer Ziele und genieße infolge dessen wegen seiner Leistung für die Entfaltung der Gesamtwirtschaft und die Sicherung individueller wirtschaftlicher Freiheiten den Schutz der Rechtsordnung.[427] In einem zentralverwaltungswirtschaftlichen System sei eine staatliche Kontrolle der Unternehmen unerlässlich. Demgegenüber sei ein Verzicht darauf in einer sozialen Marktwirtschaft im Vertrauen auf die Kontrollfunktionen des freien Wettbewerbs begründet. Der Wettbewerb stelle ein antiautoritäres institutionelles Mittel sozialer Kontrolle, ein staatlich eingesetztes Steuerungsmittel zur Koordination von Wirtschaftsabläufen und zur Sicherung der Freiheit durch Beschränkung von Marktmacht dar.[428]

Die Schutzbedürftigkeit des Wettbewerbs ergebe sich – so *Tiedemann* – sowohl aus der verfassungsrechtlichen Grundentscheidung zu einem an der Gerechtigkeit orientierten Sozialstaat als auch infolge der parlamentarischen Entscheidung, dies mittels der Wirtschaftsordnung einer sozialen Marktwirtschaft zu erreichen.[429] Auch wenn der wirtschaftliche Leistungswettbewerb als leitendes Grundprinzip der deutschen Wirtschaftsverfassung nicht ausdrücklich im Grundgesetz verankert sei, habe dieser aufgrund seiner freiheitssichernden Bedeutung eine herausragende Stellung, die einen strafrechtlichen Schutz rechtfertige.[430] Als „mediatisiertes Zwischenrechtsgut" sei der freie Wettbewerb ein zu

---

[426] Tiedemann, Tagungsberichte, S. 112 f.

[427] Tiedemann, Tagungsberichte, S. 112; Tiedemann, FS-Müller-Dietz, S. 905 ff.; LK-*Tiedemann*, Vor § 298 Rn 4 und § 298 Rn 9.

[428] Vgl. Tiedemann, Tagungsberichte, S. 113 und 166; so auch Satzger, Submissionsbetrug, S. 52; vgl. Tiedemann, Kartellrechtsverstöße, S. 104 f.

[429] Tiedemann, Kartellrechtsverstöße, S. 103.

[430] Tiedemann, FS-Müller-Dietz, S. 905, 909 f.; *Tiedemann* in: Immenga/Mestmäcker, GWB, Vor § 38 Rn 5.

schützendes Interesse der Gesellschaftsordnung als Ganzes.[431] Dagegen könne auch nicht eingewandt werden, dass die soziale Marktwirtschaft und der Wettbewerb keine feststehenden Institutionen seien, sondern als Prozesse charakterisiert werden, die lediglich in ihren Grundentscheidungen und -strukturen bestimmt sind.

In seinem Koreferat hebt *Ulmer* ebenfalls die besonderen Funktionen des Wettbewerbs hervor.[432] Der Schutz des Wettbewerbs diene der wirtschaftspolitischen Funktion des Wettbewerbs der optimalen Faktorallokation[433] und Güterverteilung durch die Steuerungs- und Antriebskräfte des Wettbewerbs und somit im Ergebnis der Erreichung eines höchstmöglichen ökonomischen Nutzens. Der Schutz der gesellschaftspolitischen Funktion des Wettbewerbs diene der Begrenzung von privater Macht. Hierbei gehe es nicht lediglich um die Sicherung der Handlungsfreiheit unterschiedlicher Marktpartner, sondern auch und gerade um die Sicherung der demokratisch-rechtstaatlichen Verfassung und der auf der Prämisse der Marktgleichheit aller Privatrechtssubjekte beruhenden freiheitlichen Privatrechtsordnung. Die gesellschaftspolitische Dimension erfordere die Notwendigkeit eines funktionsfähigen Wettbewerbs.[434] Sowohl *Tiedemann* als auch *Ulmer* sind der Auffassung, das Kollektivrechtsgut Wettbewerb verdiene als maßgeblichen Bestandteil der sozialen Marktwirtschaft strafrechtlichen Schutz.

b) Gestaltung und Funktionsfähigkeit von Demokratie durch Wettbewerb

Grützner ist ebenfalls der Ansicht, dass der freie Wettbewerb grundsätzlich dem Schutz des Strafrechts unterstellt werden könne.[435] Der Wettbewerb verleihe

---

[431] LK-*Tiedemann*, § 298 Rn 9.

[432] Ulmer, Tagungsberichte, S. 17 f.

[433] Die Faktorallokation beschreibt die Verteilung (Allokation) von Einheiten (Faktoren) der Wirtschaft eines Wirtschaftsgebiets in der Wirtschaftswissenschaft.

[434] Ähnlich Pasewaldt, ZIS 2008, S. 84 f.

[435] Grützner, Sanktionierung von Submissionsabsprachen, S. 457 ff.; 462. Wobei nach *Grützner* „es grundsätzlich möglich erscheint, den freien Wettbewerb im Sinne der Freiheit der Marktkonkurrenz von unlauteren, nicht offenbarten, das Austauschverhältnis der verschiedenen Marktseiten einseitig belastenden Einflüssen unter einen strafrechtlichen Schutz zu stellen“. Dabei liege die zentral Frage aber in der Feststellung der allgemeinen Strafwürdigkeit und Strafwürdigkeit des jeweiligen Angriffs auf das zu schützen beabsichtigte Rechtsgut. Er erörtert diese Frage in seiner Untersuchung mit Bezug auf wettbewerbsbeschränkende Ab-

dem System der sozialen Marktwirtschaft ihr grundsätzliches Erscheinungsbild und habe somit einen wesentlichen Einfluss auf die Ausgestaltung und die Funktionsfähigkeit unserer freiheitlichen Demokratie.[436] Hintergrund für den Schutz des freien Wettbewerbs vor unlauteren, nicht offenbarten Einflüssen, die das Austauschverhältnis von Waren und Leistungen einseitig zugunsten eines Beteiligten verschieben, sei die marktwirtschaftliche Gesellschaftsordnung, für die das Funktionieren eines auf dem Leistungsprinzip beruhenden Wettbewerbs von maßgeblicher Bedeutung sei.

Das Bestreben nach einem unverfälschten Wettbewerb als notwendiger Bestandteil einer marktwirtschaftlichen, leistungsbetonten und gerechten Wirtschaftsordnung sichere sowohl ökonomischen, technologischen als auch sozialen, kulturellen und ökologischen Wohlstand, Fortschritt und Stabilität. In der sozialen Marktwirtschaft, in der die wirtschaftliche Bewegungs- und Betätigungsfreiheit gewährleistet sei und grundsätzlich gegen missbräuchliche Marktbeherrschung vorgegangen werden könne, bestehe die Möglichkeit, dies durch zivil- oder öffentlichrechtliche Vorschriften abzusichern. Hierbei stünde dem Gesetzgeber ein erheblicher Entscheidungsspielraum zur Ausgestaltung der konkreten Wettbewerbsordnung zu, ohne dass die entsprechenden Vorschriften die durch das Grundgesetz vorgegebenen Grenzen einer sozialliberalen Wirtschaftsverfassung verletzen würden.[437]

Dem Gesetzgeber könne nicht die Befugnis abgesprochen werden, den Wettbewerb zur Sicherung des gesellschaftlichen Zusammenlebens, wenn auch nicht als abstraktes Gebilde per se, jedoch in einigen besonderen Teilbereichen unter strafrechtlichen Schutz zu stellen. Hierbei gehe es nicht um den Schutz der Institution des Wettbewerbs als solcher, sondern um eine Absicherung des Wettbewerbs für Gesellschaft und Individuum. Durch den strafrechtlichen Schutz des Wettbewerbs würden individuelle, unternehmerische Handlungsfreiheiten und die Sicherstellung einer optimalen Allokation der durch die Leistung der jeweiligen Wettbewerber zur Verfügung gestellten Ressourcen sowie die Entfaltungsbedingungen des Einzelnen geschützt. Daher begegne eine punktuelle Absiche-

---

sprachen bei Submission. Siehe hierzu: Grützner, Sanktionierung von Submissionsabsprachen, S. 463 ff.

[436] Grützner, Sanktionierung von Submissionsabsprachen, S. 457.

[437] Grützner, Sanktionierung von Submissionsabsprachen, S. 458 f.

rung des Wettbewerbs durch das Strafrecht auch verfassungsrechtlich keinen Bedenken.[438]

Die Wettbewerbsordnung verleihe der sozialen Marktwirtschaft ihr grundsätzliches Erscheinungsbild. Ungeachtet aller Einschränkungen sei der Wettbewerb ein unverzichtbarer Bestandteil der sozialen Marktwirtschaft der Bundesrepublik Deutschland. Daher könne dem Wettbewerb als Grundentscheidung ein wesentlicher Einfluss auf die Ausgestaltung und die Funktionsfähigkeit unserer freiheitlichen Demokratie nicht abgesprochen werden. Die infolge der Disponibilität der Wettbewerbspolitik in unterschiedlichen Sektoren vorgenommenen Einschränkungen könne man nicht als Indiz für eine Herabstufung der Funktion des Wettbewerbs ansehen. Dem stehe auch nicht entgegen, dass der Wettbewerb keine feststehende Institution sei, sondern vielmehr einen Prozess darstelle, der lediglich in seinen Grundentscheidungen bestimmt ist. Doch genau diese gelte es zu schützen.[439] Auch wenn es sich bei dem freien Wettbewerb um eine Institution handele, die keine klaren Konturen aufweise und in hohen Maße gesetzlichen Vorgaben und Wandlungen unterworfen sei, stehe dies einer Einordnung des Wettbewerbs als ein Schutzgut mit erheblichem Wertgehalt nicht entgegen.

Grützner räumt ein, dass der Wettbewerb infolge seiner Abstraktheit nicht um seiner selbst willen als Schutzgut eines Straftatbestandes in Betracht komme. Es könne aber nicht ausgeschlossen werden, die den Wettbewerb konstituierenden Grundentscheidungen durch das Strafrecht zu schützen. Sofern die Verletzung einer wirtschaftlichen Institution geeignet sei, das gesellschaftliche Zusammenleben zu gefährden oder erheblich zu stören, könne der Gesetzgeber diese Institution auch strafrechtlich schützen.[440]

Nach Auffassung von *Grützner* sei der Wettbewerb in seiner konkreten Ausgestaltung durch den Gesetzgeber durchaus ein Rechtsgut, das durch Straftatbestände zu schützen sei. Er schränkt dies jedoch mit Verweis auf den fragmentarischen Charakter des Strafrechts ein, indem er nach der Reichweite des der Freiheit des Wettbewerbs gewährten strafrechtlichen Schutzes fragt. Hierzu müsse man untersuchen, ob gerade im Hinblick auf das konkret in Betracht

---

[438] Grützner, Sanktionierung von Submissionsabsprachen, S. 459.

[439] Grützner, Sanktionierung von Submissionsabsprachen, S. 460.

[440] Grützner, Sanktionierung von Submissionsabsprachen, S. 460 f.

kommende Verhalten strafrechtlicher Schutz zu gewähren sei. Es komme daher auf die Frage an, ob und welche Angriffe gegen das Rechtsgut Wettbewerb strafwürdig und strafbedürftig seien.[441]

2. Ablehnende Meinungen

Demgegenüber wird in zunehmender Weise vertreten, dass der freie Wettbewerb als Institution sowie dessen Lauterkeit kein durch das Strafrecht zu schützendes Rechtsgut darstellen.

a) Keine Festlegung durch das Grundgesetz

Oldigs vertritt die Auffassung, eine Strafschutzwürdigkeit des Wettbewerbs ist nicht gegeben[442], denn aus der Tatsache, dass durch bestimmte Verhaltensweisen der Wettbewerb als solcher beeinträchtigt werden kann, lasse sich noch nicht herleiten, dass dieser damit auch strafrechtlich zu schützen sei.[443]

Nach seiner Ansicht nimmt der Wettbewerb in unserer Wirtschafts- und Gesellschaftsordnung zwar eine zentrale Positionen ein und verleiht dem System der sozialen Marktwirtschaft ihr grundsätzliches Erscheinungsbild. Ferner habe er wesentlichen Einfluss auf die Ausgestaltung und die Funktionsfähigkeit unserer freiheitlichen Demokratie. Aber das Grundgesetz habe sich nicht eindeutig auf eine Wirtschaftsverfassung festgelegt. Daher könne die Wettbewerbswirtschaft nicht als einzig mögliches Instrument zur Verwirklichung der verfassungsrechtlich gesetzten Vorgaben angesehen werden. Darüber hinaus ist er der Auffassung, unser Wirtschaftssystem entspreche nicht dem einer reinen Markt- oder Wettbewerbswirtschaft, sondern enthalte auch Komponenten einer sozialen Marktwirtschaft.[444]

Diese gründe auf der Einsicht, dass nur ein den Gesetzen des Marktes unterworfenes Wirtschaftssystem zwar gesamtwirtschaftlich betrachtet hervorragende Ergebnisse liefere, jedoch vor allem auf dem sozialen, aber auch in anderen Sek-

---

[441] Grützner, Sanktionierung von Submissionsabsprachen, S. 461 f.; Konkret bezogen auf die durch § 298 StGB kriminalisierten Verhaltensweisen bejaht *Grützner* die Strafwürdigkeit von wettbewerbsbeschränkenden Absprachen bei Submissionen. Zur Begründung im Einzelnen siehe Grützner, Sanktionierung von Submissionsabsprachen, S. 462 ff.

[442] Oldigs, Strafrechtliche Bekämpfung von Submissionsabsprachen, S. 122 ff.

[443] Oldigs, wistra 1998, S. 291, 294.

[444] Oldigs, Strafrechtliche Bekämpfung von Submissionsabsprachen, S. 124.

toren des gesellschaftlichen Lebens erhebliche Probleme schaffen könne. Nur in anhaltenden wirtschaftlichen „Schönwetterperioden“ sei es möglich, einer wettbewerblichen Betrachtung stets den Vorrang einzuräumen. Da diese aber nicht immer anhalte, müsse sich der Wettbewerb Einschränkungen aus vielen Richtungen gefallen lassen. Beispielsweise seien im Bereich des Arbeits- oder Mietmarktes erhebliche Schutzmechanismen für die schwächere Marktseite geschaffen worden, um Arbeitnehmern und Mietern ein gewisses Maß an Sicherheit in für das Leben existenziellen Bereichen zu schaffen. Als Regelfall werde ein freier Wettbewerb möglichst vieler relativ gleichstarker Partner auf möglichst vielen Märkten angestrebt, große Bereiche des Wirtschaftslebens seien jedoch entweder von den wesentlichen Sanktionen von vornherein ausgeschlossen oder als Sonderfälle zum Schutz spezieller Marktformen zulässig.[445]

Eine weitere Einschränkung erfahre die Gewichtung des Wettbewerbs durch eine Verschiebung der Schwerpunkte bei den wirtschafts- und gesellschaftspolitischen Steuerungsmitteln. Bei Einführung des GWB sei der Wettbewerb trotz seines eingeschränkten Schutzes noch das Hauptsteuerungsmittel des Wirtschaftssystems gewesen. Als aber Mitte der sechziger Jahre die Überzeugung aufkam, dass Gewerbe- und Wettbewerbsfreiheit zwar bisher als Garanten politischer Freiheit erschienen, den aufkommenden wirtschaftlichen und sozialen Problemen aber allein nicht genügend entgegenzusetzen hätten, reduzierte sich mit Abflauen der politischen Hochschätzung die Bedeutung des GWB auf seinen eigentlichen rechtlichen Rang, den eines einfachen Gesetzes.[446]

Ferner gebe es im Gegensatz zu anderen Rechtsgütern bei dem des Wettbewerbs keine feste oder zumindest klar eingrenzbare Institution oder Größe. Wettbewerb existiert nicht per se, sondern aufgrund der Tätigkeit der Akteure am wirtschaftlichen Markt. Hieraus folgert *Oldigs*, ergeben sich bereits bei der Suche nach Schutzzielen von wettbewerbsrechtlichen Normen Probleme.

---

[445] Oldigs, wistra 1998, S. 291, 294.

[446] Ritter, BB 1968, S. 1393, 1398; Nach Oldigs, Strafrechtliche Bekämpfung von Submissionsabsprachen, S. 125, könne man die Verabschiedung des sog. Stabilitätsgesetzes (Gesetz zur Förderung der Stabilität und des Wachstums der Wirtschaft vom 08.06.1967; BGBl. I, S. 582) als bezeichnend für diese Entwicklung ansehen.

Es seien lediglich begrenzt Aussagen möglich, weil beim Wettbewerb sämtliche Faktoren und Größen zusammenhängen und ständigen Veränderungen unterworfen seien.[447] Wenn schon die ordnungsrechtlichen Maßnahmen diesen Schwierigkeiten unterliegen, bestehe die Gefahr, dass durch die dauernden Veränderungen des Marktgeschehens strafrechtliche Normen schnell überholt würden.[448]

Dem Wettbewerb könne nicht der Rang eines alles überragenden, uneingeschränkt gültigen Gutes unseres Wirtschaftssystems zugesprochen werden. Vielmehr habe die Gewichtung des Wettbewerbs durch die Verschiebung der Schwerpunkte bei den wirtschafts- und gesellschaftspolitischen Steuerungsmitteln eine erhebliche Einschränkung erfahren. Diese habe dazu geführt, dass der Wettbewerb nicht den ihm vielfach zugeschriebenen Status aufweise und nicht als Hauptsteuerungsmittel des Wirtschaftssystems anzusehen sei. Letztlich habe der Wettbewerb die Bedeutung eines wirtschaftspolitischen Mittels unter vielen erlangt.[449] Angesichts dessen könne man unlautere Verhaltensweisen im wirtschaftlichen Wettbewerb auch nicht als per se extrem sozialschädliche Angriffe auf ein überragendes Gemeinschaftsgut, sondern allenfalls als Zuwiderhandlungen gegen staatliche Lenkungsmaßnahmen begreifen. Das Strafrecht als Schutzsystem von für das gesellschaftliche Zusammenleben unerlässlichen Grundvoraussetzungen könne folglich kein geeigneter Schutzmechanismus für den Wettbewerb sein. Eine Entscheidung im Strafrecht könne und dürfe nicht konträr zu den Entscheidungen im übrigen Bereich der Politik ausfallen.

---

[447] Nach Oldigs, wistra 1998, S. 291, 294 m.w.N. ist der Wettbewerb täglichen Veränderungen unterworfen, die von autonomen Entscheidungen der Verantwortlichen und Beteiligten abhängen. Weitere Schwächungen des Stellenwertes des Wettbewerbs als Rechtsgut ergeben sich aus verschiedenen Entscheidungen der Politik, ob bei den von der EU bestimmten Bereichen des Agrar- und Montansektors, in der Werftindustrie oder der Luft- und Raumfahrttechnik. Oft kann bei lenkenden Eingriffen von Wettbewerb im Sinne einer sozialen Marktwirtschaft keine Rede mehr sein. Diese Tendenz hat sich sogar bis in das Wettbewerbsrecht fortgesetzt und in der sogenannten „Dilemma-These“ ihren Ausdruck gefunden. Nach dieser These müssten andere vorrangige Ziele notfalls auf Kosten des Wettbewerbs gefördert werden.

[448] Oldigs, Strafrechtliche Bekämpfung von Submissionsabsprachen, S. 126.

[449] Oldigs, Strafrechtliche Bekämpfung von Submissionsabsprachen, S. 124; Oldigs, wistra 1998, S. 291, 294.

Erst wenn der Wettbewerb in Wirtschafts-, Sozial- und Gesellschaftspolitik eine zentrale Rolle einnähme, käme überhaupt eine Hilfestellung des Strafrechts in Betracht. Aus diesen Gründen sei der Wettbewerb kein Rechtsgut, welches strafrechtlich zu schützen sei.[450]

b) Mangelnde Bestimmtheit des Schutzgutes Wettbewerb

Ebenso wie *Oldigs* vertritt auch *Lüderssen* die Auffassung, dass der freie Wettbewerb als Schutzgut von Straftatbeständen nicht in Betracht komme.[451] Die Institution Wettbewerb sei zwar ein Rechtsgut mit einem hohen Rang in der Rechtsordnung. Der Wettbewerb sei jedoch nicht bestimmt genug, um in den Kreis der strafrechtsbewehrten Rechtsgüter einbezogen werden zu können.[452] Dem Wettbewerb würden die für seinen Status als ein strafrechtlich zu schützendes Rechtsgut erforderlichen Konturen fehlen.[453] Er tauge nicht als Schutzgut für Straftatbestände, da er ein offenes, nicht determiniertes System, im Unterschied zu Systemen unmittelbarer Lenkung, wie zum Beispiel hoheitliche Marktordnungen oder Preisregelungen, darstelle. Dies könne man anhand von Kartellverboten, der kartellrechtlichen Bereichsausnahmen, sowie der Alternativität von mit Ermessensspielräumen arbeitenden Generalklauseln und Einzelregelungen belegen.[454]

Der freie Wettbewerb erfülle mit Blick auf elementare Rechtsgüter wie die persönliche Freiheit oder das Vermögen zwar die Funktion eines Zwischenrechtsguts. Auch Zwischenrechtsgüter könnten eine wichtige Station für den Schutz von primär höchsten Rechtsgütern sein, so dass ihre Verletzung den Einsatz des Strafrechts erfordere. Dies sei aber nur dann der Fall, wenn eine konkrete Gefährdung für das Rechtsgut gegeben ist. Diese ist anzunehmen, wenn ein schadengeneigtes Verhalten – über die Verletzung eines Zwischenrechtsguts – so nahe an das primär zu schützende Rechtsgut herangekommen sei, dass seine Verletzung unmittelbar bevorstehen könne. Nur dann erscheine es angemessen,

---

[450] Oldigs, Strafrechtliche Bekämpfung von Submissionsabsprachen, S. 127.

[451] Lüderssen, BB 1996, Beilage 11, S. 2 ff.; Lüderssen, BB 1996, S. 2525 ff.; Lüderssen, StV 1997, S. 318, 321; Lüderssen in: Dahs, S. 53 ff.

[452] Lüderssen, StV 1997, S. 318, 320.

[453] Lüderssen, BB 1996, Beilage 11, S. 7; Vgl. König, JR 1997, S. 397, 402.

[454] Lüderssen, BB 1996, Beilage 11, S. 8; *Lüderssen* in: Dahs, S. 54 f.; a.A. Möhrenschlager, JZ 1996, S. 822, 829.

mit dem Strafrecht zu reagieren. Die Verletzung der Wettbewerbsfreiheit als konkrete Gefährdung persönlichen Vermögens könnte daher durchaus strafbar sein.[455] Ausschlaggebend hierfür sei letztlich aber die konkrete Ausgestaltung des Tatbestandes.[456]

Derartige Zwischenrechtsgüter, die höchsten Individualrechtsgütern in dem Sinne nachgeordnet sind, dass nur um derentwillen ihr Schutz angestrebt wird, dürften den strafrechtlichen Schutz nicht mit Selbstverständlichkeit genießen. Vielmehr stünden sie in einem Ableitungsbezug zu den Rechtsgütern des Individuums, so dass sie einer zusätzlichen Begründung bedürfen.[457] Eine solche Begründung könne für den Wettbewerb weder der Verfassung entnommen noch aus ihr abgeleitet werden. Der Wettbewerb sei weder allgemein noch speziell in der Verfassung fixiert, auch nicht mittelbar, da die Festlegung auf eine bestimmte Wirtschaftsordnung nicht mit letzter Eindeutigkeit erfolgt sei. Zwar bestünden keine Zweifel, den Wettbewerb als besonderes Allgemeininteresse als legitimes Ziel einer schützenden Gesetzgebung zu begreifen. Daher sei der Schutz des Wettbewerbs durch das GWB auch durchaus legitim.[458] Ein Schutz durch das Strafrecht folge hieraus jedoch nicht.

Soweit sich der Gesetzgeber darauf berufe, dem UWG sei der Schutz des Wettbewerbs mit den Mitteln des Strafrechts nicht fremd, sei dies kein Anhaltspunkt, dass der Schutz des Wettbewerbs mit Hilfe von Straftatbeständen erforderlich sei. Die Strafvorschriften des UWG beziehen sich im Hinblick auf den Schutzzweck durchgehend auf bestimmte Personengruppen und nicht den Schutz des Wettbewerbs als solchen. Auch wenn dem UWG der Schutz des Wettbewerbs als Institution zugesprochen werde, könne dies nur dort gelten, wo die Lauterkeit des Wettbewerbs seiner Ordnung diene.[459] Die in das UWG aufgenommenen Strafvorschriften seien verbraucherschutzorientiert. Die eine Gruppe betreffe die Irreführung des Publikums.[460] Die zweite Deliktsgruppe, beziehe sich auf

[455] Lüderssen, BB 1996, Beilage 11, S. 7.

[456] Lüderssen, BB 1996, Beilage 11, S. 7 bezieht sich bei seiner Untersuchung auf den vom Bundesrat vorgeschlagenen § 264b StGB als abstraktes Gefährdungsdelikt.

[457] Lüderssen, BB 1996, Beilage 11, S. 6 f.

[458] Lüderssen, BB 1996, Beilage 11, S. 6.

[459] Lüderssen, StV 1997, S. 318, 320 f.

[460] Vgl. §§ 4 und 6c UWG a.F.; § 16 UWG n.F.

Fälle unlauterer Wettbewerbshandlungen gegenüber bestimmten Mitbewerbern.[461] Der Einsatz des Strafrechts sei aber gerade in diesem Bereich rückläufig. Mit Verweis auf *Rittner*[462] hebt *Lüderssen* hervor, das UWG habe sich immer mehr zum Zivilrecht entwickelt. Das UWG habe mit der Lauterkeit des Wettbewerbs eine vergleichsweise konstante Größe vor Augen, die elementare und nachprüfbare Werturteile beinhalte, denn das UWG soll den Verbraucherschutz gewährleisten. Eine Fixierung der Allgemeininteressen darüber hinaus sei schwierig, denn hieraus ergebe sich die Gefahr, dass bestimmte Gruppeninteressen mit den Interessen der Allgemeinheit identifiziert würden.

Schließlich ist *Lüderssen* der Ansicht, wer Verstöße gegen die Freiheit des Wettbewerbs normativ festhalten und tatsächlich feststellen will, müsse Abwägungsprozesse vornehmen, die von den unvorhersehbaren Wechseln des Wirtschaftslebens bestimmt seien. Derartige Abwägungsprozesse seien aber mit einem Regelsystem, das, wie das Strafrecht, dem Legalitätsprinzip und dem Bestimmtheitsgebot unterliege, nicht vereinbar.[463]

c) Keine unmittelbare Verletzung des Wettbewerbs

Im Zusammenhang mit § 299 StGB vertreten *Jaques*, *Szebrowski* und *Pragal* in ihren Arbeiten, dass die Lauterkeit des Wettbewerbs kein taugliches Rechtsgut des § 299 StGB darstellen kann.[464]

Jaques bezweifelt die Tauglichkeit des Rechtsgut „Lauterkeit des Wettbewerbs" für den Tatbestand der Angestelltenbestechung. Der Normappell bzw. der Grund staatlicher Strafe sei wegen der Vielseitigkeit der hinter dem Wettbewerb ste-

---

[461] Vgl. §§ 12, 17, 18 und 20 UWG a.F.; §§ 17, 18, 19 UWG n.F.

[462] Rittner, Wettbewerbs- und Kartellrecht, § 4 Rn 64 (vgl. dort auch Fußnote 93); Rittner ist der Auffassung, dass ein Zurückgehen des Strafrechts bei den Straftatbeständen des UWG zu erwarten und auch rechtspolitisch zu begrüßen sei, denn das UWG habe sich in vielen Etappen der Gesetzgebung und der Rechtsverwirklichung dem Zivilrecht angenähert. Zur Begründung seiner Annahme verweist er darauf, dass jährlich etwa nur 140 Anklagen wegen Straftaten nach dem UWG erhoben werden, von denen ein erheblicher Teil (ca. 40%) zu Einstellungen oder Freisprüchen führt. Zudem stünden sie innerhalb des Wirtschaftsstrafrechts am Rande.

[463] *Lüderssen* in: Dahs, S. 55; vgl. Lüderssen, StV 1997, S. 318, 320.

[464] Jaques, Bestechungsdelikte, S. 104 f.; Szebrowski, Kick-Back, S. 163 f.; Pragal, Korruption innerhalb des privaten Sektors, S. 129 ff.

henden Interessen für den Straftäter nicht mehr erkennbar. Die Lauterkeit des Wettbewerbs sei ohne die zu schützenden Marktbeteiligten lediglich eine inhaltsleere Formel bzw. zu abstrakt, um kausal verletzt werden zu können. Daher eigene sich dieses Schutzgut nicht als Anknüpfungspunkt einer staatlichen Strafe.[465] Außerdem müsse man berücksichtigen, dass ein Bestochener nicht nur eine Wettbewerbsbeeinflussung, sondern auch die Erlangung eines Vorteils beabsichtige, so dass die Beeinflussung erst die Folge der Vorteilserlangung sei.[466] Zwar beabsichtige der Bestechende im Wettbewerb bevorzugt zu werden, doch auch dafür sei die Pflichtverletzung des Bestochenen gegenüber seinem Geschäftsherrn nur ein Zwischenziel. Schließlich beeinträchtigten auch ein Subventionsbetrug gemäß § 264 StGB oder extreme Formen des Behinderungswettbewerbs, beispielsweise durch eine gegen Mitbewerber gerichtete Körperverletzung, Freiheitsberaubung oder Sachbeschädigung, den Wettbewerb. Ebenso wie in diesen Beispielen sei auch die Verletzung der Lauterkeit des Wettbewerbs durch eine Angestelltenbestechung nur die Folge der Verletzung anderer Rechtsgüter. Infolge dessen könne sie den staatlichen Strafanspruch nicht legitimieren.[467]

Nach *Szebrowski* ergebe sich die Untauglichkeit des lauteren Wettbewerbs als Rechtsgut aus der Tatsache, dass der Wettbewerb als Institution nicht unmittelbar verletzbar ist. Eine Gefährdung dieses abstrakten Werts entstehe erst mittelbar dadurch, dass einzelne Marktbeteiligte die konkreten Interessen anderer Marktbeteiligten verletzen. Der lautere Wettbewerb sei daher nichts anderes als die Summe der Einzelinteressen der Marktbeteiligten.[468] Diese werden aber im Wettbewerbsrecht durch verschiedene Konzepte geschützt, wobei die Abwehr aller unredlichen Verhaltensweisen grundsätzlich auf zivilrechtlicher Ebene erfolgen würden. In seiner Begründung folgt *Szebrowski* zum Teil der Argumentation von *Jaques*, wonach der Strafanspruch für den Behinderungswettbewerbs in Form von Freiheitsberaubung, Körperverletzung oder Sachbeschädigung nicht auf die Verletzung des lauteren Wettbewerbs gestützt wird.

Ebenso vertritt er die Ansicht, dem Täter sei in erster Linie eine Pflichtverletzung zu seinem Geschäftsherrn vorzuwerfen. Die Verfälschung des Wettbe-

---

[465] Jaques, Bestechungsdelikte, S. 104 f.

[466] Jaques, Bestechungsdelikte, S. 106.

[467] Jaques, Bestechungsdelikte, S. 107.

[468] Szebrowski, Kick-Back, S. 163.

werbs sei Folge der Bevorzugung und damit Folge des vorgelagerten Pflichtenverstoßes gegenüber dem Geschäftsherrn.[469]

Auch *Pragal* verneint die Tauglichkeit des freien bzw. lauteren Wettbewerbs als Rechtsgut des § 299 StGB. Es spreche vieles dafür, dass das Rechtsgut nicht in einer tatbestandsspezifischen Besonderheit des § 299 StGB, wie dem erforderlichen Wettbewerbsverhältnis erblicket werden könne, sondern vielmehr das gemeinsame Wesen aller Erscheinungsformen von Korruption bei der Bestimmung des Rechtsguts maßgeblich sein sollte. Bemühe man sich um eine Isolierung der Angriffsweisen bei Korruptionsdelikten, könne man festhalten, dass alle diese Delikte entsprechend den verschiedenen Lebensbereichen durch bestimmte bereichsspezifische Merkmale gekennzeichnet seien.[470]

Bei den Merkmalen „im Wettbewerb“ bzw. „zu Zwecken des Wettbewerbs“ des § 299 StGB handele es sich um die Strafbarkeit eingrenzende Merkmale bzw. um Modalitäten des Angriffs auf das Rechtsgut, aber nicht um das Rechtsgut selbst.[471] Dafür spreche, dass man diese Tatbestandsmerkmale des § 299 StGB gedanklich streichen könne und dennoch ein gemeinsamer Unrechtskern aller Korruptionsdelikte des StGB in Gestalt eines „Angestellten-Geschäftsherren-Konflikts“ erhalten bliebe. Daher handelte es sich beim Wettbewerbserfordernis lediglich um die tatbestandliche Angriffsweise.[472] Der Wettbewerb stelle somit nur den Lebensbereich dar, innerhalb dessen die Verletzung einer, auf einer höheren Abstraktionsstufe liegenden Funktionsbedingung durch den Tatbestand des § 299 StGB pönalisiert ist. Daher wäre auch für den 26. Abschnitt die Bezeichnung „Straftaten im Wettbewerb“ zutreffender als die Bezeichnung „Straftaten gegen den Wettbewerb“.[473]

---

469 Szebrowski, Kick-Back, S. 164; vgl. BGHSt 31, 208, 212.

470 Pragal, Korruption innerhalb des privaten Sektors, S. 129 f.; vgl. Jaques, Bestechungsdelikte, S. 126 f.

471 Pragal, Korruption innerhalb des privaten Sektors, S. 130.

472 Pragal, Korruption innerhalb des privaten Sektors, S. 131.

473 Pragal, Korruption innerhalb des privaten Sektors, S. 134. Darüber hinaus zeige sich – so *Pragal* – eine ähnliche Abkehr von der Fixierung auf den Wettbewerb übrigens auch im Korruptionsübereinkommen des Europarates, welches in Art. 7 und 8 die Forderung enthält, Bestechlichkeit und Bestechung im privaten Sektor nicht nur „im Wettbewerb“, sondern allgemein „im Geschäftsverkehr“ unter Strafe zu stellen.

3. Eigene Stellungnahme

Obwohl die Überschrift des 26. Abschnitts, „Straftaten gegen den Wettbewerb“, als ein gewisses Indiz dafür gesehen werden könnte, dass der Wettbewerb das durch die §§ 298 ff. StGB primär zu schützende Rechtsgut ist, ergeben sich dennoch massive Bedenken gegen diese Ansicht. Zunächst ist *Tiedemann, Ulmer und Grützner* in ihren Aussagen zuzustimmen, dass der freie Wettbewerb essentieller Bestandteil und tragendes Grundprinzip der sozialen Marktwirtschaft ist, der wichtige Funktionen für den Einzelnen und die Gesellschaft im Ganzen erfüllt.[474] Wie bereits im Rahmen der theoretischen Vorüberlegungen festgestellt, dient der freie Wettbewerb als zentraler Bestandteil der sozialen Marktwirtschaft der Umsetzung von wirtschaftpolitischen und gesellschaftspolitischen Zielen. Er soll eine optimale Ressourcenallokation bewirken, wobei grundsätzlich die Leistung der jeweiligen Wettbewerber den Maßstab für die Verteilung liefert. Außerdem legitimiert der freie Wettbewerb zugleich durch Verfahren grundsätzlich das durch ihn bewirkte Ergebnis, übermäßige wirtschaftliche Macht zu binden und individuelle Leistungsfähigkeit zur Entfaltung zu bringen.[475] Neben dem Schutz individueller Handlungsfreiheiten werden durch den freien Wettbewerb Entfaltungsbedingungen des Einzelnen institutionell gewährleistet.[476] Damit liegt der Schluss nahe, dass der Gesetzgeber eine bestimmte Festlegung der Wettbewerbsverhältnisse vorgenommen und damit dem Wettbewerb in einem ganz bestimmten Wirtschaftsbereich seinen Stellenwert zuerkannt hat. Dies könnte ihn legitimieren, die konkrete Ausgestaltung des Wettbewerbs strafrechtlich abzusichern.

Dem ist jedoch nicht zuzustimmen. Es ist zwar zutreffend, dass eine konkrete, wettbewerbspolitische Entscheidung des Gesetzgebers für eine bestimmte Institution der Wirtschaftsordnung auch durch das Strafrecht abgesichert werden kann, wenn die Verletzung dieser Institution geeignet erscheint, die sozialen Beziehungen innerhalb der Rechtsgesellschaft erheblich zu gefährden oder zu schädigen. Unter diesem Blickwinkel käme der Wettbewerb in seiner konkreten Ausgestaltung durch den Gesetzgeber durchaus als strafrechtlich zu schützendes Rechtsgut in Betracht. Der Gesetzgeber verfügt aber über einen erheblichen Entscheidungsfreiraum in der reglementierenden Akzentuierung der konkreten

---

[474] Hefendehl, Kollektive Rechtsgüter im Strafrecht, S. 279.

[475] *Heine* in: Schöne/Schröder, Vorbem. §§ 298 Rn 2.

[476] Wiedemann, Hdb. des Kartellrechts, § 1 Rn 2.

Wirtschaftsordnung, ohne dass die jeweiligen Regelungen die grundgesetzlich gesicherten Grenzen der sozial-liberalen Wirtschaftsverfassung verletzen würden. Infolge dessen stellt auch ein rechtswidriger Eingriff in die Wettbewerbsordnung, wie sie die Beteiligten am Wirtschaftsverkehr und der Gesetzgeber ausgestaltet haben, nicht notwendig eine Existenzbedrohung für diese und damit bereits sozialgefährliches oder sozialschädliches über die bloße Ordnungsverletzung hinausgehendes Verhalten dar. Eine Verletzung dieser Regeln begründet daher nicht automatisch die Strafwürdigkeit des Verhaltens.[477]

Soweit die Rechtsgutsqualität des Wettbewerb damit begründet werden soll, dass der wirtschaftliche Wettbewerb leitendes Prinzip der deutschen Wirtschaftsverfassung sei und sich die Schutzbedürftigkeit des Wettbewerbs aus der Sicherung unserer freiheitlich-demokratischen Verfassung ableiten lasse, kann dem ebenfalls nicht gefolgt werden. Zwar ist es Aufgabe des Strafrechts, elementare Werte des Gemeinschaftslebens zu schützen und der Kernbereich des Strafrechts lässt sich anhand der grundgesetzlichen Wertordnung mit hinreichender Bestimmtheit ermitteln.[478] Der freie Wettbewerb ist aber kein unmittelbar in der Verfassung angelegtes Rechtsgut.[479] Die Verfassung enthält für den Gesetzgeber weder verbindliche Vorgaben für die konkrete Ausgestaltung des Wirtschaftssystems noch die Gewährleistung eines bestimmten Wirtschaftssystems oder dessen Institutionen.[480] Eine ausdrückliche Verpflichtung zur Institutionalisierung einer bestimmten Wirtschaftsverfassung ist unterblieben.[481] Der freie Wettbewerb ist auch nicht grundrechtlich abgesichert. Das Grundgesetz enthält weder eine bestimmte Wirtschaftsverfassung noch schreibt es eine bestimmte Wirtschaftspolitik vor. Vielmehr ist es wirtschaftspolitisch neutral und überlässt die Wirtschaftspolitik grundsätzlich dem Ermessen des Gesetzgebers.[482]

---

477 Otto, wistra 1999, S. 41, 42.

478 BVerfG NJW 1969, S. 1619, 1621.

479 So auch Hefendehl, Kollektive Rechtsgüter im Strafrecht, S. 278 f.

480 Lüderssen, BB 1996, Beilage 11, S. 6; Ritter, BB 1968, S. 1393, 1396; Otto, ZStW 96 (1984), S. 339, 356; vgl. Satzger, Submissionsbetrug, S. 52.

481 *Papier* in: Maunz/Dürig, GG, Art. 14 Rn 32.

482 BVerfGE 4, 7, 17 f.; BVerfGE 50, 290, 336 ff.

Zu einem freiheitlichen Staat gehört die freiheitliche Wirtschaft. Während der freiheitliche Staat das Recht und die Möglichkeit der Bürger voraussetzt, auf das staatliche Geschehen Einfluss nehmen zu können, ist Voraussetzung für eine freiheitliche Wirtschaft, dass der Staat diesen Bereich der eigenverantwortlichen Entscheidung und Gestaltung seinen Bürgern überlässt.[483] Das Grundgesetz schafft lediglich bestimmte Rahmenbedingungen.[484] Als Straftat darf aber nur die Verletzung sozialvertraglich gesicherter Freiheiten gelten.[485] Da der freie Wettbewerb nicht ausdrücklich in unserer Gesellschaft als konstituierende Freiheit in der Verfassung abgesichert ist, kann hieraus keine Legitimität als Schutzgut eines Straftatbestandes hergeleitet werden.

Auch die Annahme, der Wettbewerb sei als Zwischenrechtsgut strafrechtlich schützenswert[486], kann nicht überzeugen.[487] Zwar können Zwischenrechtsgüter eine wichtige Station für den Schutz der primären höchsten Rechtsgüter darstellen. Als höchstes Rechtsgut könnte man für die Straftaten des 26. Abschnitt das Vermögen ansehen. Die Verletzung der Wettbewerbsfreiheit als konkrete Gefährdung des persönlichen Vermögens könnte man daher als strafwürdig beurteilen.[488] Dafür muss aber ein schadengeneigtes Verhalten über die Verletzung eines Zwischenrechtsguts dazu führen, dass die Verletzung eines primären Rechtsguts unmittelbar bevorstehen könnte.

Soweit man bei den §§ 298 ff. StGB darauf abstellt, dass durch diese Vorschriften auch mittelbar die Vermögensinteressen der Wettbewerber geschützt werden sollen[489], vermag dies nicht den Wettbewerb als Zwischenrechtsgut dieser Tatbestände zu rechtfertigen. Durch die Annahme der Wettbewerb schütze als Zwischenrechtsgut das Vermögen würde eine beträchtliche Vorverlagerung der Strafbarkeit stattfinden.[490] Sowohl der Tatbestand wettbewerbsbeschränkender

---

[483] Maurer, StaatsR, § 8 Rn 87.

[484] Vgl. Badura, JuS 1976, S. 205, 208.

[485] Hassemer, ZRP 1992, S. 378, 380.

[486] Vgl. LK-*Tiedemann*, § 298 Rn 9.

[487] Vgl. Hefendehl, Kollektive Rechtsgüter im Strafrecht, S. 278.

[488] Lüderssen, BB 1996, Beilage 11, S. 7.

[489] Statt vieler: Tröndle/Fischer, § 298 Rn 6 und § 299 Rn 2.

[490] Nach Albrecht, KritV 1993, S. 163, 166 sind insbesondere wirtschaftsstrafrechtliche Tatbestände zum Schutz von Funktionen und Institutionen des Wirtschaftslebens mit weit vorge-

Absprachen bei Ausschreibungen als auch der Straftatbestand Bestechlichkeit und Bestechung im geschäftlichen Verkehr sind als abstrakte Gefährdungsdelikte ausgestaltet.[491] Die Straftatbestände setzen daher weder voraus, dass der freie Wettbewerb noch die mittelbar geschützten Vermögensinteressen der Wettbewerber konkret gefährdet oder verletzt sein müssen. Ordnet man den Wettbewerb als Zwischenrechtsgut ein, erfolgt die Pönalisierung in den §§ 298 ff. StGB also aufgrund einer abstrakten Gefährdung des primären Rechtsguts Vermögen durch eine abstrakte Gefährdung des Zwischenrechtsguts Wettbewerb. Selbst wenn man den Wettbewerb lediglich als Zwischenrechtsgut ansehen wollte, könnte man anhand dessen ihn nicht als strafrechtlich zu schützendes Rechtsgut begreifen, denn selbst durch eine Verletzung desselben, stünde nicht ohne weiteres eine Verletzung des dahinter stehenden primären Rechtsguts Vermögen unmittelbar bevor.[492] Auch dieses könnte lediglich abstrakt gefährdet sein. Zudem stellt sich dann die Frage, warum der Gesetzgeber nicht das Rechtsgut Vermögen als das von den §§ 298 ff. StGB primär geschütztes Rechtsgut angesehen hat. Ein Umweg über den Schutz des freien Wettbewerbs wäre dann nicht erforderlich gewesen.

Soweit im Wirtschaftsstrafrecht nicht nur das Vermögen und die Dispositionsfreiheit, sondern auch die Funktionsfähigkeit verschiedener Subsysteme, wie z.B. die Funktionsfähigkeit der Kreditwirtschaft, des bargeldlosen Zahlungsverkehrs oder des Kapitalmarktes, geschützt werden sollen, kann dem – auch in Bezug auf den freien Wettbewerb – nicht gefolgt werden. *Kindhäuser* lehnt dies mit zutreffender Begründung ab. Nach seiner Auffassung kann eine Beeinträchtigung von Ordnungssystemen nicht einfach mit einem schädigenden Eingriff in konkrete Bedingungen institutionalisierter Freiheit gleichgesetzt werden.

---

lagertem Strafrechtsschutz und zum Großteil als Gefährdungsdelikte ausgestaltet, die bezogen auf soziale Rechtsgüter Systemfunktionen erfüllen sollen.

[491] Statt vieler: Tröndle/Fischer, § 298 Rn 3a und § 299 Rn 2; LK-*Tiedemann*, § 298 Rn 11 und § 299 Rn 10; Lackner/Kühl, § 298 Rn 1 und § 299 Rn 1; Kuhlen in: FS-Lampe, 2003, S. 743, 746 ff.; a.A. *Hohmann* in: MüKo, § 298 Rn 6 ff.; eingehend zum Streitstand siehe 3. Kapitel D. I.

[492] Vgl. Hefendehl, Kollektive Rechtsgüter im Strafrecht, S. 278.

Vielmehr müsse noch aufgezeigt werden, dass der Täter in rechtlich garantierte Freiheitssphären anderer eingreift.[493] Für seine Begründung zieht er den Straftatbestand des Kreditbetrugs nach § 265b StGB heran und führt dazu aus: Die Funktionsfähigkeit des Kreditwesens gehöre ebenso wenig zu den rechtlich garantierten Bedingungen freier Entfaltung des Einzelnen wie die Funktionsfähigkeit des Autohandels oder des Immobilienmarktes. Ferner können Rechtsgüter nur solche Güter sein, die in empirisch nachweisbarer Form geschädigt werden können. Unklar sei zum Beispiel, inwieweit ein Kreditbetrug überhaupt die Kreditwirtschaft schädigen könne. Dies könne man lediglich durch eine gegen das Schuldprinzip verstoßende Begründung annehmen, dass bei massenhaftem Kreditbetrug die Kreditwirtschaft nicht mehr funktionieren würde. Allerdings würde man dann dem Täter die Taten anderer als Unrechtsgrund zurechnen.[494]

Die Begründung lässt sich auf den freien Wettbewerb als zu schützendes System übertragen. Folgt man konsequent den Auffassungen von *Tiedemann*, *Ulmer* und *Grützner* besteht die Institution Wettbewerb zwar aus der Summierung von Individualrechtsgütern des Einzelnen, denn durch einen freien Wettbewerb sollen individuelle Handlungsfreiheiten und Entfaltungsbedingungen des Einzelnen institutionell gewährleistet werden.[495] Damit ist der Wettbewerb aber kein Universalrechtsgut. Auch der Gedanke, der die abstrakten Gefährdungsdelikte trägt, dass die Täterhandlung gefährlich sei, so dass ein Rechtsgut hätte verletzt werden können, passt nicht. Ein einzelner Verstoß gegen die Regeln des Wettbewerbs kann den Wettbewerb in seinem Bestehen niemals – auch nicht abstrakt – gefährden.[496] Dies kann man allenfalls bei massenhaften Verstößen gegen die Regeln des Wettbewerbs annehmen. Das Versagen der genannten Kategorien

---

[493] *Kindhäuser* in: Bausteine des europäischen Wirtschaftsstrafrechts, Madrid-Symposium, S. 125, 128 f., der in dem Schutz der Funktionsfähigkeit von Wirtschaftssystemen einen Konflikt mit Grundsätzen einer zweckrationalen Kriminalpolitik sieht, deren Einhaltung Bedingung für ein legitimes Strafrecht sei.

[494] *Kindhäuser* in: Bausteine des europäischen Wirtschaftsstrafrechts, Madrid-Symposium, S. 125, 129 f.

[495] Siehe oben; Wiedemann, Hdb. des Kartellrechts, § 1 Rn 2.

[496] Vgl. Kuhlen, FS-Lampe, 2003, S. 743, 748; so auch *Bottke* in: Bausteine des europäischen Wirtschaftsstrafrechts, Madrid-Symposium, S. 109, 111 f.; a.A. wohl Pragal, ZIS 2006, S. 63, 70, nach dessen Auffassung sich kein Argument für die Untauglichkeit des angeblichen Rechtsguts Wettbewerb daraus ergeben kann, dass dieser Wert durch einzelne Tathandlungen nicht unmittelbar verletzbar ist.

bezeichnet aber nicht deren Untauglichkeit, sondern im Gegenteil die Illegitimität der zu untersuchenden Straftatbestände, soweit diese den Wettbewerb als Rechtsgut schützen sollen.[497]

Es ist und kann nicht die Aufgabe von Strafrecht sein, einzelne, die Wirtschaftsordnung mitkonstituierende Institutionen um ihrer selbst Willen als Universalrechtsgut zu schützen.[498] Vielmehr hat sich eine zweckrationale und liberale Kriminalpolitik auch im Wirtschaftsstrafrecht am Schutz rechtlich garantierter Bedingungen individueller Freiheitssphären, also am Schutz von Vermögen und Dispositionsfreiheit des Einzelnen zu orientieren.[499] Bei dem Wettbewerb handelt es sich um ein normatives Gebilde, zusammengesetzt aus den Normen der staatlichen Wirtschaftsordnung und -lenkung sowie den Normen, welche die wirtschaftliche Betätigung regeln. Angriffe auf die Wirtschaftsordnung und ihre Institutionen, speziell den Wettbewerb, durch Verletzung der sie konstituierenden Normen haben keine empirisch fassbaren Schäden zur Folge.[500]

Die entsprechenden Tathandlungen beeinträchtigen lediglich das Vertrauen des Einzelnen in die Funktionsfähigkeit des freien und fairen Wettbewerbs, als einer realen Gegebenheit.[501] Im Gegensatz zu anderen Rechtsgütern gibt es bei dem des Wettbewerbs keine feste oder zumindest klar eingrenzbare Institution oder Größe. Die freie Marktwirtschaft und der damit verbundene freie Wettbewerb sind vielmehr als Prozess zu charakterisieren, die lediglich in ihren Grundentscheidungen hinreichend bestimmt sind.[502] Der Wettbewerb ist ein offenes, nicht determiniertes System, im Unterschied zu Systemen unmittelbarer Lenkung, wie

---

[497] Ähnlich Roxin, AT I, § 2 Rn 79, der auf die Gesundheit vieler Einzelner beim Drogenkonsum sowie das Vermögen einzelner Versicherer und Subventionsgeber bei Versicherungs- oder Subventionsbetrug abstellt.

[498] *Hohmann* in: MüKo, § 298 Rn 3; anders noch: Hohmann, NStZ 2001, S. 566, 571; vgl. Grützner, Sanktionierung von Submissionsabsprachen, S. 461.

[499] *Kindhäuser* in: Bausteine des europäischen Wirtschaftsstrafrechts, Madrid-Symposium, S. 125, 130.

[500] Vgl. Jaques, Bestechungsdelikte, S. 104.

[501] Vgl. zur verletzbaren Gegebenheit von Rechtsgütern: Hohmann, Rechtsgut der Umweltdelikte, S. 114 ff.

[502] Oldigs, wistra 1998, S. 291, 294; Oldigs, Strafrechtliche Bekämpfung von Submissionsabsprachen, S. 125 f.; Diese Ansicht teilt auch Grützner, Sanktionierung von Submissionsabsprachen, S. 460.

zum Beispiel hoheitliche Marktordnungen oder Preisregelungen.[503] Dem Wettbewerb fehlen damit die für seinen Status als ein strafrechtlich zu schützendes Rechtsguts erforderlichen Konturen.[504] Bei genauer Betrachtung dieses angeblichen Rechtsguts fällt auf, dass es sich beim freien Wettbewerb nicht um ein einheitliches und „fassbares" Rechtsgut, sondern um ein „Konglomerat" von äußerst verschiedenen und konkreteren Einzelinteressen handelt. Der Schutz der Institution Wettbewerb erfolgt in der Weise, dass die zu seiner Gewährleistung erforderlichen Einzelinteressen bzw. Funktionseinheiten geschützt werden.[505] Daher eignet er sich nicht als Schutzgut von Straftatbeständen.[506]

Da die freie Marktwirtschaft und der Wettbewerb Abläufe und Prozesse im Wirtschaftsleben darstellen, die keine festen Größen oder Konstanten aufweisen und ständigen Veränderungen unterworfen sind, müssen wettbewerbsbeeinträchtigende Handlungen stets anhand der unterschiedlichen und wechselnden Verhältnisse des Wirtschaftslebens beurteilt werden. Das bedeutet, wer Verstöße gegen die Freiheit des Wettbewerbs normativ festhalten und tatsächlich feststellen will, muss Abwägungsprozesse vornehmen, die von den unvorhersehbaren Wechseln des Wirtschaftslebens bestimmt sind. Solche Abwägungsprozesse sind aber mit einem Regelsystem, das, wie das Strafrecht, dem Legalitätsprinzip und dem Bestimmtheitsgebot unterliegt, nicht zu vereinbaren.[507]

Das rechtstaatliche Strafrecht kann nicht wirtschaftliche Auswüchse und jedwede sozialschädliche Verhaltensweise innerhalb des Wirtschaftslebens bewältigen, wenn es seinen freiheitssichernden Aufgaben und Funktionen gerecht werden soll. Es kann daher nicht dazu bestimmt sein, die soziale Kontrolle der

---

[503] So auch Rittner/Dreher, Wirtschaftsrecht, § 23 Rn 132; nach *Heine* in: Schönke/Schröder, Vorbem. § 298 Rn 2 weist der Wettbewerb eine dynamische Struktur auf.

[504] Vgl. König, JR 1997, S. 397, 402; vgl. auch die Kritik bei Hassemer, NStZ 1989, S. 553, 557, dass insbesondere Universalrechtsgüter im Bereich der Wirtschaft besonders vage und großflächig formuliert sind.

[505] Pragal, ZIS 2006, S. 63, 70 m.w.N.

[506] Lüderssen, BB 1996, Beilage 11, S. 7.; So auch Jaques, Bestechungsdelikte, S. 58, nach dem der einfache Verweis auf den Schutz der Lauterkeit des Wettbewerbs und der dahinter stehenden Interessen nicht die Grundlage des staatlichen Strafanspruchs bilden kann; a.A. Pasewaldt, ZIS 2008, S.84, 85.

[507] *Lüderssen* in: Dahs, S. 55; vgl. Lüderssen, StV 1997, S. 318, 320.

marktwirtschaftlichen Ordnung zu gewährleisten.[508] Der freie Wettbewerb als Ergebnis wirtschaftspolitischer und wirtschaftsrechtlicher Abläufe stellt daher kein Rechtsgut dar, das strafrechtlichen Schutz genießt.[509]

VI. Zwischenergebnis

Als Ergebnis ist festzuhalten, dass der Wettbewerb entgegen der herrschenden Meinung nicht per se und um seiner selbst Willen als strafrechtlich zu schützendes Rechtsgut in Betracht kommt. Weder der Verfassung noch dem einfachen Recht lassen sich hinreichend gewichtige Argumente entnehmen, die einen strafrechtlichen Schutz des Wettbewerbs rechtfertigen würden. Der Wettbewerb als solcher lässt sich nur schwer definieren und nicht eindeutig bestimmen.[510] Der Gesetzgeber hat den Tatbeständen des 26. Abschnitts demnach ein Universalrechtsgut zugrunde gelegt, das vage und infolge der wechselnden wirtschaftlichen Abläufe nicht eindeutig formuliert werden kann. Auf diese Weise entfernt sich der Gesetzgeber von strafrechtlichen Traditionen. Wo es ursprünglich um den Schutz von konkret und präzise formulierten Individualrechtsgütern ging, stehen nunmehr allgemeine Institutionen des Staates und der Gesellschaft im Vordergrund.[511] Dass diese im Allgemeinen und der Wettbewerb im Besonderen nicht immer strafrechtlich schützenswert sind, belegen die vorangegangenen Ausführungen exemplarisch.

D. Ergebnis

Im Ergebnis ist die sich aus den Komponenten Handlungs- und Erfolgsunwert zusammensetzende Strafwürdigkeit für die Straftaten des 26. Abschnitts zu verneinen, soweit sie den freien Wettbewerb als primäres Rechtsgut schützen sollen. Zwar kann den kriminalisierten Verhaltensweisen in beiden Fällen der erforderliche Handlungsunwert zugesprochen werden. Im Hinblick auf den Wett-

---

[508] Vgl. Albrecht, KritV 1993, S. 163, 171.

[509] So auch Rittner/Dreher, Wirtschaftsrecht, § 23 Rn 132, nach deren Auffassung der Wettbewerb oder typische Wettbewerbsbeschränkungen nicht zu einem Straftatbestand taugen, da es sich beim Wettbewerb um ein offenes, nicht determiniertes System handele.

[510] Köhler/Bornkamm, 1.1 Einl.; vgl. Wiedemann, Hdb. des Kartellrechts, § 1 Rn 3; vgl. Emmerich, Kartellrecht, S. 15 ff.

[511] So Hassemer, ZRP 1992, S. 378, 381.

bewerb als vorrangig zu schützendes Interesse fehlt es aber an dem notwendigen Erfolgsunwert, denn der freie Wettbewerb kommt als strafrechtlich zu schützendes Rechtsgut entgegen der herrschenden Meinung nicht in Betracht. Der Wettbewerb ist für sich genommen keine Institution, die in den Rang eines strafrechtlich geschützten Rechtsguts gehoben werden kann. Auch als Zwischenrechtsgut fehlen ihm insoweit die erforderlichen Konturen. Diese werden vielmehr von wirtschaftlichen Opportunitäten bestimmt. Infolge dessen sind unlautere Verhaltensweisen im wirtschaftlichen Wettbewerb nicht als extrem sozialschädliche Angriffe auf ein überragendes Gemeinschaftsgut, sondern allenfalls als Zuwiderhandlungen gegen staatliche Lenkungsmaßnahmen zu verstehen. Zur Begründung der Strafwürdigkeit der Wettbewerbsdelikte reichen diese nicht aus.

3. Kapitel - Zur Strafbedürftigkeit der Straftaten gegen den Wettbewerb

Das dritte Kapitel widmet sich der Fragestellung, ob im Hinblick auf Sanktionsmöglichkeiten im Kartell- und Wettbewerbsrecht die strafrechtlichen Tatbestände überhaupt geeignet und erforderlich sind oder andere Regelungsmaterien zum Schutz des Wettbewerbs herangezogen werden sollten. Hierbei soll auch auf das Verhältnis zu GWB und UWG sowie zu den Sanktionsmöglichkeiten des Ordnungswidrigkeitenrechts eingegangen werden, denn möglicherweise geht hiervon eine effektivere Präventionswirkung als von den Strafvorschriften im 26. Abschnitt des StGB aus.

A. Begriff der Strafbedürftigkeit

Voraussetzung für die Einführung eines Straftatbestandes ist neben der Strafwürdigkeit der zu kriminalisierenden Verhaltensweise deren Strafbedürftigkeit. Hierunter versteht man, dass die Strafe unerlässliches Mittel sein muss, um die Gesellschaft vor strafwürdigen Rechtsgutsbedrohungen oder –verletzungen zu schützen und die Rechtsordnung zu bewahren.[512] Während die Strafwürdigkeit wesentlich durch die Wertung der Sozialschädlichkeit eines Verhaltens bestimmt wird, erfasst die Strafbedürftigkeit vorrangig das Zweckmoment staatlicher Strafe.[513] Dieses Zweckmoment in der Strafe steht der Bestrafung eines strafwürdigen Verhaltens dann entgegen, wenn andere, weniger gravierende Eingriffe als die Pönalisierung des Verhaltens einen besseren oder zumindest den gleichen Erfolg versprechen, zur Verfügung stehen.[514] Dies folgt aus der Subsidiarität des Strafrechts.

B. Subsidiarität des Rechtsgüterschutzes

Strafrecht knüpft an die Verletzung von geschützten Rechtsgütern an. Das Recht des Staates zu strafen folgt aus den Prinzipien der Verfassung und den in ihr

---

[512] Möschel, Kriminalisierung von Submissionsabsprachen, S 43 f.; Kasper, Erheblichkeitsschwelle, S. 24 f.

[513] Fürhoff, AG 2003, S. 80, 82; Otto, AT, § 1 Rn 50.

[514] Otto, NJW 1979, S. 681, 683; Otto, Jura 1989, S. 24, 27; vgl. Frisch, FS-Stree/Wessels, S. 69, 77 ff.

enthaltenen Grundrechtsgarantien.[515] Es erfasst aber nicht lückenlos jedes moralisch vorwerfbare Verhalten oder gar die Gesamtheit sozialer und gesellschaftlicher Verflechtungen, sondern stellt lediglich einzelne, vom Gesetzgeber als besonders sozialschädlich erachtete Verhaltensweisen unter Strafe. Das Strafrecht hat lediglich fragmentarischen Charakter, d.h. das Strafrecht ist lückenhaft und lässt Freiräume.[516] Der gesetzgeberische Einsatz von Strafrecht soll wegen des verfassungsrechtlichen Verhältnismäßigkeitsprinzips immer nur *ultima ratio* sein.[517] Das bedeutet, es darf nur dann eingesetzt werden, wenn andere Mittel der sozialen Problemlösung und des Rechtsgüterschutzes, wie etwa zivilrechtliche Klagen, polizei- oder ordnungsrechtliche Anordnungen oder nichtstrafrechtliche Sanktionen, versagen.[518] Diese Annahme findet ihre Erklärung darin, dass das Strafrecht seine Sanktionen an Verhaltensweisen knüpft, die von der Rechtsordnung ohnehin schon missbilligt werden. Das Strafrecht ist insofern akzessorisch, erfasst nur Unrecht auf einer gesteigerten Stufe und bedarf daher einer besonderen Legitimation, die ihm versagt bleibt, wenn die Notwendigkeit einer Strafdrohung und ihrer Durchsetzung nicht dargelegt ist.[519]

Wo dem Staat ein weniger belastendes Mittel für den Rechtsgüterschutz zur Verfügung steht, folgt aus dem Subsidiaritätsprinzip, dass der Einsatz des Strafrechts nicht erforderlich ist.[520] Wo eine nichtstrafrechtliche Sanktion zur Sicherung des vom Gesetzgeber verfolgten Zwecks ausreicht, soll die Sanktionierung durch das Ordnungswidrigkeitenrecht erfolgen. Nur so kann der Subsidiarität des Rechtsgüterschutzes angemessen Rechnung getragen werden.[521]

---

[515] Kempf, NJW 1997, S. 1729, 1730.

[516] Statt vieler: Naucke, Strafrecht, § 2 Rn 13; Roxin, AT I, § 2 Rn 97 m.w.N.; vgl. Kaufmann, JuS 1978, S. 361, 366; Volk, JZ 1982, S. 85, 88.

[517] Vgl. Fürhoff, AG 2003, S. 80, 82; Kartte/Portatius, BB 1975, S. 1169, 1170; vgl. BVerfGE 39, 1, 47; BVerfGE 88, 203, 258; Albrecht u.a., Empfehlungen der Niedersächsischen Kommission zur Reform des Strafrechts und des Strafverfahrensrechts, S. 13.

[518] Kempf, NJW 1997, S. 1729, 1730.

[519] Lüderssen, StV 1997, S. 318.

[520] Vgl. Tiedemann, Kartellrechtsverstöße, S. 96 m.w.N.

[521] Roxin, AT I, § 2 Rn 99; Nach Appel, KritV 1999, S. 278, 287 sind die Subsidiarität des strafrechtlichen Rechtsgüterschutzes, die Rechtsgutslehre mit ihrer Begrenzung des Strafrechts auf den Schutz wichtiger Rechtsgüter, die Kriterien der Strafwürdigkeit und Strafbedürftigkeit entwicklungstechnisch gesehen wichtige Stufen im Prozess der Begrenzung staatlicher Strafgewalt.

Allerdings räumt der Subsidiaritätsgedanke dem Gesetzgeber auch einen großen Raum an Ermessen ein. Zwar ist das Verhältnismäßigkeitsprinzip verfassungsrechtlich verbindlich, aber praktisch ist eine Verfassungswidrigkeit von Strafnormen so lange zu verneinen, wie der Gesetzgeber für geringe Verstöße entsprechend milde Strafen zur Verfügung stellt. Außerdem verfügt der Gesetzgeber über eine Einschätzungsprärogative, wenn die Unsicherheit besteht, ob mildere Mittel ausreichend erfolgsversprechend sind.[522]

Im folgenden wird zunächst untersucht, ob mildere Mittel als die beiden strafrechtlichen Wettbewerbsdelikte zur Verfügung stehen, um den Wettbewerb gegen die darin kriminalisierten Verhaltensverweisen zu schützen. Im Anschluss hieran wird erörtert, ob auch die Ausgestaltung der Wettbewerbsdelikte als abstrakte Gefährdungsdelikte gegen die Notwendigkeit ihrer Einführung in das Strafgesetzbuch spricht.

C. Verhältnismäßigkeit als Maßstab von Strafgesetzgebung

Die vom Gesetzgeber erlassenen Strafnormen müssen sich als angemessenes Mittel zur Verbrechensverhütung erweisen, denn überall dort, wo der Staat in Grund- und Freiheitsrechte eingrifft, dient die Verhältnismäßigkeit als Maßstab für einen solchen Eingriff.[523] Die Grundsätze der Verhältnismäßigkeit und des Übermaßverbotes als „übergreifende Leitregeln allen staatlichen Handelns" ergeben sich „zwingend aus dem Rechtsstaatsprinzip".[524] Dem liegt der Gedanke zugrunde, dass staatliche Maßnahmen nicht einfach ziellos und ohne Begründung ergriffen werden dürfen. Sowohl das Ziel als auch die Wahl der Mittel, die zu diesem Ziel führen können, bedürfen einer sachlichen Rechtfertigung.[525] Zu der Richtigkeit und Vernünftigkeit des Zwecks müssen – soll die jeweilige Strafnorm im vollen Umfang gerechtfertigt sein – die Richtigkeit und Vernünftigkeit des Mittels hinzukommen, d.h. die jeweilige Verhaltensnorm und die angedrohten Sanktionen müssen dem Grundsatz der Verhältnismäßigkeit entspre-

[522] Vgl. BVerfGE 88, 203, 262 f.; Vogel, StV 1996, S. 110, 113; Appel, KritV 1999, S. 278, 303.

[523] Vgl. Albrecht, Kriminologie, S. 113.

[524] Vgl. BVerfGE 6, 389, 439; BVerfGE 16, 194, 201 f.; BVerfGE 17, 306, 313 f.; BVerfGE 23, 127, 133.

[525] Albrecht, Die vergessene Freiheit, S. 80; Albrecht, Kriminologie, S. 113.

chen.[526] Die dogmatische Herleitung des Verhältnismäßigkeitsprinzips wird unterschiedlich beurteilt. Es wird teilweise aus dem Rechtsstaatsprinzip abgeleitet, nach anderer Auffassung leitet es sich aus dem Wesen der Grundrechte ab. Schließlich erfolgen Begründungs- und Herleitungsversuche aus der Wesensgehaltsgarantie von Art. 19 Abs. 2 GG, der Menschenwürde oder dem Gleichheitssatz.[527] Da seine Existenz aber nicht bestritten wird, kann die dogmatische Herleitung im Rahmen dieser Untersuchung dahingestellt bleiben.

Das Strafrecht hat die Zwecke, die es mit der Strafe verfolgt, zu begründen und es ist zu prüfen, ob die Strafe angesichts der Problemlage, in der sie verhängt werden soll, wirklich notwendig ist. Das ist der Fall, wenn der Tatbestand zum Schutz des betroffenen Rechtsgutes geeignet, erforderlich und angemessen ist. Das Gesetz muss geeignet sein, also den erstrebten Erfolg generell fördern können. Es muss erforderlich sein, d.h. dem Gesetzgeber dürfen keine anderen, gleich wirksame, aber weniger belastende Mittel zum Erreichen des angestrebten Zwecks zur Verfügung stehen. Schließlich muss das Übermaßverbot oder die Verhältnismäßigkeit im engeren Sinne gewahrt sein.[528]

Nur wenn keine anderen zumindest ebenso geeigneten und erfolgsversprechenden milderen Maßnahmen der Sozialkontrolle zur Verfügung stehen, steht das Verhältnismäßigkeitsprinzip dem Einsatz des Strafrechts nicht entgegen.[529] Es stellt sich daher die Frage, ob die Aufnahme der Straftatbestände des 26. Abschnitts in das Strafgesetzbuch gemessen am Verhältnismäßigkeitsprinzip als gerechtfertigt angesehen werden kann. Dies hängt davon ab, ob andere, zumindest ebenso geeignete und erfolgsversprechende, jedoch weniger belastende Eingriffe als die Pönalisierung des Verhaltens für die Sozialkontrolle zur Verfügung stehen.[530] Hierfür sind insbesondere GWB und UWG sowie das Ordnungswidrigkeitenrecht in Betracht zu ziehen. Außerdem ist zu erörtern, ob im

---

[526] *Rudolphi* in: SK-StGB, Vor § 1 Rn 12; BVerfGE 90, 145, 172; Vogel, StV 1996, S. 110, 113 f.; eingehend hierzu Appel, Verfassung und Strafe, S. 171 ff.

[527] Zur Darstellung und Übersicht des Streitstands siehe: Kasper, Erheblichkeitsschwelle, S. 5 mit zahlreichen weiteren Nachweisen.

[528] Statt vieler: Albrecht, Kriminologie, S. 113; Vogel, StV 1996, S. 110, 113; siehe auch BVerfGE 90, 145, 172 f.

[529] Vgl. Kartte/Portatius, BB 1975, S. 1169, 1170.

[530] Otto, NJW 1979, S. 1979, S. 681, 683; Otto, Jura 1989, S. 24, 27

Hinblick auf eine Ahndung als Betrug die Einführung des § 298 StGB erforderlich war.

I. Geeignetheit der Straftatbestände zum Schutz des Wettbewerbs

Im Hinblick auf die Strafbedürftigkeit sind die Tatbestände des 26. Abschnitts dann geeignet, wenn mit dem vom Gesetzgeber gewählten Mittel der angestrebte Erfolg gefördert werden kann.[531] Der dem Rechtsstaatsprinzip immanente Grundsatz der Geeignetheit verlangt, dass der Einzelne vor unnötigen Eingriffen der öffentlichen Gewalt bewahrt bleibt.[532] Der Gesetzgeber beabsichtigte durch die Einführung der §§ 298 ff. StGB den Schutz des Wettbewerbs für eine funktionierende Marktwirtschaft.[533] Ein verstärkter strafrechtlicher Schutz durch den Straftatbestand gegen wettbewerbsbeschränkende Absprachen kann nach Ansicht des Gesetzgebers bessere general- und spezialpräventive Effekte bewirken. Daher sei dieser Straftatbestand notwendig, um rechtswidrige Verhaltensweisen bei der Beteiligung an Ausschreibungen wirksamer zu „bekämpfen".[534] Durch die Verlagerung des § 12 UWG a.F. in das Strafgesetzbuch könne das Bewusstsein in der Bevölkerung geschärft werden, dass es sich bei der Korruption im geschäftlichen Bereich um eine Kriminalitätsform handele, die nicht nur die Wirtschaft selbst betreffe, sondern Ausdruck eines allgemein sozialethisch missbilligten Verhaltens sei.[535]

Die Tatbestände der §§ 298 ff. StGB sind demnach dann geeignet, wenn sie diesen vom Gesetzgeber verfolgten Zwecken dienen und unlautere Absprachen im Submissionswesen sowie die Bestechlichkeit und Bestechung im geschäftlichen Verkehr eingeschränkt werden können.

1. Beurteilungsmaßstab der Geeignetheit

Es ist jedoch nicht möglich, mit letzter Sicherheit ex-ante vorherzusagen, ob eine Strafvorschrift ein über die mit den bisherigen Sanktionsmöglichkeiten er-

---

[531] Vgl. BVerfGE 30, 292, 316; BverfGE 90, 145, 172 f.

[532] Günther, JuS 1978, S. 8, 10.

[533] BT-Drs. 13/5584, S. 12.

[534] Vgl. BT-Drs. 13/5584, S. 13.

[535] BT-Drs. 13/5584, S. 15.

zielten Erfolg hinausgehendes Maß an Rechtstreue erzielen kann.[536] Im Vorfeld der Einführung von Strafvorschriften kann letztlich nur eine Prognose getroffen werden. Diese sollte dem dafür zuständigen Gesetzgeber überlassen bleiben.[537] Deshalb ist bei der Überprüfung der Geeignetheit einer von dem Gesetzgeber vorgesehene Norm nur danach zu fragen, ob der Gesetzgeber davon ausgehen durfte, dass die Maßnahme das Erreichen des angestrebten Zieles fördern würde. Die Prüfung hat sich darauf zu beschränken, ob die getroffene Prognose sachgerecht und vertretbar war oder ob das Mittel objektiv untauglich gewesen ist.[538] Nach der Rechtsprechung des Bundesverfassungsgerichts setzen Zielsetzung und Bestimmung des geeigneten Mittels eine politische Entscheidung voraus, bei welcher der Gesetzgeber von der Beurteilung der zur Zeit des Erlasses des Gesetzes bestehenden Verhältnisse ausgehen muss. Da die Entwicklung sich nicht genau vorausberechnen lässt und aus den verschiedensten Gründen der erwartete Geschehensablauf eine unvorhergesehene Wendung nehmen kann, müssen Irrtümer über den Verlauf der wirtschaftlichen Entwicklung in Kauf genommen werden. Daher kann eine gesetzliche Maßnahme nicht schon deshalb als verfassungswidrig angesehen werden, weil sie auf einer Fehlprognose beruht.[539]

Die Frage nach der Zwecktauglichkeit eines Gesetzes kann also nicht nach der tatsächlichen späteren Entwicklung, sondern nur danach beurteilt werden, ob der Gesetzgeber aus seiner Sicht davon ausgehen durfte, dass die Maßnahmen zur Erreichung des gesetzten Ziels geeignet waren, ob also seine Prognose bei der Beurteilung wirtschaftspolitischer Zusammenhänge sachgerecht und vertretbar war.[540] Ob sich nach Einführung der Tatbestände die Geeignetheit aufrechterhalten lässt, kann letztlich nur durch eine empirische Untersuchung belegt werden. Die Einführung der Delikte ist daher dann zulässig, wenn die Entscheidung, die kriminalisierten Verhaltensweisen mit Hilfe des Strafrechts zu bekämpfen,

---

[536] Vgl. Oldigs, Strafrechtliche Bekämpfung von Submissionsabsprachen, S. 134.

[537] Oldigs, Strafrechtliche Bekämpfung von Submissionsabsprachen, S. 135; zum Beurteilungsspielraum des Gesetzgebers siehe Günther, JuS 1978, S. 8, 13; siehe auch 2. Leitsatz des Beschlusses BVerfGE 90, 145 ff.

[538] Vgl. BVerfGE 16, 147, 181; BVerfGE 30, 250, 263.

[539] BVerfGE 25, 1, 12 f.

[540] BVerfGE 30, 250, 263; vgl. Jaques, Bestechungsdelikte, S. 29.

und die Einschätzung, dass die Anwendung von strafrechtlichen Sanktionen auch Erfolge zeigen würde, nicht unvertretbar oder objektiv untauglich wäre.

Da der Gesetzgeber aber unter Umständen ein Verhalten zu Unrecht kriminalisieren kann, trifft ihn nach Erlass der Strafdrohung die Verpflichtung, für eine möglichst baldige Verifizierung oder Falsifizierung der seiner Entscheidung zugrunde liegenden Hypothesen Sorge zu tragen. Als Hilfsmittel für eine nachträgliche Kontrolle kommen vor allem die Kriminalstatistik als Datenzusammenstellung über die registrierte Kriminalität in Frage, ergänzt durch die Ergebnisse der Dunkelfeldforschung.[541]

Nachfolgend erfolgt die Beurteilung der Geeignetheit zum Zeitpunkt der Einführung der §§ 298 ff. StGB. Erst bei Erörterung der Strafverfolgung von Wettbewerbsdelikten in der Praxis kann daher mit hinreichender Sicherheit gesagt werden, ob sich die Beurteilung der Geeignetheit noch aufrechterhalten lässt.[542]

2. Konkrete Beurteilung der Geeignetheit der Wettbewerbsdelikte

Bis zur Einführung des § 298 StGB standen in dem Anwendungsbereich dieser Norm zwei Sanktionen zur Verfügung. Zum einen waren dies Bußgeldandrohungen gegen den Täter, die Aufsichtspflichtigen und die beteiligten Unternehmen selbst nach GWB und OWiG und, wenn ein Vermögensschaden des Vergebenden nachweisbar war, kam eine Strafbarkeit wegen Betrugs nach § 263 StGB in Betracht. Im Hinblick auf die Voraussetzungen und Rechtsfolgen steht § 298 StGB zwischen beiden Sanktionsmöglichkeiten, die sich bisher als grundsätzlich wirksam zur Verfolgung von Submissionsabsprachen erwiesen haben. Auch die Tatsache, dass der Tatbestand des § 298 StGB im Vorfeld des Betruges angesiedelt ist, spricht für die Geeignetheit des Straftatbestandes. Eine Ausweitung der Strafbarkeit über den in praktischer Hinsicht auf dem Gebiet der Submissionsabsprachen schwierig zu handhabenden Betrugstatbestand kann für die Zurückdrängung von unlauteren Einflussnahmen auf die Vergabeverfahren als ein geeignetes Mittel angesehen werden.[543] Die Vorschrift des § 298 StGB ist daher grundsätzlich geeignet, den vom Gesetzgeber erstrebten Erfolg zu fördern.

---

[541] Günther, JuS 1978, S. 8, 11.

[542] Vgl. 4. Kapitel E.

[543] BT-Drs. 13/5584, S. 13; vgl. Otto, wistra 1999, S. 41, 45 f.

Durch die Aufnahme in das StGB könnte nach Ansicht des Gesetzgebers der Angestelltenbestechung und –bestechlichkeit eine größere Aufmerksamkeit zukommen als dies vor der Übernahme in das Strafgesetzbuch der Fall war.[544] Die Vorschrift des § 12 UWG a.F., die als reines Strafantragsdelikt ausgestaltet war (vgl. § 22 Abs. 1 UWG a.F.), hat die in sie gesetzte Erwartung, von der Wirtschaft als ein Instrument zur „Selbstreinigung aufgefasst und zum Schutz des freien Wettbewerbs aktiv eingesetzt zu werden, nicht erfüllt.[545] Die Übernahme in das Strafgesetzbuch, die Erhöhung des Strafrahmens von Freiheitsstrafe bis zu einem Jahr auf Freiheitsstrafe bis zu drei Jahren und die Möglichkeit einer Strafverfolgung von Amts wegen, wenn diese durch das besondere Interesse geboten ist, sind als geeignet anzusehen, zu einer wirksamen Verfolgung der kriminalisierten Verhaltensweisen beizutragen. Damit wird das Bewusstsein der Bevölkerung geschärft, dass es sich bei Bestechlichkeit und Bestechung im geschäftlichen Verkehr um Unrecht handelt. Insbesondere durch die Möglichkeit einer Strafverfolgung von Amts wegen kann eine effektive Verfolgung von Bestechung und Bestechlichkeit gewährleistet werden.[546] Der Gesetzgeber sah in der Ausgestaltung des § 12 UWG a.F. als Antragsdelikt ein wesentliches Hindernis bei der Verfolgung von Straftaten aus dem Bereich der Wirtschaftskorruption.[547]

Zwar kann auch nach Einführung des § 299 StGB die Bestechlichkeit und Bestechung im geschäftlichen Verkehr grundsätzlich auch nur auf Antrag verfolgt werden. Jedoch sieht § 301 Abs. 1 StGB vor, dass die Strafverfolgungsbehörde wegen des besonderen öffentlichen Interesse an der Strafverfolgung von Amts wegen Einschreiten kann. Die Übernahme von § 12 UWG a.F. in § 299 StGB war vom Standpunkt des Gesetzgeber zum Zeitpunkt der Einführung daher als geeignet anzusehen, den von ihm verfolgten Zweck, das Schmiergeldunwesen einzuschränken, eine effektivere Strafverfolgung zu ermöglichen und der Bevölkerung zu verdeutlichen, dass es sich bei der Angestelltenbestechung um kriminelles Unrecht handelt. Die Einführung der Straftatbestände zum Schutz des Wettbewerbs in das Strafgesetzbuch war also geeignet, um aus Sicht des Gesetzgeber dessen angestrebte Ziele zu erreichen.

---

[544] Dölling, Gutachten C 85.

[545] Schaupensteiner, Kriminalistik 1996, S. 306, 309.

[546] So Schaupensteiner, Kriminalistik 1996, S. 306, 309; vgl. Dölling, Gutachten C 92.

[547] Vgl. BT-Drs. 13/5584, S. 16.

II. Erforderlichkeit der Straftatbestände zum Schutz des Wettbewerbs

Die Einführung der Tatbestände des 26. Abschnitts in das Strafgesetzbuch muss erforderlich gewesen sein. Dies ist der Fall, wenn dem Gesetzgeber keine den gleichen Erfolg versprechenden, aber weniger einschneidenden Möglichkeiten zur Sozialkontrolle zur Einschränkung und Sanktionierung der kriminalisierten Verhaltensweisen zur Verfügung standen.[548]

Ebenso wie bei der Beurteilung der Geeignetheit steht dem Gesetzgeber auch bei seiner Einschätzung und Beurteilung der Erforderlichkeit unter Berücksichtigung des jeweiligen Sachgebietes grundsätzlich ein Beurteilungsspielraum zu.[549] Insoweit kann auf die oben dargestellten Ausführungen zu dem Beurteilungsmaßstab der Geeignetheit verwiesen werden. Im folgenden wird erörtert, ob die Pönalisierung von unlauteren Submissionsabsprachen und Bestechlichkeit und Bestechung im geschäftlichen Verkehr im Strafgesetzbuch unter Berücksichtigung des dem Gesetzgeber zustehenden Beurteilungsspielraums als erforderlich angesehen werden konnte. Dies erfolgt für § 298 StGB im Hinblick auf eine mögliche Strafbarkeit nach § 263 StGB sowie Sanktionsmöglichkeiten des
Ordnungswidrigkeitenrechts.
Die Erforderlichkeit des § 299 StGB wird mit Blick auf die Systematik des UWG und den darin enthaltenen Reaktionsmöglichkeiten diskutiert.

---

[548] Vgl. Günther, JuS 1978, S. 8, 11; Oldigs, Strafrechtliche Bekämpfung von Submissionsabsprachen, S. 134; Otto, Grundkurs, § 1 Rn 50.

[549] Vgl. Vogel, StV 1996, S. 110, 113; BVerfGE 39, 1, 44 ff.; BVerfGE 88, 203, 262 ff.; BVerfGE 30, 250, 262 ff.; Günther, JuS 1978, S. 8, 13. Kritisch hierzu Appel, Verfassung und Strafe, S. 178: Nach seiner Ansicht nimmt dieser Ansatz des Bundesverfassungsgerichts der Erforderlichkeitsprüfung von vornherein einen Teil ihrer potentiellen strafbarkeitsbegrenzenden Wirkung. In dem Maß, in dem gesicherte wissenschaftliche und praktische Erkenntnisse über die Wirkungsweise strafrechtlicher Regelungen fehlen, verfüge das Bundesverfassungsgericht nicht über eigene Entscheidungskriterien und sei nur schwer in der Lage die vom Gesetzgeber vorgebrachten Argumente zu verifizieren oder zu widerlegen. Daher könne das Gericht bestenfalls eine Evidenzkontrolle vornehmen, sei hierbei aber auf die Ansichten des Gesetzgebers angewiesen. Soweit es sich auf die Prognosegründe des Gesetzgebers und dessen angenommene Notwendigkeit der generalpräventiven Wirkung eines Strafgesetzes einlässt, könne es diese kaum widerlegen und entscheide daher im Zweifel im Sinne des Gesetzgebers.

1. Erforderlichkeit im Hinblick auf die Reichweite von § 263 StGB

Im Zusammenhang mit § 298 StGB stellt sich die Frage, ob der Gesetzgeber im Hinblick auf die lange Diskussion um die Anwendbarkeit von § 263 StGB die Einführung des Straftatbestandes zur Kriminalisierung von unlauteren Submissionsabsprachen für erforderlich halten durfte. Die Beantwortung dieser Frage hängt maßgeblich davon ab, wie die Strafrechtspraxis, insbesondere die Rechtsprechung, unlautere Submissionsabsprachen vor Einführung des § 298 StGB strafrechtlich bewertet hat. Im Folgenden soll zunächst die relevante Rechtsprechung vor Einführung des § 298 StGB dargestellt werden. Daraufhin wird erörtert, ob der Gesetzgeber aufgrund der bisherigen Rechtsprechung zur Anwendbarkeit von § 263 StGB die Einführung des § 298 StGB für erforderlich halten durfte. In diesem Zusammenhang wird auch die Rechtsprechung zu unlauteren Submissionsabsprachen nach Erlass des Korruptionsbekämpfungsgesetzes herangezogen und analysiert, denn hieran lässt sich feststellen, ob die Begründung des Gesetzgebers zur Notwendigkeit des § 298 StGB haltbar ist.

a) Strafbarkeit von Submissionsabsprachen im Hinblick auf § 263 StGB

Im folgenden wird die Entwicklung der Rechtsprechung im Hinblick auf die Möglichkeit, Submissionsabsprachen als Betrug zu ahnden, dargestellt.

aa) Entscheidung des Reichsgerichts (1929)

Erstmals hatte sich das Reichsgericht mit der Frage zu befassen, ob bei einer unlauteren Absprache im Rahmen eines Vergabeverfahrens eine Bestrafung nach § 263 StGB in Betracht kommen könnte.[550] In dem der Entscheidung vom 7. Juni 1929 zugrunde liegenden Fall hatte ein Amtsträger gegen eine Provision von 10% des Zuschlagpreises auf das Einholen anderer Angebote verzichtet und lediglich dem Angebot des Bestechenden den Zuschlag erteilt. Nachdem das zuständige Rechnungsamt das Verfahren überprüft hatte, forderte es die Vorlage der vorschriftsmäßig von anderen Firmen einzuholenden Angebote. Der begünstigte Unternehmer fertigte diese an und ließ sie durch den Amtsträger dem Rechnungsamt vorlegen. Die Vorinstanz ging in ihrer rechtlichen Würdigung davon aus, dass der Begünstigte die an den Amtsträger zu zahlende Provision von 10% aus dem handelsüblichen Gewinn gezahlt habe, so dass der Fiskus durch die dem Amt berechneten und von diesem an den Begünstigten gezahlten Preise nicht geschädigt sei.[551]

---

[550] RGSt 63, 186 ff.

[551] RGSt 63, 186, 188.

Das Reichsgericht war jedoch der Ansicht, dass die Vermögenslage des Fiskus bereits dadurch verschlechtert worden sei, dass der Vergabestelle nur ein mit einer Provisionsverpflichtung verbundenes Angebot vorlag und eine Auswahl an Angeboten nicht möglich war.[552] Wäre dies der Fall gewesen, hätte durchaus die Möglichkeit bestanden, dass ein günstigeres Angebot vorhanden gewesen wäre. Wenn man aber einen Vermögensschaden i.S.d. § 263 StGB bereits bei Ausschaltung der Wahlmöglichkeit zwischen verschiedenen Konkurrenzangeboten annehmen könne und noch hinzukomme, dass eines dieser Konkurrenzangebote günstiger gewesen wäre, liege in dem zu beurteilenden Fall eine Gefahr der Vermögensschädigung für den Fiskus vor. Diese sei als Vermögensschaden i.S.d. § 263 StGB anzusehen.[553]

bb) Entscheidung des Oberlandesgerichts Hamm (1957)

Nach dieser Entscheidung beschäftigte sich erst wieder das OLG Hamm im Jahr 1957 mit der Rechtsfrage, ob unlautere Submissionsabsprachen einen Vermögensschaden der Vergabestelle begründen können.[554] In dem zugrunde liegenden Sachverhalt hatte eine Bank ortsansässige Heizungsunternehmen aufgefordert, Angebote für die Errichtung einer Heizungsanlage abzugeben. Die aufgeforderten Unternehmen vereinbarten, wer den Auftrag erhalten sollte. Die anderen Unternehmen sollten über dem Kostenvoranschlag desjenigen bleiben, der mit der Ausführung des Auftrags beauftragt werden sollte. Im Gegenzug war für ihre Abstandnahme von dem Auftrag als Entschädigung die Zahlung einer vorher festgelegten Geldsumme vereinbart worden. Das OLG Hamm nahm einen Vermögensschaden der auftraggebenden Bank durch die irrtumsbedingte Annahme des vermeintlich preisgünstigsten Angebots und der dadurch eingegangenen, belasteten vertraglichen Verpflichtung zur Gegenleistung an.[555] Zur Begründung führte das Gericht an, durch die Absprache könne das abgegebene Angebot nicht als das Günstigste beurteilt werden. Ohne die Absprache hätte die Möglichkeit bestanden, dass die Bank von einem der angeschriebenen Unternehmer ein günstigeres Angebot unterbreitet bekommen hätte. Hierdurch hätte die Bank Aufwendungen ersparen können. Dies stelle den Vermögensschaden der Bank dar. Zu einer Verurteilung wegen vollendeten Betrugs kam es jedoch nicht, denn das Gericht konnte nicht nachweisen, dass die Vergabestelle tatsächlich ohne die Abrede von einem anderen Unternehmen ein günstigeres Angebot

[552] RGSt 63, 186, 188.

[553] RGSt 68, 186, 188.

[554] OLG Hamm NJW 1958, S. 1151 f.

[555] OLG Hamm NJW 1958, S. 1151, 1152.

erhalten hätte. Es erfolgte daher nur eine Verurteilung wegen versuchten Betrugs.

cc) Erste Leitentscheidung des Bundesgerichtshof (1961)

Vier Jahre später kam es zu einer bedeutsamen Grundsatzentscheidung im Zusammenhang mit unlauteren Submissionsabsprachen. Der Bundesgerichtshof entschied in seinem Urteil vom 21. November 1961, dass sich ein Teilnehmer an einer Ausschreibung, der ein angemessenes Angebot abgibt, nicht schon dadurch einen Betrug oder Betrugsversuch begeht, wenn er Mitbewerber veranlasst, nicht ernsthaft gemeinte höhere Angebote einzureichen.[556] Infolge des Urteils kam über mehrere Jahrzehnte eine strafrechtliche Verfolgung von Teilnehmern an Submissionsabsprachen nicht in Betracht, denn man hielt den Vermögensschaden i.S.d. § 263 StGB der Vergabestellen für nicht nachweisbar.

Der Bundesgerichtshof hatte einen Sachverhalt zu beurteilen, bei dem die Universität Freiburg verschiedene Unternehmen durch Übersendung eines Leistungsverzeichnisses (Angebotsblanketts) zur Abgabe von Angeboten für die Starkstromanlagen eines neuen Mensagebäudes aufgefordert hatte. Die sechs Angeklagten einigten sich darauf, einem Unternehmen das Ausfüllen und Absenden der Angebotsblankette zu überlassen, weil man sich keinerlei Chancen ausrechnete, dieses Unternehmen unterbieten zu können, und man an dem konkreten Auftrag kein Interesse hatte, aber auch künftig bei Vergaben berücksichtigt werden wollte.[557] Der Unternehmer, der in den Besitz der übrigen fünf Angebotsblankette gelangt war, setzte darin über seinen Preisen liegende Beträge ein. Seine eigenen Beträge kalkulierte er, da er mit der Teilnahme weiterer Unternehmen rechnete, ordnungsgemäß und ohne Beeinflussung, dass er Inhaber der anderen Angebotsblankette war. Anschließend übersandte er die Blankette an die Vergabestelle. Letztlich erhielt jedoch ein anderes Unternehmen den Zuschlag.[558] Das erstinstanzlich zuständige Landgericht Freiburg hatte im Hinblick auf die möglicherweise zu erzielende Ersparnis bei Ausschaltung weiterer Angebote einen Vermögensschaden des Fiskus in Betracht gezogen. Jedoch ließ sich der im Rahmen des Betrugtatbestandes zumindest bedingte Vorsatz nicht nachweisen, so dass die Angeklagten im Ergebnis aus Mangel an Beweisen freigesprochen wurden.

---

[556] BGHSt 16, 367 ff.

[557] BGHSt 16, 367, 369.

[558] BGHSt 16, 367, 370.

Mit seinem Urteil verwarf der Bundesgerichtshof die Revision der Staatsanwaltschaft. Das Landgericht Freiburg hatte den Betrugstatbestand zu Ungunsten der Angeklagten unrichtig ausgelegt. Das Landgericht habe rechtlich geirrt, wenn es geglaubt habe, der Tatbestand des Betrugs liege immer schon dann vor, wenn jemand eine Leistung anbietet und dafür eine bestimmte Gegenleistung fordert und durch – vielleicht unredliche – Machenschaften erreicht oder erreichen will, dass kein anderer die Leistung für eine geringere Gegenleistung anbietet.[559] Vielmehr sei eine Vermögensschädigung erforderlich. Wenn jedoch der Handelnde, um seinen Vertragsgegner zu täuschen, andere dazu bestimmt, günstigere Angebote zu unterlassen, oder mit ihnen verabredet, dass sie seinem Partner nicht ernst gemeinte höhere Angebote unterbreiten, sind solche Umstände für den Tatbestand des Betrugs gleichgültig. Sie besagen nichts unmittelbar dafür, ob die vom Handelnden angebotene Leistung der geforderten Gegenleistung nicht gleichwertig ist und der Handelnde durch den Austausch von Leistung und Gegenleistung den Vertragsgegner in seinem Vermögen schädigen will.[560] Der Bundesgerichtshof schloss sich damit nicht dem Urteil des Reichsgerichts und des OLG Hamm an.

Nach Auffassung des Bundesgerichtshof sind Machenschaften, die darauf abzielen, den Geschäftspartner lediglich über die Marktlage zu täuschen, nur unter dem Gesichtpunkt des unlauteren Wettbewerbs oder als Ordnungswidrigkeit nach dem GWB verfolgbar. Infolge dessen entschied der mit dieser Sache befasste Senat, dass der angeklagte Unternehmer die Vergabestelle nicht durch Täuschung zu einer Leistung bestimmen wollte, die mehr wert war als die von ihm angebotene Gegenleistung. Das Landgericht hätte daher bei der zugrunde gelegten Sachlage und bei richtiger rechtlicher Würdigung zu dem Ergebnis kommen müssen, dass das Verfahren gegen die sechs Angeklagten keinen begründeten Verdacht des versuchten Betruges oder der Teilnahme daran ergab.[561]

dd) Zweite Leitentscheidung des Bundesgerichtshofs (1992)

Danach vergingen über 30 Jahre bevor sich der Bundesgerichtshof erneut mit der Frage auseinander zusetzen hatte, ob unlautere Submissionsabsprachen von dem Betrugsstraftatbestand erfasst werden. Am 8. Januar 1992 nahm der Bundesgerichtshof ausführlich Stellung zu der Frage eines durch Submissionsab-

[559] BGHSt 16, 367, 372 f.

[560] BGHSt 16, 367, 373.

[561] BGHSt 16, 367, 374.

sprachen verursachten Vermögensschadens der Vergabestelle.[562] Der entscheidende Senat bejahte einen Vermögensschaden der Vergabestelle, wenn die Anbieter durch Preisabsprachen und Vorspieglung von Wettbewerb die Bildung eines Wettbewerbspreises verhindern, und der mit einem Anbieter vereinbarte Preis höher als der erzielbare Wettbewerbspreis ist. Infolge dieses Urteils wurde erneut über die Einführung eines Straftatbestandes zur Ahndung von Submissionsabsprachen intensiv diskutiert.

In dem der Entscheidung zugrunde liegenden Sachverhalt hatten sich im Rahmen eines öffentlichen Ausschreibungsverfahrens verschiedene Unternehmen zu Bietergemeinschaften zusammengeschlossen. Den Auftrag zu dem ausgeschriebenen Bauvorhaben (Bauvorhaben Ehrental) erhielt die Bietergemeinschaft „Rheinausbau“. Bereits im Jahr 1978 hatten Vertreter der in den Bietergemeinschaften vertretenen Unternehmen eine Kartellvereinbarung über die Vergabe von Wasserbauarbeiten an die Mitglieder des Kartells getroffen. Auf Grundlage dieser Vereinbarung hatten sich die Angeklagten im Dezember 1979 über die Höhe des Angebotspreises für das Bauvorhaben Ehrental geeinigt, die eine Vergabe des Auftrags an eine der Bietergemeinschaften sicherstellen sollte.[563]

Die Kartellmitglieder hatten vor der Einigung über die Höhe des Angebotspreises einen Nullpreis ermittelt, der auf Grundlage von den einzelnen Unternehmen intern genannten Preise unter Vernachlässigung des niedrigsten und des höchsten Gebots nach dem arithmetischen Mittel mit 15 Mio. DM berechnet worden war. Die Gebote der anderen Bietergemeinschaften sollten darüber hinausgehen. Dabei erhöhte man den auf Nullbasis zu bestimmenden Preis um die Beträge, die als sogenannte Präferenzzahlungen an die anderen Kartellmitglieder und die Außenseiter, die sogenannte Schutzangebote abgaben, gezahlt werden sollten. In den Angeboten der Bietergemeinschaften versicherte man, dass keine Preisabsprachen mit anderen Unternehmen getroffen worden seien. Letztlich erteilte man der Bietergemeinschaft „Rheinausbau“ den Zuschlag, denn eine Auswertung der Angebote durch die Vergabestelle hatte ergeben, dass das vermeintlich erst an dritter Stelle liegende Angebot Vergünstigungen beinhaltete, unter deren Berücksichtigung es sich um das günstigste Angebot handelte.[564] Auf Verlangen

[562] BGHSt 38, 186 ff. (sog. “Rheinausbauverfahren”) = NJW 1992, S. 921 ff. = JZ 1993, S. 420 = NStZ 1993, S. 40 = wistra 1992, S. 98; eine Zusammenfassung des Urteils gibt Hassemer, JuS 1992, S. 616 f.; kritisch zu dieser Entscheidung Lüderssen, wistra 1995, S. 243 ff.
[563] BGHSt 38, 186, 187.
[564] BGHSt 38, 186, 188.

einer anderen Bietergemeinschaft leistete die Bietergemeinschaft „Rheinausbau" die entsprechenden Ausgleichszahlungen. Das Landgericht Frankfurt im Main sprach in der Hauptverhandlung die Angeklagten vom Vorwurf des Betrugs frei, denn ein Vermögensschaden der Vergabestelle könne nicht festgestellt werden und berief sich dazu auf die Entscheidung des Bundesgerichtshof vom 21. November 1961.[565]

Der Bundesgerichtshof hob mit Urteil vom 8. Januar 1992 unter deutlicher Kritik[566] die Entscheidung des Landgerichts auf und verwies die Sache zu erneuten Verhandlung an eine andere Strafkammer des Landgerichts zurück. Nach der Auffassung des BGH hatte das Landgericht den Wert der angebotenen und erbrachten Leistung fehlerhaft bestimmt. Bei der Feststellung des Vermögensschadens und der damit verbundenen Gegenüberstellung der gegenseitigen Leistungsversprechen bei Submissionsabsprachen ergebe sich die Schwierigkeit, dass die ausgeschriebenen Arbeiten aufgrund ihrer Individualität keinen festen, auf einheitlichen Vorstellungen beruhenden Wert haben.[567]

Daher sollte durch die vorgenommene Ausschreibung eine Wettbewerbssituation herbeigeführt werden, um der Vergabestelle die Möglichkeit zu eröffnen, unter verschiedenen Angeboten das günstigste Angebot auszuwählen. Der günstigste Preis sei jedoch nur bei Beachtung der gesetzlichen Vorschriften und Regeln des Ausschreibungsverfahrens im Wettbewerb erzielbar. Die Bedeutung des freien Wettbewerbs für die Bestimmung der Preise und des Wertes von Leistungen ergebe sich auch aus der gesetzlichen Missbilligung einer Beschränkung oder Behinderung des Wettbewerbs durch marktbeherrschende Unternehmen oder Kartellabsprachen mit ihren Folgen hinsichtlich der Preisbildung. Daher könne man Art und Umfang der beeinträchtigten Preisbildung nicht durch den Vergleich eines unter Ausschaltung oder Beschränkung des Wettbewerbs erzielten mit dem geschätzten „angemessenen" Preis feststellen, sondern durch den Vergleich der geforderten Preise mit den Marktpreisen bei funktionierendem Wettbewerb.[568] Die Ausschaltung des Wettbewerbs durch Submissionsabsprachen führe auch bei der Vergabe zu sonst angemessenen Preisen zu einer Schä-

---

565 Vgl. oben BGHSt 16, 367 ff.

566 Siehe die Kritik bei: Lüderssen, wistra 1995, S. 243 ff.; *Hohmann* in: MüKo, § 298 Rn 30f.; Joecks, wistra 1992, S. 247, 252; Hefendehl, Jus 1993, S. 805, 808 ff.; Hohmann, NStZ 2001, S. 566, 569 ff.

567 BGHSt 38, 186, 190 f.

568 BGHSt 38, 186, 192.

digung des Auftraggebers.[569] Die Entscheidung des Bundesgerichtshof aus dem Jahr 1961, auf die sich das Landgericht berufen habe, stehe der Wertbestimmung auf Grundlage des Wettbewerbspreises nicht entgegen, denn die in jenem Fall abgesprochene Wettbewerbsbeschränkung sollte nach der Vorstellung der Beteiligten nicht zu einer Veränderung der Wettbewerbspreise führen.

Nach Auffassung des Bundesgerichtshofs ist die Feststellung eines Vermögensschadens und der damit verbundenen praktischen Schwierigkeiten insbesondere Sache der tatrichterlichen Beweiswürdigung des Einzelfalles. Hierbei sei die Überzeugung des Tatrichters auf der Grundlage von Indizien ausreichend, aus denen sich mit hoher Wahrscheinlichkeit ergebe, dass der Auftraggeber ohne die Absprache und die Täuschung des Auftragnehmers ein nur geringeres Entgelt hätte versprechen und zahlen müssen. Eine absolute, das Gegenteil ausschließende, von niemandem anzweifelbare Gewissheit von einem solchen Sachverhalt sei nicht erforderlich. Sofern der Richter zu der Überzeugung gelange, dass ein Schaden entstanden sei, dürfe er dessen Höhe unter Beachtung des Zweifelssatzes schätzen, wenn eine genaue Ermittlung nicht möglich ist.[570]

Daher hätte das Landgericht überprüfen müssen, ob die Entstehung des günstigsten Wettbewerbspreises durch die Absprache und die Vorspiegelung von Wettbewerb verhindert worden sei. Eine Vermögensschädigung hätte vorgelegen, wenn der vereinbarte Preis höher als der erzielbare Wettbewerbspreis gewesen wäre. Hierzu hätte sich das Landgericht mit zahlreichen Indizien auseinandersetzen müssen, die dafür sprachen, dass der Auftrag bei Einhaltung der für das Vergabeverfahren geltenden Regeln zu einem wesentlich geringeren Wettbewerbspreis hätte vergeben werden können.[571] Die Frage, ob in dem Ver-

---

[569] Der Bundesgerichtshof schließt sich in seiner Auffassung Teilen des Schrifttums an: vgl. Schmid, wistra 1984, S. 1, 4 f.; vgl. Beulke, JuS 1977, S. 35, 38 f.; Eichler, BB 1972, S. 1347, 1349 ff.

[570] BGHSt 38, 186, 193; vgl. zur Zulässigkeit von Schadensschätzungen: BGHSt 36, 320, 327 f.

[571] BGHSt 38, 186, 194; Der Bundesgerichtshof nennt als Indizien: a) Eine hohe Wahrscheinlich spreche dafür, dass Submissionskartelle nicht gebildet und am Leben erhalten werden, wenn sie ihren Kartellmitgliedern bei Submissionen keine höheren als die sonst erzielbaren Wettbewerbspreise bringen. b) Bereits die Bekanntgabe der Unternehmen, die sich an der Ausschreibung eines Bauvorhabens beteiligen wollen, an andere Unternehmen, die auch eine Beteiligungsabsicht äußern, könne den Markt spürbar beeinflussen. Es liege nahe, dass die Interessenten unter dem Druck des Wettbewerbs und in Unkenntnis der Angebote anderer Unternehmen schärfer kalkulieren und Leistungen zu niedrigen Preisen anbieten, die mit

lust der Chance für die Vergabestelle, im freien Wettbewerb ein günstigeres Angebot zu erhalten, ein wirtschaftlicher Schaden zu sehen sei, müsse man bei der Prüfung des „hypothetischen Marktpreises“ auf den Preis abstellen, der ohne die Kartellabsprachen und die erfolgte Täuschung zu zahlen gewesen wäre.[572]

ee) Verlauf des Verfahrens nach Zurückverweisung (ab 1992)

Nachdem der Bundesgerichtshof mit Urteil vom 8. Januar 1992 die Sache zur erneuten Verhandlung und Entscheidung an eine andere Strafkammer des Landgericht Frankfurt am Main zurückverwiesen hatte, verurteilte das Landgericht Frankfurt am Main am 14. Oktober 1993 die Angeklagten wegen Verstoßes gegen die Kartellordnungswidrigkeit nach § 38 Abs. 1 Nr. 1 GWB a.F. zu einer recht geringen Geldbuße in Höhe von jeweils 4000,- DM und verneinte erneut einen Vermögensschaden der Vergabestelle.[573] Im Hinblick auf die vorangegangene Entscheidung des Bundesgerichtshofes wurde auch gegen dieses Urteil Revision zum Bundesgerichtshof eingelegt. Dieser stellte jedoch mit Beschluss vom 31. August 1994 das Verfahren mit Zustimmung des Generalbundesanwalts und der Angeklagten nach § 153 Abs. 2 StPO ein.[574] Zur Begründung führte der entscheidende Senat an, dass es ungewiss sei, wann das Verfahren durch eine Sachentscheidung abgeschlossen werden könne und das öffentliche Interesse gebiete nicht mehr, dass nach einer über zehnjährigen Verfahrensdauer eine abschließende Entscheidung getroffen werden. Dennoch äußerte sich der Senat zu der entscheidungserheblichen Rechtsfrage des Vermögensschadens und kritisierte die Ansicht des Landgerichts, das die in der Entscheidung des Bundesgerichtshof vom 8. Januar 1992 dargelegten Grundsätze nicht berücksichtigt habe.[575]

---

keinerlei Konkurrenz zu rechnen hätten. c) Es sei das erklärte Ziel der Kartellvereinbarung gewesen, durch die Absprache einen den Wettbewerbspreis übersteigenden Preis zu erlangen. Schließlich sei ein sehr gewichtiges Indiz die Tatsache, dass Zahlungen in Millionenhöhe an andere Kartellmitglieder und sog. Außenseiter vorgesehen waren und auch geleistet wurden. Kritisch hierzu: Moosecker, FS-Lieberknecht, S. 407, 417 ff.; kritisch in Bezug auf das letztgenannte Indiz: Rönnau, NJW 2001, S. 545, 550.

[572] Nach dem Urteil des Bundesgerichtshof kommt es allein auf diesen Marktpreis (Wettbewerbspreis) an.

[573] LG Frankfurt am Main in: Dahs, S. 86 ff.; Eine ausführliche Darstellung der Begründung des Landgerichts findet sich auch bei Grützner, Sanktionierung von Submissionsabsprachen, S. 148 ff.

[574] BGH NJW 1995, S. 737 ff.

[575] Vgl. BGH NJW 1995, S. 737, 738.

ff) Weitere Rechtsprechung

In der Folgezeit ergingen im Zusammenhang mit unlauteren Vergabeabsprachen weitere höchstrichterliche Entscheidungen, die auch in den Fällen von Submissionsabsprachen eine möglich Betrugsstrafbarkeit annehmen.[576] Ebenso wie in den Entscheidungen im „Rheinausbauverfahren" geht der Bundesgerichtshof auch in seinen nachfolgenden Entscheidungen davon aus, dass für die Ermittlung eines Eingehungsschadens der Vergabestelle der durch ein ordnungsgemäß durchgeführtes Vergabeverfahren hypothetisch ermittelbare Wettbewerbspreis als Bewertungsmaßstab anzusehen ist. Der Schaden der Vergabestelle liege in der Differenz zwischen der vom Auftraggeber angenommenen Angebotssumme und dem Preis, der bei Beachtung der für das Submissionsverfahren geltenden Regeln erzielbar gewesen wäre.

Zusammenfassend lässt sich festhalten, dass infolge der Entscheidungen des Bundesgerichtshofs im Jahr 1992 und im Jahr 1995[577] zu der im Rahmen des § 263 StGB auftretenden Problematik, ob bei unlauteren Submissionsabsprachen ein Vermögensschaden gegeben ist, die Rechtsprechung bei Submissionsabsprachen grundsätzlich von der Möglichkeit einer Betrugsstrafbarkeit ausgeht.[578]

b) Konkrete Beurteilung der Erforderlichkeit im Hinblick auf § 263 StGB

Nachdem sich aus Sicht des Gesetzgebers unter der damaligen Rechtslage keine Besserung der tatsächlichen Situation abzeichnete, weil er trotz der Rechtsprechung des Bundesgerichtshof den Nachweis eines Vermögensschadens als

---

[576] Vgl. BGH NJW 1996, S. 1973 ff.; BGH NJW 1997, 3034, 3037 ff.; BGH NStZ 2000, S. 260, 261; BGH wistra 2001, S. 103 ff.; BGH JZ 2002, S. 252 ff. mit zustimmender Anmerkung von Walter, S. 254 ff.; vgl. zur letztgenannten Entscheidung auch Rönnau, NJW 2001, S. 545 ff.

[577] BGHSt 38, 186 ff.; BGH NJW 1995, S. 737 ff.

[578] Lediglich die Entwicklung der strafrechtlichen Bewertung von Submissionsabsprachen durch die Rechtsprechung im Hinblick auf die Annahme eines Erfüllungsbetrugs steht nicht mit den beiden voran erwähnten Entscheidungen im Einklang. Diese weicht von den in den Entscheidungen BGHSt 38, 186 ff. und BGH NJW 1995, S. 737 ff. dargestellten Ausführungen ab. Danach war es möglich, das Vorliegen eines Vermögensschadens i.S.d. § 263 StGB und einen Erfüllungsbetrug aufgrund einer zumindest vorübergehenden Verhinderung der Geltendmachung von Schadensersatzansprüchen der Vergabestelle zu begründen. Nunmehr soll es sich hierbei nach Auffassung des Bundesgerichtshofs lediglich um eine mittelbare Folge der auf die Auftragsvergabe gerichteten Tat sein. Vgl. hierzu BGH wistra 2000, S. 61 f.; BGH wistra 2001, S. 103, 104. Vgl. auch Huhn, Problematik des Submissionsbetrugs, S. 264 und 286.

schwierig beurteilte, hielt er die Ergänzung des Betrugstatbestandes durch einen eigenständigen Tatbestand der Wettbewerbsbeschränkenden Absprachen bei Ausschreibungen nach § 298 StGB für geboten. In Anbetracht der Rechtsprechung in Bezug auf unlautere Submissionsabsprachen und deren Bewertung als Betrug ist fraglich, ob die Einführung des § 298 StGB tatsächlich erforderlich war.

Unter Aufgabe seiner früheren Rechtsprechung hatte der Bundesgerichtshof bereits in seinem Urteil im „Rheinausbauverfahren" im Jahr 1992 und dem späteren Einstellungsbeschluss im Jahr 1995 der strafrechtlichen Praxis die Möglichkeit gezeigt, unlautere Kartellabsprachen bei Vergabeverfahren als Betrug nach § 263 StGB zu verfolgen und zu ahnden. Insbesondere war die rechtliche Frage, auf welche Weise man einen Vermögensschaden der Vergabestelle begründen kann, hinreichend geklärt. Umso mehr verwundert es, dass der Gesetzgeber bereits kurze Zeit nach der genannten Grundsatzentscheidung des Bundesgerichtshofs die Einführung des § 298 StGB in Betracht zog.[579]

Auch wenn unlautere Submissionsabsprachen nach der Rechtsprechung grundsätzlich als Betrug verfolgt werden können und infolge dessen die Erforderlichkeit des § 298 StGB zweifelhaft erscheint, hat sich der Gesetzgeber zum Zeitpunkt der Einführung des Straftatbestandes jedenfalls in den vom Bundesverfassungsgerichts entwickelten Grenzen gehalten und durfte von der Erforderlichkeit des § 298 StGB ausgehen, denn er konnte annehmen, dass durch die Einführung des § 298 StGB eine effektivere Sanktionierung von unlauteren Kartellabsprachen gewährleistet werde. Bei der Überprüfung einer von dem Gesetzgeber vorgesehenen Norm ist zu hinterfragen, ob der Gesetzgeber davon ausgehen durfte, dass die Einführung der Vorschrift das Erreichen des angestrebten Zieles fördern würde. Dabei hat sich die Prüfung darauf zu beschränken, ob die getroffene Prognose sachgerecht und vertretbar war, oder ob das Mittel objektiv untauglich gewesen ist.[580]

Das Bundesverfassungsgericht hat die Frage, ob eine Maßnahme zwecktauglich ist, stets sehr einschränkend behandelt und jeweils nur geprüft, ob das eingesetzte Mittel "objektiv untauglich", "objektiv ungeeignet" oder "schlechthin ungeeignet" war.[581] Bei Anwendung dieser in der Rechtsprechung des Bundesverfassungsgerichts entwickelten Grundsätze wird die Verfassungswidrigkeit einer

---

[579] BT-Drs. 13/6424, S. 6.

[580] Vgl. BVerfGE 30, 250, 262.

[581] BVerfGE 16, 147, 181; BVerfGE 17, 306, 317; BVerfGE 19, 119; 126 f.

gesetzlichen Maßnahme aus dem Gesichtspunkt der objektiven Untauglichkeit nur sehr selten und nur in ganz besonders gelagerten Fällen festgestellt werden können. Zielsetzung und Bestimmung eines geeigneten Mittels setzen eine politische Entscheidung voraus, die von einer Beurteilung der zur Zeit des Erlasses des Gesetzes bestehenden Verhältnisse auszugehen hat. Dabei steht dem Gesetzgeber ein Beurteilungsspielraum offen. Durch die tatbestandliche Ausgestaltung des § 298 StGB als abstraktes Gefährdungsdelikt, bei dem der Nachweis eines konkreten Schadens nicht erforderlich ist, konnte der Gesetzgeber eine Steigerung der Effektivität einer strafrechtlichen Bekämpfung von Submissionsabsprache erwarten. Anhaltspunkte dafür, dass diese Vorschrift objektiv untauglich oder ungeeignet sei, waren nicht ersichtlich. An der Verfassungsmäßigkeit des § 298 StGB zum Zeitpunkt seiner Einführung wird man daher nicht zweifeln können.

Gleichwohl wird man – rückblickend betrachtet – die Erforderlichkeit der Einführung im Hinblick auf die Rechtsprechung zu § 263 StGB in Bezug auf unlautere Submissionsabsprachen verneinen müssen. Eine sachgerechte Beurteilung, ob der Nachweis eines Vermögensschadens auch künftig schwierig zu führen sein wird und infolge dessen die Einführung des § 298 StGB notwendig war, konnte der Gesetzgeber zum damaligen Zeitpunkt nicht vornehmen. Zum einen lagen zu dem Zeitpunkt, als man erstmals die Einführung des § 298 StGB erwog, lediglich die beiden oben genannten Grundsatzentscheidungen des Bundesgerichtshofs vor, nach denen eine Bestrafung von unlauteren Submissionsabsprachen als Betrug grundsätzlich möglich war.[582] Zum anderen hätte der Gesetzgeber berücksichtigen müssen, dass gerade in den Fällen von Submissionsabsprachen es zu sehr umfangreichen und zeitaufwendigen Verfahren kommen kann, denn vielfach vergehen mehrere Jahre von dem Zeitpunkt des Ermittlungsbeginns bis zur Aburteilung.[583]

Der Gesetzgeber räumte den Ermittlungsbehörden vor seinem Einschreiten keine Zeit ein, um auf der Grundlage der Rechtsprechung des Bundesgerichtshofs ihre Arbeit aufzunehmen, und dem Gesetzgeber eine sachgerechte und praxisna-

---

[582] Auch Teile des Schrifttums halten es für möglich, durch den Betrugstatbestand rechtswidrige und betrügerische Submissionsabsprachen angemessen und differenziert zu ahnden: Oldigs, Strafrechtliche Bekämpfung von Submissionsabsprachen, S. 90 f.; Satzger, Submissionsbetrug, S. 250 f.; Otto, ZRP 1996, S. 300, 308; Tröndle/Fischer, § 263 Rn 100 m.w.N.; Ransiek, StV 1996, S. 446, 452; differenzierend Joecks, wistra 1992, S. 247; a.A. Hefendehl, JuS 1993, S. 805, 808 ff.

[583] Vgl. Grützner, Sanktionierung von Submissionsabsprachen, S. 159.

he Beurteilung der Auswirkungen dieser Rechtsprechung zur Grundlage seiner Einschätzungen zu geben. Es wäre daher sachgerechter und sinnvoller gewesen, wenn der Gesetzgeber zunächst abgewartet und geprüft hätte, wie sich die Rechtsprechung auf die strafrechtliche Verfolgungspraxis auswirkt.[584] Infolge dessen konnte der Gesetzgeber zum Zeitpunkt der Einführung des § 298 StGB im Jahr 1997 noch gar nicht beurteilen, ob aufgrund der Rechtsprechungsänderung zur Strafbarkeit von Submissionsabsprachen nach § 263 StGB eine hinreichende Verfolgung von unlauteren Kartellabsprachen möglich war. Der kurze Zeitraum war zur Feststellung nicht ausreichend. Die vom Gesetzgeber getroffene Prognoseentscheidung beruhte demnach auf einer unzureichenden Bewertungsgrundlage.

Zudem kann der Tatbestand der wettbewerbsbeschränkenden Absprachen bei Ausschreibungen nicht als gelungene Problemlösung beurteilt werden. Der Mangel des § 298 StGB geht – auch dann, wenn man die Überlegungen des Gesetzgebers zu den Beweisschwierigkeiten hinsichtlich des Vermögensschadens akzeptiert – über den legitimen Regelungsbereich hinaus. Es werden nicht nur Fälle erfasst, bei denen der Nachweis des Vermögensschadens an Beweisschwierigkeiten scheitert oder gar nicht auftreten konnte, sondern auch Fälle, in denen die verheimlichte Submissionsabsprache nachweislich nicht auf eine Vermögensschädigung zielt. Eine gesetzmäßiger Zusammenhang zwischen den Absprachen, bei denen eine Schädigung des Ausschreibenden ausgeschlossen ist, und ihrer Weiterentwicklung zu vermögensschädigenden Absprachen ist nicht anzunehmen. Selbst wenn die Tendenz zur Vermögensschädigung daher als potentielle Möglichkeit einer Absprache akzeptiert wird, kann nicht verkannt werden, dass jedenfalls dann, wenn im konkreten Fall die Schädigung des Ausschreibenden mit Sicherheit ausgeschlossen ist, das Element der Vermögensgefährdung einen unbedeutenden Rang einnimmt.[585] Als Mangel des § 298 StGB ist daher anzusehen, dass er auch Fälle erfasst, die nach wie vor sachgerecht nur als Ordnungswidrigkeit zu ahnden wären, da die manche Submissionsabsprachen erwiesenermaßen nicht auf eine Vermögensschädigung zielen.

---

[584] Kritisch zu der vorschnellen Einführung des § 298 StGB auch Oldigs, wistra 1998, S. 291, 296, der den Gesetzgeber durch die Diskussion über eine entschiedenere Bekämpfung der Korruption unter Druck gesetzt sah, um dem Bürger vor anstehenden Wahlen eine entschiedeneres Vorgehen der Politik glaubhaft zu machen. Die Verabschiedung des § 298 StGB kann nach seiner Meinung daher nicht als Teil einer notwendigen Reform gesehen werden, sondern muss zutreffend der Kategorie „purer Aktionismus" zugeordnet werden.

[585] Otto, wistra 1999, S. 41, 46.

Der Strafrahmen des § 298 StGB umfasst Freiheitsstrafe bis zu fünf Jahren oder Geldstrafe. Eine entsprechende Strafe droht allen, die ein auf einer Submissionsabsprache beruhendes Angebot im Rahmen einer öffentlichen Ausschreibung abgeben, unabhängig vom Eintritt eines Vermögensschadens oder dem Vorliegen einer Bereicherungsabsicht. Die Strafandrohung von fünf Jahren oder Geldstrafe stellt eine abstrakte Unrechts- und Schuldbewertung dar, die den Submissionstatbestand auf eine Stufe mit dem Betrug stellt. Aufgrund der wesentlich geringeren Anforderungen ist dies als nicht sach- und systemgerecht zu bewerten. Ein Täter, der lediglich eine Vergabevorschrift übertreten hat, ohne sein Gegenüber zu schädigen oder gar schädigen zu wollen, wird mit derselben Strafe bedroht, die demjenigen droht, der eine andere Person in Bereicherungsabsicht um einen Teil seines Vermögens bringt.[586]

Infolge dessen kann man in der Einführung von § 298 StGB auch kein gleich wirksames, aber weniger belastendes Mittel im Verhältnis zu § 263 StGB sehen. Vielmehr weist § 298 StGB geringere Verfolgungsschranken als § 263 StGB auf, denn die Vorschrift erfordert keinen Nachweis des Vermögensschadens und der Bereicherungsabsicht. Daher stellt die Verfolgung von unlauteren Submissionsabsprachen als Betrug ein grundsätzlich den gleichen Erfolg versprechendes, aber weniger einschneidendes Mittel zur Sozialkontrolle dar.

Mit Blick auf die Rechtsprechung zur Verfolgbarkeit von unlauteren Submissionsabsprachen als Betrug kann die Einführung des § 298 StGB daher als nicht erforderlich angesehen werden.[587]

2. Erforderlichkeit im Hinblick auf Kartellordnungswidrigkeiten

Des Weiteren stellt sich die Frage, ob die Einführung des § 298 StGB im Hinblick auf den vor dessen Einführung Submissionsabsprachen erfassenden kartellrechtlichen Ordnungswidrigkeitentatbestand erforderlich gewesen ist. Daher ist im Folgenden zu untersuchen, ob Submissionsabsprachen vor der Einführung des § 298 StGB in den Fällen, in denen eine Sanktionierung wegen Betrugs nicht möglich war, durch die kartellrechtlichen Ordnungswidrigkeitentatbestände erfasst wurden oder ob tatsächlich die Notwendigkeit bestand, das Mittel des

---

[586] Oldigs, wistra 1998, S. 291, 296.

[587] A.A. Oldigs, Strafrechtliche Bekämpfung von Submissionsabsprachen, S. 135 ff.; Grützner, Sanktionierung von Submissionsabsprachen, S. 480.

Strafrechts als *ultima ratio* einzusetzen. Die Einführung des § 298 StGB kann dann gegenüber den kartellrechtlichen Bußgeldvorschriften dann nicht als erforderlich angesehen werden, wenn diese weniger einschneidende, gleich geeignete Maßnahmen darstellen.

a) Einordnung als Kartellordnungswidrigkeit
Vor Einführung des Straftatbestandes erfassten § 38 Abs. 1 Nr. 1 GWB a.F. (nunmehr § 81 GWB) i.V.m. § 1 GWB[588] bzw. § 38 Abs. 1 Nr. 8 GWB a.F.[589] die durch § 298 StGB kriminalisierten Verhaltensweisen.[590] Durch § 298 StGB wurde der Teilbereich der Kartellordnungswidrigkeiten nach § 38 Abs. 1 Nr. 1 und 8 GWB a.F. zu einer Straftat hochgestuft. Dabei stellt der Straftatbestand des § 298 StGB kein Verhalten unter Strafe, das bisher rechtlich erlaubt war. Dies wird besonders dadurch hervorgehoben, dass auf die Rechtswidrigkeit der Kartellabsprache abgestellt wird.[591]

Der Ordnungswidrigkeitentatbestand des § 38 Abs. 1 Nr. 1 GWB a.F. wurde nach Einführung des § 298 StGB in das Strafgesetzbuch auch keineswegs gestrichen, sondern findet sich nunmehr in § 81 Abs. 1 Ziffer 1 GWB.[592] Submissionsabsprachen sind als Vereinbarungen im Sinne des § 1 GWB anzusehen und damit verboten. Personen, die diesem Kartellverbot vorsätzlich oder fahrlässig zuwiderhandeln, handeln also ordnungswidrig i.S.d. § 81 Abs. 1 Nr. 1 GWB und können mit einem Bußgeld belegt werden. Sind aufsichtspflichtige Personen

[588] Nach § 38 Abs. 1 Nr. 1 GWB a.F. handelte ordnungswidrig, wer sich über die Unwirksamkeit eines Vertrages oder Beschlusses hinwegsetzt, der nach § 1 GWB a.F. unwirksam ist. Nach § 1 Abs. 1 S. 1 GWB a.F. waren Verträge, die Unternehmen oder Vereinigungen zu einem gemeinsamen Zweck schließen und Beschlüsse von Vereinigungen von Unternehmen unwirksam, soweit sie geeignet sind, die Erzeugung oder die Marktverhältnisse für den Verkehr mit Waren oder gewerblichen Leistungen durch Beschränkungen des Wettbewerbs zu beeinflussen.

[589] Nach § 38 Abs. 1 Nr. 8 GWB a.F. handelte ordnungswidrig, wer einem Verbot des § 25 GWB a.F. zuwiderhandelte. Gemäß § 25 Abs. 1 GWB a.F. war ein aufeinander abgestimmtes Verhalten von Unternehmen oder Vereinigungen von Unternehmen verboten.

[590] Siehe hierzu die Untersuchung von Schuler, Probleme bei der Bekämpfung von Submissionsabsprachen, S. 24 ff. und 223 ff.; ausführlich auch Grützner, Sanktionierung von Submissionsabsprachen, S. 102 ff.

[591] Korte, NStZ 1997, S. 513, 516.

[592] Nach dem geltenden Kartellrecht handelt ordnungswidrig i.S.d. § 81 Abs. 1 Nr. 1 GWB, wer vorsätzlich oder fahrlässig dem in § 1 GWB enthaltenen Kartellverbot zuwiderhandelt.

eines an Preisabsprachen beteiligten Unternehmens ihrer Pflicht, derartige Verständigungen zu verhindern, nicht in erforderlicher und zumutbarer Weise nachgekommen, stellt dies ebenfalls ein ordnungswidriges Verhalten dar, das unter den Voraussetzungen des § 130 OWiG mit Bußgeld bewährt werden kann, auch wenn ihnen keine unmittelbare Beteiligung an der Absprache nachgewiesen werden.[593] Submissionsabsprachen können somit als Ordnungswidrigkeit verfolgt und sanktioniert werden.

Im folgenden wird nun erörtert, ob die kartellrechtlichen Ordnungswidrigkeitentatbestände im Hinblick auf § 298 StGB eine weniger einschneidende, jedoch zumindest gleich geeignete Maßnahmen darstellen, um Submissionsabsprachen zu sanktionieren. Dabei wird zunächst das Verhältnis von Straftat und Ordnungswidrigkeit dargestellt.

b) Unterscheidung Straftat und Ordnungswidrigkeit

Als inhaltlicher Maßstab zur Abgrenzung von Straftaten und Ordnungswidrigkeiten dient das Subsidiaritätsprinzip. Der Gesetzgeber soll nur dort die Schaffung eines Straftatbestandes in Erwägung ziehen und zur Strafe greifen, wo die Beeinträchtigung schutzwürdiger Belange nicht mit weniger belastenden Mitteln zu beheben ist. Kann die soziale Störung durch Sanktionen des Ordnungswidrigkeitenrechts besser oder ebenso gut behoben werden, ist diese Form der Sanktion vorzuziehen.[594]

aa) Rechtsprechung des Bundesverfassungsgerichts

Nach der Rechtsprechung des Bundesverfassungsgerichts dient als Maßstab für die Unterscheidung von Straftat und Ordnungswidrigkeit ein sozialethisches Unwerturteil, denn nur ein ethischen Schuldvorwurf vermag die Kriminalstrafe

---

[593] Eingehend hierzu Grützner, Sanktionierung von Submissionsabsprachen, S. 102 ff., 121. Daneben besteht nach § 30 OWiG die Möglichkeit, selbständig gegen das an einer Submissionsabsprache teilnehmende Unternehmen eine Geldbuße in entsprechender Höhe zu verhängen, sofern der Nachweis erbracht werden kann, dass Vertretungsberechtigte des Unternehmens eine Straftat oder eine Ordnungswidrigkeit begangen haben, unabhängig davon, ob direkt gegen das Kartellverbot gemäß § 81 Abs. 1 Nr. 1 GWB i.V.m. § 1 GWB verstoßen wurde oder eine Aufsichtspflichtverletzung nach § 130 GWB vorliegt.

[594] Roxin, AT I, § 2 Rn 130 f.

zu rechtfertigen.[595] Die Ahndung eines Verhaltens als Ordnungswidrigkeit bietet sich daher dann an, wenn ein Gesetzesverstoß zwar eine staatliche Reaktion erfordert, aber wegen seiner geringen Sozialgefährlichkeit eine Kriminalstrafe nicht notwendig ist, denn Verhaltensweisen mit geringem Unrechtsgehalt sollen nicht der Ahndung durch das Strafrecht unterliegen.[596] Ordnungswidrigkeiten weisen somit einen geringeren Unrechtsgehalt als Straftaten auf.

Der Bereich der Ordnungswidrigkeiten, in dem eine repressive Rechtskontrolle genügt[597], erfasst Gesetzesübertretungen, die nach allgemeinen gesellschaftlichen Auffassungen nicht als strafwürdig gelten[598], also Fälle mit geringerem Unrechtsgehalt, die sich von den kriminellen Vergehen durch den Grad des ethischen Unwertgehaltes unterscheiden.[599] Soweit der Schuldvorwurf die Sphäre des Ethischen nicht erreicht und „ein bloßer Ungehorsam gegen technisches, zeit- und verhältnisbedingtes Ordnungsrecht der staatlichen Verwaltung" vorliegt, ist hierin ein qualitativer Unterschied zwischen beiden Regelungsmaterien zu erblicken.[600] Daneben spricht das Bundesverfassungsgericht im Grenzbereich zwischen kriminellem Unrecht und Ordnungswidrigkeiten von einem graduellen Unterschied.[601] Infolge dessen nimmt das Bundesverfassungsgericht die Abgrenzung von Straftat und Ordnungswidrigkeit aufgrund einer gemischt qualitativen-quantitativen Betrachtungsweise vor.[602] Letztlich bleibt die Unterscheidung zwischen beiden Materien dem Gesetzgeber überlassen, der in eigener Verantwortung eine Einstufung nach dem Unwert- bzw. Unrechtsgehalt und damit eine Zuordnung zum Strafrecht oder zum Ordnungswidrigkeitenrecht vorzunehmen hat.[603]

---

[595] Vgl. BVerfGE 22, 49, 79 f. = NJW 1967, 1219, 1220; BVerfGE 27, 18, 33; kritisch zu dem Begriff des sozialethischen Unwerturteils *Bohnert* in: KK-OWiG, Einleitung, Rn 99 ff.

[596] BVerfGE 27, 18, 29 ff. = NJW 1969, 1619, 1621; vgl. Eichler, BB 1972, S. 1347, 1348.

[597] BVerfGE 22, 125, 133.

[598] BVerfGE 8, 197, 207.

[599] BVerfGE 9, 167, 172.

[600] Vgl. BVerfGE 9, 167, 171.

[601] Vgl. BVerfGE 51, 60, 74 = NJW 1979, S. 1981, 1982; BVerfGE 80, 182, 186.

[602] So auch *Bohnert* in: KK-OWiG, Einleitung Rn 88.

[603] BVerfGE 27, 18, 30; BVerfGE 45, 272, 289.

bb) Auffassung im Schrifttum

In der Literatur werden unterschiedliche Auffassungen zum Verhältnis von Straftat und Ordnungswidrigkeit vertreten.[604] Während vereinzelt davon ausgegangen wird, der Unterschied zwischen Straftat und Ordnungswidrigkeit sei qualitativer Art[605], hat sich der überwiegende Teil des rechtswissenschaftlichen Schrifttums in seiner Betrachtungsweise dem Bundesverfassungsgericht angeschlossen.[606] Auch Ordnungswidrigkeiten können sozialethische Bezüge aufweisen und Rechtsgüterschutz bezwecken.[607] Daraus ergibt sich, unabhängig davon, ob man sich einer rein quantitativen[608] oder einer gemischt qualitativen-quantitativen Betrachtungsweise[609] anschließt, dass eine trennscharfe qualitative Unterscheidung zwischen Straftaten und Ordnungswidrigkeiten schwierig ist.[610] Vielmehr bestehen in Übereinstimmung mit dem Bundesverfassungsgericht im Grenzbereich zwischen kriminellem Unrecht und Ordnungswidrigkeitenunrecht lediglich Unterschiede gradueller Art.[611]

---

604 Ausführliche Darstellung des Streitstandes bei: Böse, Strafe und Sanktionen, S. 38 ff. mit zahlreichen weiteren Nachweisen.

605 Goldschmidt, Verwaltungsstrafrecht, S. 529 ff., 553 ff.; Wolf, Festgabe für Frank, Band II, S. 516, 520 f.; *Bohnert* in: KK-OWiG, Einleitung Rn 110; Bohnert, OWiG, § 1 Rn 4; a. A. Lang-Hinrichsen, JZ 1970, S. 796 f.;

606 Göhler, OWiG, Vor § 1 Rn 6; Rebmann/Roth/Herrmann, Vor § 1 Rn 9; Hirsch, ZStW 107 (1995), S. 283, 289; Schwacke, OWiG, S. 2 f.

607 Weber, ZStW 92 (1980), S. 313, 315; vgl. Tiedemann, Tagungsberichte, S. 109; Tiedemann, Kartellrechtsverstöße, S. 101; Oldigs, Strafrechtliche Bekämpfung von Submissionsabsprachen, S. 136; Grützner, Sanktionierung von Submissionsabsprachen, S. 481; Wohlers, Deliktstypen, S. 100; Roxin, AT I, § 2 Rn 130; Lemke/Mosbacher, OWiG, Einl. Rn 13; Rebmann/Roth/Herrmann, Vor § 1 Rn 9; Hirsch, ZStW 107 (1995), S. 283, 290.

608 Stratenwerth/Kuhlen, AT, § 1 Rn 48; Baumann/Weber/Mitsch, AT, § 4 Rn 16; vgl. Böse, Strafe und Sanktionen, S. 40; Weber, ZStW 92 (1980), S. 313, 316.

609 Göhler, OWiG, Vor § 1 Rn 6; Jakobs, AT, 3. Abschn. Rn 8 f.; *Stree* in: Schönke/Schröder, Vor § 38 Rn 35; Jescheck/Weigend, AT, § 7 V 3b; Göhler, OWiG, Vor § 1 Rn 6; Roxin, AT I, § 2 Rn 133.

610 BVerfGE 80, 182, 186; vgl. Rebmannn/Roth/Herrmann, Vor § 1 Rn 11.

611 BVerfGE 45, 272, 289; BVerfGE 80, 182, 186.

cc) Zwischenergebnis

Im Verhältnis des unlauteren Submissionsabsprachen mit Bußgeld bewehrenden kartellrechtlichen Ordnungswidrigkeitentatbestandes gegenüber dem Straftatbestand des § 298 StGB ist daher von einem Stufenverhältnis auszugehen.[612]

c) Konkrete Beurteilung der Erforderlichkeit

Die Einführung von § 298 StGB hat der Gesetzgeber damit begründet, die kartellrechtlichen Ordnungswidrigkeitentatbestände und Bußgeldandrohungen seien nicht geeignet, eine ausreichende präventive Wirkung zu erzeugen, um unlauteren Submissionsabsprachen wirksam entgegenzutreten.[613] Mit Einführung eines speziellen Straftatbestandes gegen wettbewerbsbeschränkende Absprachen bei Ausschreibungen könne die präventive Wirkung des Rechts verstärkt werden. Daher sollte „sichergestellt werden, dass Submissionsabsprachen effektiver als bisher verfolgt werden“[614], was auch in der Vergangenheit schon des öfteren gefordert wurden.[615] Weiter heißt es in der Gesetzesbegründung zur Einführung des § 298 StGB, die Erfahrung habe gezeigt, dass präventive Maßnahmen in Ausschreibungsverfahren, deren Verbesserung weiterhin mit Nachdruck anzustreben sei, auch im Zusammenwirken mit Geldsanktionen zur Eindämmung solcher schwerwiegender Verstöße gegen das Wettbewerbsrecht nicht ausreichen würden. Der general- und spezialpräventive Effekt der jeweils einschlägigen Bußgeldtatbestände sei beschränkt, und die bisherige Bewertung der zu kriminalisierenden Verhaltensweisen als Ordnungswidrigkeiten nach den §§ 1, 25, 38 Abs. 1 Ziffer 1 und 8 GWB a.F. entspräche nicht dem kriminellen Unrechtsgehalt solcher Verhaltensweisen. Dies erforderte nach Auffassung des Gesetzgebers die Einfügung eines neuen Straftatbestandes zur Sanktionierung von wettbewerbswidrigen Absprachen bei Ausschreibungen.[616]

Es wird, bei Einführung des Straftatbestandes gegen wettbewerbswidrige Absprachen bei Ausschreibungen in das Strafgesetzbuch, vertreten, der Gesetzge-

---

[612] So auch Grützner, Sanktionierung von Submissionsabsprachen, S. 481 f.; Oldigs, Strafrechtliche Bekämpfung von Submissionsabsprachen, S. 136; Möschel, Kriminalisierung von Submissionsabsprachen, S. 44.

[613] So Weinmann, FS-Pfeiffer, S. 87, 96.

[614] BT-Drs. 13/5584, S. 9.

[615] Vgl. BR-Drs. 298/1/95, S. 12 f.; Schaupensteiner, Kriminalistik 1996, S. 237, 239.

[616] BT-Drs. 13/5584, S. 13.

ber habe sich innerhalb des ihm im Rahmen der Erforderlichkeit zustehenden Beurteilungsspielraums gehalten. Daher bestünden keine Bedenken, die bestehende Bußgeldbewährung von unlauteren Submissionsabsprachen nicht als zumindest ebenso geeignete, den gleichen Erfolg versprechende Maßnahme zu qualifizieren.[617] Hierfür spreche schon die Tatsache, dass auch nach Einführung des § 298 StGB weiterhin die Möglichkeit der Verhängung hoher Geldbußen mit einer Mehrerlösabschöpfung[618] bis zum Dreifachen des erzielten Gewinnes gegen die begünstigten Unternehmen möglich bleibe und auch regelmäßig durchzuführen sei. Außerdem könne man gerade mit dem Mittel des Strafrechts Täter auf der mittleren Unternehmensebene fassen, denn Bußgelder nach dem Ordnungswidrigkeitenrecht würden nur die Unternehmen und nicht den einzelnen Täter persönlich treffen. Dies sei bei strafrechtlichen Sanktionen gerade nicht der Fall.[619]

Zudem könne man davon ausgehen, dass die Staatsanwaltschaften bei der strafrechtlichen Ahndung von unlauteren Submissionsabsprachen effizienter arbeiten würden als die für die Durchsetzung der kartellrechtlichen Vorschriften zuständigen Kartellbehörden. Denn auch die Staatsanwaltschaften könnten sich ohne weiteres des Sachverstandes der spezialisierten Kartellbehörden bedienen. Auch habe die Publizitätspraxis der Kartellbehörden nicht verhindert, das tatsächliche Vorkommen von Submissionsabsprachen einzudämmern, so dass im Hinblick auf eine verbesserte Präventivwirkung die Einführung des Straftatbestandes gegen wettbewerbswidrige Absprachen bei Ausschreibungen geboten gewesen sei. So habe eine intensive jahrelang betriebene Bußgeldpraxis trotz Verhängung erheblicher Geldbußen, es nicht vermocht, Submissionsabsprachen in ihrer Häufigkeit und in ihrem Ausmaß wesentlich

---

[617] So jedenfalls Grützner, Sanktionierung von Submissionsabsprachen, S. 483; Tiedemann, FS-Müller-Dietz, S. 905, 912 f.; Satzger, Submissionsbetrug, S. 55 f.

[618] Bunte, Kartellrecht, § 9, S. 296: Bei der sog. Mehrerlösabschöpfung gemäß § 34 GWB handelt es sich um eine Regelung, die den Kartellbehörden ermöglicht, Erlöse, die ein mit einer Untersagungsverfügung bedachtes Unternehmen aufgrund der Nichtbeachtung der betreffenden Verfügung ab dem Zeitpunkt ihrer Zustellung erlangt hat, abzuschöpfen, sofern die Untersagungsverfügung unanfechtbar bzw. rechtskräftig bestätigt wird.

[619] Grützner, Sanktionierung von Submissionsabsprachen, S. 484.

einzuschränken und sich sogar die wiederholte Verhängung von Bußgeldern als präventiv nutzlos erwiesen oder seien als Kavaliersdelikte angesehen worden.[620]

Insbesondere im Bereich der Bauwirtschaft sei daher ein Einschreiten des Gesetzgebers, um auf das Bewusstsein der betroffenen Kreise einzuwirken, erforderlich gewesen. Infolge dessen könne die Einführung von § 298 StGB im Hinblick auf den dem Gesetzgeber zustehenden Beurteilungsspielraum bezüglich der kriminalpolitischen Notwendigkeit der Einführung eines Straftatbestandes nicht bemängelt werden.[621]

Selbst wenn von Verfassungsrechts wegen die Handlungsspielräume eines Gesetzgebers nicht übermäßig eingeengt sein sollen, bleibt aber die Frage nach der Sinnfälligkeit einer solchen Regelung bestehen.[622] Die Sanktion von unlauteren Absprachen bei Vergabeverfahren mittels Verhängung von Bußgeldern ist im Vergleich zu einem Straftatbestand, der für die gleiche Verhaltensweise als Sanktion die Möglichkeit der Freiheitsstrafe vorsieht, die weniger belastende Maßnahme.[623] Anhaltspunkte, dass § 298 StGB unter praktischen Gesichtspunkten eine effizientere Verfolgung als das GWB in Verbindung mit dem Ordnungswidrigkeitenrecht ermöglicht, sind nicht ersichtlich.[624] Da sich aus der Einführung des Straftatbestandes keine unmittelbare Verstärkung der Verfolgungsintensität ergibt, muss dessen Vorteil auf einem anderen Gebiet liegen. Man könnte annehmen, mittels des Strafrechts werde die Sanktionseffizienz gegenüber Geldbußen nach dem Ordnungswidrigkeitenrecht erhöht.[625] Für die Einführung des § 298 StGB wurde deshalb auch die damit verbundene generalpräventive[626] Wirkung angeführt.[627]

---

[620] Tiedemann in: FS-Müller-Dietz, S. 905, 912, 914; Grützner, Sanktionierung von Submissionsabsprachen, S. 486.

[621] Grützner, Sanktionierung von Submissionsabsprachen, S. 487.

[622] Vgl. Möschel, Kriminalisierung von Submissionsabsprachen, S. 44.

[623] So auch Möschel, Kriminalisierung von Submissionsabsprachen, S. 44; Oldigs, Strafrechtliche Bekämpfung von Submissionsabsprachen, S. 136.

[624] Vgl. Oldigs, Strafrechtliche Bekämpfung von Submissionsabsprachen, S. 136.

[625] Jaath, FS-Schäfer, S. 89, 114 f.

[626] Zum Begriff der Generalprävention siehe Albrecht, Kriminologie, S. 43.

[627] Grützner, Sanktionierung von Submissionsabsprachen, S. 485 f.; Schmid, Ausschreibungsbetrug, S. 129 ff.; Schaupensteiner, Kriminalistik 1996, S. 237, 239; vgl. BT-Drs. 13/5584, S. 9.

Die Eignung des Strafrechts zur Verfolgung von Verstößen gegen das GWB erscheint jedoch aus generalpräventiven Gründen zweifelhaft.[628] Das GWB setzt einen Rahmen für das Agieren von Unternehmen im Wettbewerb.[629] Dieser wettbewerbspolitischen Zielsetzung des Gesetzes entsprechend, steht bei der Anwendung des Gesetzes durch die Kartellbehörden zunächst das Unternehmen, nicht aber der innerhalb der Unternehmensorganisation verantwortlich Handelnde im Vordergrund. Schon für das Bußgeldverfahren hat sich das geltende Täterprinzip oft als Hindernis erwiesen. Die Kriminalisierung von Kartellrechtsverstößen bedeutet ein noch stärkeres Herausstellen des Täters und die Gesetzesanwendung wird damit noch mehr auf die Aufklärung der persönlichen Verhältnisse der unmittelbar handelnden Personen verlagert. Die eigentliche Zielsetzung des GWB, den Wettbewerb zu regulieren und zu fördern, gerät damit in den Hintergrund.[630]

Empirische Untersuchungen über die generalpräventiven Wirkungen von Straftatbeständen fehlen weitgehend. Die Kriminologie muss sich daher auf Vermutungen beschränken. Allerdings steht fest, dass Abschreckung weniger von der bloßen Strafandrohung, sondern vielmehr von der intensiven Verfolgung von Delikten ausgeht. Verstärkte Bekämpfung der Wirtschaftskriminalität heißt daher in erster Linie rasche und lückenlose Verfolgung.[631] Jedoch kann der Staat bei der Androhung von Sanktionen, selbst bei lückenloser Überwachung nie mit ständiger Befolgung seiner gesetzlichen Regelungen rechnen, so dass in jeder Straftat ein Beweis gegen die generalpräventive Wirkung von Strafvorschriften gesehen werden kann.[632]

Soweit argumentiert wird, von einem Straftatbestand gehe eine höhere Präventions- und damit Abschreckungswirkung für potentielle Täter aus[633], kann

---

[628] Nach Rittner/Dreher, Wirtschaftsrecht, § 23 Rn 132 würde die generalpräventive Wirkung einer Strafdrohung hinter der Effizienz der Kartellbehörden zurückbleiben und auch ausländische Erfahrungen mit Strafdrohungen im Bereich des Kartellrechts würden nicht viel versprechen.

[629] Vgl. Rittner, Wettbewerbs- und Kartellrecht, § 5 Rn 2 ff.

[630] Vgl. Karrte/Portatius, BB 1975, S. 1169, 1170.

[631] Karrte/Portatius, BB 1975, S. 1169, 1170.

[632] Vgl. Roxin, JuS 1966, S. 378, 380.

[633] Vgl. Schaupensteiner, Kriminalistik 1996, S. 239; Grützner, S. 485 ff.

dem nicht ohne weiteres gefolgt werden. Begründet wird diese Auffassung mit der Empfindlichkeit, die den sozial angepassten potentiellen Wirtschaftsstraftätern gegenüber der Freiheitsentziehung zugeschrieben wird.[634] Im Zusammenhang mit Wirtschafsstraftaten werden entgegen dem allgemeinen Trend, kurzfristige Freiheitsstrafen zu vermeiden, weil die entsozialisierenden Begleitumstände des Vollzugs nur im Rahmen eines längerfristigen Behandlungsprogramms kompensiert werden können, auch kürzere Freiheitsstrafen gefordert. Von diesen verspricht man sich eine heilsame Schockwirkung[635] bei den gegenüber einer Freiheitsentziehung und der damit verbundenen Statusminderung äußerst empfindlichen Wirtschaftsstraftätern.[636] Eine größere Abschreckung könnte demnach nur von der Verhängung einer Freiheitsstrafe erwartet werden.[637] Infolge dessen kann § 298 StGB nur dann eine hinreichend generalpräventive Wirkung entfalten, wenn potentielle Täter mit einem Gefängnisaufenthalt zu rechnen haben, was jedoch aufgrund der Täterstruktur zweifelhaft erscheint.[638]

Die in Betracht kommenden Submissionsstraftäter werden jedoch in der Regel nicht aus den Vorständen der Großunternehmen kommen, sondern sind wahrscheinlich die mit dem operativen Tagesgeschäft befassten Mitarbeiter der unteren und mittleren Führungsebene.[639] Diese treffen ihre Entscheidungen in Kenntnis der möglichen Rechtsfolgen und unter Abwägung der Risiken und Chancen eines Geschäfts, wobei sie nicht notwendigerweise einen finanziellen Vorteil anstreben, sondern sich aufgrund der von ihnen eingefädelter gewinnbringender Aufträge für das Unternehmen positive Auswirkungen auf ihre Karriere bzw. Einkommen erhoffen. Nach einem gerichtlichen Verfahren wird der Betroffene an eine andere Stelle versetzt, durch einen Kollegen ersetzt oder gekündigt. Dies geschieht zum Schutz des Täters und – was viel wichtiger ist – im Interesse des Unternehmens selbst. Um bei künftigen Ausschreibungen eine Chance zu haben, muss sich das Unternehmen wieder eine „weiße Weste“ verschaffen. Angeklagte

---

634 Schünemann, wistra 1982, S. 41, 49.
635 Jescheck, FS-Würtenberger, S. 257, 261 f.
636 Schünemann, wistra 1982, S. 41, 49.
637 Schmid, Ausschreibungsbetrug, S. 130; Satzger, Submissionsbetrug, S. 56.
638 So auch Oldigs, wistra 1998, S. 291, 295.
639 Vgl. Volk, JZ 1993, S. 429, 433.

im gerichtlichen Verfahren sind daher mit hoher Wahrscheinlichkeit sozial integrierte, bisher strafrechtlich nicht aufgefallene Angestellte. Angesichts der in den meisten Fällen günstigen Sozialprognose ist zu erwarten, dass es zur Verhängung einer Geldstrafe kommen wird. Eine andere Bewertung kann auch das Argument, eine Geldstrafe entfalte bei den sozial bessergestellten Tätern keine Wirkung, nicht begründen. Diese Bewertung verkennt, dass auch die Wahl der entsprechenden Strafe den allgemeinen Grundsätzen der Strafzumessung unterliegt und es deshalb unzulässig ist, nur weil der Täter wohlhabend ist, statt einer Geldstrafe eine Freiheitsstrafe zu verhängen.[640]

Diese Tendenz könnte man mit einer zumindest im Bereich der Wirtschaftskriminalität durchgeführten Abkehr von der in den §§ 47, 56 StGB ausgedrückten Entwicklung, kurzzeitige Freiheitsstrafen zu vermeiden oder, soweit als möglich, zur Bewährung aussetzen, umkehren. Eine solche mit der Aufgabe von grundlegenden Errungenschaften der modernen Kriminologie verbundene Maßnahme hätte jedoch nicht die moderne positive Generalprävention[641], die mit der Bestrafung und der daraus resultierenden Normbekräftigung das allgemeine Wertbewusstsein stabilisieren möchte, sondern die schon überwunden geglaubte negative Generalprävention, die mit der Androhung und dem Ausspruch von Strafen potentieller Straftäter von ihren Taten abschrecken möchte, im Sinn.[642]

Dies klingt zwar nach einer erheblichen Wirksamkeit, offenbart aber auch ein erhebliches Problem, das mit dem Gedanken der Generalprävention verbunden ist. Die Generalprävention hat stets eine Tendenz zum „staatlichen Terror", denn konsequent verfolgt, fordert sie bei unzureichendem Erfolg immer härtere und abschreckendere Strafen. Der Einzelne darf aber in einer Rechtsordnung, in der er nicht Objekt, sonder selbst Träger der staatlichen Gewalt ist, nicht zum bloßen Abschreckungsmittel werden.[643] Bisher ist es in der Kriminologie nicht gelungen, ein auch nur einigermaßen anerkanntes Verfahren zur Feststellung, mit welchen strafrechtlichen und außerstrafrechtlichen Maßnahmen Generalpräven-

[640] Oldigs, wistra 1998, S. 291, 295.

[641] Zu den Begriffen „positive" und „negative Generalprävention" siehe Albrecht, Kriminologie, S. 43.

[642] Zu den unterschiedlichen Straftheorien eingehend Naucke, Strafrecht, § 1 Rn 139 ff.

[643] Roxin, JuS 1966, S. 378, 380 ff.

tion in welchem Ausmaß verwirklicht werden kann, zu entwickeln.[644] Gerade im Bereich der negativen Generalprävention wird aber immer wieder darauf hingewiesen, dass die generalpräventive Wirkung von Strafen nicht empirisch nachgewiesen bzw. nachweisbar ist.[645]

Insbesondere im Bereich des Kartellrechts gehen Abschreckungswirkungen von der Publizität der Entscheidungen in Kartellsachen aus.[646] Das Bundeskartellamt veröffentlicht den wesentlichen Inhalt seiner Entscheidungen unter Nennung der betroffenen Unternehmen in ausführlichen Pressemitteilungen, die in der Regel bei der Presse auf ein besonderes Interesse stoßen und daher bundesweit bekannt werden. Die üblichen Pressemitteilungen der Justizbehörden über Strafverfahren sind deutlich zurückhaltender. Mangelnde Publizität und zu geringe Transparenz kann man der Öffentlichkeitsarbeit des Bundeskartellamtes nicht vorwerfen. Infolge dessen ist es schwer vorstellbar, allein durch die strafrechtliche Verfolgung eines gegen die Regeln des GWB verstoßenden Täters würde noch mehr Publizität und damit Abschreckungswirkung erzielt. Gerade die Publizität der Bußgeldverfahren des Bundeskartellamtes wird von den betroffenen Unternehmen „gefürchtet", so dass die Verhängung von Bußgeldern aufgrund kartellrechtlicher Vorschriften und die Veröffentlichung der jeweiligen Verfahren gegenüber der Strafverfolgung erhöhte Abschreckungswirkungen entfalten.[647]

Des Weiteren ist zu beachten, dass das Instrument der Bußgeldverhängung für die Kartellbehörden nicht lediglich ein repressives Sanktionsmittel ist, welches nur mittelbar und in die Zukunft hinein einen positiven Beitrag zum Schutz der Wettbewerbsfreiheit leistet. Über das in § 47 OWiG normierte Opportunitätsprinzip besteht mittelbar die Möglichkeit zu einer Wettbewerbsförderungspolitik.[648] Ziel jeder sinnvollen Wettbewerbspolitik ist in erster Linie die Aufrecht-

---

[644] Oldigs, wistra 1998, S. 291, 295; Tiedemann, FS-Spendel, 1992, S. 591, 598; vgl. Kartte/Portatius, BB 1975, S. 1169, 1170; Oldigs, Strafrechtliche Bekämpfung von Submissionsabsprachen, S. 139.

[645] Albrecht, Kriminologie, S. 54 ff.; Schubert, Verbotene Worte, S. 300; vgl. BVerfGE 45, 187, 255.

[646] Möschel, Kriminalisierung von Submissionsabsprachen, S. 44.

[647] Vgl. Karrte/Portatius, BB 1975, S. 1169, 1171.

[648] Möschel, Kriminalisierung von Submissionsabsprachen, S. 44, der auf einen Kartellbericht der Bayrischen Landeskartellbehörde verweist. Darin heißt es: „Die volle, pflichtgemäße Ausschöpfung des damit gegebenen Verhaltensspielraums ermöglicht es den Kartellbehörden,

erhaltung von Wettbewerbsstrukturen und die Gewährleistung von Rahmenbedingungen, so dass wirtschaftliche Freiheitsrechte unter Beachtung der anderen ausgeübt werden können. Gleiches gilt für die wechselseitige Machtbalancierung im Verhältnis von Staat und gesellschaftlichen Gruppen. Eine solche Politik, die mit Hilfe des GWB umgesetzt werden soll, ist sehr viel umfassender angelegt als eine strafrechtliche Repression auf das Verhalten von Marktteilnehmern. Hierbei ist die Beratungs- und Gestaltungsfunktion der Kartellbehörden im Vorfeld von repressiven Sanktionen von großer Bedeutung. Diese Möglichkeiten bestehen aber nicht bei Anwendung des Legalitätsprinzips, denn im Falle der Strafverfolgung ist die Staatsanwaltschaft stets zu einem Einschreiten verpflichtet. Zwar beinhalten die §§ 153 ff. StPO eine Begrenzung und Auflockerung des Verfolgungszwangs. Eine Wettbewerbsförderungspolitik lässt sich durch diese Vorschriften jedoch nicht erzielen.[649]

Als strafrechtliche Sanktionsmöglichkeiten kommen nur die klassischen Strafen in Form von Geld- oder Freiheitsstrafe in Betracht. Zumindest einer dieser beiden müsste gegenüber der Geldbuße einen spürbaren Vorteil bieten. Bei der Geldstrafe sind hierfür keine Anhaltspunkte ersichtlich. Nach § 81 Abs. 4 S. 1 GWB kann im Fall einer unlauteren Submissionsabsprache ein Bußgeld bis zu einer Höhe von einer Millionen Euro festgesetzt werden. Eine Geldstrafe dürfte die Höhe eines solchen Bußgeldes in der Summe schwer übertreffen. Bezogen auf eine mögliche Geldstrafe ist in der Verhängung eines Bußgeldes eine effektivere, aber weniger belastende Maßnahme zu sehen.

---

unter Berücksichtigung der Schwere des Wettbewerbsverstoßes, der Bedeutung des Einzelfalles für die bestehende Wettbewerbsstruktur, des voraussichtlichen Ermittlungsaufwandes und dessen Erfolgschancen, ferner der Schwere der Schuld und der in vielen Fällen vorhandenen unternehmerischen Bereitschaft zu wettbewerbskonformen Verhalten jeweils angemessene Reaktionsmittel zu ergreifen und so nicht nur ahndend, sondern zugleich wettbewerbsschaffend tätig zu werden. Diese gestaltende Behördenpraxis erfolgt in enger Zusammenarbeit mit Unternehmen, Unternehmensverbänden, Industrie- und Handelskammern, Verbraucherverbänden und anderen Organisationen und wird so ständig auf dem Prüfstand der wirtschaftlichen Wirklichkeit gemessen. Aufgrund dieser ihrer mehr als achtzehnjährigen wirtschaftsnahen Tätigkeit haben sich die Kartellbehörden einen Erfahrungsstand geschaffen, der sie befähigt, nicht nur im Zuge der durchzuführenden Ermittlungen, sondern auch bei der Wahl des jeweils einzusetzenden wettbewerblichen Instruments sachgerecht und der jeweiligen Situation adäquat zu verfahren."

[649] Vgl. Möschel, Kriminalisierung von Submissionsabsprachen, S. 45.

d) Zwischenergebnis

Letztlich wird man die Einführung von § 298 StGB im Hinblick auf dessen Erforderlichkeit verfassungsrechtlich nicht beanstanden können, denn der Gesetzgeber hat bei dessen Einführung von seinem Beurteilungsspielraum Gebrauch gemacht und sich hierbei in dem durch das Bundesverfassungsgericht festgelegten Rahmen gehalten. Die angeführte Kritik gegen die Notwendigkeit der Einführung ist jedoch berechtigt. Erkenntnisse, dass seit Einführung von § 298 StGB unlautere Submissionsabsprachen effizienter und erfolgreicher verfolgt werden können, liegen nicht vor. Das Gleiche gilt für Erkenntnisse in Bezug auf die generalpräventive Wirkung dieser Norm. Dass hiermit eine erhöhte Abschreckung gegenüber potentiellen Tätern erreicht wird, konnte nicht festgestellt werden. Es lässt sich allenfalls eine Zunahme derartiger Absprachen feststellen.[650] Ob aber gerade die Zunahme unlauterer Submissionsabsprachen nach Einführung von § 298 StGB dessen Notwendigkeit im Hinblick auf bestehende Ordnungswidrigkeitentatbestände zu begründen vermag, erscheint sehr zweifelhaft.

3. Erforderlichkeit im Hinblick auf das UWG

Mit der Einführung des Straftatbestandes § 299 StGB, der früher in einem strafrechtlichen Nebengesetz, § 12 UWG a.F., angesiedelt war, in das Strafgesetzbuch sollte das Bewusstsein dafür geschärft werden, dass es sich auch bei der Korruption im geschäftlichen Bereich um eine Kriminalitätsform handelt, die nicht nur die Wirtschaft selbst betrifft, sondern Ausdruck eines allgemein sozialethisch missbilligten Verhaltens ist.[651] Entsprechend dem Anliegen des Gesetzgebers, ein wirksames und umfassendes Instrument zur Bekämpfung der Korruption zu schaffen[652], wurden auf der Rechtsfolgenseite erhebliche Änderungen vorgenommen. Der Strafrahmen von § 12 UWG a.F. wurde auf Freiheitsstrafe bis zu drei Jahren angehoben. Für besonders schwere Fälle der Bestechlichkeit und Bestechung im geschäftlichen Verkehr sieht § 300 StGB einen Regelstrafrahmen von 3 Monaten bis 5 Jahren Freiheitsstrafe vor.[653] Zwar wurde

---

[650] Siehe hierzu die Ausführungen im 4. Kapitel unter A. I. 1. und A. II. 1.

[651] BT-Drs. 13/5584, S. 15.

[652] Vgl. BT-Drs. 13/5584, S. 9, 15.

[653] Der Gesetzentwurf des Bundesrates (BT-Drs. 13/3353, S. 6 f.), der sich im weiteren Gesetzgebungsverfahren nicht durchgesetzt hatte (siehe dazu BT-Drs. 13/6424, Anl. 3, S. 13) sah für den Grundtatbestand sogar einen Strafrahmen bis zu 5 Jahren Freiheitsstrafe und für besonders schwere Fälle einen Strafrahmen von 3 Monaten bis 10 Jahren Freiheitsstrafe vor.

das Strafantragserfordernis beibehalten, die Strafverfolgung von Amts wegen bei Bejahung eines besonderen öffentlichen Interesses jedoch gemäß § 301 Abs. 1 StGB ermöglicht. Die Vorschrift des § 299 StGB kann daher im Verhältnis zu § 12 UWG a.F. nicht als milderes Mittel bezeichnet werden. Infolge dessen stellt sich die Frage, ob die Übernahme von § 12 UWG a.F. in § 299 StGB und die damit verbundenen Änderungen eine effektivere Vorgehensweise gegen die Bestechung und Bestechlichkeit im geschäftlichen Verkehr ermöglicht als die Vorgängervorschrift § 12 UWG a.F.

Für die Notwendigkeit der Übernahme in das Strafgesetzbuch wird angeführt, dass Bedenken an der praktischen Bedeutung der Übernahme des § 299 StGB aus dem Nebenstrafrecht nicht berechtigt seien, denn die Aufnahme eines Straftatbestandes in die strafrechtliche Hauptkodifikation führe zu einem entscheidend gesteigerten Interesse der Strafrechtswissenschaft und zu einer besseren Bewusstseinsbildung bei den Strafverfolgungsorganen. Das allgemeine Interesse an Strafverfolgung werde durch die Einschränkung des Strafantragserfordernisses, das wesentlich zu der geringen praktischen Bedeutung des § 12 UWG a.F. beigetragen habe, insbesondere auch bei grenzüberschreitenden Sachverhalten, geweckt.[654]

Die Vorschrift des § 12 UWG a.F., die als reines Strafantragsdelikt ausgestaltet war, habe die in sie gesetzte Erwartung, von der Privatwirtschaft als ein Instrument zur „Selbstreinigung" aufgefasst zum Schutz der Lauterkeit des Wettbewerbs eingesetzt zu werden, nicht erfüllt. Wenn aber diese Vorschrift Ausfluss des gesetzgeberischen Willens sei, den Auswüchsen des Schmiergeldunwesens zum Schutz des lauteren Wettbewerbs entgegenzuwirken, müsse eine effektive Strafverfolgung gewährleistet sein. Diese erfordere die Möglichkeit einer Strafverfolgung von Amts wegen. Dem komme die Übernahme in das Strafgesetzbuch nach, wenn künftig eine Verfolgung von Amts wegen bei besonderem öffentlichen Interesse möglich sei. Zudem sei dem sozialen Stellenwert des lauteren Wettbewerbs durch eine angemessene Strafdrohung Rechnung zu tragen.[655] Daher sei die Einführung des § 299 StGB erforderlich gewesen.

---

654 LK-*Tiedemann*, Vor § 298 Rn 3.

655 Schaupensteiner, Kriminalistik 1996, S. 306, 309; vgl. auch Möhrenschlager, der sich ebenfalls für eine Anhebung des Strafrahmens ausgesprochen hat.

Zwar kann mit der Übernahme von Vorschriften des Nebenstrafrechts in das Strafgesetzbuch durchaus eine Signalwirkung verbunden sein. Der Übernahme der Regelung von § 12 UWG a.F. in die Vorschrift § 299 StGB steht jedoch entgegen, dass zahlreiche Tatbestände des Nebenstrafrechts im Bewusstsein der Allgemeinheit verankert sind, etwa das Betäubungsmittelgesetz, das Waffengesetz oder das Ausländergesetz, und dass es weniger auf den Standort einer Regelung ankommt als auf deren Vollzug. Zudem wurde eine einheitliche Materie auseinandergerissen und nur § 12 UWG a.F. aus dem UWG herausgenommen, während die übrigen Strafvorschriften dort verblieben.[656] Hinzuweisen ist in diesem Zusammenhang auf § 17 UWG, dem auch im Kontext der Korruptionsbekämpfung Bedeutung zukommt. Mit diesem Vorgehen hat der Gesetzgeber den bisher gegebenen Zusammenhang von Delikten mit ähnlicher Schutzrichtung zerstört.[657] Es wäre daher allenfalls sinnvoller gewesen, die Straftatbestände des UWG einer umfassenden Reform zu unterziehen, um sie dann – falls erforderlich – in das Strafgesetzbuch zu überführen.[658] Ebenso wie der strafrechtliche Schutz des Kapitalanlageverkehrs durch andere Normen (§ 88 Börsengesetz a.F. und § 4 UWG a.F.) weitgehend gewährleistet werden konnte[659], hätte man auch die Bestechung und Bestechlichkeit im geschäftlichen Verkehr weiterhin durch Vorschriften des UWG sanktionieren können.

Ebenfalls wenig überzeugend ist die Erhöhung des Strafrahmens von einer Obergrenze von einem Jahr zu drei Jahren Freiheitsstrafe, in besonders schweren Fällen bis zu fünf Jahren. Stellt man fest, dass man in Bezug auf § 12 UWG a.F. bis zu dessen Übernahme in das Strafgesetzbuch nur geringe praktische Erfahrung hatte[660] und ganz überwiegend Geldstrafen verhängt wurden[661], fällt es schwer nachzuvollziehen, warum der Strafrahmen von Freiheitsstrafe bis zu einem Jahr nicht ausgereicht und weshalb sich durch höhere Strafandrohungen

---

[656] BT-Drs. 13/6424; König, JR 1997, S. 397, 401; Dölling, ZStW 112 (2000), S. 334, 350; vgl. auch Möhrenschlager, JZ 1996, S. 822, 827, der ein Verbleiben von § 12 UWG a.F. für gerechtfertigt gehalten hätte, aber die Übernahme in das Strafgesetzbuch für eine „vertretbare Alternative" hält.

[657] Wolters, JuS 1998, S 1100, 1103.

[658] Vgl. König, JR 1997, S. 397, 401; ebenso Wolters, JuS 1998, S. 1100, 1103.

[659] Vgl. hierzu Albrecht, KritV 1993, S. 163, 169 f.

[660] Dölling, Gutachten C 88 f.; vgl. *Ebert-Weidenfeller* in: Achenbach/Ransiek, Hdb. Wirtschaftsstrafrecht, Kap. III 2 Rn 2.

[661] Dölling, Gutachten C 39 f.

etwas an der praktischen Bedeutungslosigkeit von § 12 UWG a.F. ändern sollte.[662] Auch der Verzicht auf das Strafantragserfordernis nach § 22 UWG a.F. für den Fall, dass ein besonderes öffentliches an der Strafverfolgung bejaht werden kann, erscheint nicht notwendig. Es ist nicht nachvollziehbar, warum man Unternehmensinhabern oder anderen Wettbewerbern nicht gewünschte strafrechtliche Hilfe aufdrängen sollte. Ohne deren Mitwirkung dürfte es ohnehin erst gar nicht zu strafrechtlichen Ermittlungen kommen, denn wenn der verletzte oder geschädigte Unternehmer oder Wettbewerber den Fall nicht an die Öffentlichkeit bringt, wird ein Ermittlungsverfahren auch nicht eingeleitet.[663]

Die besseren Gründe sprechen dafür, dass die Übernahme des Tatbestands der Angestelltenbestechung in das Strafgesetzbuch nicht erforderlich war. Der Tatbestand war Bestandteil eines im UWG geregelten Systems von Vorschriften zum Schutz des fairen Leistungswettbewerbs. Durch die Regelung von Teilen des Schutzsystems in verschiedenen Gesetzen, wird die Übersichtlichkeit des Rechts beeinträchtigt. Darüber hinaus passt die Regelung der Angestelltenbestechlichkeit und –bestechung als Wettbewerbsdelikt besser in das UWG, das im Zusammenhang zugleich Folgen des Zivilrechts behandelt.[664] Rechtsfolgen von Wettbewerbsverstößen sind grundsätzlich zivilrechtlicher Natur. Das UWG in seiner jetzigen Fassung sieht in den §§ 8 bis 10 Beseitigungs-, Unterlassungs-, Schadensersatz- und Gewinnabschöpfungsansprüche vor, so dass weiterhin die Möglichkeit bestanden hätte, Verstöße gegen das Verbot der Angestelltenbestechung nicht nur strafrechtlich zu sanktionieren, sondern auch durch zivilrechtliche Unterlassungs- und Schadensersatzansprüche entgegenzuwirken.[665] Damit hätte man dem Subsidiaritätsgedanken des Strafrecht in angemessener Weise Rechnung tragen können.

Letztlich wird man auch im Zusammenhang mit der Übernahme von § 12 UWG a.F. in § 299 StGB annehmen können, im Zeitpunkt der Einführung von § 299 StGB habe sich der Gesetzgeber an den ihm zustehenden Beurteilungsspielraum gehalten. Die Ausführungen und Argumente zeigen jedoch, dass die Erforder-

---

[662] Ransiek, StV 1996, S. 446, 453.

[663] Vgl. Ransiek, StV 1996, S. 446, 453.

[664] Geerds, JR 1996, S. 309, 312.

[665] Dölling, Gutachten C 85; vgl. *Achenbach* in: Achenbach/Ransiek, Hdb. Wirtschaftsstrafrecht, Kap. III 1 Rn 10.

lichkeit, § 12 UWG a.F. in das Strafgesetzbuch zu übernehmen, mit guten Argumenten angezweifelt werden kann, denn die zahlreich aufgeführten Argumente zeigen, dass es nicht erforderlich war, die Vorschrift des § 12 UWG a.F. in das Strafgesetzbuch zu übernehmen und zusätzlich noch durch dessen Umgestaltung zu verschärfen.

4. Zwischenergebnis

Rückblickend war es aus kriminalpolitischer Sicht nicht erforderlich, die Tatbestände zum Schutz des Wettbewerbs im 26. Abschnitt des Strafgesetzbuchs aufzunehmen. Auch wenn der Gesetzgeber bei Einführung der Vorschriften von seinem ihm zustehenden Beurteilungsspielraum in angemessener Weise Gebrauch gemacht hat, sprechen jedoch die dargestellten Argumente für eine übereilte Aufnahme der betreffenden Vorschriften in das Strafgesetzbuch.[666] Insbesondere die Ausführungen zur Erforderlich der Straftatbestände zum Schutz des Wettbewerbs belegen, dass durchaus gleich geeignete Mittel und Verfahren zur Verfügung stehen, um wettbewerbswidrigen Verhaltensweisen angemessen ohne den Einsatz des Strafrechts entgegenzuwirken.

D. Vorbehalt gegen abstrakte Gefährdungsdelikte

Neben der Frage, ob sich der Gesetzgeber bei der Einführung des 26. Abschnitts den Anforderungen des Verhältnismäßigkeitsprinzips gerecht geworden ist, stellt sich außerdem die Frage, ob sich die Ausgestaltung der Wettbewerbsdelikte als abstrakte Gefährdungsdelikte mit dem *ultima ratio* – Gedanken im Strafrecht vereinbaren lässt. Die Feststellung der Strafbedürftigkeit erschöpft sich nicht in der Beantwortung der Frage, ob eine Kriminalisierung von bestimmten Verhaltensweisen erforderlich ist, sondern muss auch die sich anschließende Frage umfassen, wie weit bei grundsätzlicher Bejahung eines Strafbedürfnisses die Sanktionierung bestimmter Verhaltensweisen im Einzelnen gehen soll, ob also z.B. nur für die Verletzung oder auch für die Gefährdung eines Rechtsguts ein Strafbedürfnis besteht.[667] In diesem Prüfungsstadium ist daher erneut nach möglichen Alternativen zu suchen.[668] Selbst wenn man die Erforderlichkeit der Kriminalisierung von in den §§ 298 ff. StGB beschriebenen Verhaltensweisen

---

[666] Vgl. auch König, JR 1997, S. 397, 401; Oldigs, wistra 1998, S. 291, 296.

[667] Dubber, ZStW 117 (2005), S. 485, 511.

[668] Vgl. Günther, JuS 1978, S. 8, 12.

annehmen würde, müsste auch die konkrete Ausgestaltung der Wettbewerbsdelikte als abstrakte Gefährdungsdelikte erforderlich sein. Dies wird im Folgenden untersucht.

I. Dogmatische Einordnung der Wettbewerbsdelikte

Im rechtswissenschaftlichen Schrifttum wird nahezu vollständig vertreten, bei § 298 StGB handele es sich um ein abstraktes Gefährdungsdelikt, da dieser Straftatbestand weder einen Verletzungserfolg noch einen konkret gefährlichen Zustand voraussetzt, sondern lediglich eine generelle Gefährlichkeit für die zu schützenden Rechtsgüter normiere.[669] Das gleiche gilt für § 299 StGB, dessen Tatbestand ebenfalls als abstraktes Gefährdungsdelikt ausgestaltet ist.[670]

Die abstrakten Gefährdungsdelikte kriminalisieren einen Rechtsgüterangriff des Täters in der Weise, dass er durch das verbotene Verhalten eine Lage schafft, die es wahrscheinlich macht, dass dem geschützten Rechtsgut eine Verletzung oder eine konkrete Gefahr droht. Abstrakte Gefährdungsdelikte kennen keine konkreten Angriffsobjekte und befreien vom Nachweis eines konkreten Schadens und einer entsprechenden Verhaltenskausalität.[671] Das bedeutet, die Anwendung dieser Straftatbestände hängt nicht davon ab, ob ein konkreter Schaden

---

[669] Tröndle/Fischer, § 298 Rn 3a; *Heine* in: Schönke/Schröder, § 298 Rn 2; König, JR 1997, S. 397, 402; Lackner/Kühl, § 298 Rn 1; Hohmann, NStZ 2001, S. 566, 571; *Klusmann* in: Wiedemann, Hdb. des Kartellrechts, § 56 Rn 13; Otto, wistra 1999, S. 41; Maurach/Schroeder/Maiwald BT/2 § 68 Rn 2; *Dannecker* in NK-StGB, § 298 Rn 15; Kindhäuser, LPK-StGB, § 298 Rn 1; Joecks, Studienkommentar, § 298 Rn 1; einschränkend LK-*Tiedemann*, § 298 Rn 11 ff.; a.A.: Grützner, Sanktionierung von Submissionsabsprachen, S. 489 ff.; *Hohmann* in: MüKo, § 298 Rn 6 ff.; Pasewaldt, ZIS 2008, S. 84, 85 sieht in § 298 StGB ein konkretes Gefährdungsdelikt; Krey/Hellmann, BT/2, § 15 Rn 534c sehen ebenso wie Walter, GA 2001, S. 131 ff. in § 298 ein Verletzungsdelikt.

[670] Tröndle/Fischer, § 299 Rn 2; Kindhäuser, LPK-StGB, § 299 Rn 1; Krack, NStZ 2001, S. 505, 507; *Heine* in: Schönke/Schröder, § 299 Rn 2; *Diemer/Krick* in: MüKo, § 299 Rn 2; *Ebert-Weidenfeller* in: Achenbach/Ransiek, Hdb. Wirtschaftsstrafrecht, Kap. III 2 Rn 2; vgl. Lackner/Kühl, § 299 Rn 1; einschränkend LK-*Tiedemann*, § 299 Rn 9 f.; Joecks, Studienkommentar, § 299 Rn 1.

[671] Kempf/Schilling, wistra 2007, S. 41, 47; kritisch zu der Ausgestaltung abstrakter Gefährdungsdelikte Hassemer, ZRP 1992, S. 378, 381; Hassemer, NStZ 1989, S. 553, 558.

eintritt oder eine konkrete Gefahr besteht.[672] Es genügt bereits die Möglichkeit einer solchen Gefahr. Die Gefährlichkeit ist also nicht Merkmal des Tatbestandes, sondern gesetzgeberischer Grund der Strafdrohung.[673] Mit ihrer Hilfe soll eine vollständige Verhinderung drohender Rechtsgutbeeinträchtigungen ermöglicht werden. Demnach setzen die Wettbewerbsdelikte keinen konkreten Verletzungserfolg voraus, sondern kriminalisieren Verhaltensweisen, die zu einer Gefahr für die schützenden Rechtsgüter führen können.

II. Kritische Würdigung

Die Ausgestaltung und Wirkungsweise der abstrakten Gefährdungsdelikte ist nicht unproblematisch, denn diese Deliktsgruppe soll einen effektiven Schutz durch eine möglichst umfassende Einbeziehung aller erheblichen Gefährdungen eines Rechtsgutes erreichen. Neben einer Vorverlagerung der Strafbarkeit wird bei abstrakten Gefährdungsdelikten zum Zweck einer leichteren Beweisführung auf Tatbestandsmerkmale verzichtet, die das Unrecht bestehender Strafbarkeitsnormen prägen.[674] Der Verzicht auf Tatbestandsmerkmale, die eine Verletzung oder eine konkrete Gefährdung von Rechtsgütern im Blickfeld haben, beruht nicht darauf, dass man sich letztlich nicht in der Lage sieht, eine klare Bewertung dessen vorzunehmen, was die Verletzung oder konkrete Gefährdung eines Rechtsguts darstellen könnte. Vielmehr möchte man die Gefahren für ein Rechtsgut möglichst schon im Vorfeld auffangen. Die Systematik der Tatbestände, die abstrakte Gefährdungen erfassen, beschränkt sich daher darauf, die entsprechenden Gefährdungsanzeichen zusammenzustellen.[675] Infolge dessen neigen die als abstrakte Gefährdungsdelikte ausgestalteten Vorschriften häufig wegen ihrer konkreten Fassung und einer Tendenz zur Generalisierung zu weitreichenden Eingriffen in die Freiheitsrechte des Bürgers. Der Gesetzgeber sollte

[672] Vgl. Graul, Abstrakte Gefährdungsdelikte, S. 355; Zieschang, Gefährdungsdelikte, S. 15, 22.

[673] Vgl. Schröder, ZStW 81 (1969), S. 7, 14; Kaufmann, JZ 1963, S. 425, 431; Tröndle/Fischer, Vor § 13 Rn 13a; Wessels/Beulke AT, § 1 Rn 29; Zur Unterscheidung zwischen Gefahr-/Motivtheorie und Gefahr-Präsumtionstheorie im Einzelnen ausführlich Graul, Abstrakte Gefährdungsdelikte, S. 144 ff. Zu den unterschiedlichen Definitionen für abstrakte Gefährdungsdelikte siehe Zieschang, Gefährdungsdelikte, S. 16 ff.

[674] Krack, NStZ 2001, S. 505, 509; vgl. Kempf/Schilling, wistra 2007, S. 41, 47.

[675] Lüderssen, StV 1997, S. 318, 319 f.

sich daher im Klaren darüber sein, wo die Grenzen für die Schaffung von abstrakten Gefährdungsdelikten liegen.

Im folgenden werden die beiden Straftatbestände des 26. Abschnitts im Hinblick auf deren kriminalpolitische Legitimierbarkeit und Verfassungsmäßigkeit überprüft. Zuvor werden die unterschiedlichen Auffassungen zur Legitimierbarkeit und Verfassungsmäßigkeit abstrakter Gefährdungsdelikte dargestellt.[676]

1. Auffassung im Schrifttum zu abstrakten Gefährdungsdelikten

In der Literatur wird die grundsätzliche Daseinsberechtigung von abstrakten Gefährdungsdelikten teilweise bestritten. Gerade im Zusammenhang mit dem Schutz von Funktionszusammenhängen des „modernen" Strafrechts werden sie kritisiert. Dabei werden Legitimierbarkeit und kriminalpolitische Berechtigung von Kriminalisierung im Vorfeld einer Rechtsgutsverletzung in Frage gestellt.[677] Ferner wird kritisch hinterfragt, inwieweit Verhaltensweisen, die zwar den Tatbestand der entsprechenden Delikte erfüllen, selbst aber völlig ungefährlich sind und weder aus der Sicht eines Dritten noch aus der des Handelnden zu einer Rechtsgutsbeeinträchtigung führen können, mit Strafe bedroht und sanktioniert werden dürfen.

Insbesondere im Hinblick auf das Schuldprinzip werden im Zusammenhang mit derartigen Fallkonstellationen Bedenken gegen abstrakte Gefährdungsdelikte vorgebracht. Aus dem Schuldprinzip folge die Idee, dass kriminelles Unrecht nur dann verwirklicht werde, wenn der Täter durch sein Verhalten für das betreffende Rechtsgut ein reales Gefährdungsrisiko bewirke. Ansonsten mangele es der Straftat am erforderlichen Erfolgsunrecht.[678] Außerdem werde bei diesen Delikten die Schuld unwiderleglich vermutet.[679] Deshalb wird gefordert, will

---

[676] Zum umfangreichen Streitstand: Hassemer, NStZ 1989, S. 553, 557 f.; Hassemer, ZRP 1992, S. 378. 381; Jakobs, ZStW 97 (1985), S. 751, 768 ff.; Herzog, S. 70; ff.; Zieschang, Gefährdungsdelikte, S. 383 f.; Kaufmann, JZ 1963, S. 425, 431; Rudolphi, FS-Maurach, S. 51, 59 f.; Schünemann, JA 1975, S. 787, 797 f.; Graul, Abstrakte Gefährdungsdelikte, S. 354 f.; Schröder, ZStW 81 (1969), S. 7, 15 ff.; vgl. auch die Übersicht bei *Heine* in Schönke/Schröder, Vorbem. §§ 306 ff. Rn 3a f.; *Rudolphi* in: SK-StGB, Vor § 306 Rn 15 ff.

[677] Vgl. Hassmer, NStZ 1989, S. 553, 557 f.; Hassemer, ZRP 1992, S. 378, 381; Jakobs, ZStW 97 (1985), S. 751 ff.; Herzog, S. 70 ff.; Zieschang, Gefährdungsdelikte, S. 383 f.

[678] Graul, Abstrakte Gefährdungsdelikte, S. 354 f.

[679] Kaufmann, JZ 1963, S. 425, 431.

man dem *ultima ratio* – Gedanken gerecht werden, diesen Deliktstyp nur zur Verhinderung von Verletzungen hochwertiger Rechtsgüter wie Leib, Leben oder zum Schutz wichtiger Allgemeininteressen einzusetzen.[680]

Demgegenüber wird teilweise davon ausgegangen, die Verfassungsmäßigkeit der Deliktsgruppe der abstrakten Gefährdungsdelikte sei grundsätzlich gegeben.[681] Hiervon zu trennen sei lediglich die Frage, unter welchen Voraussetzungen die Kriminalisierung und Sanktionierung abstrakt gefährlicher Verhaltensweisen den verfassungsrechtlichen Anforderungen gerecht werde.[682]

2. Rechtsprechung des Bundesverfassungsgerichts

Das Bundesverfassungsgericht hat die Rechtstaatlichkeit von Tatbeständen, die abstrakte Gefährdungen unter Strafe stellen, in seiner *Cannabis*-Entscheidung grundsätzlich bejaht.[683] Hierbei stellt es fest, dass insbesondere aus generalpräventiven Gründen eine Vorverlagerung von Strafrechtsschutz in den Bereich abstrakter Gefährdungen gerechtfertigt sein könne.[684]

Hingegen führt *Graßhof* in ihrer zur *Cannabis*-Entscheidung abweichenden Meinung zur Begründung für die Verfassungsmäßigkeit von abstrakten Gefährdungsdelikten an, eine Vorverlagerung des Strafrechtsschutzes durch Bestrafung abstrakt gefährlichen Handelns sei insbesondere nur dann zum Rechtsgüterschutz geeignet und erforderlich, wenn überindividuelle Rechtsgüter als elementare Werte des Gemeinschaftslebens zu schützen seien (wie etwa die Rechtspflege, die Umwelt, den Straßenverkehr, das Kreditwesen). Die Pönalisierung nur von Handlungen, die diese Rechtsgüter verletzten oder konkret gefährden, ermögliche nicht immer ausreichenden Schutz. Die Gefahr verwirkliche sich für

---

[680] So Oldigs, Strafrechtliche Bekämpfung von Submissionsabsprachen, S. 146 f.

[681] Lagodny, Strafrecht vor den Schranken der Grundrechte, S. 185 ff., 253, 438 ff. und Appel, Verfassung und Strafe, S. 203; vgl. *Heine* in Schönke/Schröder, Vorbem. §§ 306 ff. Rn 3a f.; vgl. Schröder ZStW 81 (1969), S. 7, 16.

[682] Lagodny, Strafrecht vor den Schranken der Grundrechte, S. 191 ff., 442.

[683] BVerfGE 90, 145 ff.

[684] BVerfGE 90, 145, 184 ff. = NJW 1994, 1577 ff.; vgl. hierzu auch Vogel, StV 1996, S. 110, 114, der in diesem Zusammenhang zutreffend darauf hinweist, dass die Inbezugnahme der generalpräventiven Funktion des Strafrechts zu problematischen Ausweitungstendenzen und Impflichtnahmen für übergeordnete Normgeltungsinteressen führen könne. Vgl. auch die abweichende Meinung des Richters Sommer, BVerfGE 90, 145, 221.

solche Rechtsgüter häufig gerade durch Massenverstöße.[685] In ihrer Kumulierung würden sie das jeweilige Rechtsgut bedrohen, wobei die Gefährdungsintensität der einzelnen Handlung oft sogar gering sei. Vor diesem Hintergrund stelle jede einzelne Handlung einen eigenen Beitrag zu der Rechtsgüterbedrohung dar. Bedrohe man die jeweilige Einzelhandlung als -abstrakt gefährliche - Beteiligung an einem ein Rechtsgut bedrohenden Geschehen als Rechtsgüterangriff mit Strafe, mache dies den Täter nicht - grundrechtswidrig - zum Objekt eines Strafverfahrens. Er werde nicht für die von anderen verursachte Rechtsgütergefährdung mitbestraft.[686]

Allerdings seien durch die Verfassung einer Entwicklung Grenzen vorgegeben, die - bedingt durch die ständig fortschreitende Differenzierung des sozialen Lebens und des technischen Fortschritts - den Schutz auch spezieller strafrechtlicher Rechtsgüter immer weiter vorverlegt.[687] Der Verhältnismäßigkeitsgrundsatz könne hier durch seine Elemente der Eignung und Erforderlichkeit Grenzen ziehen. Abstrakte Gefährdungsdelikte seien demnach nur dann zum Schutz des Rechtsguts geeignet und erforderlich, wenn das jeweilige Rechtsgut nach seinem Gegenstand sowie Art und Weise seiner Bedrohung des Schutzes vor abstrakter Gefährdung bedarf.

Ferner ist das strafbewehrte Verbot abstrakt gefährlichen Handelns zum Schutze des Rechtsguts nur geeignet, wenn die verbotenen Handlungsformen für das geschützte Rechtsgut typischerweise die naheliegende Möglichkeit einer Gefahr begründen. Das gelte nicht für Handlungen, die etwa nur in Ausnahmesituationen dem Rechtsgut gefährlich sein können und nur eine vage, eher vom Zufall abhängige Möglichkeit einer Rechtsgütergefährdung begründen. Erforderlich sei das strafbewehrte Verbot abstrakt gefährlicher Handlungen nur, wenn sie nicht mit anderen, weniger einschneidenden Mitteln verhindert werden oder ihr Gefahrenpotential nicht gemindert werden könne. Je weiter etwa die verbotenen - abstrakt gefährlichen - Handlungen im Vorfeld der eigentlichen Verletzungshandlung liegen, je mehr Reaktionsmöglichkeiten würden dem Staat verbleiben

---

[685] So auch *Heine* in: Schönke/Schröder, Vorbem. §§ 306 ff. Rn 4a.
[686] BVerfGE 90, 145, 204 (abweichende Meinung der Richterin Graßhof).
[687] BVerfGE 90, 145, 204 f. (abweichende Meinung der Richterin Graßhof).

und je seltener sei es erforderlich, das Strafrecht als schwerwiegendsten Eingriff einzusetzen.[688]

Diese Abgrenzungen könne man allerdings nicht trennscharf vornehmen. Es gebe keine klare Grenzlinie zwischen Handlungen, die geeignet sind, dem geschützten Rechtsgut hinreichend wahrscheinlich typischerweise einen Schaden zuzufügen, und solchen, bei denen dies weniger nahe liegt. Ebenso sei keine eindeutige Einschätzung dahin möglich, ob die als gefährlich verbotenen Handlungen mit milderen Mitteln in ihrem Gefahrenpotential verhindert werden könnten. Diese Abgrenzungen habe der Gesetzgeber im Rahmen des ihm zukommenden Einschätzungs-, Wertungs- und Gestaltungsspielraums vorzunehmen. Die verfassungsrechtliche Überprüfung habe sich lediglich darauf zu erstrecken, ob der Gesetzgeber die genannten Faktoren ausreichend berücksichtigt und seinen Einschätzungsspielraum in vertretbarer Weise gehandhabt habe.[689]

3. Fehlende Erforderlichkeit in Bezug auf die Wettbewerbsdelikte

Für den freien Wettbewerb, der nach dem Ergebnis dieser Untersuchung nicht als strafrechtlich zu schützendes Rechtsgut in Betracht kommt, ist zu bezweifeln, dass die Notwendigkeit besteht, diesen durch abstrakte Gefährdungsdelikte zu schützen.

Die Untersuchung hat ergeben, dass der Wettbewerb als strafrechtlich zu schützendes Rechtsgut nicht in Betracht kommt. Außerdem gibt es durchaus Alternativen zur strafrechtlichen Ahndung der durch die Wettbewerbsdelikte kriminalisierten Verhaltensweisen und damit mildere Mittel. Den in der abweichenden Meinung der Richterin *Graßhof* dargestellten Anforderungen werden die auf den Schutz des Vermögens und des Allgemeininteresses an einem freien und fairen Wettbewerb abzielenden abstrakten Gefährdungsdelikte des 26. Abschnitts nicht gerecht, insbesondere dann nicht, wenn ein Vermögensschaden regelmäßig nicht festgestellt werden kann.[690] Auch unter kriminalpoliti-

---

688 BVerfGE 90, 145, 205 (abweichende Meinung der Richterin Graßhof).

689 BVerfGE 90, 145, 205.

690 Nach Otto, ZRP 1996, S. 300, 303 könne man hierin zwar noch kein Argument gegen den Schutz sozialer Institutionen oder Ordnung durch abstrakte Gefährdungsdelikte sehen. Allerdings stelle sich die Frage, wie weit der Verstoß gegen außerstrafrechtliche Normen und

schen Gesichtspunkten erscheint die Aufnahme der Wettbewerbsdelikte als abstrakte Gefährdungsdelikte in das Strafgesetzbuch nicht sinnvoll. Das Strafrecht ist das letzte und einschneidendste Mittel, das dem Staat zur Aufrechterhaltung der sozialen Ordnung zur Verfügung steht. Deshalb wird es auch nur zur Sicherung elementarer, für das Zusammenleben in der Gesellschaft unverzichtbarer Rechtsgüter eingesetzt.[691] Nur hierdurch lässt sich das hohe Ansehen dieser Form der Sozialkontrolle und die allgemeine Akzeptanz ihrer doch sehr einschneidenden Sanktionen erklären. Dieses System behält seinen Status in der Gesellschaft nur, wenn es in seiner Wirkung und Anwendung für sinnvoll und gerecht angesehen wird. Dehnt man das Strafrecht über seinen klassischen Anwendungsbereich des unmittelbaren Rechtsgüterschutzes auf eine Steuerung von abstrakt gefährlichen Verhaltensweisen aus, kann man mit neuen Sanktionsmöglichkeiten zwar scheinbar schnell eine erfolgreiche Ahndung der kriminalisierten Handlungsweisen erzielen.[692] Gegen die Einführung der abstrakter Gefährdungsdelikte des 26. Abschnitts zur Steuerung wirtschaftlicher Abläufe lassen sich jedoch zahlreiche Kritikpunkte entgegenbringen, die der Notwendigkeit, solche Wirtschaftsstraftatbestände in Form dieser Deliktsgruppe einzuführen, entgegenstehen.

a) Fehlende Nachweisbarkeit kein Argument für abstrakten Schutz

Im Hinblick auf Submissionsabsprachen kann die Aussage, eine Bestrafung nach § 263 StGB scheitere oft an der Nachweisbarkeit des Vermögensschadens, nicht als Argument für eine Ausgestaltung des § 298 StGB als abstraktes Gefährdungsdelikt herangezogen werden. Ein grundsätzlicher Fehler liegt schon in der Annahme, auch in den Fällen, in denen der Betrugstatbestand nicht eingreife, sei regelmäßig ein Vermögensschaden des Auftraggebers gegeben, der aber nicht zu beweisen sei.[693] Neben den schädigenden Kartellabsprachen gibt es aber

Regeln bereits strafwürdig sei. Dies wäre dann der Fall, wenn der Gesetzestatbestand ein weiteres Strafwürdigkeitselement enthalte, weil er ein auf Vermögensschädigung abzielendes Verhalten unter Strafe stellen würde. Läge die Vermögensschädigung hingegen typischerweise weit entfernt von dem verpönten Verhalten oder wäre sie sogar im Regelfall des Verhaltens zweifelhaft, wäre das Verhalten kaum geeignet, das Vertrauen in das Funktionieren der Wettbewerbsordnung gravierend zu beeinträchtigen.

691 Vgl. Wessels/Beulke, AT, § 1 Rn 6; Baumann/Weber/Mitsch, AT, § 3 Rn 10 ff.; *Stree* in: Schönke/Schröder, Vorbem. §§ 38 ff. Rn 1 m.w.N.

692 Vgl. Oldigs, Strafrechtliche Bekämpfung von Submissionsabsprachen, S. 149.

693 Vgl. Otto, ZRP 1996, S. 300, 303.

auch häufig Absprachen, bei denen eine Schädigung des Auftraggebers ausgeschlossen werden kann.[694] Für die anderen Fälle hat die Rechtsprechung Kriterien entwickelt, mit deren Hilfe der Betrugsschaden nachgewiesen werden kann.[695]

Mit einer konsequenten Verfolgung als Betrug dürfte ein großer Teil der Täter, deren Verhalten die Auftraggeber tatsächlich geschädigt hat, zu überführen sein. Für die Untersuchungen, in denen ein solcher Nachweis nicht gelingt, darf nicht aus der Tendenz der Submissionskartelle, die oft zu überhöhten Preisen führen, generell geschlossen werden, dass auch ein Schaden vorliegen müsse. Bei der Anwendung des § 298 StGB nimmt der Gesetzgeber also in Kauf, dass auch Täter, die ohne jegliche Schädigung ausschließlich gegen Wettbewerbsrecht verstoßen, statt mit einer angemessenen Geldbuße mit einer Kriminalstrafe belegt werden. Da die Gefährlichkeit für die zu schützenden Rechtsgüter bei abstrakten Gefährdungsdelikten nur angenommen wird, werden damit letztlich Wettbewerbsverstöße, die nicht als strafwürdig erachtet werden können, unter Strafe gestellt.

Ein Vermögensschaden oder eine konkrete Vermögensgefährdung sind zwar keine Tatbestandsvoraussetzung, aber die Zielrichtung des Tatbestandes auf die Vermögensschädigung ist ein wesentliches Strafwürdigkeitselement. Liegt die Gefährdung des Vermögens weit entfernt von dem unlauteren Verhalten oder ist eine solche nicht möglich, ist das Verhalten nicht so gravierend, um es mit Kriminalstrafe zu sanktionieren, sondern es kann ihm mit dem Ordnungswidrigkeitenrecht hinreichend und sachgerecht begegnet werden.[696] Aus dieser Erwägung heraus ist die Notwendigkeit des Straftatbestandes des § 298 StGB und damit auch dessen Einführung abzulehnen, weil hierdurch auch gerade Fälle erfasst werden können, in denen ein Vermögensschaden nicht nur nicht zu beweisen, sondern ein solcher gar nicht vorliegen kann.

---

[694] Vgl. BGHSt 16, 367 ff.

[695] Vgl. BGH NJW 1992, S. 921 ff. = BGHSt 38, 186 ff.; BGH wistra 1994, S. 346, 348; kritisch zu diesen Kriterien: Moosecker, FS-Lieberknecht, S. 407, 417 ff.

[696] Otto, ZStW 96 (1984), S. 339, 363.

Auch die Annahme, eine Bestrafung des Täters wegen Betrugs scheide regelmäßig wegen Beweisschwierigkeiten aus[697], ist nicht haltbar. Zwar hat der Bundesgerichtshof erst in seinen Entscheidungen aus den Jahren 1992 und 1994 und den hierin getroffenen Ausführungen über die Feststellung des Betrugschadens die grundsätzliche Strafbarkeit von unlauteren Absprachen bei Ausschreibungen als Betrug wieder bejaht.[698] Aber auch in der Folgezeit hat sich in verschiedenen Entscheidungen gezeigt, dass derartige Absprachen grundsätzlich als Betrug geahndet werden können.[699] Die Ansicht des Gesetzgebers, der Betrugstatbestand sei auf dem Gebiet der unlauteren Kartellabsprachen grundsätzlich unwirksam, konnte zum Zeitpunkt der Einführung des § 298 StGB mangels praktischer Erfahrungen nicht mit überzeugender Begründung vertreten werden. In jedem Fall ist diese Begründung heute im Hinblick auf die Rechtsprechung zur Betrugsstrafbarkeit von Submissionsabsprachen nach Einführung des § 298 StGB nicht mehr haltbar. Solange aber mit Hilfe des Betrugstatbestandes Täter, die wirklich einen Vermögensschaden verursachen, erfasst werden können, ist eine Ausdehnung der Strafbarkeit auf Handlungen, die mit Sicherheit zu keinem Vermögensschaden führen, nicht gerechtfertigt.

b) Keine Aussicht auf einen konkreten Schaden

Der Straftatbestand des § 299 StGB kriminalisiert Verhaltensweisen, die nicht notwendigerweise zu einem Schaden führen müssen. Bevor ein Straftatbestand in Form eines abstrakten Gefährdungsdelikts eingeführt wird, sollten alle in Betracht kommenden Alternativen geprüft werden. Ansonsten besteht die Gefahr, dass Verhaltensweisen kriminalisiert werden, die das als geschützt ausgewiesene Rechtsgut im konkreten Fall oder überhaupt nicht gefährden können.[700] Dies lässt sich am besten anhand des Tatbestands des Subventionsbetrugs verdeutlichen.[701] Nach § 264 Abs. 1 Nr. 1 StGB macht sich strafbar, wer einem für die Bewilligung einer Subvention zuständigen Subventionsgeber über subventions-

---

[697] BT-Drs. 13/5584, S. 13.

[698] BGH NJW 1992, S. 921 ff. = BGHSt 38, 186 ff.; BGH wistra 1994, S. 346, 348.

[699] Vgl. BGH NJW 1996, S. 1973; BGH NJW 1997, 3034, 3037; BGH NStZ 2000, S. 260, 261; BGH wistra 2001, S. 103, 104; BGH JZ 2002, S. 252 ff.

[700] Vgl. Tiedemann, Tatbestandsfunktionen im Nebenstrafrecht, S. 165 ff.; Rudolphi, FS-Maurach, S. 51, 59 f.; Frisch, FS-Stree/Wessels, S. 69, 91 f.; Otto, ZRP 1996, S. 300, 302.

[701] Kritisch zu dieser Norm auch Albrecht, KritV 1993, S. 163, 168 f.; ebenfalls kritisch zu dieser als abstraktes Gefährdungsdelikt ausgestalteten Vorschrift: Herzog, S. 126 ff.

erhebliche Tatsachen für sich oder einen anderen unrichtige oder unvollständige Angaben macht, die für ihn oder den anderen vorteilhaft sind. Der Straftatbestand des Subventionsbetrugs ist unabhängig vom Ergebnis des Verfahrens schon dann vollendet, wenn der Subventionsnehmer gegenüber dem Subventionsgeber unrichtige oder unvollständige Angaben gemacht hat.[702]

Eine Bestrafung des Subventionsnehmers ist in diesem Fall also sogar dann vorgesehen, wenn dessen unrichtige bzw. unvollständige Angaben die durch § 264 StGB geschützten Rechtsgüter, das Allgemeininteresse an der staatlichen Wirtschaftsförderung und das Vermögen des Subventionsgebers[703], in der konkreten Situation weder verletzen noch gefährden konnten.[704] Dieses Beispiel zeigt, dass durch die Einführung von abstrakten Gefährdungsdelikten auf materieller Ebene eine Vorverlagerung von Strafrechtsschutz ausgelöst wird.[705] Verhaltensweisen, die konkrete schutzwürdige Interessen und damit Rechtsgüter überhaupt nicht beeinträchtigen, werden zugunsten eines abstrakten Schutzes mit Strafsanktionen geahndet.

Diese Bewertung lässt sich auf die Vorschrift des § 299 StGB übertragen, dessen Tatbestand einen Vollendungszeitpunkt enthält, der deutlich vor dem Eintritt der materiellen Vollendung liegt. Erkennt man den freien Wettbewerb überhaupt als strafrechtlich zu schützendes Rechtsgut an, wird dieser – ebenso wie das (zumindest) mitgeschützte Vermögen der Wettbewerber und des Geschäftsherrn[706] – noch nicht beeinträchtigt, wenn für eine zukünftige Bevorzugung in unlauterer Weise eine Gegenleistung gefordert oder angeboten wird. Erst, wenn die durch die Schmiergeldzahlung motivierte Bevorzugung erfolgt, kann es zu einer Beeinträchtigung der genannten Rechtsgüter kommen, denn dann schlägt die Gefährdung der betroffenen Individualvermögen in eine Schädigung um.[707]

---

[702] Tröndle/Fischer, § 264 Rn 38; BGHSt 34, 265, 267.

[703] Tröndle/Fischer, § 264 Rn 2a; vgl. BGHZ 106, 204 207; Krack, NStZ 2001, S. 505, 506; Lackner/Kühl, § 264 Rn 1; Joecks, Studienkommentar, § 264 Rn 1.

[704] Vgl. Wessels/Hillenkamp, BT 2, § 16 Rn 681; vgl. Krack, NStZ 2001, S. 505, 508 f.; *Leckner/Perron* in: Schönke/Schröder, § 264 Rn 38 und 66.

[705] Vgl. Sander, Grenzen instrumenteller Vernunft im Strafrecht, S. 263 f.; Volk, JZ 1982, S. 85, 87 f.; kritisch zur Vorverlagerung von Strafrechtsschutz durch abstrakte Gefährdungsdelikte auch Albrecht, KritV 1993, S. 163, 168.

[706] Statt vieler Tröndle/Fischer, § 299 Rn 2 m.w.N.

[707] Krack, NStZ 2001, S. 505, 507.

Der Zeitraum zwischen der Vornahme der in § 299 StGB mit Vollendungsstrafe belegten Handlungen und der späteren wettbewerbswidrigen Bevorzugung als dem zu vermeidenden Erfolg der Straftat entspricht daher bei materieller Betrachtung der Versuchsphase eines Erfolgsdelikts. § 299 StGB erfasst demnach Gefährdungen im Vorfeld von Wettbewerbsbeeinträchtigungen und der Schädigung der gefährdeten Individualvermögen. Der Straftatbestand des § 299 StGB kriminalisiert also Verhaltensweisen, die möglicherweise das als geschützt ausgewiesene Rechtsgut im konkreten Fall oder überhaupt nicht schädigen, denn allein durch die Tathandlung entsteht dem Mitbewerber noch kein Schaden.[708]

Dieser Vorverlagerung des strafrechtlichen Schutzes könnte man nur wie bei § 298 Abs. 3 StGB und § 264 Abs. 5 StGB durch die Möglichkeit zur Tätigen Reue ausgleichen. Der Grund für die Gewährung der Möglichkeit, trotz bereits eingetretener Tatvollendung das Umkehrverhalten des Täters als Tätige Reue zu honorieren, resultiert aus der für diese Straftatbestände charakteristischen Deliktsstruktur und Ausgestaltung als abstrakte Gefährdungsdelikte.[709] Sie sind so konstruiert, dass eine Vorverlagerung der Vollendungsstrafbarkeit vor den Zeitpunkt der eigentlichen Verletzung des geschützten Rechtsgutes gegeben ist. Dies trifft auch auf die Ausgestaltung des § 299 StGB zu. Um dessen Vorverlagerung der Strafbarkeit zu kompensieren, hätte der Gesetzgeber nicht auf die Regelung zur Tätigen Reue verzichten dürfen. Das Beispiel belegt, dass § 299 StGB Verhaltensweisen kriminalisiert, die nicht unbedingt zu einem konkreten Schaden führen müssen.

c) Keine Steuerung gesellschaftlicher Wertvorstellungen

Der Versuch, gesellschaftliche Wertvorstellungen durch die Einführung von abstrakten Gefährdungsdelikten zu steuern, kann zu einem Ansehensverlust des Strafrechts führen. Eine wahrscheinliche Rechtsgutsbeeinträchtigung hat der Gesetzgeber bereits im Gesetzgebungsverfahren als Grund für den Erlass der betreffenden Vorschrift festgestellt, so dass als Voraussetzung der Strafbarkeit nur der Nachweis der entsprechenden Verhaltensweise erforderlich ist. Daher eignen sich abstrakte Gefährdungsdelikte als Mittel der Verhaltenssteuerung.[710]

---

708 Vgl. *Dannecker* in: NK-StGB, § 299 Rn 11.

709 Vgl. *Leckner/Perron* in: Schönke/Schröder, § 264 Rn 66 ff.

710 Oldigs, Strafrechtliche Bekämpfung von Submissionsabsprachen, S. 150.

Jedoch kann der Versuch, bestimmte Wertvorstellungen, die sich nicht auf andere Art und Weise in der Gesellschaft durchsetzen, mit Hilfe von Geld- oder Freiheitsstrafe Geltung zu verschaffen, nicht immer gelingen. Besteht kein gesellschaftlicher Konsens oder die übereinstimmende Ansicht, dass eine Verhaltensweise sozialschädlich und infolge dessen zu bestrafen sei, kann durch das Strafrecht allenfalls eine Beachtung der Vorschrift, aber nicht notwendigerweise eine Akzeptanz der Regelung und ihrer zugrunde liegenden Werte erreicht werden.[711] Es besteht die Gefahr, dass eine Bestrafung nicht als gerechte Strafe für ein sozialschädliches Verhalten angesehen wird, sondern nur als Reaktion auf ein willkürlich vom Staat verhängtes Verbot aufgefasst wird. Die Folge ist die Ablehnung der Norm durch einen großen Teil der Gesellschaft.

Der Einsatz von abstrakten Gefährdungsdelikten kann also auch statt zur Ablehnung von kriminalisierten Verhaltensweisen zur Ablehnung der diese Verhaltensweisen sanktionierenden Straftatbeständen führen. Die Ausdehnung des strafrechtlichen Schutzes in das Vorfeld bestimmter Verletzungsdelikte ist daher nur erfolgsversprechend, wenn die Gefahren, die ohne Strafrechtsschutz den Gesellschaftsmitgliedern drohen, größer sind als die Gefahr, dass ein Straftatbestand keine Akzeptanz in der Bevölkerung findet. Das kann aber nur der Fall sein, wenn die Einführung eines abstrakten Gefährdungsdelikts notwendig ist und keine anderen ebenso wirksamen Mittel zur Verfügung stehen. Ist eine Alternative verfügbar, sollte auf eine Einführung abstrakter Gefährdungsdelikte aufgrund des *ultima ratio* – Gedankens verzichtet werden.[712]

Unlautere Verhaltensweisen im Wettbewerb können zu Schädigungen anderer Wirtschaftsteilnehmer führen. Deshalb besteht auch die Notwendigkeit, derartige Verhaltensweisen wettbewerbsschützenden Regelungen zu unterwerfen. Hierfür stehen aber bereits die Regelungsmaterien des GWB und des UWG bereit. Das UWG sieht in den §§ 8 bis 10 als Rechtsfolgen für Wettbewerbsverstöße Beseitigungs-, Unterlassungs-, Schadensersatz- und Gewinnabschöpfungsansprüche vor, die von den geschädigten Personen geltend gemacht werden könne.

---

[711] Nach Rüter, ZStW 105 (1993), S. 30, 41 ist eine Akzeptanz von Gesetzgebung und Kriminalpolitik besonders wichtig, denn sie gewährleistet nicht nur eine demokratischen Legitimation für das strafrechtliche Vorgehen, sondern auch die Erhaltung von Rechtsfrieden und Rechtstreue.

[712] Oldigs, Strafrechtliche Bekämpfung von Submissionsabsprachen, S. 151.

Auch das GWB sieht in § 81 GWB in Verbindung mit dem Ordnungswidrigkeitenrecht Bußgeldandrohungen vor, die wettbewerbsbeeinträchtigende Verhaltensweisen unterbinden sollen. Ferner besteht nach der Rechtsprechung des Bundesgerichtshof die Möglichkeit, dass sich die Beteiligten an einer wettbewerbsbeschränkenden Absprache wegen Betrugs strafbar machen können.[713] Damit bestehen bereits hinreichende Möglichkeiten, um rechtswidrige Absprachen und betrügerische Absprachen bei Submissionen angemessen und differenziert zu ahnden.[714] Um die Gefahr eines Ansehensverlusts des Strafrechts in dem hier dargestellten Sinne zu vermeiden, hätte man es bei den bisherigen wettbewerbsschützenden Regelungen belassen sollen.

4. Zwischenergebnis

Aufgrund der aufgezeigten Bedenken und Kritikpunkte, dass die Wettbewerbsdelikte als abstrakte Gefährdungsdelikte ausgestaltet sind, ist deren kriminalpolitische Legitimität zu verneinen. Aus kriminalpolitischer Sicht hat sich gezeigt, dass die abstrakten Gefährdungsdelikte generell der Kritik im Hinblick auf solche Fallkonstellationen ausgesetzt sind, in denen es aufgrund der Eigenart der Handlung niemals zu einer Gefahr für das zu schützende Rechtsgut kommen kann. Es besteht keine Notwendigkeit, den Wettbewerb durch abstrakte Gefährdungsdelikte zu schützen, denn es existieren bereits ausreichend andere Möglichkeiten, den Wettbewerb durch alternative Regelungsmaterien sowie mittelbar durch den als Erfolgsdelikt ausgestalteten Betrugstatbestand zu schützen.

E. Ergebnis und kritische Stellungnahme

Als Ergebnis ist festzuhalten, dass es den kriminalisierten Verhaltensweisen des 26. Abschnitt an der erforderlichen Strafbedürftigkeit fehlt. Zwar kann eine Verfassungswidrigkeit der beiden Straftatbestände zum Schutz des Wettbewerbs nicht angenommen werden, denn der Gesetzgeber hat bei Einführung der Vorschriften von seinem ihm zustehenden Einschätzungs- und Beurteilungsspielraum Gebrauch gemacht. Dabei hat er sich – was insbesondere die Entstehungsgeschichte des 26. Abschnitts zeigt – mit den Argumenten für und gegen eine Aufnahme dieser Straftatbestände in das Strafgesetzbuch auseinandergesetzt.

---

[713] Diese Auffassung vertritt auch Huhn, Problematik des Submissionsbetrugs, S. 264 und 286; vgl. auch Satzger, Submissionsbetrug, S. 250 ff.

[714] Vgl. Otto, ZRP 1996, S. 300, 308.

Gegen die Einführung der beiden Wettbewerbsdelikte in das Strafgesetzbuch sprechen jedoch die zahlreichen dargestellten Gründe und Argumente, so dass von einer übereilten Aufnahme der §§ 298 ff. StGB in das Strafgesetzbuch gesprochen werden kann.[715]

Aus kriminalpolitischer Sicht ist die Aufnahme beider Vorschriften bedenklich. Gerade an der Einführung des § 298 StGB, dem die gesetzgeberische Intention zugrunde lag, die Schwierigkeit, einen Vermögensschaden i.S.d. § 263 StGB nachzuweisen, zu beseitigen, zeigt sich, dass die moderne Strafgesetzgebung mit dem Ziel, Institutionen zu schützen, sich von rechtstaatlichen Traditionen entfernt. Zu diesen Traditionen zählt unter anderem auch, dass nicht Gefährdungsdelikte, sondern Verletzungsdelikte die Normalform von Straftatbeständen darstellen sollten.[716] Gerade mit der Deliktsform der abstrakten Gefährdungsdelikte ist eine Ausweitung des Strafrechts verbunden, denn es findet eine beträchtliche Vorverlagerung der Strafbarkeit statt.[717] Die Ausführungen zum Vollendungszeitpunkt des § 299 StGB belegen dies exemplarisch.[718] Zudem erleichtert die Deliktsform der abstrakten Gefährdungsdelikte die Anwendung des Strafrechts im Einzelfall erheblich, denn auf den Nachweis eines konkret eingetretenen Schadens kommt es nicht mehr an.[719] Zugleich kommt es auf den Nachweis der Kausalität nicht mehr an. Infolge dessen bleibt es beim Nachweis der tatbestandlich festgelegten Handlung.

Mit der Reduzierung der Strafvoraussetzungen bei abstrakten Gefährdungsdelikten im Verhältnis zu konkreten Gefährdungsdelikten oder Verletzungsdelikten ist eine Beschränkung der Verteidigungsmöglichkeiten verbunden. Die Strafvoraussetzungen sind Einschränkungen der Strafbarkeit. Vermindert der

---

[715] Vgl. König, JR 1997, S. 397, 401; Oldigs, wistra 1998, S. 291, 296.

[716] Hassemer, ZRP 1992, S. 378, 379.

[717] Vgl. Volk, JZ 1982, S. 85, 87; Naucke, KritV 1993, S. 135, 145; nach Albrecht, KritV 1993, S. 163, 169 war bereits im Zusammenhang mit dem ersten und zweiten Wirtschaftskriminalitätsgesetz zu beobachten, dass zahlreiche Normen des ersten und zweiten Wirtschaftskriminalitätsgesetzes eine Vorverlagerung des Strafrechtschutzes mit dem erklärten Ziel des Gesetzgebers darstellen, prozessuale Beweisschwierigkeiten hinsichtlich der Voraussetzungen des zentralen strafwürdigen Betrugstatbestandes zu entgehen.

[718] Siehe oben D. II. 3. a).

[719] Wobei nach Volk, JZ 1982, S. 85, 90 Beweisschwierigkeiten gerade kennzeichnend für das gesamte Vorhaben des Einschreitens gegen Wirtschaftskriminalität sind.

Gesetzgeber die Strafvoraussetzungen einer Norm begrenzt er zugleich den Richter in seiner Auslegung der jeweiligen Tatbestände. Dies wird am Beispiel von Betrug und wettbewerbsbeschränkenden Absprachen bei Ausschreibungen deutlich. Der Betrug verfügt über ein differenziertes System an Tatbestandsmerkmalen und eröffnet dem Richter an jeder Stelle des Systems die ratio legis der Strafbarkeit zu überprüfen. Hingegen lassen die §§ 298 ff. StGB den Nachweis der kriminalisierten Handlung genügen, so dass für eine Auslegung durch den Richter kaum Platz verbleibt. Die Folge ist eine Aufweichung und Reduzierung der gesetzlich bestimmten Auslegungsvorgaben gegenüber der Rechtsprechung.[720]

Schließlich hat die Untersuchung in diesem Abschnitt ergeben, dass ein Strafrecht, dem wirtschaftliche und damit auch gesellschaftliche Steuerungsaufgaben zugewiesen werden mit der aus der Verfassung gewonnen Leitvorstellung, Strafrecht sei das letzte Mittel staatlicher Eingriffe, schwer vereinbar ist.[721]

---

720 Vgl. Hassemer, ZRP 1992, S. 378, 381.

721 Vgl. die ähnliche Aussage von Kempf, NJW 1997, S. 1729, 1731.

4. Kapitel - Praxis der Strafverfolgung

Will man der Frage, ob die Notwendigkeit besteht, den freien Wettbewerb durch Normen des Strafgesetzbuches zu schützen, hinreichend nachgehen, kann auf eine Darstellung der rechtstatsächlichen Situation in der Praxis der Strafverfolgung nicht verzichtet werden. Spielen die Straftaten gegen den Wettbewerb in der Praxis eine bedeutende Rolle? Anhand Polizeilicher Kriminalstatistik (PKS), Strafverfolgungsstatistik, Dunkelfeldforschung und praktischen Erfahrungen wird in diesem Kapitel die rechtstatsächliche Situation herausgearbeitet. Im Rahmen der statistischen Darstellung werden die zugrundeliegenden rechtstatsächlichen empirischen Grundlagen dargestellt. Neben einer statistischen Darstellung der bekannt gewordenen Fälle, der Tatverdächtigen, der Aufklärungsquote sowie Aburteilungen und Verurteilungen wird auf die in diesem Zusammenhang bestehende Problematik der statistischen Erfassung der Straftaten gegen den Wettbewerb eingegangen. Anschließend erfolgt eine Auseinandersetzung mit Dunkelfeld und Dunkelziffer, um aufzuzeigen, ob und inwieweit überhaupt sichere Aussagen über die rechtstatsächliche Situation gemacht werden können. Außerdem soll der Frage nachgegangen werden, ob und wie hoch die Schäden aufgrund von Korruption[722] im Wettbewerb für Volks- und Marktwirtschaft sind.

A. Die statistische Erfassung der Straftaten im Wettbewerb

Die Bundesrepublik Deutschland verfügt seit 1953 über eine Polizeiliche Tätigkeitsstatistik zum strafrechtlichen Bereich und seit 1950 über eine Strafverfolgungsstatistik. Seit 1998 werden die Straftaten gegen den Wettbewerb in beiden Statistiken erfasst.[723]

[722] Zum (strafrechtlichen) Korruptionsbegriff siehe *Bannenberg* in: Wabnitz/Janovsky, Hdb. Wirtschafts- und Steuerstrafrecht, Kap. 10 I Rn 8 f. m.w.N.

[723] Hilfreich sind außerdem die Tätigkeitsberichte des Bundeskartellamts. Wie sich aus diesen Berichten ergibt, stehen Verstöße gegen das Kartellverbot und gegen das Verbot von Preisempfehlungen zahlenmäßig im Vordergrund der Bußgeldverfahren dieser Behörden und damit der aufgedeckten Kartellordnungswidrigkeiten (siehe zu den Berichten des Bundeskartellamtes: Grützner, Sanktionierung von Submissionsabsprachen, S. 82 f.). Da aber in den Berichten keine Aufnahme der nach dem StGB geahndeten Submissionsabsprachen erfolgt, werden sie in der vorliegenden Untersuchung nicht berücksichtigt.

I. Polizeiliche Kriminalstatistik (PKS)

Die PKS wird als Basisinformation für die Polizeiarbeit angesehen und seit 1953 alljährlich vom Bundeskriminalamt in Zusammenarbeit mit den Landeskriminalämtern herausgegeben. Sie bezieht sich auf bekannt gewordene Fälle[724], Tatverdächtige[725] und Opfer. Dabei ist die Registrierung auf einen Ausschnitt der mutmaßlichen Verbrechen und Vergehen (einschließlich Versuch) gegen die Strafgesetze der Bundesrepublik Deutschland begrenzt, soweit sie in deren Geltungsbereich begangen wurden. In der polizeilichen Kriminalstatistik wird ab dem Jahr 1998 die Zahl der bekannt gewordenen Fälle und Tatverdächtigen für *Wettbewerbsbeschränkenden Absprachen bei Ausschreibungen* nach § 298 StGB und für *Bestechlichkeit und Bestechung im Geschäftlichen Verkehr* nach §§ 299, 300 StGB gesondert angegeben.

1. Wettbewerbsbeschränkende Absprachen bei Ausschreibungen

Die Zahl für den Straftatbestand der wettbewerbsbeschränkenden Absprachen bei Ausschreibung betrug 11 erfasste Fälle im Jahr 1998, 49 im Jahr 1999, 121 im Jahr 2000, 65 im Jahr 2001, 248 im Jahr 2002, 230 im Jahr 2003, 95 im Jahr 2004, 118 im Jahr 2005 und 149 erfasst Fälle im Jahr 2006.[726] Im Durchschnitt wurden 1998 bis 2006 jährlich 121 Fälle der unlauteren Submissionsabsprachen bei der Polizei bekannt. Die Gesamtzahl der ermittelten Tatverdächtigen betrug 40 Tatverdächtige im Jahr 1998, 90 im Jahr 1999, 237 im Jahr 2000, 116 im Jahr 2001, 241 im Jahr 2002, 318 im Jahr 2003, 201 im Jahr 2004, 241 im Jahr 2005 und 142 Tatverdächtige im Jahr 2006.[727] In dem Zeitraum von 1998 bis 2006 wurden durchschnittlich 181 Tatverdächtige jährlich ermittelt.

---

[724] Als bekannt gewordener Fall wird „jede im Straftatenkatalog aufgeführte rechtwidrige (Straf-)Tat einschließlich der mit Strafe bedrohten Versuche, der eine polizeilich bearbeitete Anzeige zugrunde liegt“ (Bundeskriminalamt, PKS, 2006, S. 12) definiert. Ein aufgeklärter Fall liegt vor, wenn nach den polizeilichen Ermittlungsergebnissen für eine rechtswidrige Straftat ein mindestens namentlich bekannter oder auf frischer Tat aufgegriffener Tatverdächtiger festgestellt worden ist (Bundeskriminalamt, PKS, 2006, S. 12).

[725] Als tatverdächtig gilt diejenige Person, die „nach dem polizeilichen Ermittlungsergebnis aufgrund zureichender tatsächlicher Anhaltspunkte verdächtig ist, eine rechtswidrige (Straf-) Tat begangen zu haben“ (Bundeskriminalamt, PKS, 2005, S. 19).

[726] Bundeskriminalamt PKS 1998 bis 2006, Ziffer 3.14, Tabelle 197.

[727] Bundeskriminalamt, PKS 1998 bis 2006, Ziffer 3.14, Tabelle 197.

Tabelle 1: Erfasste Fälle und Tatverdächtige für den Straftatbestand der wettbewerbsbeschränkenden Absprachen bei Ausschreibungen (§ 298 StGB)

Jahr	1998	1999	2000	2001	2002	2003	2004	2005	2006
Erfasste Fälle	11	49	121	65	248	230	95	118	149
Tatverdächtige	40	90	237	116	241	318	201	241	142

Schließlich ergab sich für die erfassten Fälle eine Aufklärungsquote[728] von 100% für das Jahr 1998, 93,9% für das Jahr 1999, 99,2% für das Jahr 2000, 89,2% für das Jahr 2001, 85,5% für das Jahr 2002, 93,9% für das Jahr 2003, 96,8% für das Jahr 2004, 92,4% für das Jahr 2005 und 95,3 für das Jahr 2006.[729]

Wettbewerbsbeschränkende Absprachen bei Ausschreibungen hatten an den 2006 insgesamt der Polizei bekannt gewordenen 6.304.223 Delikten[730] einen Anteil von 0,0024%.

2. Bestechlichkeit und Bestechung im geschäftlichen Verkehr

Die erfassten Fälle für den Straftatbestand der Bestechung und Bestechlichkeit im geschäftlichen Verkehr betrugen 55 im Jahr 1998, 63 im Jahr 1999, 124 im Jahr 2000, 238 im Jahr 2001, 324 im Jahr 2002, 431 im Jahr 2003, 382 im Jahr 2004, 353 im Jahr 2005 und 478 erfasste Fälle im Jahr 2006.[731] Im Durchschnitt wurden 1998 bis 2006 jährlich 272 Fälle der Bestechung und Bestechlichkeit im geschäftlichen Verkehr bei der Polizei bekannt. Die Gesamtzahl der ermittelten Tatverdächtigen betrug 58 Tatverdächtige im Jahr 1998, 86 im Jahr 1999, 132 im Jahr 2000, 263 im Jahr 2001, 274 im Jahr 2002, 307 im Jahr 2003, 445 im Jahr 2004, 478 im Jahr 2005 und 543 Tatverdächtige im Jahr 2006.[732] In dem Zeitraum von 1998 bis 2006 wurden jährlich durchschnittlich 287 Tatverdächtige ermittelt.

---

[728] Bundeskriminalamt, PKS 2006, S. 13: Die Aufklärungsquote (AQ) bezeichnet das prozentuale Verhältnis von aufgeklärten zu bekannt gewordenen Fällen im Berichtszeitraum. Eine Aufklärungsquote über 100 kann z.B. zustande kommen, wenn im Berichtszeitraum noch Fälle aus den Vorjahren nachträglich aufgeklärt werden.

[729] Bundeskriminalamt, PKS 1998 bis 2006, Ziffer 3.14, Tabelle 197.

[730] Bundeskriminalamt, PKS 2006, S. 27. Verkehrsdelikte und Staatsschutzdelikte werden in der Polizeilichen Kriminalstatistik nicht erfasst.

[731] Bundeskriminalamt PKS 1998 bis 2006, Ziffer 3.14, Tabelle 197.

[732] Bundeskriminalamt, PKS 1998 bis 2006, Ziffer 3.14, Tabelle 197.

Tabelle 2: Erfasste Fälle und Tatverdächtige für den Straftatbestand der Bestechlichkeit und Bestechung im geschäftlichen Verkehr (§§ 299, 300 StGB)

Jahr	1998	1999	2000	2001	2002	2003	2004	2005	2006
Erfasste Fälle	55	63	124	238	324	431	382	353	478
Tatverdächtige	58	86	132	263	274	307	445	478	543

Schließlich ergab sich für die erfassten Fälle eine Aufklärungsquote[733] von 83,6% für das Jahr 1998, 95,2% für das Jahr 1999, 96,8% für das Jahr 2000, 97,9% für das Jahr 2001, 92,6% für das Jahr 2002, 97,4% für das Jahr 2003, 93,5% für das Jahr 2004, 99,2% für das Jahr 2005 und 97,7% für das Jahr 2006.[734]

Bestechung und Bestechlichkeit im geschäftlichen Verkehr hatten an den 2006 insgesamt der Polizei bekannt gewordenen 6.304.223 Delikten[735] einen Anteil von 0,0076%.

II. Strafverfolgungsstatistik der Justiz

Die Strafverfolgungsstatistik der Justiz wird alljährlich durch das Statistische Bundesamt veröffentlicht und gibt neben der PKS Aufschluss über die Fallbelastung der Justiz.[736] Sie erfasst auf Grund (endgültiger) gerichtlicher Entscheidung die Zahl der Abgeurteilten[737] und die Anzahl der Verurteilten[738].

---

[733] Bundeskriminalamt, PKS 2006, S. 13: Die Aufklärungsquote (AQ) bezeichnet das prozentuale Verhältnis von aufgeklärten zu bekannt gewordenen Fällen im Berichtszeitraum. Eine Aufklärungsquote über 100 kann z.B. zustande kommen, wenn im Berichtszeitraum noch Fälle aus den Vorjahren nachträglich aufgeklärt werden.

[734] Bundeskriminalamt, PKS 1998 bis 2006, Ziffer 3.14, Tabelle 197.

[735] Bundeskriminalamt, PKS 2006, S. 27. Verkehrsdelikte und Staatsschutzdelikte werden in der Polizeilichen Kriminalstatistik nicht erfasst.

[736] Statistisches Bundesamt, Rechtspflege, Fachserie 10, Reihe 3, Strafverfolgung (nachfolgend: Strafverfolgungsstatistik).

[737] Strafverfolgungsstatistik, 2006, S. 13: Abgeurteilte sind Angeklagte, gegen die Strafbefehle erlassen wurden bzw. Strafverfahren nach Eröffnung des Hauptverfahrens durch Urteil oder Einstellungsbeschluss rechtskräftig abgeschlossen worden sind. Ihre Zahl setzt sich zusammen aus den Verurteilten und aus Personen, gegen die andere Entscheidungen (u.a. Freispruch) getroffen wurden.

[738] Strafverfolgungsstatistik, 2006, S. 15: Verurteilte sind Angeklagte, gegen die nach allgemeinem Strafrecht Freiheitsstrafe, Strafarrest oder Geldstrafe auch durch einen rechtskräfti-

1. Wettbewerbsbeschränkende Absprachen bei Ausschreibungen

Seit Einführung des Tatbestandes der Wettbewerbsbeschränkenden Absprachen bei Ausschreibungen betrug die Anzahl der Abgeurteilten 5 im Jahr 1998, 16 im Jahr 1999, 11 im Jahr 2000, 8 im Jahr 2001, 22 im Jahr 2002, 33 im Jahr 2003, 37 im Jahr 2004, 29 im Jahr 2005 und 36 Aburteilungen im Jahr 2006.[739] In dem Zeitraum von 1998 bis 2006 kam es somit zu durchschnittlich 22 Aburteilungen jährlich.

Die Verurteilungen für den Tatbestand des § 298 Abs. 1 und Abs. 2 StGB betrugen 5 im Jahr 1998, 8 im Jahr 1999, 8 im Jahr 2000, 3 im Jahr 2001, 13 im Jahr 2002, 27 im Jahr 2003, 34 im Jahr 2004, 14 im Jahr 2005 und 27 Verurteilungen im Jahr 2006.[740] In dem Zeitraum von 1998 bis 2006 waren es somit durchschnittlich 15 Verurteilungen.

Tabelle 3: Abgeurteilte und Verurteilte in Bezug auf den Straftatbestand der wettbewerbsbeschränkenden Absprachen bei Ausschreibungen (§ 298 StGB)

Jahr	1998	1999	2000	2001	2002	2003	2004	2005	2006
Aburteilungen	5	16	11	8	22	33	37	29	36
Verurteilungen	5	8	8	3	13	27	34	14	27

Wettbewerbsbeschränkende Absprachen bei Ausschreibungen hatten an denen insgesamt im Jahr 2006 erfolgten 932.352 Aburteilungen[741] einen Anteil von 0,0039%. Der Anteil an den für das Jahr 2006 insgesamt erfassten 751.387 Verurteilungen[742] betrug 0,0036%.

2. Bestechlichkeit und Bestechung im geschäftlichen Verkehr

Die Aburteilungen für den Straftatbestand der Bestechlichkeit und Bestechung im geschäftlichen Verkehr[743] betrugen 2 im Jahr 1998, 8 im Jahr 1999, 33 im

---

gen Strafbefehl verhängt worden ist, oder deren Straftat nach Jugendstrafrecht mit Jugendstrafe, Zuchtmitteln oder Erziehungsmaßregeln geahndet wurde.

739 Strafverfolgungsstatistik, 1998 bis 2006.

740 Strafverfolgungsstatistik, 1998 bis 2006.

741 Strafverfolgungsstatistik 2006, S. 16.

742 Strafverfolgungsstatistik 2006, S. 16.

743 In der Strafverfolgungsstatistik sind die Straftaten der Bestechlichkeit und Bestechung im geschäftlichen Verkehr gesondert nach einfacher Begehungsweise (§ 299 StGB) und besonders schwere Fälle (§ 300 StGB) gesondert erfasst. In der vorliegenden Arbeit wurden die

Jahr 2000, 29 im Jahr 2001, 33 im Jahr 2002, 54 im Jahr 2003, 43 im Jahr 2004, 78 im Jahr 2005 und 79 Abgeurteilte im Jahr 2006.[744] Der Durchschnitt betrug im Zeitraum von 1998 bis 2006 jährlich 40 Aburteilungen.

Die Zahl der Verurteilungen in Bezug auf die Vorschriften der §§ 299, 300 StGB betrug eine im Jahr 1998, 5 im Jahr 1999, 26 im Jahr 2000, 27 im Jahr 2001, 32 im Jahr 2002, 44 im Jahr 2003, 30 im Jahr 2004, 55 im Jahr 2005 und 71 Verurteilungen im Jahr 2006.[745] Der jährliche Durchschnitt lag damit bei 32 Verurteilungen seit Einführung der §§ 299, 300 StGB.

Tabelle 4: Abgeurteilte und Verurteilte in Bezug auf den Straftatbestand der Bestechlichkeit und Bestechung im geschäftlichen Verkehr (§§ 299, 300 StGB)

Jahr	1998	1999	2000	2001	2002	2003	2004	2005	2006
Aburteilungen	2	8	33	29	33	54	43	78	79
Verurteilungen	1	5	26	27	32	44	30	55	71

Bestechlichkeit und Bestechung im geschäftlichen Verkehr[746] hatten an denen insgesamt im Jahr 2006 erfolgten 932.352 Aburteilungen einen Anteil von 0,0085%. Der Anteil an den für das Jahr 2006 insgesamt erfassten 751.387 Verurteilungen betrug 0,0094%.

III. Begrenzte Aussagekraft der Statistiken

Der Aussagegehalt der Statistiken ist begrenzt, denn sie enthalten zwar die einzigen statistischen Angaben über Straftaten im Wettbewerb, können aber lediglich als Beweis für deren tatsächliches Vorkommen angesehen werden.

1. Fehlende Abstimmung der Statistiken

Die kriminologisch-statistische Aussagekraft wird dadurch beeinträchtigt, dass unmittelbare Daten zum Verhältnis von Personalbestand sowie sachlich-technischer Ausstattung einerseits und ausgewiesenen Zahlen für strafrechtliche

---

Aburteilungen und Verurteilungen nach einfachen und besonders schweren Fällen zusammengefasst.

744 Strafverfolgungsstatistik, 1998 bis 2006.

745 Strafverfolgungsstatistik, 1998 bis 2006.

746 Auch hier sind die gesondert ausgewiesenen besonders schweren Fälle der Bestechlichkeit und Bestechung im geschäftlichen Verkehr mitumfasst.

Erfassung auf den einzelnen Stufen amtlicher Strafverfolgung kaum vorliegen. Zum anderen sind schon PKS und Strafverfolgungsstatistik nicht ausreichend aufeinander abgestimmt, und zwar weder nach Anknüpfungsbegriffen und Erfassungskriterien noch nach dem Zeitraum.[747] Eine verknüpfte Analyse der Daten beider Statistiken vermag keine Aussagen darüber zu geben, welcher Anteil der bei der Polizei registrierten Fälle zur Aburteilung gelangt und wie sich das Verhältnis der Folgeentwicklungen für Straftaten einerseits und für Aburteilungen andererseits untereinander gestaltet.[748]

2. Besonderheit der Statistiken im Hinblick auf Wirtschaftsstraftaten

Weitere Besonderheiten der statistischen Erfassung ergeben sich, wenn die Staatsanwaltschaft insbesondere in der Wirtschaftsabteilung, Abteilung für Organisierte Kriminalität oder in Sonderdezernaten für Korruptionsermittlungen von einem Korruptionsverdacht erfährt und ein Verfahren einleitet. Diese Fälle werden nicht immer an die polizeiliche Statistik weitergegeben und werden daher nicht in der PKS registriert. Gerade in den letzten Jahren ist die Sensibilität der Strafverfolgungsbehörden für Korruptionsfälle gewachsen, in vielen Bundesländern wurden ab 1994 sogar Sonderzuständigkeiten eingerichtet. Daher kann ab 1994 von einem Anstieg staatsanwaltschaftlicher Ermittlungsverfahren bei Korruption ausgegangen werden. Oftmals haben umfangreiche Korruptionsfälle auch einen wirtschaftsstrafrechtlichen Hintergrund. Ein Verfahren kann zunächst mit einem Beschuldigten eingetragen werden, sich aber nach Jahren der Ermittlungen zu einem Großverfahren mit einer Vielzahl von Beschuldigten auswachsen.[749] In diesem Zusammenhang werden nur die schwersten Delikte gezählt. Wenn wegen der §§ 263 und 266 StGB ermittelt wird, werden diese auch in der PKS eingetragen. Da den Ermittlern der Tatnachweis bei diesen Delikten einfacher erscheint als beispielsweise etwa der Nachweis der Unrechtsvereinbarung bei Bestechungsdelikten oder der tatsächliche Nachweis der Vorteilsgewährung, liegt es oft näher, wegen Betrug oder Untreue zu ermitteln.

---

[747] Statt vieler Kaiser, Kriminologie, § 37 Rn 74.

[748] Eisenberg, Kriminologie, § 17 Rn 53; vgl. auch Schwind, Kriminologie, § 2 Rn 5; vgl. Pragal, Korruption innerhalb des privaten Sektors, S. 31.

[749] Bannenberg, Korruption in Deutschland, S. 60.

3. Eingeschränkte Datenqualität der PKS

Daneben ist das Verhältnis der Datenqualität zwischen PKS und Strafverfolgungsstatistik zu berücksichtigen. Bei der PKS handelt es sich um eine statistische Dokumentation, in der sich die Kontrolltätigkeit des polizeilichen Sicherheitssystems, über das Anzeigeverhalten der Bevölkerung weitgehend vermittelt, in quantifizierbarer Weise widerspiegelt.[750] Bei der Datensammlung handelt es sich lediglich um einen Tätigkeitsnachweis. Die Daten der PKS beruhen auf der tatsächlichen und juristischen Beurteilung sowie dem Registrierungsverhalten der nach dem Tatort zuständigen Polizeidienststellen zum Zeitpunkt des Abschlusses des polizeilichen Ermittlungsverfahrens vor Aktenabgabe an die Staatsanwaltschaft oder das Gericht. Inhaltlich tendieren die Angaben der PKS gemäß der Funktion der polizeilichen Ermittlungen, den Beurteilungsrahmen für die justizielle Erledigung nicht von vornherein einzugrenzen und also auch keinen Beweisverlust eintreten zu lassen, aber auch zur Legitimation von Zwangsmaßnahmen, zu einer Überbewertung, und zwar sowohl hinsichtlich der Zahlen für Fälle wie für Tatverdächtige als auch bezüglich der Schwere des Tatvorwurfs.[751]

Die Art der späteren Beurteilung durch Staatsanwaltschaft oder Gericht bleibt unberücksichtigt und führt grundsätzlich nicht zur Korrektur der polizeilichen Registrierung, d.h. die Zahlen der PKS verharren bei der vormaligen Verdachtssituation. Als Resultat ergeben sich erhebliche Verzerrungen, z.B. schon deshalb, weil Taten, Tatverdächtige und Opfer auch dann gezählt werden, wenn es sich um Verhalten Strafunmündiger oder Schuldunfähiger handelt. Auch bleiben justizielle Freisprüche oder deliktsbezogene Umdefinitionen oder Herabstufungen ohne Auswirkungen auf die Zahlen der PKS.[752]

Die PKS ist außerdem im Hinblick auf eine zutreffende juristische Subsumtion dem Einwand ausgesetzt, dass die Tätigkeit und rechtliche Einordnung von Verhaltensweisen ohne zum Richteramt befähigte juristische Ausbildung ge-

[750] Vgl. Albrecht, Kriminologie, S. 160; vgl. Prittwitz, Strafrecht und Risiko, S. 188 f.; Bock, Kriminologie, § 16 Rn 789.

[751] Schwind, Kriminologie, § 2 Rn 8 spricht in diesem Zusammenhang von einer „Überbewertungstendenz" der polizeilichen Definitionspraxis.

[752] Eisenberg, Kriminologie, § 17 Rn 22.

schieht.[753] Dieser Einwand betrifft insbesondere Fragen der Kompetenz zur Definition von Straftaten und, inwieweit es bei der polizeilichen Ermittlungstätigkeit überwiegend um den Nachweis objektiver Tatumstände und weniger um subjektive Elemente geht.[754] Daher eignet sich die Statistik lediglich als Nachweis für die Registrierungstätigkeit der Polizei.[755] Ist eine Aussage über registrierte Kriminalität als „soziale Erscheinung“ beabsichtigt, muss zusätzlich die Strafverfolgungsstatistik der Justiz herangezogen werden.[756]

4. Keine Vergleichbarkeit von PKS und Strafverfolgungsstatistik

Die Strafverfolgungsstatistik stellt eine zeitlich spätere Stufe des sozialen Reaktionsprozesses dar und ist infolge dessen mit dem Einwand behaftet, dass eine mögliche Verzerrung von vermuteter tatsächlicher Kriminalität durch das selektive Vorgehen im Ablauf amtlicher Strafverfolgung stärker ausgeprägt ist. Die Strafverfolgungsstatistik eignet sich kaum zu einem Vergleich mit der PKS, denn der Erfassungszeitraum ist verschoben, die Erfassungsgrundsätze sind völlig verschieden und der einzelne Fall im Justizbereich kann eine ganz andere strafrechtliche Beurteilung erfahren.[757] Infolge dessen können PKS und Strafverfolgungsstatistik nur begrenzt Aussagen im Hinblick auf die strafrechtliche Verfolgung der Wettbewerbsdelikte in der Praxis liefern. Insgesamt wird jedoch anhand der niedrigen Zahlen beider Statistiken deutlich, dass die Wettbewerbsdelikte in der Praxis der Strafverfolgung nur eine untergeordnete Rolle spielen.

B. Weites Dunkelfeld

Sichere Aussagen in Bezug auf eine effektive Strafverfolgung der Wettbewerbsdelikte lassen sich nicht treffen, da lediglich eine geringe Anzahl der entsprechenden Taten bekannt und geahndet wird. Eine Vielzahl von Anzeichen

---

[753] Göppinger, Kriminologie, S. 490.

[754] Eisenberg, Kriminologie, § 17 Rn 62.

[755] Bannenberg, Korruption in Deutschland, S. 58; vgl. Prittwitz, Strafrecht und Risiko, S. 187.

[756] Albrecht, Kriminologie, S. 160 ff.; Kaiser, Kriminologie, § 37 Rn 74: Die Absicht der früheren Kriminalstatistiker in der Hälfte des 19. Jahrhunderts war nichts anderes als durch die Kriminalstatistiken einen Nachweis über den Geschäftsanfall, also ein „Nebenprodukt“ der Tätigkeit bestimmter Instanzen der Sozialkontrolle zu liefern.

[757] Vgl. Schwind, Kriminologie, § 2 Rn 12; so auch Bannenberg, Korruption in Deutschland, S. 61.

deuten darauf hin, dass ein beträchtlicher Teil der begangenen Straftaten im Dunkelfeld verbleibt.

I. Begriff des Dunkelfeldes

Der Begriff Dunkelfeld bezeichnet die Differenz zwischen der Zahl der auf den Ebenen amtlicher Strafverfolgung registrierten Anzeigen bzw. Straftaten und der vermuteten Zahl der tatsächliche begangenen Straftaten.[758] Das Hellfeld weist das sichtbar Gemachte auf, das im Strafverfahren Verarbeitete, das strafjustiziell Geprüfte und in amtlichen Kriminalstatistiken Registrierte. An dem Prozess des Sichtbarmachens haben Polizei und Justiz ebenso teil wie private Anzeigenerstatter. Das Dunkelfeld weist demnach die Kriminalität auf, die gerade nicht in einem förmlichen Verfahren sichtbar gemacht wird, weil sie nicht sichtbar gemacht werden kann oder soll, strukturelle Gründe, private oder öffentliche Interessen entgegenstehen.[759]

II. Besonderheiten des Dunkelfelds in Bezug auf die Wettbewerbsdelikte

Polizeiliche Kriminalstatistik und Strafverfolgungsstatistik erfassen vermutlich nur einen Teil der tatsächlich begangenen Wettbewerbsdelikte.[760] Zudem sind – ähnlich wie bei anderen Delikten mit kollusiv handelnden Beteiligten (z.B. Drogendelikte, Glücksspiel) – alle Akteure Täter oder Nutznießer. Daher besteht ein allgemein geteiltes Interesse an der Geheimhaltung korruptiver Vorgänge. Das Geschehen wird unter Verzichtet auf potentielle Zeugen abgeschottet.[761] Da die Wettbewerbsdelikte keine natürliche Personen als Opfer haben, kommen Strafanzeigen des Verletzten als Quelle für das Bekanntwerden der Tat nicht in Betracht.[762] Geber und Nehmer der illegalen Zuwendung sind Täter und daher

---

[758] Sievers, Bestechung und Bestechlichkeit von Angestellten, S. 24.

[759] Zum Begriff des Dunkelfeldes: Eisenberg, Kriminologie, § 16 Rn 1; Schwind, Kriminologie, § 2 Rn 34; Göppinger, Kriminologie, S. 489 f.

[760] Die Hauptursache für eine bei allen Korruptionsdelikten vermutlich weit überdurchschnittlichen Dunkelfeldquote liegt wohl an verschiedenen deliktsspezifischen Besonderheiten. Eingehend hierzu Pragal, Korruption innerhalb des privaten Sektors, S. 34 m.w.N.

[761] Kerner/Rixen, GA 1996, S. 355, 365 f.

[762] Vgl. Hetzer, NJW 2004, S. 3746, 3747.

beide an einer Verschleierung der Delikte interessiert.[763] Auch wenn die Tat Dritten bekannt wird, führt dies nicht unbedingt zu einer Strafanzeige. Bei der Angestelltenbestechung nach § 299 StGB dürfte etwa das Bemühen, einen Ansehensverlust des Unternehmens zu vermeiden, dazu führen, in vielen Fällen eine Strafanzeige zu unterlassen und eine informelle Regelung oder eine Reaktion mit den Mitteln des Zivil- oder Arbeitsrechts zu erreichen.[764] Mitbewerber, die aufgrund korruptiver Machenschaften möglicherweise nicht zum Zuge kommen, können die wahren Gründe des Scheiterns möglicherweise erahnen, beweisen können sie diese aber häufig nicht.[765] Infolge dessen unterbleibt eine Anzeige.

Für ein hohes Dunkelfeld im Bereich der Straftaten gegen den Wettbewerb sprechen auch die deutlich hohen Aufklärungsquoten der Wettbewerbsdelikte.[766] Durch diese entsteht zunächst der Eindruck, dass die Zahlen für das tatsächliche Aufkommen dieser Straftaten stehen. Die signifikant hohe Aufklärungsquote deutet jedoch auf ein großes Dunkelfeld hin, denn mit der Aufdeckung der Taten ist regelmäßig die Entdeckung und Überführung der Täter verbunden.[767] Wie die Strafjustiz verfährt, ist allerdings eine weitere Frage.

III. Aufklärungsparadoxum

Zur Begründung dieser These kann die Annahme *Kreuzers* herangezogen werden. Am Beispiel des Ladendiebstahls weist dieser auf einen vermeintlichen Widerspruch, ein sog. Aufklärungsparadoxum, hin.[768] Aufgrund der strukturellen Besonderheiten einiger Delikte und der polizeilichen Arbeit soll das tatsächliche

---

[763] Vgl. Tröndle/Fischer, Vor § 298 Rn 4; Hettinger, NJW 1996, S. 2263, 2266; Bannenberg, Korruption in Deutschland, S. 59 f.

[764] Dölling, Gutachten C 17 m.w.N.; Sievers, Bestechung und Bestechlichkeit von Angestellten, S. 24.

[765] *Schubert* in: Wabnitz/Janovsky, Hdb. Wirtschafts- und Steuerstrafrecht, 12. Kap. Rn 7.

[766] So auch Bannenberg, Korruption in Deutschland, S. 59; vgl. zur Aufklärungsquote bei Wirtschaftsdelikten im Allgemeinen *Dannecker* in: Wabnitz/Janovsky, Hdb. Wirtschafts- und Steuerstrafrecht, Kap. 1 C IV Rn 21; zur Aufklärungsquote im Einzelnen vgl. auch Meier, Kriminologie, § 11 Rn 21.

[767] *Hohmann* in: MüKo, § 298 Rn 21; vgl. auch Kreuzer, NStZ 1994, S. 10; Tröndle/Fischer, Vor § 298 Rn 4.

[768] Kreuzer, NStZ 1994, S. 10.

Dunkelfeld um so größer sein, je höher die polizeiliche Aufklärungsquote ist. Zwar sind die Aufklärungsquoten bei den Straftaten gegen den Wettbewerb zwischen 80% und 100% enorm hoch, beziehen sich aber möglicherweise nur auf den geringen prozentualen Anteil der bekannt gewordenen Fälle. Für die Strafverfolgungsorgane stellt sich neben den Ermittlungsschwierigkeiten das Problem, die Taten überhaupt aufzudecken. Nur dadurch lassen sich die unverhältnismäßig hohen Aufklärungsquoten aufgedeckter Fälle erklären. Diese Begründung könnte auch für die Straftaten im Wettbewerb zutreffen.[769] Hierdurch wird verdeutlicht, mit welchen Bedenken die empirischen Angaben von PKS und Strafverfolgungsstatistik hinsichtlich der tatsächlichen Anzahl an Fällen und deren Aufklärungsquote zu einer Aussage über die tatsächliche Verbreitung der Straftaten gegen den Wettbewerb verbunden ist. Im Ergebnis wird man für die Wettbewerbsdelikte von einem großen Dunkelfeld ausgehen müssen.[770]

C. Zwischenergebnis

Betrachtet man die absoluten Zahlen der erfassten Fällen, Tatverdächtigen, Aburteilungen und Verurteilungen und vergleicht diese mit den insgesamt erfassten Fällen, Tatverdächtigen, Aburteilungen und Verurteilungen, zeigt sich, dass die Fallzahlen für Straftaten im Wettbewerb sehr niedrig sind. Nach den oben dargestellten Zahlen werden nur wenige Straftaten gegen den Wettbewerb der Polizei bekannt und eine noch geringere Anzahl von der Justiz abgeurteilt. Der prozentuale Anteil an den insgesamt erfassten Fällen, Tatverdächtigen, Aburteilungen und Verurteilungen verdeutlicht zudem, wie gering der Anteil der Straftaten gegen den Wettbewerb an den Straftaten insgesamt ist. Legt man die eingeschränkte Aussagekraft der Statistiken zugrunde, zeigt sich, dass die amtlichen Statistiken kein adäquates Bild der Wirklichkeit vermitteln können.[771] Zwar ist von einem großen Dunkelfeld auszugehen[772], aufgrund der strukturellen Beson-

---

[769] So schon Grützner, Sanktionierung von Submissionsabsprachen, S. 81, in Bezug auf § 298 StGB.

[770] So auch Möllering, WRP 1997, S. 933, 934; Dölling, Gutachten C 16 m.w.N.; Tröndle/ Fischer, Vor § 298 Rn 4; vgl. *Bannenberg* in: Wabnitz/Janovsky, Hdb. Wirtschafts- und Steuerstrafrecht, Kap. 10 I Rn 19.

[771] Vgl. zum Straftatbestand der Angestelltenbestechung: Pragal, Korruption innerhalb des privaten Sektors, S. 41.

[772] Vgl. Hetzer, NJW 2004, S. 3746, 3747.

derheiten von Korruptionsdelikten ist eine genaue Einschätzung des Umfangs jedoch nicht möglich.[773]

D. Feststellung der Schäden durch Straftaten im Wettbewerb

Im Folgenden werden die materiellen und immateriellen Schäden, die durch die Wettbewerbsdelikte entstehen können, aufgezeigt und kritisch erörtert.

I. Materieller Schaden

Infolge der Tatsache, dass keine sicheren Aussagen über die Dimension des Dunkelfeldes in Bezug auf die Straftaten des 26. Abschnitts gemacht werden können und der Umfang des Dunkelfeldes nur vermutet werden kann, ist eine verlässliche und exakte Angabe der Höhe der Schäden nicht möglich. Die Unsicherheit, den materiellen Schaden genauer beziffern zu können, findet sich nach Auswertung der vorhandenen Quellen, auch wenn Versuche unternommen werden, zu bezifferbaren Schadensschätzungen zu gelangen. Die Schätzungen betreffen nur einen Teil der Straftaten gegen den Wettbewerb, in erster Linie unlautere Absprachen in der Bauindustrie im Hinblick auf die Vergabe öffentlicher Aufträge, denn diese stehen im Mittelpunkt der strafrechtlichen Verfolgung und Ahndung. Bei Kartellabsprachen und Korruption im Baubereich gelten als Kriterien für die Schadensschätzung die bekannt gewordenen prozentualen Aufschläge für Schmiergelder und Abstandszahlungen sowie die Erkenntnis, dass Korruption im Bauvergabebereich nahezu ubiquitär ist.[774] Dies darf allerdings nicht darüber hinwegtäuschen, dass andere Bereiche ebenfalls in einem gewissen Umfang betroffen sein können.

1. Einzelne Schadensschätzungen

Nach einer älteren Schätzung von *Schmid* soll der jährliche Schaden, der aufgrund unlauterer Preisabsprachen allein der öffentlichen Hand entsteht, etwa 4 Milliarden DM betragen. Diese Summe berechne sich beispielsweise für das Jahr 1979 aus dem Jahresumsatz des Bauhaupt- und –Nebengewerbes in Höhe von etwa 100 Milliarden DM und der Erfahrung, dass ungefähr 40% der öffent-

---

[773] Dölling, Gutachten B I; Hettinger, NJW 1996, S. 2263, 2266.

[774] Bannenberg, Korruption in Deutschland, S. 366 f.

lichen Aufträge mit abgesprochenen Preisen vergeben werden.[775] Die Überhöhung des Preises, also die Differenz zwischen Marktpreis und abgesprochenem Preis, betrage, je nach Umständen des Einzelfalles, etwa 10%.[776]

Schaupensteiner schätzt, dass unlautere Preisabsprachen in der Baubranche 1988 in Hessen bei Landesbaumaßnahmen (ohne Städte und Gemeinden, einschließlich Baumaßnahmen des Bundes und der Stationierungskräfte) zu einem Schaden von 217 Millionen DM geführt haben. Er nimmt dabei an, dass die bei nicht öffentlich ausgeschriebenen Baumaßnahmen in Rechnung gestellten Baupreise durchschnittlich 25% höher sind als bei vergleichbaren privaten Auftraggebern, und geht davon aus, dass von den Landesbaumaßnahmen in Höhe von rund 1,5 Milliarden DM ein Betrag von ca. 873 Millionen DM (58%) nicht öffentlich ausgeschrieben wurde.[777]

Müller legt seiner vorgenommenen Schadensschätzung aufgrund einer Prüfung von über 70 korruptionsbelasteten Baumaßnahmen durch den Hessischen Rechnungshof eine Schadensquote (Anteil korruptionsbedingter Mehrausgaben) von ca. 12% zugrunde. Bei Baumaßnahmen des Landes Hessen mit einem Haushaltsvolumen von 2,4 Milliarden DM pro Jahr (Durchschnittssumme aus den Haushalten 1990 bis 1992) führt dies bei einer Anfälligkeitsquote von 58% zu einem jährlichen Schaden für das Land Hessen von 170 Millionen DM und bei einer Anfälligkeitsquote von 40% zu einem Jahresschaden von 120 Millionen DM. Hierbei soll es sich nach *Müller* nur um sehr grobe und am untersten Rand ansetzende und vorsichtige Schätzungen handeln.[778]

Für die Bundesrepublik Deutschland schätzt *Schaupensteiner* den durch – in der Regel mit Korruption verbundene – Preisabsprachen bei öffentlichen Baumaßnahmen jährlich entstehenden Schaden auf etwa 10,08 Milliarden DM. Er legt hierbei zugrunde, dass die öffentlichen Haushalte (Bund, Länder und Gemeinden einschließlich aller Körperschaften, Anstalten und Stiftungen des öffentlichen Rechts) 1991 etwa 67,201 Milliarden DM für Baumaßnahmen investierten,

---

[775] Schmid, wistra 1984, S. 1.

[776] Schmid, ZIP 1983, S. 652.

[777] Schaupensteiner, Kriminalistik 1990, S. 507, 509.

[778] Müller, Kriminalistik 1993, S. 509, 516.

und geht davon aus, dass die Hälfte der durch die öffentliche Hand vergebenen Aufträge mit einem Preisüberhöhungseffekt von 30% abgesprochen sind.[779]

Tiedemann kommt auf Grundlage, dass 60% des Bauvolumens auf die öffentliche Hand entfällt, 40% dieser Aufträge abgesprochen sind und die Preisüberhöhung im Durchschnitt bei 10% über dem Marktpreis liegt, ebenfalls zur Annahme eines jährlichen Schadens von ca. 10 Milliarden DM.[780]

Diesen Schätzungen zufolge soll der öffentlichen Hand bei Bauvorhaben durch Submissionsabsprachen ein jährlicher Schaden von etwa 5 Milliarden Euro zugefügt werden.[781] Als Folge sollen 30 bis 95% des gesamten Produktionsvolumens des Bauhauptgewerbes durch Submissionsabsprachen dem Wettbewerb entzogen sein und die absprachebedingten Mehrerlöse der beteiligten Unternehmen über 10% des jeweiligen Auftragswerts betragen.[782] Bei den oben dargestellten Zahlen handelt es sich lediglich um Schätzungen, nicht um exakte Berechnungen. Sie liefern nur Anhaltspunkte für die Höhe der durch Korruption verursachten finanziellen Schäden. Eine Reihe von Schadensposten, wie beispielsweise Kosten für die Aufdeckung und Verfolgung, werden dabei nicht berücksichtigt.[783]

Daneben sind die Schäden zu berücksichtigen, die durch Angestelltenbestechung in privatrechtlichen Wirtschaftsbeziehungen entstehen. Exakte Schadensberechnungen oder Schadensschätzungen hierzu liegen nicht vor, so dass nur eine allgemeine Aussage möglich ist. Unternehmen von bestochenen Angestellten können beispielsweise dadurch geschädigt werden, dass sie qualitativ minderwertige oder überteuerte Waren oder Leistungen erhalten. Auch hier wird häufig eine Schadensverlagerung zu verzeichnen sein. Überhöhte Beschaffungskosten werden über den Preis an die Kunden weitergegeben. Wirtschaftliche

---

[779] Schaupensteiner, ZRP 1993, S. 250, 251.

[780] Tiedemann, ZRP 1992, S. 149, 151.

[781] So auch LK-*Tiedemann*, Vor §§ 298 Rn 7; Bangard, wistra 1997, S. 161; Huhn, Problematik des Submissionsbetrugs, S. 16; vgl. auch Kerner/Rixen, GA 1996, S. 355, 366; Dölling, Gutachten C 26; Hettinger, NJW 1996, S. 2263, 2266; im Ergebnis hält auch Grützner, Sanktionierung von Submissionsabsprachen, S. 97, einen bezifferbaren Schaden in Höhe von etwa 5 Mrd. Euro für „durchaus realistisch".

[782] *Hohmann* in: MüKo, § 298 Rn 19 m.w.N.

[783] Vgl. Müller, Kriminalistik 1993, S. 509, 515.

Schäden erleiden auch die durch die Angestelltenbestechung ausgeschalteten Mitbewerber.[784] Verlässliches Datenmaterial fehlt jedoch. Eine konkrete Schadensberechnung ist daher nicht möglich.[785]

2. *Kritische Würdigung*

Gegen die Schätzungen des materiellen Schadens ist einzuwenden, dass diese lediglich auf Annahmen beruhen, aber keine gesicherten Erkenntnisse widerspiegeln. Sie werden durch „Hochrechnungen" im Bereich der öffentlichen Bauvorhaben auf jährlich ca. 5 Millionen Euro beziffert. Solche – auf Annahmen beruhende – Hochrechnungen sollen einen „Aufrüttelungseffekt" haben.[786] Substantiell abgesichert sind sie nicht. Auch ständiges Wiederholen und Verweisen auf diese Zahlen können diesen Mangel nicht ausgleichen bzw. beheben. Bereits *Dölling* betonte in seinem Gutachten, dass es sich bei den Schadensangaben „um Schätzungen, nicht um exakte Berechnungen" handelt. Sie lieferten lediglich Anhaltspunkte für die Höhe der durch Korruption verursachten finanziellen Schäden.[787] Selbst bei den bekannt gewordenen Delikten ist eine Ermittlung des Schadens oft außerordentlich schwierig, weil nicht nur rechtlich, sondern auch tatsächlich schwierig zu entscheiden ist, welche Schäden als Folgen einer Straftat anzusehen sind, zumal immaterielle und/oder gesamtwirtschaftliche Schäden oft nur als kumulative oder Langzeiteffekte auftreten.[788] Aufgrund der Tatsache, dass eine hohe Zahl von Straftaten gegen den Wettbewerb im Dunkelfeld verbleibt, sind exakte Angaben, wie hoch der durch die Straftaten gegen den Wettbewerb entstandene materielle Schaden ist, nicht oder nur schwer möglich.

Die Schwierigkeiten und Probleme bei der Schadensermittlung werden deutlich, wenn man das Zustandekommen der jeweils genannten Summen hinterfragt.[789]

---

784 Dölling, Gutachten C 27.

785 So auch für die Korruptionsdelikte *Bannenberg* in: Wabnitz/Janovsky, Hdb. Wirtschafts- und Steuerstrafrecht, Kap. 10 I Rn 23.

786 Hettinger, NJW 1996, S. 2263, 2267; kritisch zu den Schadensschätzungen auch: Stächelin, Strafgesetzgebung im Verfassungsstaat, S. 312, 313; Littwin, ZRP 1996, S. 308, 309.

787 Dölling, Gutachten C 26.

788 Göppinger, Kriminologie, S. 543.

789 Zur Berechnung und zum Zustandekommen der Zahlen vgl. beispielsweise: Müller, Kriminalistik 1993, S. 509, 515 f.; Schaupensteiner, ZRP 1993, S. 250 f.; Schaupensteiner, Kriminalistik 1994, S. 514, 516 m.w.N. Zum Problem der Schätzung der Schadenshöhe bei

Die Zahlen beruhen auf Annahmen, die von dem jeweiligen Urheber zugrunde gelegt werden, aber nicht exakt ermittelt sind.[790] Hochrechnungen, Schätzungen und Annahmen auf der Basis von bekannt gewordenen Fällen weisen aber das Defizit auf, dass sie letztlich Hypothesen über das Dunkelfeld enthalten. Hierüber können aber gerade keine genauen Angaben erfolgen, denn das Dunkelfeld bzw. die Dunkelziffer kann nicht exakt ermittelt werden und ist durch Nichtwissen gekennzeichnet.

II. Immaterieller Schaden

1. Annahme immaterieller Schäden

Vielfach wird angenommen, Korruption im freien Wettbewerb führe nicht nur zu materiellen Schäden, sondern durch sie seien auch die Grundwerte des sozialen und demokratischen Rechtsstaates[791], die Geschäftsmoral und die Grundlage der Marktwirtschaft gefährdet[792]. Korruption verursache Arbeitsplatzvernichtung, überhöhte Preise und Staatsverschuldung, blockiere Entwicklung und Innovation und fördere die Schattenwirtschaft.[793] Danach führe Korruption zu massiven immateriellen Schäden.

Insbesondere die der Korruption innewohnenden „Sog- und Spiralwirkung", die man der Wirtschaftskriminalität im allgemeinen zuschreibt, wird als schädlich angesehen.[794] Die Sogwirkung wird darin gesehen, dass durch Wirtschaftskriminalität Folgeschäden verursacht werden, indem Mitbewerber aufgrund des Wettbewerbsdrucks strafrechtliches Verhalten von Konkurrenten nachahmen,

---

Submissionsabsprachen siehe BT-Drs. 13/3353, S. 9 f.; Diese Probleme waren mit ein Beweggrund, den Straftatbestand der wettbewerbsbeschränkenden Absprachen bei Ausschreibungen in das Strafgesetzbuch aufzunehmen.

[790] Hettinger, NJW 1996, S. 2263, 2267 spricht dabei von „höchst schlichten, allerdings schlagzeilenträchtigen (Ein-)Schätzungen".

[791] Hoffmann/Zimmermann, ZRP 1999, S. 49; *Schaupensteiner* in: Pieth/Eigen, S. 131, 147.

[792] Hoffmann/Zimmermann, ZRP 1999, S. 49; *Schaupensteiner* in: Pieth/Eigen, S. 131, 139; vgl. Bannenberg, Korruption in Deutschland, S. 372 ff.

[793] Hoffmann/Zimmermann, Kriminalistik 1999, S. 585.

[794] Nach *Bannenberg* in: Wabnitz/Janovsky, Hdb. Wirtschafts- und Steuerstrafrecht, Kap. 10 I Rn 25, soll die Sog- und Spiralwirkung von Korruption „gewaltig" sein; kritisch Meier, Kriminologie, § 11 Rn 20.

um konkurrenzfähig zu bleiben.[795] Eine Spiralwirkung wird angenommen, wenn weitere schädliche Wirkungen der wirtschaftskriminellen Handlungen nicht nur zur Nachahmung, sondern auch zur Ausdehnung wirtschaftskriminellen Verhaltens führen. Ein besonderer Druck, moralische Bedenken auszuräumen, ergebe sich für Unternehmen, die infolge korruptiver Praktiken der Konkurrenz bei öffentlichen Aufträgen nicht zum Zug gekommen sind. Insbesondere wenn als Abnehmer weitgehend nur die öffentliche Hand in Betracht kommt, könne sich mancher Unternehmer der Sog- und Spiralwirkung eines mit Erfolg betriebenen korruptiven wirtschaftskriminellen Handelns nicht entziehen. Auch im Rahmen der Beziehungen zwischen privatrechtlichen Wirtschaftsunternehmen könne erfolgreiche Angestelltenbestechung Nachahmer finden, die nur durch eine Teilnahme an korruptiven Praktiken eine Chance sehen, sich auf dem Wirtschaftsmarkt zu behaupten.[796]

Bannenberg nimmt an, dass langandauernde Korruptionsbeziehungen, insbesondere in Netzwerkstrukturen Tendenzen zur Ausdehnung haben. Zur Begründung führt sie an, dass ein Nachahmungseffekt aufgrund der fehlenden Kontrolle innerhalb der einzelnen Märkte entstehe. Das rechtswidrige Verhalten insbesondere bei unlauteren Preisabsprachen in Verbindung mit Bestechung, Betrug und Untreue werde in Unternehmen nicht als rechtswidriges Verhalten thematisiert, sondern erfahre eine Neutralisierung durch wirtschaftliche Ziele, wirtschaftlichen Erfolg und Gewinnmaximierung. Interne Kontrollsysteme würde entweder versagen oder teilweise in den Korruptionsprozess miteingebunden sein. Hinzu kämen rechtswidrige Handlungen, die nur der eigenen Bereicherung dienen und nicht mehr mit einem vermeintlichen Unternehmensinteresse zu rechtfertigen seien. Einen weiteren Spiraleffekt sieht *Bannenberg* darin, dass bei Absprachekartellen Bestechung, Betrug und Untreue zu beobachten sei, und sich die Unternehmer nach einiger Zeit untereinander betrogen und geschädigt hätten.[797]

Eine weitere Gefahr der Korruption im Wettbewerb wird ferner darin gesehen, dass die Einflussnehmenden bei ständig zunehmender krimineller Energie und dabei offenbar schwindendem Unrechtsbewusstsein nach außen hin immer mehr

---

[795] Bannenberg, Korruption in Deutschland, S. 370.

[796] Dölling, Gutachten C 29.

[797] Bannenberg, Korruption in Deutschland, S. 370 ff.

zu kapitalkräftigen Geschäftsleuten aufsteigen. Wirtschaftsgrößen mit korruptiven Karrieren könnten so zum Vorbild für Führungsnachwuchs in der Wirtschaft werden.[798] Infolge dessen bestehe die Gefahr, dass Korruption im freien Wettbewerb zu einer zunehmend tolerierten Geschäftspraktik werde und die Geschäftsmoral verfalle.

2. Kritische Würdigung

Zwar können solche Effekte angenommen werden. Empirisch belegt sind diese Annahmen, insbesondere in Bezug auf die Sog- und Spiralwirkung, allerdings nicht.[799] Sog- und Spiralwirkung lassen sich allenfalls für Submissionsabsprachen plausibel erklären.[800] Schätzungen liegen jedoch nur für die materiellen Schäden vor, die aber mit erheblichen Ungenauigkeiten und Unsicherheiten verbunden sind. Immaterielle Schäden können empirisch nicht nachgewiesen werden.

III. Zwischenergebnis

Als Ergebnis ist festzuhalten, dass eine genaue Feststellung der durch die Wettbewerbsdelikte verursachten Schäden nicht möglich ist. Bei allen Annahmen handelt es sich lediglich um Schätzungen und Spekulationen. Mangels aussagekräftiger statistischer Grundlagen hinsichtlich des Auftretens von Straftaten gegen den Wettbewerb kann nur geschätzt werden, welchen tatsächlichen Schaden Volks- und Marktwirtschaft hierdurch erleiden. Hinzu kommt, dass ein Großteil der Untersuchungen und Angaben lediglich den Straftatbestand der Wettbewerbsbeschränkenden Absprachen bei Ausschreibungen betreffen.

---

[798] Kube/Vahlenkamp, VerwArch 85 (1994), S. 432, 440.

[799] Bottke, wistra 1991, S. 1, 3; Heinz, GA 1977, S. 193, 204; Grützner, Sanktionierung von Submissionsabsprachen, S. 90 f.; Eisenberg, Kriminologie, § 47 Rn 17; kritisch auch Meier, Kriminologie, § 11 Rn 20, der ebenfalls auf das Fehlen von empirischen Belegen für die Sog- und Spiralwirkung hinweist. Hingegen haben nach *Dannecker* in: Wabnitz/Janovsky, Hdb. Wirtschafts- und Steuerstrafrecht, Kap. 1 C II Rn 17, gerade Erfahrungen im Bereich der Kartellverstöße, insbesondere auf Ebene der Europäischen Gemeinschaft, und im Bereich des Steuerstrafrechts gezeigt, dass derartige Wirkungen auftreten können. Auch im Bereich der Schwarzarbeit im Baugewerbe seien entsprechende Wirkungen, die zu einem ruinösen Wettbewerb führen können, zu verzeichnen.

[800] *Richter* in: Müller-Gugenberger/Bieneck, Wirtschaftsstrafrecht, § 7 Rn 25.

E. Ergebnis und Stellungnahme

Abschließend lässt sich zur Praxis der Strafverfolgung in Bezug auf die Straftaten gegen den Wettbewerb folgendes sagen:

Die den amtlichen Statistiken entnommenen Fallzahlen sind sehr niedrig. Anhand der Statistiken lässt sich lediglich die Aussage treffen, dass die kriminalisierten Verhaltensweisen tatsächlich vorkommen. Eine Angabe der Häufigkeit ist aufgrund begrenzter Aussagekraft und Unbestimmtheit des Dunkelfeldes nur sehr eingeschränkt möglich, wobei von einem großen Dunkelfeld ausgegangen werden muss. Nur wenige Fälle der Wettbewerbsdelikte werden der Polizei bekannt und noch weniger von der Justiz abgeurteilt. Auch im Vergleich zu den übrigen Straftaten fällt der Anteil der Wettbewerbsdelikte sehr gering aus. In der Praxis der Strafverfolgung spielen die Straftaten gegen den Wettbewerb daher keine bedeutende Rolle.[801]

Die praktische Bedeutungslosigkeit einzelner Strafbestimmungen im wirtschaftsstrafrechtlichen Bereich lässt sich als gewichtiges Indiz dafür sehen, dass es dem Gesetzgeber nicht gelungen ist, sachlich angemessenen Strafrechtsschutz gegen die von ihm als sozialgefährlich oder sozialschädlich eingestufte Verhaltensweisen zu bieten.[802] Die statistische Untersuchung zum Vorkommen der Wettbewerbsdelikte führt daher zu dem Ergebnis, dass die Tatbestände des 26. Abschnitts nicht geeignet sind, den vom Gesetzgeber ins Auge gefassten Schutz gegen Verhaltensweisen, die dem freien Wettbewerb zuwiderlaufen, zu bieten.

Unzweifelhaft führen unlautere Absprachen bei Vergaben sowie Bestechlichkeit und Bestechung im geschäftlichen Verkehr zu Schäden für die Wirtschaft. Eine genaue Feststellung der durch die Wettbewerbsdelikte verursachten Schäden ist aber nicht möglich, denn aussagekräftige statistische Grundlagen für das zahlenmäßige Vorkommen der Straftaten gegen den Wettbewerb sind nicht vorhanden. Welchen tatsächlichen Schaden Volks- und Marktwirtschaft durch die

---

801 So auch Tröndle/Fischer, Vor § 298 Rn 4; *Dannecker* in: NK-StGB, Vor § 298 Rn 6; a.A. Haft/Schwoerer, FS-Weber, S. 367, wonach Bestechlichkeit und Bestechung sowohl im nationalen als auch im internationalen Geschäftsverkehr „eine große Rolle“ spielen soll.

802 Vgl. Otto, Jura 1989, S. 24, 27.

Wettbewerbsdelikte erleiden, kann letztlich nur geschätzt werden. Immaterielle Schäden können zwar angenommen, aber ebenfalls nicht empirisch belegt werden.

Die voranschreitende europäische Einigung sowie die Globalisierung der Wirtschaft und das Vordringen neuer Technologien in den unterschiedlichen wirtschaftlichen Bereichen wirken sich auch auf die Kriminalität, insbesondere die Wirtschaftskriminalität, aus.[803] Die Entwicklung eines europäischen Strafrechts[804] und einer europäischen Strafrechtspflege entsprechen jedoch nicht dem Stand der europäischen Einigung.[805] Dies lässt sich damit erklären, dass das Strafrecht in besonderem Maß als Ausdruck nationaler Souveränität und Tradition sowie gewachsenen Wertbewusstseins verstanden wird.[806] Dementsprechend werden nationale Besonderheiten stärker berücksichtigt als in Europa vorhandene gemeinsame Wertungen und geistige Grundlagen.

Dennoch schreiten auch im Strafrecht europäische Harmonisierungstendenzen voran, und zwar nicht nur bei der Auslegung der Merkmale einzelner Straftatbestände, die durch umwelt- oder wirtschaftsrechtliche Regelungen des EG-Rechts inhaltlich bestimmt werden.[807] Das primäre und das sekundäre Gemeinschaftsrecht enthalten Verwaltungsvorschriften für bestimmte Verstöße gegen den freien Wettbewerb, Marktregulierungen und die finanziellen Interessen der Europäischen Gemeinschaft (EG). Der Schutz des Wettbewerbs und der Erhalt eines unverfälschten Wettbewerbs ist nicht nur ein nationales Ziel, sondern wird ent-

---

[803] *Dannecker* in: Wabnitz/Janovsky, Hdb. Wirtschafts- und Steuerstrafrecht, 2. Kap. Rn 1; Wittkämper/Krevert/Kohl, Europa und die innere Sicherheit, S. 79 ff.

[804] Eingehend zum Begriff des europäischen Strafrechts siehe Hecker, Europäisches Strafrecht, § 1 Rn 4 ff.; Albrecht/Braum, KritV 1998, S. 460, 480; einen Überblick zu der ablaufenden Europäisierung der Strafrechtspflege und die Beiträge der deutschen Strafrechtswissenschaft gibt Schünemann, GA 2002, S. 501 ff.; kritisch zur Entwicklung eines europäischen Strafrechts: Albrecht/Braum, KritV 2001, S. 312 ff.

[805] Vgl. Hecker, Europäisches Strafrecht, § 14 Rn 36; nach Auffassung von Albrecht/Braum/Frankenberg/Günther/Naucke/Simitis, KritV 2001, S. 279 fehlt der europäischen Strafrechtsentwicklung ferner die angemessene Anknüpfung an eine europäische Tradition freiheitlich-rechtsstaatlicher Strafrechtsprinzipien.

[806] Otto, Jura 2000, S. 98; vgl. Weigend, ZStW 105 (1993), S. 774, 785; Tiedemann, ZStW 116 (2004), S. 945, 947; Rosenau, ZIS 2008, S. 9, 19; Dannecker, Jura 2006, S. 95; ähnlich Rüter, ZStW 105 (1993), S. 30, 39 f., nach dessen Auffassung wird die Art und Weise, wie man das Strafrecht bei der Bekämpfung unerwünschten Verhaltens einsetzt, von kulturbedingten Faktoren mitbestimmt.

[807] Vgl. Otto, Jura 2000, S. 98.

sprechend Art. 3 Abs. 1 lit. g) EGV auch als Voraussetzung eines funktionsfähigen Binnenmarktes in der EG betrachtet.[808] Daher stehen auch die einzelnen Teilbereiche des Wettbewerbsrechts unter starkem Einfluss des Europarechts, das wesentliche inhaltliche Maßstäbe für die Ausformung der deutschen Regelungen vorgibt.[809] Deshalb sind für die Straftatbestände zum Schutz des Wettbewerbs auch die Entwicklungen auf europäischer Ebene von Bedeutung, denn sowohl für die vergleichend-legitimierende Bewertung der Strafwürdigkeit nationaler Straftatbestände als auch für international-strafrechtliche Fragestellungen kommen den Regelungen auf europarechtlicher Ebene Bedeutung zu.[810]

Daher wird in diesem Kapitel zunächst untersucht, ob auf europarechtlicher Ebene für die Mitgliedstaaten der Europäischen Union rechtlich verbindlich strafrechtliche Vorgaben getroffen werden können, also der Europäischen Union oder Europäischen Gemeinschaft eine Kompetenz zum Erlass strafrechtlicher Normen und Vorgaben zusteht. Nur so lässt sich feststellen, ob auf europäischer Ebene grundsätzlich verbindliche Vorgaben in Bezug auf die Wettbewerbsdelikte an den nationalen Gesetzgeber gerichtet werden können. Im Anschluss soll ein Überblick über die bestehenden rechtlichen Vorgaben und Entwürfe im Zusammenhang mit Tatbeständen, die mit den Wettbewerbsdelikten im deutschen Strafgesetzbuch vergleichbar sind, gegeben werden. In Verbindung damit erfolgt eine kritische Auseinandersetzung mit den europarechtlichen Vorgaben bzw. den vorliegenden Entwürfen. Zugleich wird erörtert, ob die europarechtlichen Vorgaben die Aufnahme der Straftatbestände gegen den Wettbewerb in das deutsche Strafgesetzbuch legitimieren können.

A. Kompetenz zur Strafgesetzgebung

Die nachfolgenden Ausführungen zur Strafgesetzgebungskompetenz auf europäischer Ebene beschränken sich auf einen Umfang, der für ein grundlegendes Verständnis der Materie und damit für die vorliegende Untersuchung erforderlich ist.[811] Die Europäische Union ist derzeit noch nach dem Drei-Säulen-Modell

---

[808] Vgl. *Dannecker* in: NK-StGB, Vor § 298 Rn 7; Herdegen, Europarecht, § 22 Rn 342.

[809] *Achenbach* in: Achenbach/Ransiek, Hdb. Wirtschaftsstrafrecht, Abschnitt III 1 Rn 5.

[810] Vgl. LK-*Tiedemann*, Vor § 298 Rn 12 ff.

[811] Für eine vertiefte bzw. weitergehende Auseinandersetzung wird auf die nachfolgenden Literaturstellen verwiesen, in denen sich eingehend mit der Kompetenzfrage auseinandergesetzt wird: Braum, Europäische Strafgesetzlichkeit, 2003; Satzger, Die Europäisierung des

aufgebaut.[812] Die „erste" Säule bildet die ursprüngliche „Europäische Gemeinschaft". Die „zweite" Säule bildet der Kooperationsbereich „Gemeinsame Außen- und Sicherheitspolitik" (GASP) und die „dritte" Säule schließlich die „polizeiliche und justizielle Zusammenarbeit in Strafsachen" (PJZS). Nur der „ersten" Säule ist Hoheitsgewalt von den Mitgliedstaaten übertragen worden.[813] Daher ist zwischen der Kompetenz zur Strafgesetzgebung nach europäischem Gemeinschaftsrecht, also im Bereich der „ersten" Säule, und einer Strafgesetzgebung im Rahmen der intergouvernementalen Zusammenarbeit im Bereich der „dritten" Säule zu unterscheiden.

I. Kompetenz zur Strafgesetzgebung nach Europäischem Gemeinschaftsrecht

Voraussetzung für den Erlass strafrechtlicher Bestimmungen im Bereich der „ersten" Säule ist, dass die Europäische Gemeinschaft die Kompetenz zur Strafgesetzgebung hat. Dabei ist zwischen einer Kompetenz zur Setzung unmittelbar anwendbarer Strafnormen und einer gemeinschaftsrechtlichen Verpflichtung der Mitgliedstaaten zur Schaffung von Strafnormen zu differenzieren. Derzeit existiert keine einzige gemeinschaftsrechtliche Strafnorm oder ein Kodex supranationaler Strafnormen.[814] Es könnte jedoch denkbar sein, dass eine derartige Gemeinschaftskompetenz besteht, von welcher der Rat aber bisher keinen Gebrauch gemacht hat.[815] Dies wird im Folgenden untersucht.

1. Prinzip der begrenzten Einzelermächtigung

Die Europäische Gemeinschaft verfügt nur über diejenigen Kompetenzen, die ihr die Mitgliedstaaten durch die Gründungsverträge übertragen haben, d.h. die Rechtssetzungsorgane der Gemeinschaft bedürften einer ausdrücklichen Kompetenzzuweisung in den Gründungsverträgen, um Rechtsakte erlassen zu kön-

Strafrechts, 2001; Schröder, Europäische Richtlinien und deutsches Strafrecht, 2002; Hecker, Europäisches Strafrecht, 2007; Ambos, Internationales Strafrecht, 2007; Satzger, Internationales und Europäisches Strafrecht, 2008.

812 Vgl. Herdegen, Europarecht, § 1 Rn 2.

813 Rosenau, ZIS 2008, S. 9, 12.

814 Satzger, Internationales und Europäisches Strafrecht, § 7 Rn 2.

815 Hecker, Europäisches Strafrecht, § 4 Rn 73.

nen.[816] Dies folgt aus Art. 249 Abs. 1 und Art. 5 Abs. 1 EGV sowie Art. 5 EUV, wonach die Rechtsetzungsorgane Rat, Kommission und Europäisches Parlament und Rat gemeinsam „nach Maßgabe dieses Vertrages" die in diesem vorgesehenen Rechtsakte erlassen können.[817] Diese gegenständlich begrenzte Kompetenz und das Erfordernis einer spezifischen Ermächtigungsgrundlage für ein Tätigwerden der Gemeinschaft und ihrer Organe werden als Prinzip der begrenzten Einzelermächtigung bezeichnet.[818] Das Prinzip der begrenzten Einzelermächtigung hat eine legitimierende Funktion. Es fungiert als Element einer Legitimationskette, die das Recht der Europäischen Gemeinschaften an das Demokratieprinzip bindet, und ist damit Ausdruck einer formalen Gesetzlichkeit, die Teilhabe der europäischen Bürger an der europäischen Gesetzgebung sichert.[819] Um originäres Strafrecht zu setzen, müsste also eine Ermächtigungsgrundlage im EGV der Europäischen Gemeinschaft die Kompetenz zur Strafgesetzgebung ausdrücklich übertragen.

2. Keine originäre Kompetenz zur Strafgesetzgebung

Auch wenn vereinzelt darauf hingewiesen wird, man solle das Strafrecht nicht grundsätzlich aus dem Anwendungsbereich des Gemeinschaftsrechts ausschließen[820], besteht Einigkeit dahin, dass die Mitgliedstaaten der Europäischen Gemeinschaft die Ausübung einer so wesentlichen Befugnis wie die Androhung und Verhängung von echten Kriminalstrafen ohne eine entsprechende ausdrückliche Ermächtigung der Europäischen Gemeinschaft nicht eingeräumt haben.[821]

---

[816] Hecker, Europäisches Strafrecht, § 4 Rn 83; Dannecker, Jura 1998, S. 79, 80; Satzger, Europäisierung des Strafrechts, S. 33 f.; Dannecker, Jura 2006, S. 95, 96.

[817] Streinz, Europarecht, Rn 436.

[818] Herdegen, Europarecht, § 9 Rn 189; zum Prinzip der begrenzten Einzelermächtigung und zum Erlass sekundären Gemeinschaftsrechts eingehend Oppermann, Europarecht, § 6 Rn 513; *Calliess* in: Calliess/Ruffert, EUV/EGV, Art. 5 EGV Rn 8 ff.

[819] Braum, wistra 2006, S. 121, 123, bezeichnet zu Recht das Prinzip der begrenzten Einzelermächtigung als eine europäische Willkürschranke der Gesetzlichkeit, die für Befugnismissbräuche unüberwindbar bleiben soll. Es bildet daher das rechtsverbindliche Gegengewicht zur politischen Opportunität.

[820] Nach Zuleeg, JZ 1992, S. 761, 762 seien die Mitgliedstaaten verpflichtet, ihr nationales Recht der Europäischen Integration unterzuordnen, denn ein absoluter Souveränitätsvorbehalt in einzelnen Rechtsbereichen bei den Mitgliedstaaten könne sich aus integrativen Gesichtspunkten kontraproduktiv erweisen.

[821] Eingehend hierzu Satzger, Europäisierung des Strafrechts, S. 92 ff., 143; vgl. bereits Sieber, ZStW 103 (1991), S. 957, 969; ferner Oehler, FS-Baumann, S. 561 f.

Die Europäischen Gemeinschaft verfügt sowohl nach Auffassung der deutschen Rechtsprechung[822], der rechtswissenschaftlichen Literatur[823] und auch des EuGH[824] über keine originäre Kompetenzen zum Erlass von Strafgesetzen. Der Bereich des Strafrechts lässt sich dabei insbesondere in Abgrenzung zu bloßen

---

822 BGHSt 25, 190, 193 f.; BGHSt 41, 127, 131 f.; BayOLGSt 1992, 121, 122; vgl. OLG Koblenz, NStZ 1989, S. 188, 189; OLG Stuttgart, NJW 1990, S. 657, 658.

823 Albrecht, Die vergessene Freiheit, S. 166; Albrecht/Braum, KritV 2001, S. 312, 313; Hecker, Europäisches Strafrecht, § 4 Rn 101; Schünemann, GA 2002, S. 501, 502; Tiedemann, NJW 1993, S. 23; Dannecker, JZ 1996, S. 869; Dannecker, Jura 1998, S. 79; Weigend, ZStW 105 (1993), S. 774, 779; *Zuleeg* in: Sieber (Hrsg.), Europäische Einigung und Europäisches Strafrecht, S. 43; Sieber, ZStW 103 (1991), S. 957, 969; Kaiafa-Gbandi, KritV 1999, S. 162, 165 f.; Zuleeg, JZ 1992, S. 761, 762; vgl. *Dannecker* in: Wabnitz/Janovsky, Hdb. Wirtschafts- und Steuerstrafrecht, 2. Kap. Rn 69 m.w.N.; vgl. auch BT-Drs. 14/4991, S. 9; Oppermann, Europarecht, § 7 Rn 698; Tröndle/Fischer, Vor §§ 3 bis 7 Rn 6; a.A. Pache, Der Schutz der finanziellen Interessen der Europäischen Gemeinschaften, S. 355 bzgl. der Kompetenz der EG zum Erlass von Sanktionsvorschriften zum Schutz der EG-Finanzinteressen.

824 So auch Satzger, Europäisierung des Strafrechts, S. 97; zustimmend Hecker, Europäisches Strafrecht, § 4 Rn 86; Die Rechtsprechung des EuGH lässt sich allerdings unterschiedlich interpretieren: In früheren Entscheidungen, in denen sich der EuGH unter anderem mit der Frage einer originären Sanktionskompetenz der EG befasste, wies er die Zuständigkeit für die Schaffung von Strafsanktionen den einzelnen Mitgliedstaaten zu. In anderen Urteilen findet sich die Formulierung, die Mitgliedstaaten seien nur dann befugt, die Sanktionen zu wählen, die ihnen sachgerecht erscheinen, wenn das Gemeinschaftsrecht keine Vorschrift enthalte, die für den Fall ihrer Verletzung durch den Einzelnen bestimmte Sanktionen vorsehe. In dem Urteil des EuGH vom 27.10.1992 (Bundesrepublik Deutschland/Kommission) kam der Gerichtshof zu dem Ergebnis, dass die EG eine Kompetenz zustehe, alle Verwaltungssanktionen einzuführen, die zur Durchführung der Gemeinsamen Agrarpolitik erforderlich seien. Zu den Kompetenzen der Gemeinschaft für die Schaffung strafrechtlicher Normen nahm der Gerichtshof aber gerade nicht Stellung, obwohl die deutsche Bundesregierung als Klägerin der EG eine entsprechende Gesetzgebungskompetenz im konkreten Fall abgesprochen hatte, weil es sich bei den im Verfahren streitigen Sanktionen ihrer Ansicht nach teilweise um strafrechtliche Sanktionen handelte. Der Gerichtshof lehnte die Einstufung der streitgegenständlichen Maßnahmen als Sanktion ab und betonte ausdrücklich, dass nicht über die Zuständigkeit auf dem Gebiet des Strafrechts zu entscheiden war. Zur Rechtsprechung im Einzelnen siehe: EuGH Slg. 1981, 2595 (Casati); EuGH Slg. 1989, 195 (Cowan/Trésor public); EuGH Slg. 1977, 139 (Amsterdam Bulb); EuGH Slg. 1990, 2911 (Hansen); EuGH, Slg. 1992, 5383 (Bundesrepublik Deutschland/Kommission). Schließlich hat der EuGH in zwei neueren Entscheidungen klargestellt, dass das Strafrecht grundsätzlich nicht in die Zuständigkeit der Gemeinschaft falle: EuGH EuZW 2005, S. 632 ff. (Umweltstrafrecht); EuGH JZ 2008, S. 248 ff. (Meeresverschmutzung); zu den Einzelheiten der Entscheidungen siehe unten C. II. 3.

zivil- oder verwaltungsrechtlichen Sanktionen anhand des Vorkommens von Kriminalstrafe, verstanden als Sanktion samt darin zum Ausdruck kommenden sozialen Unwerturteils, bestimmen.[825] Regelmäßig dürfte es sich bei solchen Sanktionen um Freiheitsstrafen oder in solche umwandelbare Geldstrafen handeln.[826]

Nach wie vor sehen die Mitgliedstaaten der durch den Vertrag von Maastricht vom 7. Februar 1992 gegründeten Europäischen Union, deren wichtigste Grundlage die Europäische Gemeinschaft ist, im Strafrecht die Bestätigung ihrer Souveränität.[827] Auch der am 2. Oktober 1997 unterzeichnete und am 1. Mai 1999 in Kraft getretene Vertrag von Amsterdam, der den Unionsvertrag von Maastricht weiterentwickelt, eröffnet diesbezüglich keine neuen Perspektiven. Auch die konsolidierte Fassung des Vertrages über die Europäische Union (Vertrag von Nizza) ändert an der durch den Vertrag von Amsterdam bestehenden Rechtslage nichts wesentliches.

Begründet wird das Fehlen einer originären Strafgesetzgebungskompetenz der EG unter anderem damit, dass die Besonderheiten der strafrechtlichen Materie zu einer restriktiven Auslegung führen müssten, so dass kriminalstrafrechtliche Sanktionsvorschriften nicht auf die im EGV vorhandenen Kompetenzvorschriften gestützt werden könnten. Zulässig sei lediglich die Schaffung punitiver Sanktionsnormen (Strafrecht im weiteren Sinne). Die Mitgliedstaaten hätten zu keinem Zeitpunkt eine so bedeutsame Befugnis wie die Androhung und Verhängung echter Kriminalstrafen der EG übertragen. Diese Auffassung wird durch die Regelungen des EUV bestätigt, in denen das Strafrecht eben gerade nicht als eine dem Gemeinschaftsrecht, sondern der intergouvernementalen Zusammenarbeit zugewiesene Materie angesehen wird.[828]
Ferner wird gegen die Kompetenz der EG, strafrechtliche Sanktionsvorschriften zu erlassen, eingewandt, eine unmittelbare Strafrechtssetzung durch die Ge-

---

[825] Pohl, ZIS 2006, S. 213.

[826] Zur Abgrenzung des hier maßgeblichen Kriminalstrafrechts zum Strafrecht im weiteren Sinn: Hecker, Europäisches Strafrecht, § 4 Rn 77; Satzger, Europäisierung des Strafrechts, S. 79.

[827] Dannecker, Jura 1998, S. 79, 80; Weigend, ZStW 105 (1993), S. 774, 775; vgl. Oehler, FS-Baumann, S. 561.

[828] Statt vieler: Albrecht/Braum, KritV 1998, S. 460, 471.

meinschaft verstoße gegen das Demokratieprinzip.[829] Strafrechtsnormen stellen einen besonders intensiven Eingriff in die Rechtssphäre des durch sie betroffenen Einzelnen dar und dürfen daher ausschließlich von einem demokratisch legitimierten Gesetzgeber erlassen werden.[830] Einen solchen unmittelbare demokratisch legitimierten Gesetzgeber gebe es wegen des gemeinschaftlichen Demokratiedefizits auf Gemeinschaftsebene jedoch nicht, so dass die EG grundsätzlich keine originären strafrechtlichen Vorschriften erlassen kann.[831]

Damit ist der Erlass gemeinschaftlicher Strafnormen in Form von unmittelbarer Wirkung gegenüber dem Einzelnen entfaltenden Verordnungen derzeit ausgeschlossen.[832] Soweit ersichtlich gibt es bisher auch keine Verordnung der Gemeinschaft, durch die unmittelbar anwendbares Kriminalstrafrecht in den Mitgliedstaaten geschaffen wurde.

3. Anweisungskompetenz zur Strafgesetzgebung

Eine originäre Kompetenz der Gemeinschaft zum Erlass eigener strafrechtlicher Normen wird zwar abgelehnt, jedoch könnte ihr eine Anweisungskompetenz gegenüber den Mitgliedstaaten zustehen. Obwohl der EGV eine ausdrückliche Grundlage zur Schaffung von Straftatbeständen nicht enthält, wird in der Literatur eine Anweisungskompetenz in Bezug auf die Einführung von Straftatbeständen überwiegend bejaht.[833] Eine solche Anweisungskompetenz der Ge-

---

[829] So ausdrücklich Sieber, ZStW 103 (1991, S. 957, 969 ff. m.w.N., der außerdem durch gemeinschaftliche Rechtsetzung auf dem Gebiet des Strafrechts das Rechtsstaatsprinzip und den Grundsatz „nullem crimen sine lege“ als verletzt ansieht; vgl. auch Zuleeg, JZ 1992, S. 761, 763; a.A. in Bezug auf die strafrechtliche Rechtsetzung der EG zum Schutz der finanziellen Interessen: Pache, Der Schutz der finanziellen Interessen der Europäischen Gemeinschaften, S. 341.

[830] Vgl. Sieber, ZStW 103 (1991), S. 957, 970.

[831] Siehe hierzu Sieber, ZStW 103 (1991), S. 957, 970; Zuleeg, JZ 1992, S. 761, 763.

[832] *Dannecker* in: Wabnitz/Janovsky, Hdb. Wirtschafts- und Steuerstrafrecht, 2. Kap. Rn 69 m.w.N.

[833] Über die grundsätzliche Befugnis der Gemeinschaft, die Mitgliedstaaten mittels Richtlinien zur Sanktionierung bestimmter Verhaltensweisen zu verpflichten, besteht in der Literatur ganz überwiegend Einigkeit. Vgl. Satzger, Europäisierung des Strafrechts, S. 150 ff.; *Eser* in: Schönke/Schröder, Vorbem. § 1 Rn 26; Bottke, wistra 1991, S. 1, 5; Oppermann, Europarecht, § 7 Rn 697 und § 17 Rn 1260; Sieber, ZStW 103 (1991), S. 957, 972; Dannecker, Jura 2006, S. 95, 96; Weigend, ZStW 105 (1993), S. 774, 799; Oehler, FS-Jescheck, S. 1399, 1408; Tiedemann, NJW 1993, S. 23, 26; Schröder, Europäische Richtlinien und deutsches

meinschaft hat der EuGH in zwei Entscheidungen bestätigt.[834] Die Gemeinschaft kann in einer Richtlinie zur Verabschiedung nationaler Strafvorschriften anweisen.[835] Die Anweisungskompetenz ist jedoch streng von der Kompetenz, Straftatbestände auf Gemeinschaftsebene einzuführen, zu trennen.[836] Unmittelbar anwendbares Strafrecht darf allein der nationale Gesetzgeber erlassen. Die Strafbarkeit des Einzelnen folgt also stets aus dem nationalen Recht, nicht etwa aus

---

Strafrecht, S. 182 m.w.N.; Hecker, Europäisches Strafrecht, § 8 Rn 73; a.A. Albrecht/Braum, KritV 1998, S. 460, 471; Braum, Europäisches Strafgesetzlichkeit, S. 419; kritisch Rüter, ZStW 105 (1993), S. 30, 42.

834 Urteil des EuGH vom 13.09.2005, Rs. C-176/03 (Umweltstrafrecht), EuZW 2005, S. 632 ff. = NVwZ 2005, S. 1289 ff; ferner Urteil des EuGH vom 23.10.2007, Rs. C-440/05 (Meeresverschmutzung), NJW-Spezial 2007, 552 (red. Leitsatz) sowie ABI. C. 315 vom 22.12.2007, S. 9.

835 Zur Frage, wie intensiv das Gemeinschaftsrecht bei der Festlegung der Pönalisierungspflicht den nationalen Gesetzgeber anweisen und binden darf, siehe eingehend Schröder, Europäische Richtlinien und deutsches Strafrecht, S. 184 ff.; Von der Möglichkeit, die Mitgliedstaaten allgemein zum Erlass von Strafnormen zu verpflichten, hat die EG mehrfach Gebrauch gemacht. In der Regel erfolgt die Anweisung in der Handlungsform der Richtlinie. Unter anderem wurde die Richtlinie zur Koordinierung der Vorschriften betreffend Insider-Geschäfte (Richtlinie des Rates 91/592/EWG vom 13.11.1989, ABl. 1989, Nr. L 334 vom 18.11.1990, S. 30) und die Richtlinie zur Verhinderung der Nutzung des Finanzsystems zum Zwecke der Geldwäsche (Richtlinie des Rates 91/308/EWG vom 10.06.1991, ABl. 1991, Nr. L 166 vom 28.06.1991, S. 77 sowie Richtlinie des Europäischen Parlaments und des Rates 2001/97/EG vom 04.12.2001 zur Änderung der Richtlinie 91/308/EWG, ABl. L 344 vom 28.12.2001, S. 76) erlassen. Daneben betreffen die bisherigen Richtlinien, die zur Einführung nationaler Strafnormen verpflichten, z.B. Begleitpapiere für den Transport von Weinbau-Erzeugnissen und die im Weinsektor zu führenden Ein- und Ausgangsbücher, das Bilanz- und Außenwirtschaftsrecht und das Datenbankrecht. Kriminalpolitische Elemente finden sich auch in der Richtlinie zur Koordinierung der Verfahren zur Vergabe öffentlicher Bauaufträge (Richtlinie des Rates 93/37/EWG vom 14.06.1993, ABl. 1993, Nr. L 199 vom 09.08.1993, S. 54 ff.), die es ermöglichen soll, Unternehmer abzuweisen, die verurteilt worden sind oder gegen die Sozialgesetzgebung verstoßen haben. Kritisch zu den erstgenannten Richtlinien und deren Umsetzung: Braum, Europäische Strafgesetzlichkeit, S. 171 ff.; Albrecht/Braum, KritV 2001, S. 312, 333 ff.

836 Hecker, Europäisches Strafrecht, § 8 Rn 2; vgl. Albrecht/Braum, KritV 2001, S. 312, 320 f.; *Dannecker* in: Wabnitz/Janovsky, Hdb. Wirtschafts- und Steuerstrafrecht, 2. Kap. Rn 70; Dannecker, Jura 1998, S. 79, 81; Sieber, ZStW 103 (1991), S. 957, 972; Tiedemann, NJW 1993, S. 23, 26.

einer Richtlinie.[837] Im Ergebnis zielt eine derartige Kompetenz auf eine Harmonisierung nationaler Normen zum Schutz von EG-Interessen ab.[838]

a) Herleitung einer strafrechtlichen Anweisungskompetenz

Voraussetzung der Anweisungskompetenz ist eine im EG-Vertrag enthaltene Rechtsgrundlage, welche die Gemeinschaft zur Angleichung, Koordinierung und Harmonisierung mitgliedstaatlicher Rechtsvorschriften ermächtigt.[839] In der Literatur wird zum Teil angenommen, eine Anweisungskompetenz ergebe sich aus den einzelnen im EGV enthaltenen Rechtsgrundlagen, welche die EG zur Angleichung, Koordinierung und Harmonisierung mitgliedstaatlicher Rechtsvorschriften ermächtige[840], oder es werden die Art. 94, 95 EGV (Art. 100, 100a EGV a.F.) herangezogen[841], die den Erlass von Richtlinien zur Angleichung derjenigen Rechts- und Verwaltungsvorschriften der Mitgliedstaaten, die sich unmittelbar auf die Errichtung oder das Funktionieren des gemeinsamen Marktes auswirken, regeln.[842] Eine strafrechtliche Anweisungskompetenz der EG kann

[837] Daher nähert sich eine Richtlinie bedenklich stark einem kompetenzrechtlich unzulässigen Rechtsetzungsakt an, wenn eine Anweisung so detaillierte Vorgaben über Tatbestandsmerkmale und Rechtsfolgen enthält, dass dem nationalen Gesetzgeber praktisch überhaupt kein eigener inhaltlicher Gestaltungsspielraum mehr verbleibt.

[838] Vgl. Tiedemann, NJW 1993, S. 23, 26.

[839] Dannecker, Jura 2006, S. 95, 96.

[840] Bleckmann, FS-Stree/Wessels, S. 107, 111; vgl. Herdegen, Europarecht, § 9 Rn 191: In Anlehnung an die im amerikanischen Verfassungsrecht entwickelte sog. „implied-powers"-Lehre ist im Gemeinschaftsrecht anerkannt, dass die Gemeinschaften in engen Grenzen Kompetenzen wahrnehmen können, die ihnen nicht ausdrücklich zugewiesen sind, wenn sich deren Inanspruchnahme mit einer gewissen inneren Logik aus ausdrücklich übertragenen Befugnissen ergibt. Siehe auch *Dannecker* in: Wabnitz/Janovsky, Hdb. Wirtschafts- und Steuerstrafrecht, 2. Kap. Rn 70; zu den potentiellen Ermächtigungsgrundlagen für strafrechtliche Anweisungen eingehend: Hecker, Europäisches Strafrecht, § 8 Rn 44 ff.

[841] Vgl. Zuleeg, JZ 1992, S. 761, 767; Auf Grundlage des Art. 100a EGV a.F. wurde etwa die Richtlinie des Rates vom 10.06.1991 zur Verhinderung der Nutzung des Finanzsystems zum Zwecke der Geldwäsche (91/308/EWG), ABl. Nr. L 166/77, erlassen (Geldwäsche-Richtlinie); a.A. Albrecht/Braum, KritV 1998, S. 460, 471: Nach deren zutreffender Auffassung stellt Art. 95 EGV (Art. 100a EGV a.F.) keine Ermächtigungsnorm dar, die den nationalen Gesetzgeber zum Erlass von Strafnormen verpflichten kann, Rechtsvorschriften i.S.d. Art. 95 EGV (Art. 100a EGV a.F.) können nur solche Normen sein, die auch Bestandteile eines der Gemeinschaftskompetenz des EGV ausdrücklich zugewiesenen Rechtsgebiets sein können.

[842] Dannecker, Jura 1998, S. 79, 81; vgl. Herdegen, Europarecht, § 9 Rn 192.

sich aus der Bestimmung des Art. 280 Abs. 4 S. 1 EGV ergeben, wonach der Rat die erforderlichen Maßnahmen zur Verhütung und Bekämpfung von Betrügereien „zum Nachteil der finanziellen Interessen der EG“ ergreift.[843] Schließlich sieht ein Teil der Literatur in dem allgemeinen Solidaritätsgebot des Art. 10 EGV eine maßgebliche Kompetenzgrundlage für den Erlass strafrechtsrelevanter Sekundärrechtsanweisungen.[844]

b) Kritische Stellungnahme

Eine Anweisungskompetenz der Europäischen Gemeinschaft ist aus rechtsstaatlichen Gesichtspunkten nicht unbedenklich, denn es fehlt der Europäischen Gemeinschaft nicht nur an einer originären Kompetenz zur Strafgesetzgebung, sondern auch an einer parlamentarisch-demokratischen Gesetzgebung auf dem Gebiet des Strafrechts.[845]

Zwar kann dem entgegengehalten werden, dass eine verstärkte Einschaltung des Europäischen Parlaments nicht notwendigerweise eine parlamentarische Legitimation bedeute, dass ferner die Common-Law-Tradition auch im kriminalstrafrechtlichen Bereich keinen Gesetzesvorbehalt kenne, dass eine solcher Vorbehalt angesichts einer Krise des traditionellen Parlamentarismus möglicherweise durch rechtlich weitgehend unabhängige Verwaltungsinstanzen ersetzt werden kann, und dass schließlich eine Anweisungskompetenz formell nicht mit einer Rechtssetzungsbefugnis identisch ist.[846]

Nach allgemeinen demokratischen und rechtsstaatlichen Grundsätzen bedarf die Einführung von Sanktionsnormen jedoch einer besonderen parlamentarisch-demokratischer Legitimation.[847] Aus Art. 249 Abs. 1 EGV folgt, dass der Rat bei Verordnungen und Richtlinien mit als Hauptgesetzgeber fungiert. Hinsichtlich der Anweisungskompetenz zur Strafgesetzgebung erscheint es daher bedenklich, dass der Rat als Hauptgesetzgeber der EG aus Vertretern der Exekutive der Mit-

---

[843] Hecker, Europäisches Strafrecht, § 8 Rn 40.

[844] Böse, Strafe und Sanktionen, S. 415 f., Tiedemann, NJW 1993, S. 23, 26; Schröder, Europäische Richtlinien und deutsches Strafrecht, S. 195.

[845] Oppermann, Europarecht, § 7 Rn 698.

[846] Vgl. Tiedemann, NJW 1993, S. 23, 26.

[847] *Dannecker* in: Wabnitz/Janovsky, Hdb. Wirtschafts- und Steuerstrafrecht, 2. Kap. Rn 71; vgl. Sieber, ZStW 103 (1991), S 957, 969 ff.; Weigend, ZStW 105 (1993), S. 774, 800.

gliedstaaten zusammengesetzt ist, die befugt sind, für die Regierung der Mitgliedstaaten entsprechend Art. 203 Abs. 1 EGV verbindlich zu handeln.[848] Die strafrechtliche Anweisungskompetenz weist demnach ein demokratisches Defizit auf.

c) Beschränkung der strafrechtlichen Anweisungskompetenz

Das Subsidiaritätsprinzip nach Art. 5 Abs. 2 EGV beschränkt die Anweisungskompetenz der EG auf solche Sachverhalte, die sich nicht effektiv auf nationaler Ebene regeln lassen, damit die Inanspruchnahme der gemeinschaftlichen Regelungsgewalt nicht ausufert.[849] Es ist anzunehmen, dass das Subsidiaritätsprinzip der Ausübung strafrechtlicher Harmonisierungsbefugnisse auf den Gebieten gemeinsamer Politik in weiten Teilen entgegensteht. Die Mitgliedstaaten werden in der Regel selbst in der Lage sein, hinreichende strafrechtliche Maßnahmen zu ergreifen, um die Realisierung einer gemeinsamen Politik zu gewährleisten.[850] Einer europarechtlichen Vorgabe bedarf es dann nicht.

Des Weiteren sollten entsprechend dem Verhältnismäßigkeitsprinzip gemäß Art. 5 Abs. 3 EGV nur dann Anweisungen zum Erlass oder der Harmonisierung strafrechtlicher Regelungen getroffen werden, wenn dies zur Verwirklichung von Zielen des EGV geeignet und erforderlich ist.[851] Wenn mehrere geeignete Gemeinschaftsmaßnahmen für die Zielerreichung zur Auswahl stehen, muss die für die Mitgliedstaaten am wenigsten belastende gewählt werden. Ferner müssen die auferlegten Belastungen in einem angemessenen Verhältnis zu den angestrebten Zielen stehen. In den Fällen, in denen nicht bereits das Subsidiaritätsprinzip der Ausübung einer strafrechtlichen Harmonisierungskompetenz der EG entgegensteht, bewirkt der Verhältnismäßigkeitsgrundsatz, dass die Gemein-

---

[848] So weist Tiedemann, NJW 1993, S. 23, 28, zu Recht darauf hin, dass das Gesetzlichkeitsprinzip im Sekundärrecht der EG auf Schwierigkeiten stößt, da „Gesetzgeber" ein Organ sei, das nach üblichem Verständnis der Exekutive angehört. Kritisch zur demokratischen Legitimation der Anweisungskompetenz auch Schröder, Europäische Richtlinien und deutsches Strafrecht, S. 185 f.

[849] Vgl. Herdegen, Europarecht, § 7 Rn 101; Hecker, Europäisches Strafrecht, § 8 Rn 64. Dabei ist zu beachten, dass das Subsidiaritätsprinzip keine Kompetenzschranke, sondern lediglich eine Kompetenzausübungsschranke darstellt, also voraussetzt, dass überhaupt eine Gemeinschaftskompetenz besteht. Vgl. Dannecker, Jura 2006, S. 95, 97.

[850] So zutreffend Hecker, Europäisches Strafrecht, § 8 Rn 66.

[851] Dannecker, Jura 2006, S. 95, 98 m.w.N.; vgl. hierzu auch Eisele, JA 2006, S. 991, 994.

schaftsmaßnahme nicht über das zur Zielerreichung notwendige Interventionsminimum hinausgeht. Demnach kann eine europäische Anweisung in Bezug auf Strafbestimmungen zum Schutz des Wettbewerbs nur wirksam erfolgen, wenn sie im Einklang mit dem Subsidiaritäts- und Verhältnismäßigkeitsprinzip steht. Soweit ersichtlich ist bisher keine Anweisung in Form einer Richtlinie zur Einführung strafrechtlicher Bestimmungen zum Schutz des Wettbewerbs erfolgt.

4. Exkurs: Assimilierung

Der Vollständigkeit halber ist noch auf das sog. Assimilierungsprinzip einzugehen.[852] Die Assimilation steht am Beginn der Entwicklung europäischen Strafrechts.[853] Trotz fehlender Kompetenz der EG auf dem Gebiet des Strafrechts existieren gemeinschaftliche Regelungen, die den Anwendungsbereich der nationalen Strafrechtsordnungen ausdehnen, indem sie auf nationale Strafvorschriften verweisen und dadurch erreichen, dass die den Schutz nationaler Rechtsgüter bezweckenden Strafnormen auch für entsprechende Gemeinschaftsrechtsgüter anwendbar sind.[854]

So wird beispielsweise aus dem Art. 280 EGV (Art. 209a EGV a.F.) die Verpflichtung der Mitgliedstaaten abgeleitet, zum Schutz der finanziellen Interessen der EU dieselben – wenn nötig auch strafrechtlichen – Maßnahmen wie beim Schutz der jeweiligen nationalen Haushalte zu treffen. Im Hinblick auf das „Griechischer Mais“ – Urteil des EuGH[855] hatte diese Vorschrift lediglich deklaratorischen Charakter[856], denn in diesem Urteil hatte der EuGH bereits diese Verpflichtung vorgegeben. Nach Auffassung des EuGH sind die Mitgliedstaaten aufgrund ihrer Loyalitätspflicht aus Art. 10 EGV verpflichtet, alle geeigneten

---

[852] Ausführlich zum Assimilierungsprinzip siehe Hecker, Europäisches Strafrecht, § 7 Rn 1 ff.; eingehend auch Dannecker, Jura 2006, S. 95, 99 ff.

[853] So Braum, Europäische Strafgesetzlichkeit, S. 169.

[854] *Cuerta* in: Bausteine des europäischen Wirtschaftsstrafrechts, Madrid-Symposium, S. 367, 373; Dannecker, Jura 1998, S. 79, 81; vgl. Rosenau, ZIS 2008, S. 9, 10 m.w.N.

[855] EuGH Slg. 1989, 2965 ff. (Kommission/Republik Griechenland) = NJW 1990, S. 2245 f. Das Urteil betrifft die staatliche Duldung von Abschöpfungshinterziehung bei Drittlandeinfuhren und leitet aus dem Grundsatz der Gemeinschaftstreue die Verpflichtung der Mitgliedstaaten, im konkreten Fall Griechenland, ab, die Gemeinschaftsinteressen strafrechtlich ebenso wie die nationalen Interessen zu schützen und die Strafverfolgung zugunsten der ersteren ebenso sorgfältig und nachdrücklich wie die zugunsten letzteren zu betreiben.

[856] So Tiedemann, NJW 1993, S. 23, 25.

Maßnahmen zu ergreifen, um die Geltung und Wirksamkeit des Gemeinschaftsrechts zu gewährleisten.[857] Die Maßnahmen zum Schutz der finanziellen Interessen der Europäischen Union sollen wirksam, verhältnismäßig und abschreckend sein und können daher auch die Schaffung von und den Rückgriff auf Kriminalstrafnormen umfassen. Das Urteil zeigt eine erhebliche Beeinflussung der Mitgliedstaaten bei der nationalen Sanktions- und Strafgesetzgebung durch das Gemeinschaftsrecht.

Darüber hinaus betrifft im Bereich des primären Gemeinschaftsrechts die Ausdehnung des Anwendungsbereichs nationaler Straftatbestände durch EG-Vorschriften unter anderem die Aussagedelikte und Eidesverletzungen, die vor internationalen und supranationalen Gerichtshöfen begangen werden, den Geheimnisverrat der Bediensteten der Atomüberwachungsbehörden sowie Strafnormen zur Ahndung von Verstößen gegen die gemeinsame Verfahrensordnung des Gerichtshofes der Europäischen Gemeinschaft.[858] Auch im sekundären Gemeinschaftsrecht finden sich mehrere Verordnungen, die für die Verletzung gemeinschaftsrechtlicher Normen auf die inhaltlich entsprechenden nationalen Vorschriften verweisen und diese für anwendbar erklären.[859] In letzter Zeit hat man allerdings vom Erlass derartiger Verordnungen abgesehen, denn die Kompetenz der EG, die Strafbarkeit bestimmter Verhaltensweisen selbst zu begründen und damit unmittelbar geltendes materielles Strafrecht zu schaffen, wird zurecht in Frage gestellt.

5. Ausblick: Die Kompetenzlage nach dem Vertrag von Lissabon

Durch den Vertrag von Lissabon[860] werden die Art. 29 bis 39 EUV betreffend die polizeiliche und justizielle Zusammenarbeit in Strafsachen in die Art. 67 bis

---

[857] EuGH Slg. 1989, 2965, 2984 (Kommission/Republik Griechenland).

[858] Siehe *Dannecker* in: Wabnitz/Janovsky, Hdb. Wirtschafts- und Steuerstrafrecht, 2. Kap Rn 104 mit zahlreichen weiteren Nachweisen; Dannecker, Jura 1998, S. 7981; Überblick zur Einbeziehung gemeinschaftsrechtlicher ausländischer Rechtsgüter in den Anwendungsbereich des Strafrechts bei Dannecker, Jura 2006, S. 95, 100 f.

[859] Übersicht bei *Dannecker* in: Wabnitz/Janovsky, Hdb. Wirtschafts- und Steuerstrafrecht, 2. Kap Rn 105.

[860] Vertrag von Lissabon zur Änderung des Vertrags über die Europäische Union und des Vertrags zur Gründung der Europäischen Gemeinschaft, unterzeichnet in Lissabon am 13.12.2007, ABl. Nr. C 306 vom 17. Dezember 2007, S. 1 ff.

69e des Vertrages über die Arbeitsweise der Europäischen Union (AEUV-E)[861] überführt und teilweise geändert. Künftig können die nationalen Strafrechtsordnungen in Bereichen besonders schwerer, transnationaler Kriminalität gemäß Art. 69b Abs. 1 AEUV-E durch die Festlegung von Mindestvorschriften in Richtlinien harmonisiert werden. Die Regelung des Art. 69b Abs. 1 AEUV-E entspricht im Wesentlichen der bisherigen Rechtslage nach Art. 31 Abs. 1 lit. e) EUV, der eine Harmonisierung von Strafrechtsvorschriften der Mitgliedstaaten vorsieht. Im Gegensatz dazu sind mit der neuen Vorschrift im Vertrag von Lissabon bedeutsame Neuerungen im Übergang von der intergouvernementalen Rechtsetzung zum Mitentscheidungsverfahren (sog. Kodezisionsverfahren) nach Art. 251 EGV und in der Abänderung des Initiativrechts verbunden. Zudem entfällt die bisher umstrittene Begrenzung der Harmonisierungsbefugnisse auf die drei Bereiche der organisierten Kriminalität, des Terrorismus und des illegalen Drogenhandels.[862]

Künftig wird aber gemäß Art. 69b Abs. 1 AEUV-E eine „grenzüberschreitende Dimension“ Voraussetzung zur Harmonisierung der Bereiche besonders schwerer Kriminalität sein. Zur Konkretisierung dient der Katalog von Kriminalitätsbereichen in Art. 69b Abs. 1 Unterabsatz 2 AEUV-E, denen durch die Bezugnahme die besondere Schwere und grenzüberschreitende Dimension zugeschrieben wird. Neben den bisher von Art. 31 Abs. 1 lit. e) EUV erfassten Bereichen sind hier zusätzlich Menschenhandel, die sexuelle Ausbeutung von Kindern, illegaler Waffenhandel, Geldwäsche, Korruption, Fälschung von Zahlungsmitteln und Computerkriminalität genannt. Diese eindeutige vertragliche Festschreibung der bisher zum Teil im Schrifttum vorgenommenen Auslegung[863] ist als Erweiterung der strafrechtlichen Kompetenzen der EU zu werten. Hierfür spricht auch Art. 69b Abs. 1 Unterabsatz 3 AEUV-E, wonach der Rat je nach Entwicklung der Kriminalität einen Beschluss erlassen kann, in dem andere Kriminalitätsbereiche bestimmt werden, welche die Kriterien von Art. 69b Abs. 1 AEUV-E er-

---

[861] Der EGV wird gemäß Art. 2 des Vertrags von Lissabon nun in Vertrag über die Arbeitsweise der Europäischen Union (AEUV) unbenannt.

[862] Übersicht zum Streitstand bei Hecker, Europäisches Strafrecht, § 11 Rn 84 ff.; ferner siehe unten C. II. 2.

[863] Vgl. Ambos, Internationales Strafrecht, § 12 Rn 9 f.; *Röben* in: Grabitz/Hilf, EU, Art. 31 EUV Rn 17 f.; *Satzger* in: Streinz, EUV/EGV, Art. 31 EUV Rn 12; Hecker, Europäisches Strafrecht, § 11 Rn 84 f. m.w.N.

füllen.[864] Dieser Beschluss muss einstimmig sein, so dass darin ein Zugeständnis an die nationalen Vorbehalte bei der Überwindung des Säulenmodells gesehen werden könnte. Zu bedenken ist jedoch, dass Art. 69b Abs. 1 AEUV-E auf einen Übergang zu eine Mehrheitsentscheidung bei der Harmonisierung von Strafvorschriften der Mitgliedstaaten angelegt ist.

Nach Art. 69b Abs. 2 S. 1 AEUV-E kann die Festlegung von Mindestvorschriften in Richtlinien künftig auch in bereits harmonisierten Politikbereichen erfolgen, sofern sich die Angleichung für die wirksame Durchführung der Politik der Europäischen Union auf dem entsprechenden Gebiet erforderlich ist. Diese Richtlinien werden nach dem gleichen ordentlichen oder besonderen Gesetzgebungsverfahren wie die betreffenden Harmonisierungsmaßnahmen erlassen. Unabhängig von der betreffenden Harmonisierungsmaßnahme gilt jedoch nach Art. 69b Abs. 2 S. 2 AEUV-E die Vorschrift des Art. 61i AEUV-E in jedem der Verfahren. Damit kann neben der Kommission stets auch ein Viertel der Mitgliedstaaten die strafrechtliche Rechtsetzung nach Art. 69 Abs. 2 AEUV-E einleiten, auch wenn dies im fraglichen Sachgebiet ansonsten ausgeschlossen ist.

Damit wird die auf Grundlage der bisher geltenden Verträge bestehende Meinungsverschiedenheit um die Anweisungs- bzw. Annexkompetenz für die Zeit nach Inkrafttreten des AEUV-E entschieden.[865] Die Stellung der Kommission wird gegenüber dem Rat gestärkt, da aufgrund der Auflösung der Säulenstruktur künftig sämtliche Harmonisierungsmaßnahmen supranational erfolgen. Daneben wird aber die Position der Kommission auch geschwächt, denn entsprechend Art. 61i AEUV-E wird sie nicht über ein ausschließliches Initiativrecht verfügen.

Aufgrund der weiten Normfassung können künftig strafrechtliche Mindestvorschriften für grundsätzlich jeden Politikbereich erlassen werden, sofern im frag-

[864] Vgl. hierzu BT-Drs. 16/8300, S. 176.

[865] Vgl. BT-Drs. 16/8300, S. 176; nach Hefendehl, ZIS 2006, S. 161, 165, der noch auf den im Wesentlich gleichen Art. III-271 der geplanten Europäischen Verfassung Bezug nimmt, wird hierdurch eine Gleichschaltung des Strafrechts mit jeder anderen Materie erreicht. Siehe auch Dannecker, Jura 2006, S. 173, 176 f.

lichen Sachgebiet bereits Harmonisierungsmaßnahmen erfolgt sind.[866] Im Bereich des Schutzes der Finanzinteressen der EG soll durch den Vertrag von Lissabon der bisherige strafrechtliche Vorbehalt des Art. 280 Abs. 4 S. 2 EGV künftig gestrichen werden.[867] Indem völlig auf diesen Satz verzichtet wird, zeigt sich, dass im Rahmen der „Betrugsbekämpfung" künftig echte supranationale Kriminaltatbestände erlassen werden können, also die EG auf diesem Gebiet eine eigene originäre Strafgewalt erhält.[868]

Im Ergebnis ist auch nach den Bestimmungen des Vertrags von Lissabon künftig eine umfassende Vereinheitlichung des Strafrechts, etwa durch ein Europäisches Strafgesetzbuch, nicht möglich. Eine originäre Strafrechtskompetenz wird lediglich beschränkt auf den Bereich der „Betrugsbekämpfung" eingeführt. Zwar erfährt die Anweisungs- bzw. Annexkompetenz eine Ausweitung, kann jedoch zugleich durch die Art. 69b Abs. 3 AEUV-E vorgesehene Vetomöglichkeit faktisch nur einstimmig ausgeübt werden, sofern der jeweilige Richtlinienentwurf grundlegende Aspekte der Strafrechtsordnung eines Mitgliedstaates berührt.

Der Bundestag hat am 24. April 2008 dem Ratifizierungsgesetz zum Vertrag von Lissabon mit mehr als zwei Dritteln der Stimmen zugestimmt. Der Vertrag soll am 1. Januar 2009 in Kraft treten.

6. Zwischenergebnis

Soweit die Gemeinschaft im Rahmen der ihr zustehenden Kompetenzen zur Harmonisierung tätig wird, kann sie Richtlinienvorgaben treffen, die darauf abzielen, bestimmte Verhaltensweisen gemeinschaftsweit zu unterbinden. Europa-

---

[866] Der Befürchtung, durch Art. 69b Abs. 1 und Abs. 2 des Vertrags von Lissabon könne die Union einem Mitgliedstaat mehrheitlich eine ungewollte Strafrechtsordnung aufzwingen, steht die Sicherungsregelung des Abs. 3 dieser Bestimmung entgegen. Danach kann ein Mitgliedstaat, der der Auffassung ist, der Entwurf einer Richtlinie berühre grundlegende Aspekte seiner Strafrechtsordnung, beantragen, dass das ordentliche Gesetzgebungsverfahren ausgesetzt und der Europäische Rat befasst wird. Grundlegende Aspekte einer Strafrechtsordnung dürften dann berührt sein, wenn es sich um durch das nationale Verfassungsrecht garantierte Grundsätze wie den Schuldgrundsatz oder den Bestimmtheitsgrundsatz handelt.

[867] Art. 2 Ziffer 276 des Vertrags von Lissabon.

[868] So auch Rosenau, ZIS 2008, S. 9, 16; Fromm, HRRS 2008, S. 87, 94; vgl. BT-Drs. 16/8300, S. 194; Satzger, Internationales und Europäisches Strafrecht, § 7 Rn 41 f.

rechtliche Vorgaben an die Mitgliedstaaten sollten aber nicht zur Verabschiedung einzelner vorformulierter Strafvorschriften verpflichten.[869] Die Verpflichtung der Mitgliedstaaten darf nicht in einer starren, unausweichlich engen Vorformulierung des Tatbestandes bestehen. Vielmehr muss dem einzelnen Mitgliedstaat die Möglichkeit der Tatbestandsformulierung offengelassen werden. Außerdem muss ihm die Einordnung der Zuwiderhandlung als Ordnungswidrigkeit oder Straftat überlassen bleiben. Andernfalls würde man unzulässig in das Strafsetzungsrecht der Mitgliedstaaten eingreifen.[870]

Im Ergebnis kann die Europäische Gemeinschaft daher grundsätzlich die Mitgliedstaaten durch Richtlinien zum Erlass von Strafnormen anweisen, die wettbewerbsbeeinträchtigende Verhaltensweisen unterbinden sollen. Soweit ersichtlich existiert derzeit keine solche Richtlinie.

II. Strafgesetzgebung im Rahmen intergouvernementaler Zusammenarbeit

Die Ausgestaltung im Bereich der „dritten“ Säule des EUV lässt sich – wie bereits erörtert – zur Begründung der Auffassung heranziehen, dass die EG keine generelle Kompetenz zum Erlass strafrechtlicher Normen hat, denn die Regelungen über die Zusammenarbeit in Strafsachen wird der intergouvernementalen[871] Zusammenarbeit zugeordnet.[872] Die Mitgliedstaaten werden vielmehr in ihrer Pflicht zur polizeilichen und justiziellen Zusammenarbeit im Rat durch Beschlüsse des Rates unterstützt. Die polizeiliche und justizielle Zusammenarbeit in Strafsachen ist in den Art. 29 ff. EUV geregelt und macht die dritte „Säule“

---

[869] Vgl. Oehler, FS-Baumann, S. 561, 566; Schröder, Europäische Richtlinien und deutsches Strafrecht, S. 188.

[870] Oehler, FS-Jescheck, S. 1399, 1408; Schröder, Europäische Richtlinien und deutsches Strafrecht, S. 188.

[871] Als Intergouvernementalismus bezeichnet man im Völkerrecht und der Politikwissenschaft das Prinzip der Regierungszusammenarbeit zwischen Staaten innerhalb einer internationalen Organisation, beispielsweise der UNO, oder der Europäischen Union, in der vor allem in der „zweiten“ und „dritten“ Säule des europäischen Säulenmodells das Prinzip der Intergouvernementalität herrscht. Das heißt die Entscheidungskompetenz verbleibt bei den Staaten, somit hat auch jeder Staat bei Einstimmigkeitsentscheidungen ein Vetorecht.

[872] *Sieber* in: Bausteine des europäischen Wirtschaftsstrafrechts, Madrid-Symposium, S. 349, 356; Schröder, Europäische Richtlinien und deutsches Strafrecht, S. 139 ff., 141; Eisele, JA 2006, S. 896, 898.

der Europäischen Union aus (Titel VI des EUV). Die Ausgestaltung der dritten „Säule“ dient in erster Linie der Bewältigung von Folgeerscheinungen einer konsequenten Verwirklichung des Binnenmarktes.[873]

Ziel der polizeilichen und justiziellen Zusammenarbeit in Strafsachen nach Titel VI des EUV ist gemäß Art. 29 Abs. 1 EUV, den Bürgern in einem Raum der Freiheit, der Sicherheit und des Rechts ein hohes Maß an Sicherheit zu bieten. Hierzu soll die Europäische Union ein gemeinsames Vorgehen der Mitgliedstaaten im Bereich der polizeilichen und justiziellen Zusammenarbeit in Strafsachen entwickeln. Nach Art. 29 Abs. 2 EUV soll das in Abs. 1 genannte Ziel durch die Verhütung und die Bekämpfung der – organisierten oder nichtorganisierten – Kriminalität, insbesondere des Terrorismus, des Menschenhandels, der Bestechung und Bestechlichkeit sowie des Betrugs erreicht werden. Nach Art. 31 Abs. 1 lit. e) EUV erstreckt sich das gemeinsame Vorgehen der EU im Bereich der justiziellen Zusammenarbeit in Strafsachen auf die Annäherung von Strafvorschriften, genauer: auf die schrittweise Annahme von Maßnahmen zur Festlegung von Mindestvorschriften im Tatbestands- und Rechtsfolgenbereich solcher Delikte, die der Organisierten Kriminalität, dem Terrorismus oder dem illegalen Drogenhandel zugerechnet werden. Hierzu stehen der Union die in Art. 34 EUV genannten Handlungsformen und Verfahren zur Verfügung, erfordern jedoch entsprechend Art. 34 Abs. 2 EUV ein einstimmiges Vorgehen aller EU-Mitgliedstaaten.[874]

1. Handlungsformen nach dem Unionsvertrag

Art. 34 EUV enthält in Verbindung mit den Aufgabenbestimmungen des Titels VI „Bestimmungen über die polizeiliche und justizielle Zusammenarbeit in Strafsachen“ eine ausreichende Handlungsermächtigung zur Koordinierung mitgliedstaatlichen Vorgehens und zum Erlass von Rechtsakten im Rahmen der intergouvernementalen Zusammenarbeit in Strafsachen. Im Unterschied zu den Rechtsakten nach Art. 249 EGV sieht Art. 34 EUV keine supranationalen Elemente in den Wirkungen der Ratsbeschlüsse vor. Die mit Außenwirkung bedachten Beschlüsse wenden sich nur an die Mitgliedstaaten als solche und wir-

[873] Herdegen, Europarecht, § 30 Rn 467.

[874] Da die Maßnahmen nach Art. 34 EUV dem Einstimmigkeitsprinzip unterfallen, steht eine politische Uneinigkeit der Mitgliedstaaten der Realisierung strafrechtlicher Harmonisierungsprojekte grundsätzlich entgegen.

ken sich weder auf staatliche Organe noch auf den Einzelnen aus, es sei denn, das Recht eines Mitgliedstaates sieht für internationale Verträge oder Beschlüsse etwas anderes vor. Art. 34 Abs. 2 EUV enthält einen Katalog von Handlungsformen, derer sich der Rat bedienen kann, wenn er Maßnahmen ergreift und eine Zusammenarbeit der Mitgliedstaaten fördern möchte.

Der Maßnahmenkatalog knüpft an die Aufzählung des ehemaligen Art. K.3 Abs. 2 des Vertrages von Maastricht an. Allerdings wurde die in Art. K.3 Abs. 2 lit. b) des Vertrages von Maastricht vorgesehene „gemeinsame Maßnahme" durch die Handlungsformen „Rahmenbeschluss" und „Beschluss" ersetzt.[875] Auf Initiative eines Mitgliedstaates oder der Kommission kann der Rat gemeinsame Standpunkte, Rahmenbeschlüsse zur Angleichung der Rechts- und Verwaltungsvorschriften der Mitgliedstaaten, Beschlüsse für jeden anderen Zweck annehmen oder Übereinkommen erstellen. Die Handlungsformen werden im folgenden näher dargestellt.

a) Gemeinsame Standpunkte

Bei Gemeinsamen Standpunkten i.S.d. Art. 34 Abs. 2 lit. a) EUV handelt es sich um die Bekanntgabe eines gemeinsamen politischen Wissens und Willens der Mitgliedstaaten und der Europäischen Union.[876] Hierdurch bestimmt der Rat das Vorgehen der Europäischen Union in einer bestimmten Frage. Gemeinsame Standpunkte sind insbesondere für die Außenbeziehungen der Union und ihrer Mitgliedstaaten von Bedeutung.[877] Zur Bindungswirkung eines gemeinsamen Standpunkts gegenüber den Mitgliedstaaten oder den Organen der Union enthält Art. 34 EUV keine ausdrückliche Regelung. Im Hinblick auf die zu den anderen Handlungsformen (vgl. Art. 34 Abs. 2 lit. b), c) EUV) getroffenen Regelung ist eine generelle rechtliche Bindung zu verneinen.[878]

---

[875] Geiger, EUV/EGV, Art. 34 EUV Rn 1 f.

[876] Streinz, Europarecht, § 5 Rn 422b; Braum, Europäische Strafgesetzlichkeit, S. 163; Oppermann, Europarecht, § 6 Rn 582.

[877] *Suhr* in: Calliess/Ruffert, EUV/EGV, Art. 34 EUV Rn 11.

[878] Geiger, EUV/EGV, Art. 34 EUV Rn 4; Oppermann, Europarecht, § 6 Rn 582; a.A. Streinz, Europarecht, § 5 Rn 422b, nach dessen Auffassung die gemeinsame Standpunkte völkerrechtliche Verbindlichkeit für die Staaten der Union haben, aber keine unmittelbare Durchgriffswirkung auf das innerstaatliche Recht besteht. Vgl. zum Streitstand auch *Suhr* in: Calliess/Ruffert, EUV/EGV, Art. 34 EUV Rn12.

b) Rahmenbeschluss

Um den Regelungskomplex der polizeilichen und justiziellen Zusammenarbeit in Strafsachen effektiver zu gestalten, wurde durch den Vertrag von Amsterdam die frühere Handlungsform der gemeinsamen Maßnahme nach dem Vertrag von Maastricht durch den Rahmenbeschluss zur Angleichung der Rechts- und Verwaltungsvorschriften gemäß Art. 34 Abs. 2 lit. b) EUV und den sonstigen Beschluss gemäß Art. 34 Abs. 2 lit. c) EUV ersetzt. Von der gemeinsamen Maßnahme unterscheidet sich der Rahmenbeschluss durch die primär vertraglich festgelegte Zielverbindlichkeit. Der Rahmenbeschluss ist in seiner Struktur der Richtlinie i.S.d. Art. 249 Abs. 3 EGV im Bereich des supranationalen Rechts nachgebildet[879] und dient der Harmonisierung des mitgliedstaatlichen Rechts im Bereich der polizeilichen und justiziellen Zusammenarbeit in Strafsachen. Er ist hinsichtlich seines Ziels für die Mitgliedstaaten verbindlich, überlässt diesen aber die Wahl der Form und Mittel bei der Umsetzung.[880] Im Unterschied zur Richtlinie ist ein Rahmenbeschluss nicht unmittelbar wirksam.[881] Als Folge hiervon hat der Rahmenbeschluss weder innerstaatliche Geltung noch entfaltet er eine direkte Wirkung gegenüber dem Einzelnen, sondern bedarf der Umsetzung durch die Mitgliedstaaten.[882]

Für die Anwendung eines Rahmenbeschlusses im innerstaatlichen Bereich ist allein das staatliche Recht maßgeblich, das gegebenenfalls durch staatliche Rechtsetzungsverfahren angepasst werden muss. Die Verbindlichkeit gegenüber den EU-Staaten bestimmt sich nicht nach den die EG kennzeichnenden supranationalen, sondern nach den allgemeinen völkerrechtlichen Grundsätzen, die es erlauben, den Besonderheiten der Europäischen Union Rechnung zu tragen.[883]

---

[879] Tiedemann, Wirtschaftsstrafrecht, § 2 Rn 84a; vgl. Wasmeier, ZEuS 2006, S. 23, 27.

[880] Geiger, EUV/EGV, Art. 34 EUV Rn 6; Hobe, Europarecht, § 30 Rn 1038.

[881] Satzger, Internationales und Europäisches Strafrecht, § 7 Rn 32; a.A. *Brechmann* in: Calliess/Ruffert, EUV/EGV, 2. Aufl., 2002 (Vorauflage), Art. 34 EUV Rn 7; zum Streitstand Adam, EuZW 2005, S. 558, 560.

[882] Tiedemann, ZStW 116 (2004), S. 945, 952.

[883] Streinz, Europarecht, § 5 Rn 422c; vgl. auch Geiger, EUV/EGV, Art. 34 EUV Rn 6; a.A. Wasmeier, ZEuS 2006, S. 23, 27 ff.; *Röben* in: Grabitz/Hilf, EU, Art. 34 EUV, Rn 14 ff.; Auch durch das Urteil des EuGH vom 16.06.2005 (Pupino), abgedruckt in: NJW 2005, S. 2839 ff. = JZ 2005, S. 838 ff., ist diese Einordnung nicht abschließend geklärt. Allerdings hat der EuGH, indem er auf eine Pflicht zur rahmenbeschlusskonformen Auslegung des nationalen Rechts erkannt hat, einer rein völkerrechtlichen Sichtweise eine Absage erteilt und

c) Sonstiger Beschluss

Der Rat kann nach Art. 34 Abs. 2 lit. c) EUV auch zu jedem anderen Zweck als der Rechtsangleichung Beschlüsse fassen. Die Beschlüsse sind – ebenso wie der Rahmenbeschluss – verbindlich.[884] Allerdings unterscheiden sie sich von den Rahmenbeschlüssen durch Zielsetzung und Adressaten. Sie dienen nicht der Angleichung von Verwaltungs- und Rechtsvorschriften und wenden sich nur an die rechtsanwendenden (Exekutiv-)Organe in den Mitgliedstaaten. Wie der Rahmenbeschluss entfaltet auch der einfache Beschluss keine unmittelbare Wirkung und begründet daher keine subjektiven Rechte zugunsten des Einzelnen.[885]

d) Übereinkommen der Mitgliedstaaten

Daneben besteht die Möglichkeit der Erstellung völkerrechtlicher Übereinkommen gemäß Art. 34 Abs. 2 lit. d) EUV, die der Rat den Mitgliedstaaten zur Annahme empfiehlt. Derartige Übereinkommen müssen nach den verfassungsrechtlichen Vorschriften der Mitgliedstaaten angenommen werden. Der Rat setzt eine Frist zur Einleitung des Vertragsschlussverfahrens, und die Mitgliedstaaten sind verpflichtet, das Vertragsschlussverfahren innerhalb der gesetzten Frist in Gang zu setzen. Eine Pflicht, den Vertrag zu schließen, besteht nicht. Das Übereinkommen tritt für die Mitgliedstaaten in Kraft, die es angenommen haben, sobald es von wenigstens der Hälfte der Mitgliedstaaten angenommen worden ist.[886]

---

deren Argumente zum Teil zurückgewiesen. Als Ergebnis hält der EuGH in dem Urteil fest, dass der Grundsatz der europarechtskonformen Auslegung in Bezug auf Rahmenbeschlüsse, die im Rahmen der polizeilichen und justiziellen Zusammenarbeit ergangen sind, anzuwenden sei. Soweit ein nationales Gericht das nationale Recht bei dessen Anwendung auszulegen habe, müsse es seine Auslegung so weit wie möglich an Wortlaut und Zweck des Rahmenbeschlusses ausrichten, um das mit ihm angestrebte Ergebnis zu erreichen. Grenzen dieser Verpflichtung zur europarechtskonformen Auslegung ergeben sich laut EuGH aus den allgemeinen Rechtsgrundsätzen und insbesondere dem Grundsatz der Rechtssicherheit und dem Rückwirkungsverbot. Kritisch zu dieser Entscheidung: von Unger, NVwZ 2006, S. 46 ff.; differenzierend Adam, EuZW 2005, S. 558, 561.

[884] Vgl. Hobe, Europarecht, § 30 Rn 1042.

[885] *Suhr* in: Calliess/Ruffert, EUV/EGV, Art. 34 EUV Rn 22; Geiger, EUV/EGV, Art. 34 EUV Rn 7f.

[886] Geiger, EUV/EGV, Art. 34 EUV Rn 9.

Die Übereinkommen selbst entfalten keine unmittelbare Wirkung in den Mitgliedstaaten.[887]

2. Qualifizierung und Zuordnung der Handlungsformen

Die Handlungsformen der dritten „Säule" bilden kein Gemeinschaftsrecht im engeren Sinn. Das sekundäre Recht der polizeilichen und justiziellen Zusammenarbeit stellt aber eine besondere Mischung aus supranationalen und völkerrechtlichen Elementen dar.[888] Allerdings sind auch im Rahmen der intergouvernementalen Zusammenarbeit die Züge einer Vergemeinschaftung bereits erkennbar. Belegen lässt sich das anhand der Kompetenzen, die dem Europäischen Gerichtshof gemäß Art. 35 EUV im Zusammenhang mit der polizeilichen und justiziellen Zusammenarbeit eingeräumt wurden.[889]

3. Grenzen der Strafrechtsangleichung im Rahmen der intergouvernementalen Zusammenarbeit

Im Rahmen der intergouvernementalen Zusammenarbeit kommt dem Subsidiaritätsprinzip nach Art. 2 Abs. 2 EUV keine Funktion als Kompetenzausübungsschranke zu, da es in der „dritten" Säule an einer hierarchischen Über-/Unterordnung zweier abgrenzbarer Kompetenzebenen fehlt.[890] Jedoch wird in Art. 29 EUV darauf hingewiesen, dass eine Annäherung der Strafvorschriften der Mitgliedstaaten nur erfolgt, soweit dies erforderlich ist. Hierdurch wird eine Begrenzung vorgenommen, denn strafrechtsrelevante Harmonisierungsmaßnahmen greifen in die staatliche Souveränität der Mitgliedstaaten ein. Die Annäherung des Strafrechts ist kein Selbstzweck, sondern muss sich im konkreten Einzelfall als eine zur Durchsetzung des in Art. 29 EUV beschriebenen Unionsziels erforderliche Maßnahme rechtfertigen lassen.[891] Kann also ein Unionsziel auch ohne Rechtsangleichung in ausreichender Weise verwirklicht werden, steht dies der Erforderlichkeit einer Harmonisierungsmaßnahme und damit ihrer Zulässigkeit entgegen.

[887] *Suhr* in: Calliess/Ruffert, EUV/EGV, Art. 34 EUV Rn 23.

[888] Oppermann, Europarecht, § 23 Rn 1576; Eisele, JA 2006, S. 896, 898.

[889] Albrecht/Braum, KritV 2001, S. 312, 317; Braum, Europäische Strafgesetzlichkeit, S. 166.

[890] *Blanke* in: Calliess/Ruffert, EUV/EGV, Art. 2 EUV Rn 20; Hecker, Europäisches Strafrecht, § 11 Rn 6.

[891] *Wasmeier/Jour-Schröder* in: Groeben/Schwarze, EUV/EGV, Art. 29 EUV Rn 19.

4. Zwischenergebnis

Infolge dessen können auch im Rahmen der intergouvernementalen Zusammenarbeit den einzelnen Mitgliedstaaten Vorgaben gemacht werden, bestimmte Verhaltensweisen zu kriminalisieren. Dies schließt Vorgaben in Bezug auf strafrechtliche Sanktionen zum Schutz des Wettbewerbs ein.

III. Ergebnis

Europäisches Strafrecht ist keine unmittelbare wirksame Zwangsordnung. Vielmehr stellt es einen rechtstechnischen Rahmen dar, mittels dessen eine assimilierende, harmonisierende und vereinheitlichende Wirkung auf das Strafrecht der Mitgliedstaaten erzielt werden kann.

Die Europäische Gemeinschaft hat bisher keine originäre Kompetenz zum Erlass von strafrechtlichen Vorschriften. Sie kann jedoch die einzelnen Mitgliedstaaten zur Schaffung kriminalstrafrechtlicher Normen verpflichten. Das nationale Strafrecht ist daher einer Rechtsangleichung nach Maßgabe der im EGV enthaltenen Harmonisierungsgrundlagen grundsätzlich zugänglich. Die Ausübung der strafrechtlichen Anweisungskompetenz ist aber durch die in Art. 5 Abs. 2 und Abs. 3 EGV normierten Subsidiaritäts- und Verhältnismäßigkeitsprinzipien beschränkt. Ferner darf die Europäische Gemeinschaft den Mitgliedstaaten nicht im Detail vorgeben, wie Sanktionsnormen auf der Tatbestands- und Rechtsfolgenseite ausgestaltet sein müssen. Infolge dessen kann die Europäische Gemeinschaft durch Richtlinien die Mitgliedstaaten grundsätzlich zum Erlass von Sanktionsnormen anweisen, die wettbewerbsbeeinträchtigende Verhaltensweisen unterbinden sollen.

Ferner stellen die Art. 29 ff. EUV im Bereich der polizeilichen und justiziellen Zusammenarbeit in Strafsachen einen unionsrechtlichen Rahmen für eine Harmonisierung des materiellen Strafrechts dar. Auf Grundlage der in Art. 34 EUV vorgesehenen Maßnahmen besteht die Möglichkeit, eine Mindestangleichung für bestimmte Bereiche des materiellen Strafrechts der EU-Mitgliedstaaten vorzunehmen. Die Angleichung des materiellen Strafrechts erfolgt durch den Erlass von Mindestvorschriften zur Ausgestaltung der entsprechenden Tatbestände. Demnach können auch über die Handlungsformen des Art. 34 EUV – soweit erforderlich – Vorgaben an die Mitgliedstaaten zum Erlass von Strafvorschriften zum Schutze des Wettbewerbs erfolgen.

B. Vorgaben in Bezug auf wettbewerbswidrige Submissionsabsprachen

Im Folgenden wird ein Überblick über die bestehenden europarechtlichen Vorgaben und Entwürfe in Bezug auf wettbewerbswidrige Absprachen bei Ausschreibungen gegeben. In diesem Zusammenhang wird zugleich erörtert, ob die betreffenden Bestimmungen und Entwürfe als verbindliche Vorgaben, wettbewerbswidrige Absprachen bei Ausschreibungen als Straftatbestand in das Strafgesetzbuch aufzunehmen, angesehen werden können.

I. Bestehende Sanktionsmöglichkeiten

Der EGV enthält keine speziellen Regelungen zur Vergabe von öffentlichen Aufträgen. Jedoch können Submissionsabsprachen auch nach EU-Wettbewerbsrecht sanktioniert werden. Im primären und sekundären Gemeinschaftsrecht finden sich Regelungen, die eine Sanktionierung von wettbewerbswidrigen Absprachen bei Ausschreibungen ermöglichen. Ziel und Ausrichtung des europäischen Wettbewerbsrechts ist es, Handelshemmnisse zwischen den Mitgliedstaaten zu beseitigen, um einen Gemeinsamen Markt innerhalb Europas zu schaffen.[892] Art. 81 und 82 EGV enthalten Regelungen, die dem Schutz des Wettbewerbs dienen sollen. Art. 81 EGV untersagt wettbewerbsbeschränkende Vereinbarungen, Beschlüsse und abgestimmte Verhaltensweisen von Unternehmen auf dem Gemeinsamen Markt. Nach Art. 82 EGV ist die missbräuchliche Ausnutzung einer beherrschenden Stellung auf dem Gemeinsamen Markt oder auf einem wesentlichen Teil desselben durch ein oder mehrere Unternehmen, soweit dies dazu führen kann, den Handel zwischen Mitgliedstaaten zu beeinträchtigen, mit dem Gemeinsamen Markt unvereinbar und verboten. Die Art. 81 und 82 EGV stellen unmittelbar geltendes Recht dar und sind infolge dessen auch von den nationalen Gerichten und Behörden anzuwenden.[893] Schutzintenti-

---

[892] Vgl. *Müller-Gugenberger* in: Müller-Gugenberger/Bieneck, Wirtschaftsstrafrecht, § 57 Rn 3.

[893] In Deutschland erfolgt die Durchsetzung des europäischen Wettbewerbsrechts durch das Bundeskartellamt, wobei jedoch zu erwähnen ist, dass die deutschen Kartellbehörden keine Bußgelder nach dem europäischen Kartellrecht verhängen dürfen. Dies ist der Kommission

on der Wettbewerbsregeln in den §§ 81 ff. EGV ist Schutz vor privaten Wettbewerbsbeschränkungen durch Unternehmen, denn diese können sich – ebenso Handelshemmnisse zwischen den Mitgliedstaaten – nachteilig auf den europäischen Binnenmarkt auswirken.[894]

1. Ahndung von Submissionsabsprachen nach der Verordnung (EG) 1/2003

Um Submissionsabsprachen auf europäischer Ebene verfolgen zu können, muss der Anwendungsbereich für die EG-rechtlichen Regelungen eröffnet sein. Das ist gemäß Art. 81 Abs. 1 EGV dann der Fall, wenn ein wettbewerbsbeschränkendes oder machtmissbräuchliches Verhalten eines Marktteilnehmers geeignet ist, den Handel zwischen den Mitgliedstaaten zu beeinträchtigen.[895] Diese sog. Zwischenstaatlichkeitsklausel dient der Abgrenzung von europäischem und nationalem Wirtschaftsrecht.[896] Infolge dessen kommt das europäische Kartellrecht nur dann zur Anwendung, wenn nach den konkreten Umständen eine Submissionsabsprache geeignet ist, den Handel zwischen den Mitgliedstaaten zu beeinträchtigen. Dabei muss es sich bei der Submissionsabsprache nicht notwendigerweise um eine grenzüberschreitende Vereinbarung oder Verhaltensweise handeln. Vielmehr werden sämtliche Vereinbarungen oder Verhaltensweisen eines Mitgliedstaates oder Drittstaats erfasst, die sich auf den Handel innerhalb der Gemeinschaft spürbar auswirken.[897]

Derzeit können nach EG-Recht als Sanktion für einen Verstoß gegen Art. 81 EGV nur Geldbußen verhängt werden. Strafrechtliche Sanktionen sind nicht vorgesehen. Nach Art. 23 Ab. 2 lit. a) der Verordnung (EG) Nr. 1/2003 (VO

---

vorbehalten. Siehe hierzu Einzelheiten bei *Dieckmann* in: Wiedemann, Hdb. des Kartellrechts, § 41 Rn 52; Wolf/Burchardi in: FS-Lieberknecht, S. 645, 646.

[894] Vgl. Emmerich, Kartellrecht, S. 502.

[895] *Müller-Gugenberger* in: Müller-Gugenberger/Bieneck, Wirtschaftsstrafrecht, § 57 Rn 85.; *Achenbach* in: Achenbach/Ransiek, Hdb. Wirtschaftsstrafrecht, Abschnitt III 6 Rn 3.

[896] Ob es sich hierbei um eine Kollisionsnorm oder Sachnorm handelt, spielt im Zusammenhang mit der vorliegenden Untersuchung keine Rolle. Eingehend dazu *Roth/Ackermann* in: FK Kartellrecht, Grundfragen Art. 81 Abs. 1 EGV, Rn 300 m.w.N.; vgl. Bunte, Kartellrecht, S. 345 f.

[897] Vgl. *Müller-Gugenberger* in: Müller-Gugenberger/Bieneck, Wirtschaftsstrafrecht, § 57 Rn 85.

1/2003)[898] kann die Europäische Kommission[899] gegen Unternehmen und Vereinigungen von Unternehmen Geldbußen verhängen, wenn sie gegen Europäisches Wettbewerbsrecht verstoßen. Jedoch sind die Entscheidungen der Kommission nach Art. 23 Abs. 5 VO 1/2003 ausdrücklich nicht strafrechtlicher Art.[900]

Vielmehr sind die Bußgeldvorschriften der EU ihrer Natur und Funktion nach mit Vorschriften des deutschen Ordnungswidrigkeitenrechts vergleichbar[901], so dass bei der Auslegung der europäischen Regelungen die Grundsätze des nationalen Straf- bzw. Ordnungswidrigkeitenrechts, also Rückwirkungsverbot, Analogieverbot und Bestimmtheitsgrundsatz sowie der Grundsatz „in dubio pro

---

898 Verordnung (EG) Nr. 1/2003 des Rates vom 16.12.2002 zur Durchführung der in den Artikeln 81 und 82 des Vertrags niedergelegten Wettbewerbsregeln, ABl. L 1/1 vom 04.01.2003. Diese ersetzt die Verordnung (EWG) Nr. 17/62 vom 06.02.1962 - Erste Durchführungsverordnung zu den Artikeln 85 und 86 des Vertrages, ABl. L Nr. 13 vom 21.02.1962, S. 204 ff.

899 Mittlerweile ist durch die VO 1/2003 eine wesentliche Änderung eingetreten. Nach der Verordnung (EWG) Nr. 17/62 hatte die Kommission ein Monopol auf die Verhängung von Geldbußen. Hingegen sind ab dem 01.05.2004 gemäß Art. 5 S. 1 VO 1/2003 auch die Wettbewerbsbehörden der Mitgliedsstaaten zuständig für die Anwendung der Art. 81 und 82 EGV in Einzelfällen, und sie können dazu Entscheidungen erlassen, mit denen u.a. Geldbußen, Zwangsgelder und sonstige im innerstaatlichen Recht vorgesehenen Sanktionen verhängt werden.

900 Dieser Vorbehalt gibt nur die nach allgemeiner Auffassung fehlende Rechtssetzungskompetenz der Europäischen Gemeinschaft für das Strafrecht im engeren Sinne wieder und hindert es nicht, das EG-Kartellbußgeldrecht in den wissenschaftlich-systematischen Zusammenhang des Wettbewerbsstrafrechts i.w.S. einzubeziehen, so *Achenbach* in: Achenbach/Ransiek, Hdb. Wirtschaftsstrafrecht, Kap. III 1 Rn 5. Ob diese Entscheidungen strafrechtlicher oder verwaltungssanktionsrechtlicher Natur sind, ist umstritten. Eine ausführliche Darstellung des Streitstandes findet sich bei Böse, Strafe und Sanktionen, S. 139 ff.; siehe auch *Kindhäuser* in: FK Kartellrecht, VO 1/2003, Art. 23 Rn 67; Tiedemann, Wirtschaftsstrafrecht, § 5 Rn 252 m.w.N.; kritisch hierzu Satzger, Internationales und Europäisches Strafrecht, § 7 Rn 9; siehe hierzu auch Albrecht, Die vergessene Freiheit, S. 165 f., der sich zutreffend für eine klare und eindeutige Abgrenzung von Strafrecht und administrativem Sanktionsrecht ausspricht.

901 Böse, Strafe und Sanktionen, S. 148; *Kindhäuser* in: FK Kartellrecht, Bußgeldrechtliche Folgen Art. 81 EG-Vertrag Rn 10 ff. m.w.N.; Tiedemann, Kartellverstöße, S. 57; Göhler, OWiG, Einl. Rn 17; KK-Rogal, § 30 Rn 249; vgl. KK-Bohnert, Einl. Rn 249; Satzger, Submissionsbetrug, S. 50; *Dieckmann* in: Wiedemann, Hdb. des Kartellrechts, § 46 Rn 1; *Achenbach* in: FK Kartellrecht, GWB, Vorbem. § 81 Rn 9; Zuleeg, JZ 1992, S. 761, 763.

reo“[902], zu beachten sind.[903] Die Sanktion kann bereits dann verhängt werden, wenn eine verbotene wettbewerbswidrige Vereinbarung abgeschlossen wurde. Infolge dessen handelt es sich hierbei ebenso wie im deutschen Recht um einen abstrakten Gefährdungstatbestand.[904] Nachfolgend wird erörtert, unter welchen Voraussetzungen Submissionsabsprachen nach Art. 81 Abs. 1 EGV i.V.m. Art. 23 VO 1/2003 geahndet und sanktioniert werden können. Hierdurch lässt sich feststellen, ob eine effektive Ahndung von Submissionsabsprachen auf europarechtlicher Ebene überhaupt grundsätzlich möglich ist.

a) Unternehmen als Adressat der Sanktionsregelung

Der Anwendungsbereich von Art. 23 Abs. 2 lit. a) VO 1/2003 ist lediglich auf Unternehmen und Unternehmensvereinigungen beschränkt. Eine Sanktionierung der für diese handelnden Leitungspersonen ist dagegen nicht vorgesehen. Eine Geldbuße kann also anders als im deutschen Kartellrecht nicht gegen natürliche Personen, also beispielsweise gegen die handelnden Organe eines Unternehmens, verhängt werden.[905] Im Hinblick darauf, dass nur Unternehmen und Unternehmensvereinigungen Zuwiderhandlungen gegen das Gemeinschaftsrecht

---

[902] Insoweit ist die Regelung des Art. 2 S. 2 VO 1/2003 als problematisch zu bewerten. Danach ist es Sache der Unternehmen zu prüfen, ob die besonderen Voraussetzungen des Art. 81 Abs. 3 EGV für eine Ausnahme von dem grundsätzlichen Kartellverbot vorliegen. Die Vorschrift erlegt dem Unternehmen, das sich auf eine Kartellausnahme beruft die Beweislast dafür auf, dass die Voraussetzungen des Art. 81 Abs. 3 EGV vorliegen. Die Übertragung dieser Regel auf das Bußgeldverfahren bedeutet eine Abweichung von dem Grundsatz „in dubio pro reo“. Die deutsche Bundesregierung hat deshalb in dem Verfahren zur Schaffung der VO 1/2003 eine Protokollerklärung abgegeben, wonach Art. 83 EGV als die primärgemeinschaftliche Grundlage einer Verordnung zur Durchführung der in den Art. 81 und 82 EGV niedergelegten Grundsätze keine ausreichende Rechtsgrundlage für derartige Eingriffe in nationale Strafrechtssysteme darstellt. In Deutschland bleibt es daher bei der Geltung des Amtermittlungsgrundsatzes und des Zweifelsgrundsatzes im Bußgeldverfahren.

[903] *Dannecker/Biermann* in: Immenga/Mestmäcker, EG-Wettbewerbsrecht, Bd. 1, Vorbem. Art. 23 VO 1/2003 Rn 37 ff.; *Dannecker* in: Wabnitz/Janovsky, Hdb. Wirtschafts- und Steuerstrafrecht, Kap. 16 Rn 171; vgl. auch Böse, Strafe und Sanktionen, S. 149 ff.

[904] Vgl. zur alten Rechtslage (Verordnung 17/62): Schuler, Probleme bei der Bekämpfung von Submissionsabsprachen, S. 209.

[905] *Dieckmann* in: Wiedemann, Hdb. des Kartellrechts, § 46 Rn 1 und 25; Bangard, wistra 1997, S. 161, 166.

begehen können, handelt es sich bei den Bußgeldtatbeständen um Sonderdelikte.[906]

Unter Unternehmen i.S.d. Art. 81 Abs. 1 EGV und Art. 23 VO 1/2003 ist jede Einheit zu verstehen, die eine wirtschaftliche Tätigkeit ausübt, unabhängig von der gewählten Rechtsform, dem Vorliegen einer Gewinnerzielungsabsicht und der Art der Finanzierung.[907] Dabei kommt es für die Einordnung als Unternehmen i.S.d. beiden oben genannten Vorschriften nicht auf die wirtschaftliche Größe an. So sind beispielsweise auch Einzelkaufleute und potentielle Unternehmen, die sich derzeit nicht am wirtschaftlichen Wettbewerb beteiligen, erfasst. Voraussetzung ist eine Tätigkeit wirtschaftlicher Art, so dass hoheitliche Tätigkeiten, der private Verbrauch sowie der Arbeitsmarkt nicht vom Anwendungsbereich des Art. 81 Abs. 1 EGV umfasst sind.[908]

Ferner unterfallen dem Anwendungsbereich auch Unternehmensvereinigungen, sofern es sich dabei um einen Zusammenschluss von mehreren Unternehmen handelt, der unter anderem den Zweck haben muss, die Interessen der Zusammenschließenden wahrzunehmen. Rechtsform und Sitz sind ebenso wenig von Bedeutung wie eine Unterscheidung zwischen privatrechtlichen und öffentlichrechtlichen Zusammenschlüssen.[909]

Der Anwendungsbereich für die Verhängung von Geldbußen wegen wettbewerbsbeschränkender Absprachen ist auf europarechtlicher Ebene enger als im deutschen Recht, denn natürliche Personen werden von dem europarechtlichen Tatbestand nicht erfasst.

b) Submissionsabsprache als Verstoß gegen Art. 81 Abs. 1 EGV

Nach Art. 81 Abs. 1 EGV sind alle Vereinbarungen zwischen Unternehmen, Beschlüsse von Unternehmensvereinigungen und aufeinander abgestimmte Verhaltensweisen, die den Handel zwischen Mitgliedstaaten zu beeinträchtigen ge-

---

[906] *Dannecker* in: Wabnitz/Janovsky, Hdb. Wirtschafts- und Steuerstrafrecht, Kap. 16 Rn 153 und 161.

[907] Hierzu eingehend *Weiß* in: Callies/Ruffert, EUV/EGV, Art. 81 EGV Rn 25 ff. m.w.N.; eingehend zum Begriff des Unternehmens i.S.d. Art. 81 EGV: *Dannecker* in: Wabnitz/Janovsky, Hdb. Wirtschafts- und Steuerstrafrecht, Kap. 16 Rn 161 ff. m.w.N.; Rittner/Dreher, Wirtschaftsrecht, § 15 Rn 7.

[908] *Roth/Ackermann* in: FK Kartellrecht, Grundfragen Art. 81 Abs. 1 EG-Vertrag Rn 15.

[909] *Dannecker* in: Wabnitz/Janovsky, Hdb. Wirtschafts- und Steuerstrafrecht, 16. Kap. Rn 167; *Roth/Ackermann* in: FK Kartellrecht, Grundfragen Art. 81 Abs. 1 EGV Rn 72 ff.

eignet sind und eine Verhinderung, Einschränkung oder Verfälschung des Wettbewerbs innerhalb des Gemeinsamen Marktes bezwecken oder bewirken, mit dem Gemeinsamen Markt unvereinbar und verboten. Hierzu zählen insbesondere gemäß Art. 1 Abs. 1 lit. a) EGV die unmittelbare oder mittelbare Festsetzung der An- oder Verkaufspreise oder sonstiger Geschäftsbedingungen.

aa) Vereinbarung und abgestimmte Verhaltensweisen

Neben wettbewerbsbeschränkenden Vereinbarungen verbietet Art. 81 Abs. 1 EGV auch Beschlüsse sowie abgestimmte Verhaltensweisen, mit denen eine Verhaltensabstimmung bezweckt oder bewirkt wird. Vereinbarung i.S.d. Art. 81 Abs. 1 EGV ist jede Verständigung über das gemeinsame Auftreten am Markt zwischen Unternehmen und Unternehmensvereinigungen.[910] Dabei ist nicht relevant, ob die Vereinbarung schriftlich, mündlich, ausdrücklich oder konkludent getroffen wurde. Ferner sind Beschlüsse von Unternehmensvereinigungen verboten, soweit sie zumindest für die Mitgliedsunternehmen faktisch verbindlich sind. Darüber hinaus werden sogar Beteiligungen von Unternehmensvereinigungen an Vereinbarungen, die den Wettbewerb beschränken erfasst. Abgestimmte Verhaltensweisen liegen bei einer willentlichen Koordinierung unternehmerischen Marktverhaltens ohne eine angestrebte faktische oder rechtliche Bindungswirkung vor.[911] Im Unterschied zu einem abgestimmten Verhalten liegt eine Kartellvereinbarung vor, wenn sich zwischen den beteiligten Unternehmen eine Willensübereinstimmung im Hinblick auf ein bestimmtes Marktverhalten gebildet hat.[912] Absprachen über das Angebotsverhalten eines europaweit auszuschreibenden Vorhabens sind Vereinbarungen i.S.d. Art. 81 Abs. 1 EGV. Ebenso fällt ein abgestimmtes Verhalten zwischen Unternehmen oder Unternehmensvereinigungen in den Anwendungsbereich dieser Vorschrift. Damit werden Submissionsabsprachen von Art. 81 Abs. 1 lit. a) EGV erfasst.

---

[910] Hobe, Europarecht, § 21 Rn 841; *Dannecker* in: Wabnitz/Janovsky, Hdb. Wirtschafts- und Steuerstrafrecht, Kap. 16 Rn 141; *Weiß* in: Calliess/Ruffert, EUV/EGV, Art. 81 EGV Rn 47 m.w.N.

[911] Rittner, Wettbewerbs- und Kartellrecht, § 7 Rn 81; *Kindhäuser* in: FK Kartellrecht, VO 1/2003, Art. 23 Rn 33 ff.; Emmerich, Kartellrecht, S. 527.

[912] *Roth/Ackermann* in: FK Kartellrecht, Grundfragen Art. 81 Abs. 1 EGV Rn 79 ff., insbesondere Rn 82; Zur Problematik, ob zu der Abstimmung noch ein Marktverhalten hinzukommen muss, siehe die ausführliche Darstellung bei *Roth/Ackermann* in: FK Kartellrecht, Grundfragen Art. 81 Abs. 1 EGV Rn 121 ff.; *Dannecker* in: Wabnitz/Janovsky, Hdb. Wirtschafts- und Steuerstrafrecht, Kap. 16 Rn 143.

bb) Wettbewerbsbeschränkung

Um eine Sanktion nach Art. 23 Abs. 2 lit. a) VO 1/2003 i.V.m. Art. 81 Abs. 1 EGV zu verhängen, ist ferner erforderlich, dass die in Betracht kommende Vereinbarung oder abgestimmte Verhaltensweise eine Wettbewerbsbeschränkung bezweckt oder bewirkt. Hierunter ist eine Einschränkung der wirtschaftlichen Handlungsfreiheit der an einer Vereinbarung oder Verhaltensabstimmung beteiligten Unternehmen zu verstehen.[913] Zur Feststellung einer bewirkten Wettbewerbsbeschränkung sind die tatsächlichen und potentiellen Auswirkungen der Vereinbarung auf den Wettbewerb zu prüfen. Falls Zweck der Vereinbarung oder der abgestimmten Verhaltensweise die Wettbewerbsbeschränkung als solche war, ist ein Nachweis über die Auswirkungen bzw. die Eignung der Wettbewerbsbeschränkung nicht mehr erforderlich. Submissionsabsprachen und ein abgestimmtes Angebotsverhalten sind demnach Wettbewerbsbeschränkungen gemäß Art. 81 Abs. 1 EGV, denn sie schränken die wirtschaftliche Handlungsfreiheit der absprechenden Unternehmen ein.

cc) Eignung zur spürbaren Beeinträchtigung

Schließlich muss die Verhaltensweise zur Beeinträchtigung des Handels zwischen den Mitgliedstaaten geeignet sein. Eine Maßnahme ist zur Beeinträchtigung des Handels zwischen den Mitgliedstaaten geeignet, wenn sie unmittelbar oder mittelbar und tatsächlich oder potentiell den Wirtschaftsverkehr und dadurch die Errichtung des Gemeinsamen Marktes nachteilig beeinflussen kann.[914] Grenzüberschreitende Absprachen zwischen Unternehmen verschiedener Mitgliedstaaten sind gemäß Art. 81 Abs. 1 lit. a) EGV in der Regel dazu geeignet, den zwischenstaatlichen Handel zu beeinträchtigen. Nach Auffassung der Europäischen Kommission ist eine Spürbarkeit gegeben, wenn bei einer horizontalen Vereinbarung ein Marktanteil von fünf Prozent besteht und bei vertikalen Ver-

[913] *Roth/Ackermann* in: FK Kartellrecht, Grundfragen Art. 81 Abs. 1 EGV Rn 221 ff.; vgl. *Dannecker* in: Wabnitz/Janovsky, Hdb. Wirtschafts- und Steuerstrafrecht, Kap. 16 Rn 145; Rittner/Dreher, Wirtschaftsrecht, § 16 Rn 42 ff.

[914] Sog. Zwischenstaatlichkeitsklausel, hierzu eingehend: Rittner/Dreher, Wirtschaftsrecht, § 15 Rn 92 ff., § 16 Rn 22 ff.; *Weiß* in: Calliess/Ruffert, EUV/EGV, Art. 81 EGV Rn 124; *Roth/Ackermann* in: FK Kartellrecht, Grundfragen Art. 81 Abs. 1 EGV Rn 313 m.w.N.; Die bestimmenden Grundsätze für die Beurteilung der Spürbarkeit von Wettbewerbsbeschränkungen legt die „de-minimis-Bekanntmachung" der Kommission aus dem Jahr 2001 fest; Bekanntmachung der Kommission über die Vereinbarungen von geringer Bedeutung, die den Wettbewerb gem. Art. 1 Abs. 1 des Vertrags zur Gründung der Europäischen Gemeinschaft nicht spürbar beschränken (de-minimis), ABl. 2001, Nr. C 368 vom 22.12.2001.

einbarungen bei zehn Prozent.[915] Als verbotene Wettbewerbsbeschränkung sind Preisabsprachen und somit Submissionsabsprachen daher grundsätzlich geeignet, den Wettbewerb zu beschränken.

3. Zwischenergebnis

Auch auf EU-Ebene können Submissionsabsprachen als Verstoß gegen europäisches Wettbewerbsrecht geahndet werden, wobei die Sanktionen ausdrücklich nichtstrafrechtlicher Art sind. Nach Art. 23 Abs. 2 lit. a) VO 1/2003, Art. 81 Abs. 1 lit. a) EGV kann die EU-Kommission Unternehmen und Unternehmensvereinigungen eine Geldbuße auferlegen, wenn diese an einer Submissionsabsprache teilgenommen haben, die geeignet war, den Handel der Mitgliedsstaaten zu beeinträchtigen. Submissionsvereinbarungen und Verhaltenskoordinationen durch abgestimmtes Verhalten sind gleichermaßen erfasst. Sanktionen gegen natürliche Personen kommen jedoch nicht in Betracht. Bislang hat die EU-rechtliche Ahndung von Submissionsabsprachen eine untergeordnete Rolle gespielt.[916] Dies kann sich jedoch schnell ändern, da die Mitgliedsstaaten verpflichtet sind, Aufträge ab einem bestimmten Auftragswert EU-weit auszuschreiben. Der weitere Abbau von innerstaatlichen Handelshemmnissen auch für den Bereich der Auftragsvergabe und vor allem die steigende Bekanntheit der vergaberechtlichen Rechte der Unternehmer könnten dazu führen, daß ein Vorgehen gegen unlautere Submissionsabsprachen auf Europäischer Ebene zunehmen wird.

Als Zwischenergebnis kann festgehalten werden, dass es die EG bisher als nicht notwendig erachtet hat, die einzelnen Mitgliedstaaten anzuweisen, strafrechtliche Regelungen gegen wettbewerbswidrige Absprachen bei Ausschreibungen einzuführen. Hätte die EG dies für erforderlich gehalten, wäre es naheliegend gewesen, neben der Einführung der VO 1/2003 die Mitgliedstaaten anzuweisen, strafrechtliche Regelungen zur Ahndung von Submissionsabsprachen einzuführen. Da dies unterblieben ist, kann daraus der Rückschluss gezogen werden, dass es auf Europäischer Ebene bisher als ausreichend erachtet wird, unlautere Ab-

---

[915] Vgl. Bekanntmachung über Vereinbarungen von geringer Bedeutung, Neufassung von 1997, ABl. Nr. C 372/13 vom 09.12.1997, S. 13; BT-Drs. 14/1139, S. 51; *Weiß* in: Calliess/Ruffert, EUV/EGV, Art. 81 EGV Rn 131 f.; Emmerich, Kartellrecht, S. 530 f.

[916] Vgl. *Schroeder* in: Wiedemann, Hdb. des Kartellrechts, § 8 Rn 256; dazu siehe auch: Tätigkeitsbericht des Bundeskartellamts von 1997/98, BT-Drs. 14/1139, S. 55 – wohingegen sich im Tätigkeitsbericht des Bundeskartellamts 1999/2000, BT-Drs. 14/6300, S. 63 keine Hinweise auf Verfahren zur Ahndung von Submissionsabsprachen finden.

sprachen bei Submissionen lediglich durch die Verhängung von Bußgeldern zu ahnden.

II. Vorgaben des Corpus Juris

Möglicherweise lassen sich dem Corpus Juris der strafrechtlichen Regelungen zum Schutz der finanziellen Interessen der Europäischen Union (Corpus Juris)[917] Vorgaben zur Einführung eines Straftatbestandes zur Ahndung von Submissionsabsprachen entnehmen. Die Diskussion um die Verbesserung des Schutzes der finanziellen Interessen der Europäischen Union wurde durch das im Jahr 1997 von einer internationalen Expertengruppe im Auftrag des Europäischen Parlaments vorgelegte Reformmodell[918] des Corpus Juris wesentlich geprägt. Hierbei handelt es sich um ein Modell, das den Anfang eines einheitlichen gesamteuropäischen Strafrechts bilden soll.[919]

1. Entstehungsgeschichte des Corpus Juris

Der erste Entwurf des Corpus Juris lag seit 1997 in französischer und englischer Fassung, seit 1998 auch in deutscher Version vor. Der Entwurf soll über die mit dem Übereinkommen zum Schutz der finanziellen Interessen der Europäischen Union vom 27. November 1995 und die beiden im Anschluss daran verabschiedeten Protokolle[920] verbundene Harmonisierungstechnik hinausgehen, indem es ein vereinheitlichtes europäisches Sanktionssystem vorschlägt, das Gerechtigkeit, Einfachheit und Effizienz miteinander verbinden soll.[921] Regelungsgegenstände des Entwurfs sind Rechtsgrundsätze, tatbestandliche Formulierungen, Prämissen des allgemeinen Teils sowie strafprozessuale Regelungen. Die erste Version des Corpus Juris ist nunmehr überholt. Vor dem Hintergrund zum Teil kritischer Diskussionen, unter anderem einer Anhörung im „House of Lords“,

---

[917] Delmas-Marty (Hrsg.), Corpus Juris der strafrechtlichen Regelungen zum Schutz der finanziellen Interessen der Europäischen Union (Corpus Juris).

[918] Kritisch gegen ein europäisches Modellstrafgesetzbuch: Weigend, ZStW 105 (1993), S. 774, 790 ff.

[919] Vgl. Braum, Europäische Strafgesetzlichkeit, S. 186.

[920] ABl. C 316 vom 27.11.1995; Protokoll zum Übereinkommen über den Schutz der finanziellen Interessen der Europäischen Gemeinschaften, ABl. Nr. C 313 vom 23.10.1996; Zweites Protokoll zum Übereinkommen über den Schutz der finanziellen Interessen der Europäischen Gemeinschaften, ABl. Nr. C 221 vom 19.07.1997.

[921] Delmas-Marty (Hrsg.), Corpus Juris, S. 28.

das Seminar der Europäischen Rechtsakademie in Trier, Seminaren in Helsinki und schließlich in Madrid, überarbeiteten die Verfasser am Europäischen Hochschulinstitut in Florenz die Grundversion. Es kam zu einer zweiten Fassung des Corpus Juris, die als Abschlussbericht dem Europäischen Parlament am 30. September 1999 vorgelegt wurde.[922]

Ob und in welcher Form der Entwurf letztlich umgesetzt wird, ist noch offen und wurde auch vom Regelwerk selbst bewusst offen gelassen. Die vorgeschlagenen Regelungen eines bereichspezifischen Straf- und Strafverfahrensrechts dienen in erster Linie als Diskussionsgrundlage für die Fortentwicklung des Europäischen Strafrechts.[923] Die EG-Kommission hat die Ideen des Corpus Juris aufgegriffen und am 11. Dezember 2001 ein sog. Grünbuch zum strafrechtlichen Schutz der finanziellen Interessen der Europäischen Gemeinschaften und zur Schaffung einer Europäischen Staatsanwaltschaft vorgelegt.[924] Derartige Grünbücher stellen in der Regel einen ersten Schritt für eine europäische Gesetzgebung dar.

2. Ausschreibungsbetrug nach Art. 2 Corpus Juris

Art. 2 Corpus Juris regelt den Straftatbestand des Ausschreibungsbetrugs. Er soll dem Schutz des freien Wettbewerbs dienen und enthält wesentliche Elemente des Submissionsbetrugs. Schon im ersten Entwurf ging der in Art. 2 Corpus Juris normierte Ausschreibungsbetrug über das Institut des abstrakten Gefährdungsdelikts noch hinaus.[925] Art. 2 Corpus Juris kriminalisierte eine Täu-

---

[922] Braum, JZ 2000, S. 493, 495. Kritisch gegenüber den Entwürfen des Corpus Juris: Manoledakis, KritV 1999, S. 181 ff.; Kaiafa-Gbandi, KritV 1999, S. 162 ff.; Spinellis, KritV 1999, S. 141 ff.; Hassemer, KritV 1999, S. 133 ff.; Wattenberg, StV 2000, S. 95 ff.

[923] Hecker, Europäisches Strafrecht, § 14 Rn 35; Bereits im Jahr 2000 wurde eine Studie vorgelegt, in der die Möglichkeiten einer Umsetzung im Rahmen der polizeilichen und justiziellen Zusammenarbeit in Strafsachen und der sekundärrechtlichen Umsetzung auf Grundlage des EGV erörtert wurden. Siehe Delmas-Marty/Vervaele, The implementation of the Corpus Juris in the Member States, S. 53 ff.

[924] Grünbuch der Kommission zum Schutz der finanziellen Interessen der EG und zur Schaffung einer Europäischen Staatsanwaltschaft vom 11.12.2001, KOM (2001) 715 endg.

[925] Art. 2 des Corpus Juris lautete:

„Eine Täuschung im Verfahren über die Vergabe öffentlicher Aufträge stellt eine Straftat dar, wenn sie geeignet ist, die finanziellen Interessen der Gemeinschaft zu gefährden. Die Täuschungshandlung besteht in der geheimen Absprache unter den Wettbewerbern über die schungshandlung bei der Vergabe öffentlicher Aufträge, die lediglich geeignet sein musste, eine Gefahr für die finanziellen Interessen der Gemeinschaft darzustellen. Nicht auf die mit der Handlung begründeten Gefahr kam es an, sondern auf die begründete Vermutung, dass mit der Handlung in Zukunft eine Gefahr verbunden sein würde. Damit wäre eine Deliktskategorie geschaffen worden, die dem abstrakten Gefährdungsdelikt noch vorgelagert ist, das sog. Eignungsdelikt. Hierbei verschwimmen selbst die nur flüchtigen Umrisse abstrakter Gefahr.[926]

Im Entwurf von Florenz haben die Verfasser die Ausweitung des abstrakten Gefährdungsdelikts zum Eignungsdelikt wieder abgeschwächt, und Art. 2 Corpus Juris der Vorschrift des § 298 StGB bis auf einen Unterschied angeglichen.[927] Die Abgabe eines Angebots im Rahmen eines Ausschreibungsverfahrens muss nicht auf einer zwischen den Anbietern zuvor getroffenen, rechtswidrigen Absprache beruhen. Vielmehr genügt es nach Art. 2 Corpus Juris i.d.F. Florenz, wenn die Absprache auf einer wettbewerbswidrigen Übereinkunft beruht.[928] Hingegen erfasst § 298 StGB nur rechtswidrige Absprachen, d.h. solche, die gegen § 1 GWB oder etwa gegen Art. 81 EG – Verbot wettbewerbsbeschränkender Vereinbarungen und Verhaltensweisen – verstoßen.[929]

Angebote oder in der Drohung, in dem Versprechen oder in der Täuschung gegenüber anderen Wettbewerbern oder im kollusiven Zusammenwirken mit dem für die Auftragsvergabe zuständigen Amtsträger."

[926] Braum, Europäische Strafgesetzlichkeit, S. 191; vgl. zum Begriff des Eignungsdelikt auch Hefendehl in: FS-Lüderssen, S. 411, 417 ff.; a.A. Otto, Jura 2000, S. 98, 101 nach dessen Auffassung sich dieses Delikt nicht von den abstrakten Gefährdungsdelikten des StGB unterschieden hätte.

[927] Artikel 2 Corpus Juris (i.d.F. Florenz) soll die Überschrift „Betrügerei bei der Erteilung von Aufträgen" haben und lauten:
„1. Es ist eine Straftat, in einem Vergabeverfahren nach Gemeinschaftsrecht ein Angebot abzugeben, das auf einer wettbewerbswidrigen Übereinkunft beruht und die zuständige Stelle veranlassen soll, ein bestimmtes Angebot anzunehmen.
2. Gegebenenfalls ist der Strafaufhebungsgrund des Artikels 1 Ziffer 2 anzuwenden."

[928] Ausreichend ist daher, wenn die Absprache die „Natur einer Wettbewerbsbeschränkung" aufweist. Im französischen Original „De nature à restreindre la concurrence", wörtlich: „geeignet, den Wettbewerb zu beschränken". Kritisch gegen die hier vorgenommene Auslegung: Hefendehl, FS-Lüderssen, S. 411, 423.

[929] Vgl. BGH NJW 2004, S. 2761, 2763.

Bei § 298 StGB handelt es sich um eine sog. unechte Blankettnorm, die dadurch charakterisiert ist, dass sich der Tatbestand erst aus der Verbindung von Sanktions- und Ausfüllungsnorm ergibt, auf die der Strafgesetzgeber Bezug nimmt. § 298 StGB verweist zwar nicht ausdrücklich auf andere Vorschriften, allerdings wird das Merkmal der Rechtwidrigkeit der Absprache als essentielle Voraussetzung der Strafbarkeit durch die Vorschriften des GWB bestimmt, welche die kartellrechtlichen Maßstäbe hierfür normieren.[930] Nach der Formulierung des Corpus Juris können kartellrechtlich zulässige Vereinbarungen vom Anwendungsbereich des Art. 2 ebenso erfasst werden wie die ausnahmsweise zulässigen Kartelltypen nach Art. 81 Abs. 3 EGV und nach §§ 2 und 3 GWB im deutschen Recht.[931] Die Vorschrift weist demnach keine Akzessorietät zu kartellrechtlichen Vorschriften auf, wodurch die Konturen des Straftatbestandes in Art. 2 aufgelöst werden.[932] Die Anwendung der Norm wird für die Adressaten nicht mehr vorhersehbar und damit unbestimmbar. Zudem setzt sich die Strafvorschrift – durch Verzicht auf Akzessorietät – in Widerspruch zum deutschen Kartellrecht. Was zivil- und ordnungsrechtlich erlaubt ist, kann strafrechtlich nicht verboten sein, denn das Strafrecht ist insofern akzessorisch, als es Unrecht nur auf einer gesteigerten Stufe erfasst und daher einer besonderen Legitimation bedarf.[933] Schließlich ist wenig nachvollziehbar das Bedürfnis für eine derartige Regelung, da – wie bereits oben ausgeführt – das Wettbewerbsrecht der EG ohnehin bereits einen Sanktionskatalog für wettbewerbswidrige Absprachen bei Ausschreibungen enthält.[934]

Infolge dessen kann in Art. 2 Corpus Juris i.d.F. Florenz keine taugliche Vorgabe auf europäischer Ebene für das Strafgesetzbuch bzw. für einen einheitlichen europäischen Straftatbestand zur Ahndung unlauterer Absprachen bei Ausschreibungen gesehen werden.

---

[930] *Hohmann* in: MüKo, § 298 Rn 12 m.w.N.; Tröndle/Fischer, § 298 Rn 10.

[931] Vor Inkrafttreten des Siebten Gesetzes zur Änderung des GWB (BGBl. I, S. 1954 vom 07.07.2005) am 01.07.2005, das zu tief greifenden Änderungen im GWB geführt hat, wären neben kartellrechtlich zulässigen Bietergemeinschaften die ebenso zulässigen Kartelltypen nach §§ 2 bis 7 GWB a.F. vom Anwendungsbereich des Art. 2 Corpus Juris (i.d.F. Florenz) erfasst worden.

[932] Zur Akzessorietät von Straftatbeständen siehe Hohmann, ZIS 2007, S. 38 ff.

[933] Braum, Europäische Strafgesetzlichkeit, S. 192; Braum, JZ 2000, S. 493, 496.

[934] So auch Wattenberg, StV 2000, S. 95, 97.

III. Initiative zur Annahme eines Rahmenbeschlusses

Schließlich hat Deutschland im Rahmen der „dritten Säule“ zur Harmonisierung auf dem Gebiet der Bekämpfung der Korruption und der Organisierten Kriminalität eine Initiative zur Annahme eines Rahmenbeschlusses über den strafrechtlichen Schutz gegen „betrügerisches oder sonstiges unlauteres wettbewerbswidriges Verhalten im Zusammenhang mit der Vergabe von öffentlichen Aufträgen im Gemeinsamen Markt“ vorgelegt.[935] Sie zielt auf die Einführung eines einheitlichen strafrechtlichen Mindeststandards gegen unlautere und potenziell schädliche Absprachen bei EU-weiten Ausschreibungen, um die finanziellen Interessen der Auftraggeber sowie einen fairen Wettbewerb bei Ausschreibungen zu schützen.[936]

Der aufgrund der Initiative vorgeschlagene Straftatbestand ist im Vergleich zu § 298 StGB enger ausgestaltet. Außer einer rechtswidrigen Absprache zwischen Unternehmen fordert der beabsichtigte Tatbestand alternativ eine Verheimlichung der Absprache, ein Versprechen oder die Gewährung eines Vorteils als Gegenleistung für die pflichtwidrige Auftragsvergabe oder sonstiges kollusives Zusammenwirken mit dem Verantwortlichen der Vergabestelle. Dieser Entwurf eines Rahmenbeschlusses, der im Übrigen § 298 StGB weitgehend entspricht, ist bisher nicht angenommen worden und entfaltet daher noch keine rechtliche Verbindlichkeit für die Mitgliedstaaten der Europäischen Union.[937] Daher lassen sich dem Entwurf keine verbindlichen Vorgaben bezüglich des Straftatbestands wettbewerbswidriger Absprachen bei Ausschreibungen für den deutschen Strafgesetzgeber bzw. Strafgesetzanwender entnehmen.

IV. Zwischenergebnis

Sowohl der in Art. 2 Corpus Juris i.d.F. Florenz normierte Ausschreibungsbetrug als auch die Initiative zur Annahme eines Rahmenbeschlusses über den strafrechtlichen Schutz gegen betrügerisches oder sonstiges unlauteres wettbewerbswidriges Verhalten im Zusammenhang mit der Vergabe von öffentlichen Aufträgen im Gemeinsamen Markt sind bisher nicht in geltendes Recht umge-

[935] ABl. EG Nr. C 253 vom 04.09.2000, S. 3.

[936] BT-Drs. 14/5682 vom 28.03.2001, S. 45.

[937] *Dannecker* in: NK-StGB, Vor § 298 Rn 7 m.w.N.

setzt worden. Infolge dessen stellen sie keine verbindlichen Vorgaben für den deutschen Gesetzgeber dar, die eine Aufnahme des § 298 StGB rechtfertigen könnten. Zudem steht Art. 2 Corpus Juris i.d.F. Florenz aufgrund seiner fehlenden Akzessesorität zum GWB im Widerspruch zum deutschen Kartellrecht[938] und ist daher nicht geeignet, als Legitimationsgrundlage zur Aufnahme eines Straftatbestandes zum Schutz gegen wettbewerbswidrige Absprachen bei Ausschreibungen in das deutschen Strafgesetzbuch zu dienen.

Zwar kann die Europäische Kommission aufgrund von Art. 23 Ab. 2 lit. a) VO 1/2003 für einen Verstoß gegen Art. 81 EGV Geldbußen gegenüber Unternehmen verhängen, wenn diese bei europaweiten Ausschreibungen wettbewerbswidrige Absprachen treffen. Diese sind jedoch gemäß Art. 23 Abs. 5 VO 1/2003 ausdrücklich nicht strafrechtlicher Art. Anweisungen in Form von Richtlinien oder eine Harmonisierung der Strafvorschriften im Hinblick auf wettbewerbswidrige Absprachen sind bisher nicht erfolgt.

Hätte es die EG für erforderlich gehalten, die Mitgliedstaaten anzuweisen, strafrechtliche Regelungen zur Sanktionierung wettbewerbswidriger Absprachen bei Ausschreibungen einzuführen bzw. die nationalen Straftatbestände zu vereinheitlichen, wäre es naheliegend gewesen, neben der Verabschiedung ders Bußgeldtatbestands der VO 1/2003 die Mitgliedstaaten anzuweisen, strafrechtliche Regelungen zur Ahndung von Submissionsabsprachen einzuführen. Soweit ersichtlich ist dies bisher nicht geschehen. Hieraus kann der Rückschluss gezogen werden, dass die Europäische Gemeinschaft es derzeit als ausreichend ansieht, unlautere Absprachen bei Submissionen lediglich durch die Verhängung von Bußgeldern zu ahnden.

C. Vorgaben in Bezug auf Bestechungsstraftatbestände

Auch die Korruptionsbekämpfung im wirtschaftlichen Wettbewerb ist zu einem europarechtlichen Thema geworden, mit dem sich unter anderem der Europarat und die Europäische Union befasst haben und mit Sicherheit weiterhin befassen werden. Nachfolgend wird ein Überblick über die bestehenden europarechtlichen Vorgaben und Entwürfe in Bezug auf Bestechung und Bestechlichkeit im

[938] Vgl. Braum, JZ 2000, S. 493, 496.

geschäftlichen Verkehr gegeben. Im Rahmen der Darstellung wird zugleich diskutiert, ob die betreffenden Vorgaben oder Entwürfe als Legitimationsgrundlage für die Aufnahme des Straftatbestandes der Bestechlichkeit und Bestechung im geschäftlichen Verkehr herangezogen werden können.

I. Gemeinsame Maßnahme betreffend die Bestechung im privaten Sektor

Der Europäische Rat erließ am 22. Dezember 1998 die Gemeinsame Maßnahme - aufgrund von Art. K.3 des Vertrags über die Europäische Union a.F. angenommen - betreffend die Bestechung im privaten Sektor (98/742/JI).[939] Die Handlungsform der gemeinsamen Maßnahme beruht auf der alten Fassung des EUV. Bereits im Maastricht-Vertrag entstand der Dritte Pfeiler, mit dem sich die Europäischen Gemeinschaften zur Europäischen Union erweiterten. Rechtsetzung im Rahmen des Dritten Pfeilers erfolgt seit dem Inkrafttreten des Maastricht-Vertrages im Wege der völkervertraglichen Zusammenarbeit. Art. K.3 Abs. 2 EUV a.F. konkretisierte die Rechtsformen der völkervertraglichen Zusammenarbeit. Unter anderem durfte der Rat nach Art. K.3 Abs. 2 lit. b) EUV a.F. gemeinsame Maßnahmen annehmen. Diese gingen über eine bloße politische Verbindlichkeit hinaus und verpflichteten die Mitgliedstaaten in einem völkerrechtlichen, aber nicht justitiablen Sinn.[940] Mit der völkerrechtlichen Bindung der Mitgliedstaaten ist kein unmittelbar anwendbares und Vorrang beanspruchendes Recht gesetzt worden. Die Verabschiedung einer gemeinsamen Maßnahme ermächtigt nicht zu unmittelbaren Grundrechtseingriffen.[941] Die Maßnahme trat mit Verkündung im Amtsblatt in Kraft und verpflichtete in Art. 2 und 3 die Mitgliedstaaten, die Angestelltenbestechlichkeit und -bestechung unter Strafandrohung zu stellen.[942] Dabei wurde das Erfordernis einer Unrechts-

[939] ABl. EG 1998 Nr. L 358/2 vom 22.12.1998.

[940] Oppermann, Europarecht, § 6 Rn 583; Braum, Europäische Strafgesetzlichkeit, S. 164.

[941] Ausführlich zum Rechtsinstrument der Gemeinsamen Maßnahme und deren Wirkung siehe *Degen* in: von Groeben/Thiesen/Ehlermann, Kommentar zum EU-/EG-Vertrag, Art. K.3 Rn 5 ff.

[942] Die entsprechenden Vorschriften der Gemeinsamen Maßnahme 98/742/JI lauteten:
Art. 2 (Bestechlichkeit im privaten Sektor)
(1) Im Sinne dieser Gemeinsamen Maßnahme ist der Tatbestand der Bestechlichkeit im privaten Sektor dann gegeben, wenn eine Person im Rahmen ihrer geschäftlichen Aufgaben vorsätzlich unmittelbar oder über einen Mittelsmann für sich oder einen Dritten irgendeinen un-

vereinbarung statuiert und die Einbeziehung von Drittzuwendungen in den Anwendungsbereich der Strafgesetze gefordert. Die Gemeinsame Maßnahme sprach neben den Wettbewerbsverzerrungen auch die Möglichkeit einer wirtschaftlichen Schädigung Dritter an, bezog sich also auch auf den Konkurrentenschutz sowie den Verbraucherschutz.

Das Tatbestandsmodell der Bestechlichkeit aus Art. 2 Abs. 1 der gemeinsamen Maßnahme setzt im Unterschied zu § 299 Abs. 1 StGB keine Unrechtsvereinbarung näher bestimmten Inhalts voraus. So muss die Unrechtsvereinbarung gemäß § 299 Abs. 1 StGB auf eine unlautere Bevorzugung gerichtet sein, während Art. 2 Abs. 1 der gemeinsamen Maßnahme eine allgemeine Pflichtverletzung genügen lässt. Der Modelltatbestand verzichtet auf den Bezug zu dem schwierig fassbaren Rechtsgut freier, lauterer Wettbewerb. In Art. 2 Abs. 2 wird es den Mitgliedstaaten freigestellt, diesen Bezug selbst herzustellen.[943] Durch das Ge-

---

billigen Vorteil als Gegenleistung dafür fordert, annimmt oder sich versprechen lässt, daß sie unter Verletzung ihrer Pflichten eine Handlung vornimmt oder unterlässt.

(2) Vorbehaltlich des Artikels 4 Absatz 2 trifft jeder Mitgliedstaat die erforderlichen Maßnahmen, um sicherzustellen, daß die in Absatz 1 genannten Verhaltensweisen Straftaten darstellen. Diese Maßnahmen werden zumindest auf die Verhaltensweisen angewendet, die eine Verzerrung des Wettbewerbs, zumindest im gemeinsamen Markt, mit sich bringen oder mit sich bringen könnten und die aufgrund einer regelwidrigen Vergabe oder einer regelwidrigen Ausführung eines Vertrags eine wirtschaftliche Schädigung Dritter zur Folge haben oder zur Folge haben könnten.

Art. 3 (Bestechung im privaten Sektor)

(1) Im Sinne dieser Gemeinsamen Maßnahme ist der Tatbestand der Bestechung im privaten Sektor durch jede vorsätzliche Handlung gegeben, durch die jemand einer Person im Rahmen ihrer geschäftlichen Aufgaben unmittelbar oder über einen Mittelsmann irgendeinen unbilligen Vorteil für sich selbst oder für einen Dritten als Gegenleistung dafür verspricht, anbietet oder gewährt, daß diese Person unter Verletzung ihrer Pflichten eine Handlung vornimmt oder unterlässt.

(2) Vorbehaltlich des Artikels 4 Absatz 2 trifft jeder Mitgliedstaat die erforderlichen Maßnahmen, um sicherzustellen, daß die in Absatz 1 genannten Verhaltensweisen Straftaten darstellen. Diese Maßnahmen werden zumindest auf die Verhaltensweisen angewendet, die eine Verzerrung des Wettbewerbs, zumindest im gemeinsamen Markt, mit sich bringen oder mit sich bringen könnten und die aufgrund einer regelwidrigen Vergabe oder einer regelwidrigen Ausführung eines Vertrags eine wirtschaftliche Schädigung Dritter zur Folge haben oder zur Folge haben könnten.

[943] Albrecht/Braum, KritV 2001, S. 312, 340.

setz vom 22. August 2002[944] zur Ausführung der Gemeinsamen Maßnahme wurde die betreffende Gemeinsame Maßnahme umgesetzt und § 299 StGB ein dritter Absatz hinzugefügt, mit dem die Strafbarkeit von Korruption im Geschäftsverkehr ausdrücklich auf Auslandssachverhalte erstreckt wird.[945]

II. Rahmenbeschluss zur Bekämpfung der Bestechung im privaten Sektor 2003/568/JI

Art. 29 EUV erklärt die Verhütung und Bekämpfung von Bestechung und Bestechlichkeit ausdrücklich zu einem Ziel der Europäischen Union.[946] Die Mitgliedstaaten messen der Bekämpfung der Bestechung sowohl im öffentlichen als auch im privaten Sektor besondere Bedeutung bei, denn nach ihrer Auffassung gefährdet die Bestechung sowohl im öffentlichen als auch im privaten Bereich die Rechtstreue der Gesellschaft, verzerrt den Wettbewerb im Zusammenhang mit der Beschaffung von Waren oder gewerblichen Leistungen und hemmt eine gesunde wirtschaftliche Entwicklung.[947] Seit dem 22. Juli 2003 liegt der Rahmenbeschluss 2003/568/JI zur Bekämpfung der Bestechung im privaten Sektor vor, durch dessen Art. 8 und 11 die gemeinsame Maßnahme vom 22. Dezember 1998 mit Wirkung vom 31. Juli 2003 aufgehoben wurde.

Durch den Rahmenbeschluss soll insbesondere sichergestellt werden, dass in allen Mitgliedstaaten sowohl die Bestechung als auch die Bestechlichkeit im privaten Sektor unter Strafe gestellt wird und auch juristische Personen für diese Straftaten haftbar gemacht werden können.[948] Da der Rahmenbeschluss im Un-

---

[944] Gesetz zur Ausführung der Gemeinsamen Maßnahme betreffend die Bestechung im privaten Sektor vom 22.08.2992 (BGBl. I, S. 3387).

[945] Siehe hierzu Randt, BB 2002, S. 2252 ff.

[946] Hetzer, NJW 2004, S. 3746 ff.

[947] Vgl. Erwägungsgrund (9) des Rahmenbeschlusses 2003/568/JI zur Bekämpfung der Bestechung im privaten Sektor, ABl. EG L 192 vom 22.07.2003, S. 54 ff.

[948] Art. 2 des Rahmenbeschlusses vom 22.07.2003 lautet:
„(1) Jeder Mitgliedstaat trifft die erforderlichen Maßnahmen, um sicherzustellen, dass folgende vorsätzliche Handlungen Straftaten darstellen, wenn sie im Rahmen von Geschäftsvorgängen ausgeführt werden:
a) Handlungen, bei denen jemand unmittelbar oder über einen Mittelsmann einer Person, die für ein Unternehmen im privaten Sektor in leitender oder sonstiger Stellung tätig ist, einen unbilligen Vorteil für diese Person selbst oder für einen Dritten verspricht, anbietet oder ge-

terschied zur Gemeinsamen Maßnahme hinsichtlich der Verpflichtung zur Umsetzung seines Inhalts verbindlich ist[949], soll damit ein effektiveres Vorgehen gegen die Bestechung im privaten Sektor durch den Zwang zur Harmonisierung der entsprechenden Strafvorschriften der Mitgliedstaaten erreicht werden.

1. Umsetzung in deutsches Recht

Deutschland hat eine vorerst bis 2010 geltende Erklärung i.S.v. Art. 2 Abs. 3 des Rahmenbeschlusses abgegeben und darüber hinaus erklärt, dass die Worte „im Rahmen von Geschäftsvorgängen“ dahin auszulegen seien, dass auf Vorgänge im Zusammenhang mit der Beschaffung von Waren oder gewerblichen Leistungen Bezug genommen wird. Art. 4 Abs. 2 des Rahmenbeschlusses verpflichtet zu einer Mindesthöchststrafe zwischen einem Jahr Freiheitsstrafe und drei Jahren Freiheitsstrafe. Außerdem muss ein Berufsverbot vorgesehen werden, wenn der Sachverhalt eindeutig auf das Risiko schließen lässt, dass die Person ihre Position oder Tätigkeit für Bestechung oder Bestechlichkeit missbrauchen könnte (Art. 4 Abs. 3). Die erforderlichen Maßnahmen sind gemäß Art. 9 Abs. 1 des Rahmenbeschlusses bis zum 22. Juli 2005 in nationales Recht umzusetzen. Den sich aus dem Rahmenbeschluss ergebenden Pönalisierungs- und Sanktionierungsverpflichtungen trägt das deutsche Strafrecht mit der Vorschrift des § 299 StGB bereits vollumfänglich Rechnung[950] und beschränkt die Strafbarkeit – nach Art. 2 Abs. 3 rahmenbeschlusskonform – auf Handlungen, die im Zusammenhang mit der Beschaffung von Waren oder gewerblichen Leistungen eine Wettbewerbsverzerrung zur Folge haben oder haben können.[951]

---

währt, damit diese Person unter Verletzung ihrer Pflichten eine Handlung vornimmt oder unterlässt;

b) Handlungen, bei denen jemand, der in einem Unternehmen im privaten Sektor in leitender oder sonstiger Anstellung tätig ist, unmittelbar oder über einen Mittelsmann für sich oder einen Dritten einen unbilligen Vorteil als Gegenleistung dafür fordert, annimmt oder sich versprechen lässt, dass er unter Verletzung seiner Pflichten eine Handlung vornimmt oder unterlässt.

(2) Absatz 1 gilt für Geschäftsvorgänge in Unternehmen mit oder ohne Erwerbszweck.

(3) Ein Mitgliedstaat kann erklären, dass er den Geltungsbereich von Abs. 1 auf Handlungen beschränkt, die im Zusammenhang mit der Beschaffung von Waren oder gewerblichen Leistungen eine Wettbewerbsverzerrung zur Folge haben oder haben könnten.“

[949] Vgl. Art. 9 Abs. 1 des Rahmenbeschlusses 2003/568/JI.

[950] Vgl. BT-Drs. 16/6558, S. 9; BR-Drs. 548/07, S. 12 f.

[951] Hecker, Europäisches Strafrecht, § 11 Rn 114.

2. Zulässigkeit des Rahmenbeschlusses

Fraglich ist jedoch, ob der Rahmenbeschluss zur Bekämpfung der Bestechung im privaten Sektor in zulässiger Weise ergangen und damit verbindlich für den deutschen Strafgesetzgeber ist. Voraussetzung hierfür ist, dass die Mitgliedstaaten Maßnahmen zur Festlegung von Mindestvorschriften über die Tatbestandsmerkmale strafbarer Handlungen und die Strafen in dem Bereich Bestechung und Bestechlichkeit treffen können.

Der Rat hat sich für den Erlass des Rahmenbeschlusses 2003/568/JI auf Art. 31 Abs. 1 lit. e) EUV gestützt. Danach schließt das gemeinsame Vorgehen im Bereich der justiziellen Zusammenarbeit in Strafsachen die schrittweise Annahme von Maßnahmen zur Festlegung von Mindestvorschriften über die Tatbestandsmerkmale strafbarer Handlungen und die Strafen in den Bereichen organisierte Kriminalität, Terrorismus und illegaler Drogenhandel ein.

Es ist jedoch zweifelhaft, ob der Rahmenbeschluss auf diese Rechtsgrundlage gestützt werden konnte. Der Wortlaut des Art. 31 Abs. 1 lit. e) EUV könnte so zu verstehen sein, dass nur die darin ausdrücklich benannten Kriminalitätsbereiche, also Organisierte Kriminalität, Terrorismus und illegaler Drogenhandel, als Gegenstand von Harmonisierungsmaßnahmen im Rahmen der intergouvernementalen Zusammenarbeit in Betracht kommen.[952] Vereinzelt wird in der Literatur angenommen, die Bereiche Organisierte Kriminalität, Terrorismus und illegaler Drogenhandel seien im Hinblick auf eine Harmonisierung abschließend in Art. 31 Abs. 1 lit. e) EUV aufgeführt.[953] Zur Begründung wird angeführt, dass in systematischer Hinsicht nach Art. 29 Abs. 2 dritter Spiegelstrich EUV eine Annäherung der Strafvorschriften gemäß Art. 31 Abs. 1 lit. e) EUV erfolgen soll. Die sich hieraus ergebende Rechtsangleichungskompetenz sei nicht exemplifizierend, sondern abschließend ausgefallen.[954]

---

[952] Vgl. eingehend zur Problematik *Wasmeier* in: Groeben/Schwarze, EUV/EGV, Art. 31 Rn 65 ff.

[953] Schünemann, GA 2002, S. 501, 503 f.; vgl. Schmalenberg, Europäisches Umweltstrafrecht, S. 25; kritisch *Suhr* in: Calliess/Ruffert, EUV/EGV, Art. 31 EUV Rn 23.

[954] Schünemann, GA 2002, S. 501, 504.

Demgegenüber wird überwiegend zutreffend angenommen, die sprachliche Fassung des Art. 31 Abs. 1 lit. e) EUV sei missglückt und müsse von vornherein weiter verstanden werden.[955] Hiefür spricht Art. 29 Abs. 2 EUV, der die Bekämpfung der – organisierten und nichtorganisierten – Kriminalität, insbesondere des Terrorismus, des Menschenhandels und der Straftaten gegenüber Kindern, des illegalen Drogen- und Waffenhandels, der Bestechung und Bestechlichkeit sowie des Betrugs als Unionsziel formuliert. Ferner ist aus systematischen und teleologischen Gründen die in Art. 31 EUV enthaltene Eingangsformulierung „Das gemeinsame Vorgehen im Bereich der justiziellen Zusammenarbeit in Strafsachen schließt ein..." so zu verstehen, dass die in Art. 31 Abs. 1 lit. e) EUV aufgeführten Kriminalitätsbereiche nicht abschließend gemeint, sondern nur exemplarisch hervorgehoben sind.[956] Daraus folgt, das Mittel der Strafrechtsangleichung im Rahmen der polizeilichen und justiziellen Zusammenarbeit steht grundsätzlich für alle Kriminalitätsbereiche zur Verfügung, soweit dies zur Erreichung des in Art. 29 EUV formulierten Unionsziels erforderlich ist.[957] Infolge dessen war die Handlungsform des Rahmenbeschlusses zulässig, und Art. 31 Abs. 1 lit. e) EUV konnte als Rechtsgrundlage herangezogen werden.

3. Mögliche Nichtigkeit des Rahmenbeschlusses 2003/568/JI

Der Verbindlichkeit des Rahmenbeschlusses zur Bekämpfung der Bestechung im privaten Sektor könnte jedoch Art. 47 EUV entgegenstehen. Nach Art. 47 EUV lässt der Vertrag über die EU den EGV unberührt. Dasselbe ergibt sich aus Art. 29 Abs. 1 EUV, der den Titel VI des EUV einleitet. Danach verstößt ein Rahmenbeschluss, der auf Grundlage der Art. 29 ff. EUV ergangen ist, gegen Art. 47 EUV und ist nichtig, wenn nach dem EGV eine Kompetenz der Gemeinschaft zum Erlass von Rechtsakten besteht, die zur Wirksamkeit von Gemeinschaftszielen notwendigen strafrechtlichen Sanktionen zu normieren. Der EuGH hat in zwei Grundsatzentscheidungen zu der Vereinbarkeit von Rahmenbeschlüssen mit Art. 47 EUV und zugleich zum Bestehen und zur Reichweite der

[955] Ambos, Internationales Strafrecht, § 12 Rn 9 f.; *Satzger* in: Streinz, EUV/EGV, Art. 31 EUV Rn 12; *Röben* in: Grabitz/Hilf, EU, Art. 31 EUV Rn 17 f.; Hecker, Europäisches Strafrecht, § 11 Rn 84 f. m.w.N.; Satzer, Internationales und Europäisches Strafrecht, § 8 Rn 50.

[956] *Satzger* in: Streinz, EUV/EGV, Art. 31 EUV Rn 12; Satzger, Internationales und Europäisches Strafrecht, § 8 Rn 50 m.w.N.

[957] Hecker, Europäisches Strafrecht, § 11 Rn 86; ähnlich *Wasmeier* in: Groeben/Schwarze, EUV/EGV, Art. 31 Rn 69.

Anweisungs- bzw. Annexkompetenz im Rahmen des EGV, die über das Verhältnis zu den Art. 29 ff. EUV entscheidet, Stellung genommen.[958]

a) Urteil des EuGH zum Umweltstrafrecht (2005)

Im Jahr 2001 legte die Kommission einen auf die umweltpolitischen Vorschriften des EGV gestützten Vorschlag für eine Richtlinie über den strafrechtlichen Umweltschutz vor.[959] Der Rat der Europäischen Union lehnte den Vorschlag der Kommission ab, um stattdessen den auf eine Initiative Dänemarks aus dem Jahr 2000 zurückgehenden Rahmenbeschluss 2003/80/JI über den Schutz der Umwelt durch das Strafrecht gemäß Art. 29, 31 Abs. 1 lit. e), 34 EUV zu verabschieden.[960] Die Kommission war mit diesem Vorgehen im Rahmen der „dritten" Säule und der damit verbundenen Einschränkung ihrer Mitwirkungsrechte nicht einverstanden und erhob vor dem EuGH Nichtigkeitsklage gegen den Rahmenbeschluss mit der Begründung, dieser basiere auf einer falschen Rechtsgrundlage.

Der Gerichtshof folgte der Rechtsauffassung der Kommission und erklärte am 13. September 2005 den Rahmenbeschluss 2003/80/JI wegen Verstoßes gegen Art. 47 EUV für nichtig.[961] Zwar betonte der EuGH in seinem Urteil im Hinblick auf die Kompetenzfrage, dass das Strafrecht grundsätzlich nicht in die Zuständigkeit der Gemeinschaft falle.[962] Jedoch könne das den Gemeinschaftsgesetzgeber „nicht daran hindern, Maßnahmen in Bezug auf das Strafrecht der Mitgliedstaaten zu ergreifen, die seiner Meinung nach erforderlich sind, um die volle Wirksamkeit der von ihm zum Schutz der Umwelt erlassenen Rechtsnormen zu gewährleisten, wenn die Anwendung wirksamer, verhältnismäßiger und abschreckender Sanktionen durch die zuständigen nationalen Behörden eine zur Bekämpfung schwerer Beeinträchtigungen der Umwelt unerlässliche Maßnahme darstellt."[963] Auch die in Art. 135 S. 2 EGV und Art. 280 Abs. 4 S. 2 EGV ent-

---

[958] Urteil des EuGH vom 13.09.2005, Rs. C-176/03 (Umweltstrafrecht), EuZW 2005, S. 632 ff. = NVwZ 2005, S. 1289 ff; ferner Urteil des EuGH vom 23.10.2007, Rs. C-440/05 (Meeresverschmutzung), NJW-Spezial 2007, S. 552 (red. Leitsatz) = ABI. C. 315 vom 22.12.2007, S. 9 = JZ 2008, S. 248 ff.

[959] KOM (2001) 139 endgültig; ABl. 2001 Nr. C 180 E, S. 238.

[960] ABl. 2003 Nr. L 29, S. 55.

[961] EuGH EuZW 2005, S. 632, 635 (Rn 53).

[962] EuGH EuZW 2005, S. 632, 635 (Rn 47).

[963] EuGH EuZW 2005, S. 632, 635 (Rn 48).

haltenen Vorbehaltsklauseln stünden der Annahme einer strafrechtlichen Anweisungskompetenz der EG jedenfalls im Bereich der Umweltpolitik nicht entgegen. Die Bestimmungen des Rahmenbeschlusses hätten daher wirksam auf der Grundlage von Art. 175 EGV erlassen werden können. Wegen Art. 47 und 29 Abs. 1 EUV war der auf Unionsrecht gestützte Rahmenbeschluss rechtswidrig und wurde vom EuGH für nichtig erklärt.

b) Urteil des EuGH zur Meeresverschmutzung (2007)

Am 23. Oktober 2007 hatte sich der EuGH erneut zu der Frage zu äußern, ob der Gemeinschaft nach dem EGV eine Kompetenz zum Erlass von Rechtsakten zusteht, die zur Wirksamkeit von Gemeinschaftszielen notwendigen strafrechtlichen Sanktionen zu normieren.[964] Dem Urteil lag ein der Entscheidung vom 13. September 2005 ähnlicher Sachverhalt zugrunde. Die Kommission hatte, unterstützt vom Europäischen Parlament, eine Nichtigkeitsklage gegen den Rahmenbeschluss 2005/667/JI vom 12. Juli 2005 zur Verstärkung des strafrechtlichen Rahmens zur Bekämpfung der Verschmutzung durch Schiffe[965], der die Mitgliedstaaten verpflichtet, strafrechtliche Sanktionen für Personen vorzusehen, die Straftaten im Sinne der Richtlinie 2005/35/EG über die Verschmutzung durch Schiffe[966] begangen haben, erhoben. Die Angleichung der Rechtsvorschriften der Mitgliedstaaten mit dem Zweck der Bekämpfung der Verschmutzung durch Schiffe wurde durch ein Doppelinstrument geschaffen, bestehend aus dem genannten Rahmenbeschluss und der angeführten Richtlinie, wobei der Rahmenbeschluss die Richtlinie durch detaillierte Bestimmungen in Strafsachen ergänzte.

Im Ergebnis erklärte der Gerichtshof den auf Titel VI (Art. 29 ff.) des EUV gestützten Rahmenbeschluss für nichtig mit der Begründung, der Rahmenbeschluss beeinträchtige die durch Art. 80 Abs. 2 EGV der Gemeinschaft zugewiesene Zuständigkeit zum Erlass geeigneter Vorschriften für die Seeschifffahrt und die Luftfahrt und verstoße damit gegen Art. 47 EUV. In seiner Begründung

---

[964] Urteil des EuGH vom 23.10.2007, Rs. C-440/05 (Meeresverschmutzung), NJW-Spezial 2007, S. 552 (red. Leitsatz) = ABl. C. 315 vom 22.12.2007, S. 9 = JZ 2008, S. 248 ff.

[965] ABl. Nr. L 255, S. 164.

[966] Richtlinie 2005/35/EG des Europäischen Parlaments und des Rates vom 07.02.2005 über die Meeresverschmutzung durch Schiffe und die Einführung von Sanktionen für Verstöße (ABl. Nr. L 255, S. 11).

bestätigte der EuGH seine Rechtsprechung aus dem Urteil vom 13. September 2005, wonach das Strafrecht zwar ebenso wie das Strafprozessrecht nicht in die Zuständigkeit der Gemeinschaft falle, der Gemeinschaftsgesetzgeber aber die Mitgliedstaaten dennoch zur Einführung wirksamer, verhältnismäßiger und abschreckender Sanktionen verpflichten könne, wenn die Anwendung solcher Sanktionen durch die zuständigen Behörden eine zur Bekämpfung schwerer Beeinträchtigungen der Umwelt unerlässliche Maßnahme darstelle.[967] Gleichzeitig führte der Gerichtshof als Ergänzung seiner früheren Rechtsprechung aus, dass die Zuständigkeit der Gemeinschaft, anders als von der Kommission vertreten, nicht soweit reiche, auch Art und Maß der anzuwendenden strafrechtlichen Maßnahmen zu bestimmen.[968]

c) Bewertung der Rechtsprechung durch die Europäische Kommission

Interessant ist, welche Schlussfolgerungen die Kommission aus der erstgenannten Entscheidung zieht. Sie hat zu den Auswirkungen der Grundsatzentscheidung des EuGH vom 13. September 2005 am 23. November 2005 eine Mitteilung veröffentlicht.[969] Darin erläutert sie die grundlegende Bedeutung des Urteils vom 13. September 2005 und die Konsequenzen für die Verteilung der Zuständigkeit zwischen der „ersten" und der „dritten" Säule.

Nach Auffassung der Kommission fallen die zur wirksamen Umsetzung des Gemeinschaftsrechts erforderlichen strafrechtlichen Bestimmungen unter den EGV. Um die Wirksamkeit des Gemeinschaftsrechts zu gewährleisten, ist eine speziell auf den betreffenden Bereich zugeschnittene strafrechtliche Bestimmung erforderlich und im Rahmen des Gemeinschaftsrechts zu erlassen. Andernfalls sind spezifische gesetzgeberische Maßnahmen auf europäischer Ebene nicht notwendig. Unter Art. 29 ff. EUV fallen hingegen nur horizontale Bestimmungen im Bereich des Strafrechts, die nicht mit der Umsetzung gemeinschaftlicher Politiken oder Grundfreiheiten zusammenhängen. Hierzu zählen Maßnahmen, deren Zweck es ist, die justizielle und polizeiliche Zusammenar-

---

[967] Urteil des EuGH vom 23.10.2007, Rs. C-440/05 (Meeresverschmutzung), Rn 66.

[968] Urteil des EuGH vom 23.10.2007, Rs. C-440/05 (Meeresverschmutzung), Rn 70.

[969] Mitteilung der Kommission an das europäische Parlament und den Rat (KOM) über die Folgen des Urteils des Gerichtshofs vom 13. September 2005 (Rs. C-176/03), (2005) 583 endgültig/2; siehe hierzu auch den Bericht der Kommission an den Rat gemäß Art. 9 des Rahmenbeschlusses 2003/568/JI des Rates vom 22. Juli 2003 zur Bekämpfung der Bestechung im privaten Sektor, KOM (2007) 328 endgültig, S. 10.

beit im weitesten Sinne zu fördern, einschließlich der gegenseitigen Anerkennung gerichtlicher Entscheidungen, sowie Maßnahmen, die auf dem Verfügbarkeitsgrundsatz beruhen oder eine Harmonisierung des Strafrechts im Rahmen der Schaffung eines Raumes der Freiheit, der Sicherheit und des Rechts anstreben.[970]

Die Mitteilung der Kommission enthält im Anhang eine Liste der nach Einschätzung der Kommission durch das Urteil vom 13. September 2005 betroffenen Rechtsakte. Für diese bietet die Kommission an, die fälschlich als Rahmenbeschlüsse erlassenen Rechtsakte unter Verzicht inhaltlicher Änderungen in Richtlinien umzusetzen, wenn sich ein entsprechendes Einvernehmen mit Rat und Parlament erzielen lasse. Unter anderem ist in der Liste auch der Rahmenbeschluss 2003/568/JI aufgeführt. Die Kommission geht in ihrer Mitteilung davon aus, dass der Rahmenbeschluss zur Bekämpfung der Bestechung im privaten Sektor auf Art. 95 EGV hätte gestützt werden müssen.[971] Nach Einschützung der Kommission ist der Rahmenbeschluss 2003/568/JI daher fehlerhaft, da er gänzlich oder zum Teil auf einer falschen Rechtsgrundlage erlassen wurde.[972] Ein Verstoß gegen Art. 47 EUV könne daher nicht ausgeschlossen werden.[973] Rechtliche Folge wäre die Nichtigkeit des Rahmenbeschlusses.

c) Schlussfolgerungen und kritische Würdigung

In Bezug auf die vorliegende Untersuchung kann man aus der Rechtsprechung des EuGH und der Auffassung der Europäischen Kommission folgendes Fazit ziehen:

---

[970] KOM (2005) 583 endgültig/2, S. 4 f.

[971] Siehe die Liste im Anhang zu KOM (2005) 583 endgültig/2, S. 8.

[972] Vgl. KOM (2005) 583 endgültig/2, S. 5.

[973] Diese Interpretation scheint jedoch nicht zwingende Folge der Entscheidung des EuGH vom 13.09.2005 zu sein. So hat auch das Europäische Parlament am 14.06.2006 eine Entschließung zu den Folgen dieses Urteils veröffentlicht, in der in Bezug auf die Auffassung der Kommission relativierend betont wird, dass der Gegenstand des Urteils auf strafrechtliche Fragen im Zusammenhang mit dem Umweltschutz beschränkt sei, die Rechtsprechung des EuGH daher vorsichtig und unter Berücksichtigung des Einzelfalls angewendet werden solle. Siehe insbesondere die Erwägungsgründe I, J, K und L der Entschließung des Europäischen Parlaments zu den Folgen des Urteils des Gerichtshofs vom 13. September 2005 (Rs. C-176/03, Kommission gegen Rat) (2006/2007(INI)), Dokument P6_TA(2006)0260.

Ungeachtet der Tatsache, dass Deutschland mit der Vorschrift des § 299 StGB der sich aus dem Rahmenbeschluss 2003/568/JI ergebenden Sanktionierungsverpflichtungen bereits vollumfänglich Rechnung trägt, kann in dem Rahmenbeschluss keine verbindliche Vorgabe bzw. Legitimationsgrundlage zur Einführung oder Erweiterung des § 299 StGB gesehen werden. Zwar ist die Annahme, dass der Rahmenbeschluss auf Art. 95 EGV hätte gestützt werden müssen, lediglich eine unverbindliche Einschätzung der Kommission, die noch nicht abschließend durch den EuGH geklärt ist. Jedoch kann im Hinblick auf die oben dargestellte Rechtsprechung des Gerichtshofes nicht ausgeschlossen werden, dass dieser den Rahmenbeschluss für nichtig erklären würde. Bei einer derartigen unsicheren Rechtslage in Bezug auf den Rahmenbeschluss kann dieser nicht als verbindliche Vorgabe zur Einführung des § 299 StGB in das deutsche Recht betrachtet werden.

Darüber hinaus haben die Urteile erhebliche Konsequenzen für den Erlass von strafrechtlichen Vorgaben auf europäischer Ebene. Der EuGH bestätigt mit seiner Rechtsprechung die Auffassung in der rechtswissenschaftlichen Literatur, wonach der EG eine Anweisungskompetenz gegenüber den Mitgliedstaaten zum Erlass von Strafvorschriften zusteht, denn er hat mit seinen Urteilen die Zuständigkeit der Gemeinschaft anerkannt, bei der Erfüllung ihrer Hauptaufgaben nach Art. 2 EGV bzw. auf den speziellen Gebieten ihrer Tätigkeiten gemäß Art. 3 EGV, durch den Erlass von Richtlinien die Mitgliedstaaten bei der Begründung oder der Abgrenzung der Strafbarkeit zu verpflichten, wenn das Ergreifen von entsprechenden strafrechtsrelevanten Maßnahmen erforderlich für die Sicherstellung der vollen Wirksamkeit der Gemeinschaftsregeln ist.[974]
Damit hat der Gerichtshof eine Frage von besonderer Bedeutung für die Zukunft des EU-Strafrechts entschieden, die Verteilung der Zuständigkeiten zwischen der „dritten" und der „ersten" Säule neu festgelegt bzw. die Grenze zwischen den Gemeinschaft- und den mitgliedstaatlichen Befugnissen neu gezogen und der Gemeinschaft damit Zuständigkeiten zuerkannt, die über den Wortlaut und den Sinn des EGV hinausgehen.[975] Ein großer Teil der straf- und europarechtlichen Literatur hat daher zu Recht das Urteil des EuGH aus dem Jahr 2005 sehr

[974] Kaifa-Gbandi, ZIS 2006, S. 521, 523.
[975] Kaifa-Gbandi, ZIS 2006, S. 521, 524.

kritisch bewertet.[976] Indem man der Gemeinschaft eine Kompetenz zugesteht, durch den Erlass von Richtlinien die Grundelemente der Verhaltensweisen zu definieren, die wegen Verstoßes gegen die Gemeinschaftspolitiken als Straftaten gelten und mit Strafe sanktioniert werden müssen, wird eine grundlegende Änderung des Gegenstandes der „dritten" Säule bewirkt. Die Harmonisierung des materiellen Strafrechts der Mitgliedstaaten wird auf einmal in ihrer Gesamtheit zum Bestandteil der „ersten" Säule erklärt.[977] Damit gibt man zwar der Harmonisierung des materiellen Strafrechts einen erheblichen Schub nach vorne, da die Mitgliedstaaten auf diese Art und Weise effektiver zur Umsetzung der mehrheitlich angenommenen Richtlinie verpflichtet werden können.[978]

Aber gerade die Folgen sind rechtstaatlich bedenklich. Der bindende Charakter von Richtlinien zur Vorgabe von Strafvorschriften sowie die Tatsache, dass die Gemeinschaft auch Geldbußen zur Durchsetzung von Richtlinien gegenüber den Mitgliedstaaten verhängen darf[979], haben einen Verstoß gegen das Demokratie- und das Rechtstaatsprinzip, insbesondere gegen das Prinzip der Strafgesetzlichkeit zur Folge.[980] Würde ein Staat die Änderung seines Strafrechts nicht für akzeptabel halten, hätte er bei dem Weg über die Richtlinie keine Möglichkeit mehr, sich gegen eine Änderung zu sperren.[981] Gerade die jedem Bürger zustehende Möglichkeit, die Voraussetzungen und den Umfang von Einschränkungen seiner Freiheit durch das Strafrechtssystem selbst durch seine gewählten Vertreter und durch entsprechende von der Parlamentsmehrheit getragene Strafgesetze zu bestimmen, stellt eine tiefwurzelnde Legitimationsgrundlage des Strafrechts dar, die bei rechtsstaatlich organisierten Gesellschaften nicht verloren gehen

---

[976] Vgl. Braum, wistra 2006, S. 121 ff.; Pohl, ZIS 2006, S. 213 ff.; Kaiafa-Gbandi, ZIS 2006, S. 521 ff.; besonders kritisch Hefendehl, ZIS 2006, S. 161 ff.; Fromm, ZIS 2007, S. 26 ff.; a.A. Hecker, Europäisches Strafrecht, § 8 Rn 27; Schäfer, JA 2006, S. 342, 343; Diehm, wistra 2006, S. 366, 368 ff.

[977] So auch Schäfer, JA 2006, S. 342, 343.

[978] Nach Hefendehl, ZIS 2006, S. 161, 166, hat der EuGH durch seine Rechtsprechung dem Gemeinschaftsgesetzgeber im Hinblick auf die umfassenden Einzelkompetenzen den Weg für eine Totalharmonisierung geebnet.

[979] Vgl. dazu Art. 226 bis 229 EGV.

[980] Vgl. Kaifa-Gbandi, ZIS 2006, S. 521, 525.

[981] Heger, JZ 2006, S. 310, 313.

sollte, selbst wenn sich diese an supranationalen Gebilden wie der Europäischen Union beteiligen.[982]

Das Gegenargument, dass bei der Umsetzung einer Richtlinie in nationales Strafrecht der nationale Gesetzgeber zwischengeschaltet und damit das gemeinschaftliche Demokratiedefizit ausgeglichen werde bzw. ein Verstoß gegen das Gesetzlichkeitsprinzip nicht in Frage komme[983], überzeugt nicht. Eine Verpflichtung der Mitgliedstaaten zur Schaffung oder Modifizierung von Strafvorschriften ist unvorstellbar, solange der Gemeinschaft keine Strafrechtssetzungskompetenz zugewiesen worden ist. Zudem lässt sich das Demokratieprinzip nicht mit einer strafbegründenden oder strafschärfenden Bindung der nationalen Parlamente im Hinblick der zu typisierenden Straftatelemente oder in Bezug der vorzusehenden Strafen vereinbaren.[984] Entscheidungen für derartig weitgehende Eingriffe in die Strafrechtssysteme der Mitgliedstaaten dürfen nicht ohne Beteiligung der nationalen Rechtsordnungen getroffen werden.[985]

Des Weiteren wird anhand der Urteile und den anschließenden Schlussfolgerungen der Kommission deutlich, dass die derzeitigen Möglichkeiten für eine europäische Strafgesetzgebung nicht in einer rechtsstaatlichen Art und Weise ausgestaltet sind. Die Rechtsgrundlagen für eine Harmonisierung des Strafrechts stellen sich als politisch austauschbar dar.[986] Kann die Harmonisierung wie in den geschilderten Entscheidungen, aber auch in Bezug auf den Rahmenbeschluss 2003/568/JI, nicht auf Art. 34 EUV gestützt werden, werden die Rechtsgrundlagen aus dem EGV herangezogen, um einen Rechtsakt mit strafrechtlichem Bezug zu rechtfertigen.

Obwohl der EuGH anerkannt hat, dass die Strafgesetzgebung grundsätzlich nicht in die Zuständigkeit der EG fällt[987], geht er davon aus, dass der Gemein-

---

[982] Kaiafa-Gbandi, ZIS 2006, S. 521, 526; vgl. auch Braum, GA 2005, S. 681, 689.

[983] Böse, GA 2006, S. 211, 216 ff.

[984] Vgl. Heger, JZ 2006, S. 310, 313.

[985] Kaifa-Gbandi, ZIS 2006, S. 521, 526.

[986] So auch Braum, wistra 2006, S. 121, 122.

[987] Pohl, ZIS 2006, S. 213, 217 merkt zu Recht an, dass mit dieser Äußerung des Gerichtshofs kein Erkenntnisgewinn verbunden sei, denn die fehlende Strafrechtskompetenz der Gemeinschaft ist aufgrund der gemeinschaftsrechtlichen Zuständigkeitsverteilung nach dem Prinzip

schaftsgesetzgeber nicht am Ergreifen von strafrechtsrelevanten Maßnahmen gehindert ist, wenn er diese Maßnahme für erforderlich hält, um die volle Wirksamkeit der von ihm erlassenen Vorschriften im Politikbereich seiner Zuständigkeit sicherzustellen. Aber gerade damit hat er das Bedürfnis nach Effizienz zum entscheidenden Kriterium gemacht, das eine Kompetenz auf dem Gebiet des Strafrechts begründet.[988] Der Gerichtshof hat sich daher auf Zweckmäßigkeitsüberlegungen statt auf eine in den Verträgen verankerte Rechtsbasis gestützt.[989] Jedoch erfordert der Einsatz des Strafrechts eine besondere Legitimationsbasis und eine strenge Begrenzung seines Anwendungsbereichs, der über reine Zweckmäßigkeitserwägungen hinauszugehen hat, denn es stellt den staatlichen Kontrollmechanismus dar, der am stärksten in die Menschenrechte und Grundfreiheiten eingreift[990] und in rechtlich organisierten Gesellschaften erst für den Schutz bedeutsamer Rechtsgüter eingesetzt wird.[991] Aus diesem Grund bedürfen strafrechtliche Kompetenzen eines Staates einer eindeutigen Rechtsgrundlage und sollten nicht auf internationale oder supranationale Organisationen wie die Europäische Union in einer derartig vagen oder abstrakten Weise übertragen werden.[992]

4. Zwischenergebnis

Als Ergebnis kann für die Untersuchung festgehalten werden, dass der Rahmenbeschluss 2003/568/JI weder eine hinreichend verbindliche Vorgabe für § 299 StGB darstellen noch zur Legitimation der Einführung oder Erweiterung dieses Straftatbestandes herangezogen werden kann.

---

der begrenzten Einzelermächtigung eine Selbstverständlichkeit. Vgl. hierzu Satzger, Europäisierung des Strafrechts, S. 98.

[988] Kaifa-Gbandi, ZIS 2006, S. 521, 524; vgl. Hefendehl, ZIS 2006, S. 161, 164.

[989] Als Folge von Zweckmäßigkeitserwägungen und administrativen Bedürfnissen wird das Prinzip der begrenzten Einzelermächtigung entleert, wenn man das Strafrecht als Annex zu bestehenden Politikfeldern der Gemeinschaft weiter ausbaut. Vgl. Braum, wistra 2006, S. 121, 124.

[990] Rosenau, ZIS 2008, S. 9, 18.

[991] Hefendehl, ZIS 2006, S. 161; Vgl. *von Hirsch* in: Hefendehl/von Hirsch/Wolters Rechtsgutstheorie, S. 13 ff.

[992] So auch Kaifa-Gbandi, ZIS 2006, S. 521, 535.

III. Vorgaben des Corpus Juris

Der Entwurf des Corpus Juris enthält in Art. 5 Corpus Juris i.d.F. Florenz (zuvor Art. 3) einen Straftatbestand, der Bestechung und Bestechlichkeit unter Strafe stellen soll.[993] In der Neufassung wurde lediglich der systematische Standort des Tatbestands verändert, der Inhalt ist im Wesentlichen identisch geblieben. Der Tatbestand erfasst jedoch lediglich Bestechung und Bestechlichkeit von europäischen und nationalen Beamten. Die Vorschrift ist daher mit den Straftaten im Amt nach §§ 331 ff. StGB zu vergleichen. Ein Vergleich mit § 299 StGB, der Bestechung und Bestechlichkeit im privaten und wirtschaftlichen Sektor erfasst,

---

[993] Art. 5 soll die Überschrift „Bestechung und Bestechlichkeit" haben und lauten:
„1. Für die Artikel 5 bis 8 des Corpus Juris bezeichnet der Begriff Beamter sowohl den „europäischen" als auch den „nationalen" Beamten. Europäischer Beamter ist:
a) jede Person, die im Sinne des Statuts der europäischen Beamten die Eigenschaft eines Beamten oder eines vertraglich verpflichteten Bediensteten hat;
b) jede Person, die den Europäischen Gemeinschaften von den Mitgliedstaaten oder von einer öffentlichen oder privaten Organisation zur Verfügung gestellt worden ist und Funktionen ausübt, die denen der Beamten oder anderer Bediensteter der Europäischen Gemeinschaften entsprechen.
Der Ausdruck „nationaler Beamter" ist entsprechend der Definition des „Beamten" oder „Amtsträgers" in dem Strafrecht jenes Mitgliedstaates auszulegen, in dem die fragliche Person diese Eigenschaft aufweisen muss.
2. Bestechlichkeit und Bestechung sind Straftaten, wenn sie die finanziellen Interessen der Europäischen Gemeinschaften beeinträchtigen.
3. Bestechlichkeit heißt, dass ein Beamter unmittelbar oder vermittelt durch einen Dritten, für sich selbst oder für einen Dritten, Angebote, Versprechen oder einen sonstigen Vorteil, gleich welcher Art, fordert oder annimmt:
a) damit er entgegen seinen Dienstpflichten eine Diensthandlung oder eine Handlung in der Ausübung seines Dienstes vornehme;
b) damit er es unterlasse, eine Diensthandlung oder eine Handlung in der Ausübung seines Dienstes vorzunehmen, die vorzunehmen seine Dienstpflichten von ihm verlangen.
4. Bestechung heißt, dass jemand unmittelbar oder vermittelt durch einen Dritten, im eigenen Interesse oder im Interesse eines Dritten, einem Beamten Angebote, Versprechen oder einen sonstigen Vorteil, gleich welcher Art, macht oder gewährt:
a) damit dieser entgegen seinen Dienstpflichten eine Diensthandlung oder eine Handlung in der Ausübung seines Dienstes vornehme;
b) damit dieser es unterlasse, eine Diensthandlung oder eine Handlung in der Ausübung seines Dienstes vorzunehmen, die vorzunehmen seine Dienstpflichten von ihm verlangen."

scheidet demnach aus.[994] Folglich kann Art. 5 Corpus Juris weder eine verbindliche Vorgabe noch eine Legitimation für die Einführung des § 299 StGB in das deutsche Strafgesetzbuch begründen.

IV. Korruptionsübereinkommen des Europarates

In diesem Kontext ist ferner das Europäische Strafrechtsübereinkommen zur Korruption zu erwähnen. Am 27. Januar 1999 hat der Europarat eine Strafrechtskonvention zur Korruption verabschiedet[995], die für diejenigen Staaten, die sie ratifiziert haben, am 1. Juli 2002 in Kraft getreten ist. Das Übereinkommen bezieht sich in umfassender Weise auf Bestechung und Bestechlichkeit sowohl im nationalen als auch im internationalen Bereich, unabhängig davon, ob es sich um Bestechung im öffentlichen oder privaten Sektor handelt.

Das Übereinkommen sieht in Art. 7 und 8 vor, Bestechungsverhalten im Geschäftsverkehr, nicht nur im Wettbewerb, unter Strafe zu stellen, wenn der ungerechtfertigte Vorteil der Vornahme oder Nichtvornahme einer Handlung unter Verletzung der Pflichten des Bestochenen dient. Nach Art. 7 des Übereinkommens hat jede Vertragspartei die erforderlichen gesetzgeberischen und anderen Maßnahmen zu treffen, um die vorsätzlich aktiv begangene Bestechung im Rahmen einer Geschäftstätigkeit nach ihrem innerstaatlichen Recht als Straftat zu umschreiben. Ferner hat jede Vertragspartei gemäß Art. 8 des Übereinkommens die erforderlichen gesetzgeberischen und anderen Maßnahmen vorzunehmen, um die vorsätzliche passive Bestechung bzw. Bestechlichkeit im Rahmen einer Geschäftstätigkeit nach ihrem innerstaatlichen Recht als Straftat zu umschreiben.

Am 15. Mai 2003 wurde ein Zusatzprotokoll zu dem Strafrechtsübereinkommen zur Korruption zur Zeichnung vorgelegt, wodurch das Übereinkommen von

---

[994] Nach Otto, Jura 2000, S. 98, 102 soll der Tatbestand die finanziellen Interessen der Europäischen Gemeinschaften geschützt werden, so dass der Aspekt der Vermögensgefährdung im Vordergrund steht. Der Schutz des Wettbewerbs soll durch diese Vorschrift nicht bezweckt werden, so dass ein Vergleich mit § 299 StGB auch aus diesem Grund ausscheidet.

[995] Strafrechtsübereinkommen über Korruption, Straßburg, 27.1.1999 (Bereinigte Übersetzung zwischen Deutschland, Österreich und der Schweiz abgestimmte Fassung), abrufbar unter: http://conventions.coe.int/Treaty/GER/Treaties/Html/173.htm.

1999 um Vorschriften der Bestechlichkeit und Bestechung von Schiedsrichtern und Schöffen erweitert wurde.[996] Das Übereinkommen wurde von der Bundesrepublik Deutschland am 27. Januar 1999 unterzeichnet. Sowohl das Strafrechtsübereinkommen zur Korruption als auch dessen Zusatzprotokoll sind bislang noch nicht von Deutschland ratifiziert worden. Es ist jedoch beabsichtigt, das Übereinkommen zusammen mit dem Zusatzprotokoll zum Strafrechtsübereinkommen über Korruption zu ratifizieren. Das Ausführungsgesetz und das Vertragsgesetz werden zur Zeit vorbereitet.[997] Insofern stellt das Korruptionsübereinkommen derzeit (noch) keine verbindliche Vorgabe zur Aufnahme des § 299 StGB in das deutsche Strafgesetzbuch dar.

V. Zwischenergebnis

Die Untersuchung hat in Bezug auf mögliche Vorgaben und europarechtliche Regelungen, welche die Einführung des § 299 StGB in das Strafgesetzbuch rechtfertigen könnten, gezeigt, dass es derzeit an hinreichend verbindlichen Vorgaben fehlt.[998] Zwar existieren Modelltatbestände und Bestimmungen, die eine Kriminalstrafbarkeit für die Bestechlichkeit und Bestechung im geschäftlichen Verkehr vorsehen. Diese sind derzeit aber nicht als verbindlich anzusehen.

Art. 5 Corpus Juris i.d.F. Florenz scheidet als Modelltatbestand und Vorlage für § 299 StGB aus, denn der Tatbestand erfasst nur die Bestechlichkeit und Bestechlichkeit von europäischen und nationalen Beamten. Die Vorschrift ist daher mit den Straftaten im Amt nach §§ 331 ff. StGB vergleichbar. Ein Vergleich mit § 299 StGB, der Bestechung und Bestechlichkeit im privaten und wirtschaftlichen Sektor erfasst, scheidet demnach aus. Wie aufgezeigt, ist noch nicht abschließend geklärt, ob der Rahmenbeschluss 2003/568/JI auf eine unzulässige Rechtsgrundlage gestützt wurde. Im Hinblick auf die oben dargestellte Rechtsprechung des EuGH und die Einschätzung der Kommission ist anzunehmen, dass der Rahmenbeschluss auf Grund einer falschen Rechtsgrundlage erlassen wurde und damit nichtig ist. Infolge dessen stellt der Rahmenbeschluss weder

[996] Zusatzprotokoll zum Strafrechtsübereinkommen über Korruption Straßburg, 15.5.2003 (Bereinigte Übersetzung zwischen Deutschland, Österreich und der Schweiz abgestimmte Fassung), abrufbar unter: http://conventions.coe.int/Treaty/GER/Treaties/Html/191.htm.
[997] BT-Drs. 16/5375, S. 2 (Nr. 173: Strafrechtsübereinkommen über Korruption, 27.01.1999).
[998] Andere Ansicht wohl der deutsche Gesetzgeber, vgl. BT-Drs. 16/6558, S. 1.

eine hinreichend verbindliche Vorgabe für die Einführung des § 299 StGB dar noch eignet er sich zur Legitimation dieses Straftatbestandes. Schließlich stellt auch das Korruptionsübereinkommen des Europarates derzeit keine verbindliche Vorgabe für den Straftatbestand der Bestechlichkeit und Bestechung im privaten Geschäftsverkehr dar, denn es bedarf der Umsetzung in innerstaatliches Recht und das Ausführungsgesetz sowie das Vertragsgesetz sind noch in Vorbereitung.

D. Ergebnis

Die Ausführungen im fünften Kapitel zeigen, dass die Europäische Gemeinschaft derzeit (noch) keine originäre Kompetenz zum Erlass von Strafvorschriften hat. Sie kann lediglich die einzelnen Mitgliedstaaten durch Richtlinien zur Schaffung kriminalstrafrechtlicher Normen verpflichten. Das nationale Strafrecht ist daher einer Rechtsangleichung nach Maßgabe der im EGV enthaltenen Harmonisierungsgrundlagen grundsätzlich zugänglich. Die Ausübung der strafrechtlichen Anweisungskompetenz wird aber durch die im EGV normierten Subsidiaritäts- und Verhältnismäßigkeitsprinzipien beschränkt. Die Europäische Gemeinschaft darf den Mitgliedstaaten nicht detailliert vorgeben, wie Strafnormen auf der Tatbestands- und Rechtsfolgenseite ausgestaltet sein müssen.[999] Vielmehr muss den Mitgliedstaaten die Möglichkeit der Tatbestandsformulierung offengelassen werden. Andernfalls wird unzulässig in die Strafgesetzgebung der Mitgliedstaaten eingegriffen.[1000]

Demnach können auf europäischer Ebene für die Mitgliedstaaten der EU grundsätzlich verbindliche strafrechtliche Vorgaben in Form von Richtlinien getroffen werden, um wettbewerbsbeeinträchtigende Verhaltensweisen zu unterbinden. Bisher sind aber Anweisungen in Form von Richtlinien weder in Bezug auf wettbewerbswidrige Absprachen noch im Hinblick auf Bestechlichkeit und Bestechung im geschäftlichen Verkehr erfolgt.

Daneben stellen die Art. 29 ff. EUV im Bereich der polizeilichen und justiziellen Zusammenarbeit in Strafsachen einen unionsrechtlichen Rahmen für eine Harmonisierung des materiellen Strafrechts dar. Auf der Grundlage der in

---

[999] Vgl. Oehler, FS-Baumann, S. 561, 566.

[1000] Oehler, FS-Jescheck, S. 1399, 1408; vgl. Schröder, Europäische Richtlinien und deutsches Strafrecht, S. 188.

Art. 34 EUV vorgesehenen Maßnahmen besteht die Möglichkeit, eine Mindestangleichung für bestimmte Bereiche des materiellen Strafrechts der EU-Mitgliedstaaten vorzunehmen. Die Angleichung des materiellen Strafrechts erfolgt durch den Erlass von Mindestvorschriften zur Ausgestaltung der entsprechenden Tatbestände. Auch über die Handlungsformen des Art. 34 EUV können also grundsätzlich Vorgaben an die Mitgliedstaaten zum Erlass von Strafvorschriften zum Schutze des Wettbewerbs erfolgen.

Die derzeit in Betracht kommenden Maßnahmen auf europäischer Ebene stellen jedoch keine tauglichen Vorgaben für § 298 StGB dar. Sowohl der in Art. 2 Corpus Juris i.d.F. Florenz normierte Ausschreibungsbetrug als auch die Initiative zur Annahme eines Rahmenbeschlusses über den strafrechtlichen Schutz gegen betrügerisches oder sonstiges unlauteres wettbewerbswidriges Verhalten im Zusammenhang mit der Vergabe von öffentlichen Aufträgen im Gemeinsamen Markt sind bisher nicht in geltendes Recht umgesetzt worden. Darüber hinaus steht der Modelltatbestand nach Art. 2 Corpus Juris i.d.F. Florenz aufgrund seiner fehlenden Akzessorität zum GWB im Widerspruch zum deutschen Kartellrecht und ist schon deshalb nicht als Vorlage für einen Straftatbestand geeignet, der wettbewerbswidrige Absprachen bei Ausschreibungen in Deutschland kriminalisieren soll.

Auch die Ausführungen in Bezug auf die möglichen Vorgaben und europarechtlichen Regelungen, welche die Einführung des § 299 StGB in das Strafgesetzbuch rechtfertigen könnten, haben gezeigt, dass es hier derzeit an hinreichend verbindlichen Vorgaben fehlt. Zwar existieren ebenfalls Modelltatbestände und Bestimmungen, die eine Kriminalstrafbarkeit für die Bestechlichkeit und Bestechung im geschäftlichen Verkehr vorsehen. Diese können jedoch aus den oben dargelegten Gründen nicht als verbindlich angesehen werden.

Lediglich im Hinblick auf § 298 StGB kommt als Vorgabe bzw. Regelung der Bußgeldtatbestand des Art. 23 Abs. 2 lit. a) VO 1/2003 in Betracht. Danach kann die Europäische Kommission zwar für einen Verstoß gegen Art. 81 EGV Geldbußen gegen Unternehmen verhängen, wenn diese bei europaweiten Ausschreibungen wettbewerbswidrige Absprachen treffen. Diese sind aber nach Art. 23 Abs. 5 VO 1/2003 ausdrücklich nicht strafrechtlicher Art. Darüber hinaus existieren keine anderen Bestimmungen, die Absprachen bei Ausschreibungen kriminalisieren. Vielmehr hat es die Europäische Gemeinschaft bisher als nicht erforderlich angesehen hat, die Mitgliedstaaten anzuweisen, strafrechtliche Regelungen gegen wettbewerbswidrige Absprachen bei Ausschreibungen einzuführen. Hätte die EG dies für erforderlich gehalten, wäre es naheliegend gewesen, neben der Einführung der neuen VO 1/2003 die Mitgliedstaaten etwa durch eine Richtlinie oder eine Harmonisierungsmaßnahme nach dem EUV anzuweisen, strafrechtliche Regelungen zur Ahndung von Submissionsabsprachen einzuführen. Da dies unterblieben ist, ist der Rückschluss zu ziehen, dass der Gemeinschaftsgesetzgeber es als ausreichend erachtet, unlautere Absprachen bei Submissionen lediglich durch die Verhängung von Bußgeldern zu ahnden.

Als Ergebnis des fünften Kapitels bleibt festzuhalten, dass sich derzeit keine verbindlichen Vorgaben oder Regelungen auf europäischer Ebene finden lassen, die geeignet sind, die Aufnahme der Straftatbestände zum Schutz des Wettbewerbs in das deutsche Strafgesetzbuch zu rechtfertigen bzw. zu begründen.

Zusammenfassung der Ergebnisse

Ziel des Gesetzgebers war durch die Einführung der Wettbewerbsdelikte eine verbesserte Strafverfolgung von wettbewerbswidrigem Verhalten in der Wirtschaft zu erreichen. Die Aufnahme der Wettbewerbsdelikte in das Strafgesetzbuch sollte verdeutlichen, dass der Schutz des Wettbewerbs eine wichtige Aufgabe des Staates ist, zu dessen Schutz Regelungen im Strafgesetzbuch erforderlich seien. Ferner sollte das Bewusstsein von Gesellschaft, Wirtschaft und Verwaltung dahingehend geschärft werden, dass es sich bei Korruption im geschäftlichen Bereich und in der Wirtschaft um kriminelles Unrecht handelt.[1001] Die Änderungen durch das Korruptionsgesetz erscheinen jedoch als übereilte Reaktion auf rechtspolitische Forderungen der Strafrechtspraxis.[1002] Anhand der zahlreichen Gesetzesvorhaben und Auseinandersetzungen im Zusammenhang mit der Einführung des Straftatbestandes der wettbewerbsbeschränkenden Absprachen bei Ausschreibungen wird deutlich, wie kontrovers bereits die Einführung dieser Vorschrift zum Schutz des Wettbewerbs diskutiert und wie kritisch die Einführung eines Straftatbestandes zum Schutz des Wettbewerbs gesehen wurde. Auch die Übernahme des Tatbestandes der Bestechlichkeit und Bestechung im geschäftlichen Verkehr in das Strafgesetzbuch wurde kritisch bewertet.

Kehrt man zum Ausgangspunkt der Untersuchung zurück, kann als Ergebnis festgehalten werden: Es besteht keine Notwendigkeit, den freien Wettbewerb durch die Straftatbestände zum Schutz des Wettbewerbs im Strafgesetzbuch zu schützen. Den Straftatbeständen des 26. Abschnitts fehlt es an der erforderlichen Strafwürdigkeit, soweit sie den freien Wettbewerb als primäres Rechtsgut schützen sollen. Zwar kann den kriminalisierten Verhaltensweisen der erforderliche Handlungsunwert zugesprochen werden. Im Hinblick auf den Wettbewerb als vorrangig zu schützendes Interesse fehlt es aber an dem notwendigen Erfolgsunwert, denn der freie Wettbewerb kommt als strafrechtlich zu schützendes Rechtsgut entgegen der herrschenden Meinung nicht in Betracht. Der Wettbewerb ist für sich genommen keine Institution, die in den Rang eines strafrechtlich geschützten Rechtsguts gehoben werden sollte, denn unlautere Verhaltensweisen im wirtschaftlichen Wettbewerb sind nicht als extrem sozialschädliche Angriffe auf ein überragendes Gemeinschaftsgut, sondern allenfalls als Zuwi-

---

[1001] Ebenso zusammenfassend: *Heine* in: Schönke/Schröder: Vorbem §§ 298 Rn 1.

[1002] Vgl. König, JR 1997, S. 397, 401; Oldigs, wistra 1998, S. 291, 296.

derhandlungen gegen staatliche Lenkungsmaßnahmen zu verstehen. Zur Begründung der Strafwürdigkeit reichen diese aber – wie dargelegt – nicht aus.

Darüber hinaus ist die erforderliche Strafbedürftigkeit für die §§ 298 ff. StGB nicht gegeben. Zwar kann eine Verfassungswidrigkeit der beiden Straftatbestände zum Schutz des Wettbewerbs nicht angenommen werden, denn der Gesetzgeber hat bei Einführung der Vorschriften von seinem ihm zustehenden Einschätzungs- und Beurteilungsspielraum in vertretbarer Weise Gebrauch gemacht. Er hat sich – was insbesondere die Entstehungsgeschichte des 26. Abschnitts zeigt – mit den Argumenten für und gegen die Aufnahme dieser Straftatbestände in das Strafgesetzbuch auseinandergesetzt. Aus kriminalpolitischer Sicht ist die Aufnahme beider Vorschriften jedoch bedenklich.[1003]

Gerade an der Einführung des § 298 StGB, dem die gesetzgeberische Intention zugrunde liegt, die Schwierigkeit, einen Vermögensschaden i.S.d. § 263 StGB nachzuweisen, zu beseitigen, zeigt sich, dass die moderne Strafgesetzgebung mit dem Ziel, Institutionen zu schützen, sich von rechtstaatlichen Traditionen entfernt. Zu diesen Traditionen zählt unter anderem auch, dass nicht Gefährdungsdelikte, sondern Verletzungsdelikte die Normalform von Straftatbeständen darstellen.[1004] Aber gerade mit der Deliktsform der abstrakten Gefährdungsdelikte ist eine Ausweitung des Strafrechts verbunden, denn es findet eine beträchtliche Vorverlagerung der Strafbarkeit statt.[1005] Die Ausführungen zum Vollendungszeitpunkt des § 299 StGB belegen dies ebenfalls exemplarisch.[1006] Ferner hat die Untersuchung gezeigt, dass sich Straftatbestände, denen wirtschaftliche und damit auch gesellschaftliche Steuerungsaufgaben zugewiesen werden, mit der aus

---

[1003] Bereits Satzger, Submissionsbetrug, S. 252, hielt ein Tätigwerden des Gesetzgebers zur Schaffung eines Sondertatbestands des Ausschreibungsbetrugs für entbehrlich, da § 263 StGB nach seiner Auffassung weitrecheichende Möglichkeiten biete, Manipulationen bei Auftragsvergaben durch Ausschreibungen zu bestrafen.

[1004] Hassemer, ZRP 1992, S. 378, 379.

[1005] Vgl. Volk, JZ 1982, S. 85, 87; Naucke, KritV 1993, S. 135, 145; nach Albrecht, KritV 1993, S. 163, 169 war bereits im Zusammenhang mit dem ersten und zweiten Wirtschaftskriminalitätsgesetz zu beobachten, dass zahlreiche Normen dieser Gesetze eine Vorverlagerung des Strafrechtschutzes mit dem erklärten Ziel des Gesetzgebers darstellen, prozessuale Beweisschwierigkeiten hinsichtlich der Voraussetzungen des zentralen strafwürdigen Betrugstatbestandes zu beseitigen.

[1006] Siehe 3. Kapitel D. III. 3. a).

der Verfassung gewonnenen Leitvorstellung, Strafrecht sei das letzte Mittel staatlicher Eingriffe, schwer vereinbaren lassen.[1007]

In der Praxis der Strafverfolgung spielen die Straftaten gegen den Wettbewerb keine bedeutende Rolle.[1008] Die den amtlichen Statistiken entnommenen Fallzahlen sind sehr niedrig. Nur wenige Fälle der Wettbewerbsdelikte werden der Polizei bekannt und noch weniger von der Justiz abgeurteilt. Anhand der Statistiken lässt sich allenfalls die Aussage treffen, dass diese kriminalisierten Verhaltensweisen tatsächlich vorkommen. Eine Angabe der Häufigkeit ist aufgrund begrenzter Aussagekraft und Unbestimmtheit des Dunkelfeldes nur sehr eingeschränkt möglich. Auch im Vergleich zu den übrigen Straftaten fällt der Anteil der Wettbewerbsdelikte sehr gering aus. Die praktische Bedeutungslosigkeit einzelner Strafbestimmungen im wirtschaftsstrafrechtlichen Bereich lässt sich aber als bedeutendes Indiz dafür sehen, dass es dem Gesetzgeber nicht gelungen ist, sachlich angemessenen Strafrechtsschutz gegen die von ihm als sozialgefährlich oder sozialschädlich eingestufte Verhaltensweisen zu bieten.[1009] Die statistische Untersuchung zum Vorkommen der Wettbewerbsdelikte führt daher zu dem Ergebnis, dass die Tatbestände des 26. Abschnitts nicht den vom Gesetzgeber ins Auge gefassten Schutz gegen Verhaltensweisen, die dem freien Wettbewerb zuwiderlaufen, bieten. Eine genaue Feststellung der durch die Wettbewerbsdelikte verursachten Schäden ist ebenfalls nicht möglich, denn aussagekräftige statistische Grundlagen für das zahlenmäßige Vorkommen der Straftaten gegen den Wettbewerb sind nicht vorhanden. Welchen tatsächlichen Schaden Volks- und Marktwirtschaft durch die Wettbewerbsdelikte erleiden, kann letztlich nur geschätzt werden. Immaterielle Schäden können zwar angenommen, aber ebenfalls nicht eindeutig belegt werden.

Schließlich kann als Ergebnis des fünften Kapitels festgehalten werden, dass sich derzeit keine verbindliche Vorgaben oder Regelungen auf europäischer Ebene finden lassen, die geeignet sind, die Aufnahme der Straftatbestände zum Schutz des Wettbewerbs in das deutsche Strafgesetzbuch zu rechtfertigen bzw.

[1007] Vgl. die ähnliche Aussage von Kempf, NJW 1997, S. 1729, 1731.

[1008] So auch Tröndle/Fischer, Vor § 298 Rn 4; *Dannecker* in: NK-StGB, Vor § 298 Rn 6; a.A. Haft/Schwoerer, FS-Weber, S. 367 nach deren Auffassung Bestechlichkeit und Bestechung im Geschäftsverkehr eine bedeutende Rolle spielen sollen.

[1009] Vgl. Otto, Jura 1989, S. 24, 27.

zu stützen. Zwar können auf europäischer Ebene grundsätzlich verbindliche strafrechtliche Vorgaben in Form von Richtlinien für die Mitgliedstaaten der EU getroffen werden, um wettbewerbsbeeinträchtigende Verhaltensweisen zu unterbinden. Bisher sind aber Anweisungen in Form von Richtlinien weder in Bezug auf wettbewerbswidrige Absprachen noch im Hinblick auf Bestechlichkeit und Bestechung im geschäftlichen Verkehr erfolgt.

Daneben können über die Handlungsformen des Art. 34 EUV grundsätzlich auch Vorgaben an die Mitgliedstaaten zum Erlass von Strafvorschriften zum Schutze des Wettbewerbs erfolgen. Die derzeit in Betracht kommenden Maßnahmen auf europäischer Ebene stellen jedoch keine tauglichen Vorgaben für die §§ 298 StGB dar. Sowohl der in Art. 2 Corpus Juris i.d.F. Florenz normierte Ausschreibungsbetrug als auch die Initiative zur Annahme eines Rahmenbeschlusses über den strafrechtlichen Schutz gegen betrügerisches oder sonstiges unlauteres wettbewerbswidriges Verhalten im Zusammenhang mit der Vergabe von öffentlichen Aufträgen im Gemeinsamen Markt sind bisher nicht in geltendes Recht umgesetzt worden. Darüber hinaus steht der Modelltatbestand nach Art. 2 Corpus Juris i.d.F. Florenz aufgrund seiner fehlenden Akzessorietät zum GWB im Widerspruch zum deutschen Kartellrecht und ist schon deshalb nicht als Vorlage für einen Straftatbestand geeignet, der wettbewerbswidrige Absprachen bei Ausschreibungen kriminalisieren soll.

Als europäische Vorgabe bzw. Regelung kommt allenfalls der Bußgeldtatbestand nach Art. 23 Abs. 2 lit. a) VO 1/2003 in Betracht. Danach kann die Europäische Kommission zwar für einen Verstoß gegen Art. 81 EGV Geldbußen gegen Unternehmen verhängen, wenn diese bei europaweiten Ausschreibungen wettbewerbswidrige Absprachen treffen. Diese sind aber nach Art. 23 Abs. 5 VO 1/2003 ausdrücklich nicht strafrechtlicher Art, sondern mit dem deutschen Ordnungswidrigkeitenrecht vergleichbar.

Darüber hinaus existieren keine anderen Bestimmungen, die Absprachen bei Ausschreibungen kriminalisieren. Vielmehr kann davon ausgegangen werden, die Europäische Gemeinschaft hat es bisher als nicht erforderlich angesehen, die Mitgliedstaaten anzuweisen, strafrechtliche Regelungen gegen wettbewerbswidrige Absprachen bei Ausschreibungen einzuführen. Hätte die EG dies für erforderlich gehalten, wäre es naheliegend gewesen, neben der Einführung der neuen

VO 1/2003 die Mitgliedstaaten etwa durch eine Richtlinie oder eine Harmonisierungsmaßnahme nach dem EUV anzuweisen, strafrechtliche Regelungen zur Ahndung von Submissionsabsprachen einzuführen. Da dies unterblieben ist, ist der Rückschluss zu ziehen, dass der Gemeinschaftsgesetzgeber es als ausreichend erachtet, unlautere Absprachen bei Submissionen lediglich durch die Verhängung von Bußgeldern zu ahnden.

Auch die Ausführungen in Bezug auf die mögliche Vorgaben und europarechtlichen Regelungen, welche die Einführung des § 299 StGB in das Strafgesetzbuch rechtfertigen könnten, haben gezeigt, dass es hier derzeit an hinreichend verbindlichen Vorgaben fehlt. Zwar existieren ebenfalls Modelltatbestände und Bestimmungen, die eine Kriminalstrafbarkeit für die Bestechlichkeit und Bestechung im geschäftlichen Verkehr vorsehen. Diese können jedoch aus den oben dargelegten Gründen nicht als verbindlich angesehen werden.

Schlussbetrachtung

Die Wettbewerbsdelikte zeigen exemplarisch, dass die neueren wirtschaftlichen Straftatbestände nicht mehr ausschließlich auf den Schutz von Individualrechtsgütern abzielen. Vielmehr geht es um den Schutz von Funktionen, Institutionen oder Allgemeininteressen. Für diese Art von Rechtsgütern lassen sich nicht immer individualisierbare Schädigungen angeben, sondern es geht um diffuse Schadensbegriffe wie Funktionsstörungen oder wie bei den §§ 298 ff. StGB um die Beeinträchtigung des freien Wettbewerbs. Um eine möglichst effektive „Bekämpfung" von wertbewerbsbeeinträchtigenden Verhaltensweisen zu erzielen, wird auf das Merkmal eines konkreten Vermögensschadens sowohl bei § 298 als auch § 299 StGB verzichtet. Vielmehr sind die Wettbewerbsdelikte als abstrakte Gefährdungsdelikte ausgestaltet, die auf den Nachweis eines Schadens für den Einzelnen gänzlich verzichten. Der Anwendungsbereich des Strafrechts wird damit weit im Vorfeld einer Verletzung von Individualrechtsgütern eröffnet.

Als Folge hiervon stehen die Wettbewerbsdelikte im Widerspruch zu einem freiheitlich-liberalen Strafrecht, denn sie werden weder dem strafrechtsbegrenzenden Charakter des Subsidiaritätsprinzips noch dem fragmentarischen Charakter des Strafrechts hinreichend gerecht. Außerstrafrechtliche Regelungsmaterien und gesellschaftlich-marktwirtschaftlichen Selbstregulierungskräfte stehen zur Verfügung, bleiben aber aufgrund einer vermeintlichen Effizienzsteigerung der strafrechtlichen „Bekämpfung" wettbewerbsbeeinträchtigender Verhaltensweisen unberücksichtigt.

In einer Rechtsordnung, die den Prinzipien sozialer Marktwirtschaft verpflichtet ist, und nicht einer staatlichen Planwirtschaft, kommt der individuellen Freiheit der einzelnen Marktteilnehmer eine besondere Bedeutung zu. Insbesondere die Berücksichtigung sozialer Erwägungen und individueller Entfaltungsmöglichkeiten erfordert durchaus wettbewerbsschützende und -erhaltende Regelungen. Zu bedenken ist jedoch, dass derartige Regelungen immer auch die Tendenz haben, das Verhalten der Marktteilnehmer zu uniformieren und unbeweglich werden zu lassen. Insofern können gesetzliche Maßnahmen den Wettbewerb schwerer beeinträchtigen als einzelne unlautere Verhaltensweisen, die dem freien Wettbewerb zuwiderlaufen. Die Marktwirtschaft ist durch wettbewerbliche Marktprozesse gekennzeichnet, die in zwei Phasen ablaufen: Dem Vorstoß eines im Regelfall besonders dynamischen Unternehmens zur Gewinnung eines Vorsprungs (Vorsprungsphase) folgt mehr oder weniger schnell die Reaktion anderer Marktteilnehmer zur Verringerung des Vorsprungs (Verfolgungsphase).[1010] Soll dieser Prozess nicht nachhaltig gestört werden, ist bei der Abwehr sozialschädlicher Verhaltensweisen im Bereich der Wirtschaft die vorgegebene Rangordnung der Abwehrmaßnahmen einzuhalten: Zunächst sind die Marktteilnehmer selbst dazu aufgerufen, solchen Verhaltensweisen zu begegnen. Erst dort, wo ihre Regelungen nicht ausreichend sind, um die angestrebten Ziele zu erreichen, beginnt der Raum für staatliche Normierungen. Soweit zivil- und verwaltungsrechtliche Regelungen die notwendige Sicherung und Steuerung des Wettbewerbs erzielen können, ohne die marktwirtschaftlichen Prozesse zu stören, verbietet der Grundsatz der Subsidiarität des Strafrechts den Rückgriff auf strafrechtliche Normen.

Das Strafrecht kann mit seinen notwendig komplexen Verfahrenssicherungen wirtschaftliche Auswüchse und Fragwürdigkeiten, schon gar nicht strukturelle Systemwidersprüche und jedwede sozialschädliche Verhaltensweise bewältigen. Dies hat im Bereich des Wettbewerbs durch Wirtschafts-, Kartell-, Wettbewerbsrecht und andere Rechtsmaterien zu erfolgen, denn das Strafrecht ist nicht dazu bestimmt, die soziale Kontrolle der marktwirtschaftlichen Ordnung zu gewährleisten. Zugriffs- und Verführungssituationen im freien Wettbewerb muss dieser selbst, also mit adäquaten wirtschaftsrechtlichen und wirtschaftspolitischen Steuerungsinstrumenten regulieren. Aufgabe des Kernstrafrechts ist es nicht, jede dieser schädlichen, sondern nur erhebliche sozialschädliche Verhaltensweisen zu kriminalisieren. Insbesondere in der Grauzone ökonomischer Übervorteilung – die durchaus marktwirtschaftlich fördernd sein kann – vermag der strafrechtliche Unrechtsbegriff keine verbindlichen Konturen zu setzen. Hier muss das Strafrecht im eigenen Interesse subsidiär bleiben.[1011]

Um eine effektive Ahndung von Korruption im wirtschaftlichen Wettbewerb zu ermöglichen, ist es mit der Einführung der Straftaten gegen den Wettbewerb nicht getan. Vielmehr ist erforderlich, die Öffentlichkeit für dieses Deliktsfeld zu sensibilisieren und dadurch eine stärkere Wahrnehmung korrupter Handlungen zu erreichen. Bislang erscheint die Bereitschaft zur Anzeigenerstattung oder

---

[1010] Vgl. Otto, ZStW 96 (1984), S. 339, 362.

[1011] Albrecht, KritV 1993, S. 163, 171.

zu sonstigen Hinweisen auf Korruptionshandlungen vergleichsweise gering. Überdies dürfte die Neigung bestehen, firmenintern festgestellte Korruptionsdelikte „intern zu regeln“ und somit eine strafrechtliche Bearbeitung und das damit verbundene öffentliche Bekannt werden solcher Verhaltensweisen zu vermeiden. Hinzu kommt, dass korrupte Beziehungsgeflechte solcher Verhaltensweisen über Jahre gewachsen sind, sich durch Konspiration und Verschleierung auszeichnen. Dies erschwert das Aufdecken entsprechender Straftaten enorm. Zudem bereitet der Nachweis der Verknüpfung von gewährten Zuwendungen und sachwidrigen Bevorzugungen im Wettbewerb häufig Schwierigkeiten. Allein durch Maßnahmen der Repression kann daher eine zufriedenstellende Situation nicht erreicht werden.

Es erscheint vielmehr im Interesse einer wirksamen Korruptionsbekämpfung unabdingbar, einen multidisziplinären Ansatz zu verfolgen, der nicht allein auf der Schaffung und Durchsetzung strafrechtlicher Regelungen und Kontrolle beruht, sondern in gleicher Weise Wert auf präventive Maßnahmen wie Aufklärung und die Vermittlung ethischer Grundsätze legt.[1012] Als derartige Maßnahmen kommen beispielsweise Corporate Governance[1013] – Kodizes oder Compliance[1014] – Funktionen in Wirtschaftsunternehmen in Betracht. Dem Strafrecht kann hier nur eine flankierende Funktion zukommen. Eine Strategie, die sich an einer langfristigen Lösung des Problems zu orientieren hat, muss neben der formellen Kontrolle durch die Strafverfolgungsorgane und deren Möglichkeiten andere Instanzen informeller Kontrolle nutzen bzw. aktivieren, um Korruption, insbesondere deren Entstehung und das Wachsen entsprechender Netzwerke, zu verhindern. Lediglich neue Straftatbestände zu schaffen kann nicht ausreichend sein.

Schließlich wäre es verfehlt, aus der Gefährlichkeit korruptiver Entwicklungen den Schluss zu ziehen, diese müssten mit neuen Straftatbeständen, Erhöhung der

[1012] Vgl. *Portz* in: Dölling, Hdb. Korruptionsprävention, S. 356 (Rn 14); Pragal, ZIS 2006, S. 63, 81.

[1013] Corporate Governance (engl. Corporate: Körperschaft, gemeinschaftlich; Governance: regieren, führen) umfasst Methoden und Instrumente zur Leitung und Überwachung von Organisationen.

[1014] Der Begriff Compliance wird verwendet, um die Einhaltung von Gesetzen und Richtlinien, aber auch freiwilligen Kodizes in Unternehmen zu bezeichnen.

Strafdrohungen oder Beseitigung von Strafbarkeitsvoraussetzungen „bekämpft" werden, denn es gibt auch andere Möglichkeiten: Nicht das Strafrecht, sondern das Wirtschaftsrecht, das Verwaltungsrecht, das öffentliche Dienstrecht, das Steuerrecht oder die Betriebswirtschaftslehre eröffnen Kontroll- und Steuerungsmöglichkeiten[1015], damit das Strafrecht die ihm im Rechtsstaat zukommende Rolle spielen, damit es *ultima ratio* von wirtschaftlichen Problemlösungen sein kann und nicht zur prima oder gar zur *„sola ratio"* wird.[1016]

Naucke hat die „Reduzierung eines ausgeuferten Strafrechts als das große strafrechtliche Problem der Zeit" bezeichnet."[1017] Leben, Unverletzlichkeit und Freiheit der Person sowie Eigentum bleiben die Rechtsgüter, die Strafrecht – auf absehbare Zeit – zu sichern und nach Verletzungen immer wieder herzustellen hat. Das ist der Kernbereich von Strafrecht, ohne den auch eine moderne Gesellschaft nicht auskommt. Der Schutz des Wettbewerbs zählt nicht hierzu und sollte anderen Regelungsmaterien vorbehalten bleiben.

1015 Albrecht, Die vergessene Freiheit, S. 169.

1016 Vgl. Hassemer, ZRP 1997, S. 316, 321.

1017 Naucke, Die Grenzen des Strafrechts. Eine Problemskizze in 7 Thesen, Archivum Iuridicum Cracoviense, Bd. 27/28, 1994-1995, S. 65 ff.

Literaturverzeichnis

Nicht in das Literaturverzeichnis aufgenommen wurden Zeitungsartikel und Informationen aus dem Internet. Die nicht aufgenommenen Schriften sind aber bei ihrer erstmaligen Erwähnung im Fußnotenapparat mit ausführlichen bibliographischen Angaben versehen, die ein zuverlässiges Auffinden ermöglichen. Publikationen sind häufig mit Kurztiteln zitiert, die aus dem vollständigen Titel gebildet wurden.

Achenbach, Hans, Pönalisierung von Ausschreibungsabsprachen und Verselbständigung der Unternehmensgeldbuße durch das Korruptionsbekämpfungsgesetz 1997, WuW 1997, S. 958 ff.

Achenbach, Hans/Ransiek, Andreas (Hrsg.), Handbuch Wirtschaftsstrafrecht, Heidelberg, 2004

Adam, Michael, Die Wirkung von EU-Rahmenbeschlüssen im mitgliedstaatlichen Recht, EuZW 2005, S. 558 ff.

Ahlf, Ernst-Heinrich, Zum Korruptionsbegriff, Kriminalistik 1996, S. 154 ff.

Albrecht, Peter-Alexis, Erosionen des rechtsstaatlichen Strafrechts, KritV 1993, S. 163 ff.

ders., Die vergessene Freiheit – Strafrechtsprinzipien in der europäischen Sicherheitsdebatte, Berlin, 2003

ders., Europäischer Strafrechtsraum: Ein Albtraum?, ZRP 2004, S. 1 ff.

ders., Kriminologie – Eine Grundlegung zum Strafrecht, 3. Aufl., München, 2005

ders., Menschenwürde als staatskritische Absolutheitsregel – Laudatio für Burkhard Hirsch –, KritV 2006, S. 295 ff.

Albrecht, Peter-Alexis u.a., Strafrecht – ultima ratio – Empfehlungen der Niedersächsischen Kommission zur Reform des Strafrechts und des Strafverfahrensrechts, Baden-Baden, 1992

Albrecht, Peter-Alexis/Braum, Stefan, Defizite europäischer Strafrechtsentwicklung, KritV 1998, S. 460 ff.

Albrecht, Peter-Alexis/Braum, Stefan/Frankenberg, Günther/Günther, Klaus/Naucke, Wolfgang/Simitis, Spiros, 11 Thesen zur Entwicklung rechtsstaatlicher Grundlagen europäischen Strafrechts, KritV 2001, . 279 ff.

Albrecht, Peter-Alexis/Braum, Stefan, Kontingentes „Europäisches Strafrecht“ in actio: Schwerpunkte, Konturen, Defizite, KritV 2001, S. 312 ff.

Altpeter, Frank, Strafwürdigkeit und Straftatsystem – Eine Untersuchung zur Einbeziehung von Strafwürdigkeitsaspekten in das Straftatsystem am Beispiel der vortatbestandlichen und tatbestandlichen Ebene, Frankfurt am Main, 1990

Ambos, Kai, Internationales Strafrecht : Strafanwendungsrecht, Völkerstrafrecht, europäisches Strafrecht, München, 2006

Amelung, Knut, Rechtsgüterschutz und Schutz der Gesellschaft, Untersuchungen zum Inhalt und zum Anwendungsbereich eines Strafrechtsprinzips auf dogmengeschichtlicher Grundlage. Zugleich ein Beitrag zur Lehre von der „Sozialschädlichkeit" des Verbrechens, Frankfurt am Main, 1972

Appel, Ivo, Verfassung und Strafe, Zu den verfassungsrechtlichen Grenzen staatlichen Strafens, Berlin, 1998

ders., Rechtsgüterschutz durch Strafrecht? Anmerkungen aus verfassungsrechtlicher Sicht, KritV 1999, S. 278 ff.

Badura, Peter, Grundprobleme des Wirtschaftsverfassungsrechts, JuS 1976, S. 205 ff.

Bangard, Annette, Aktuelle Probleme der Sanktionierung von Kartellabsprachen, wistra 1997, S. 161 ff.

Bannenberg, Britta, Korruption in Deutschland und ihre strafrechtliche Kontrolle, Eine kriminologisch-strafrechtliche Analyse, BKA-Forschungsreihe, Band 18, Neuwied/Kriftel, 2002

Bartmann, Gunnar, Der Submissionsbetrug, Berlin, 1997

Baumann, Jürgen/Weber, Ulrich/Mitsch, Wolfgang, Strafrecht, Allgemeiner Teil, 11. Aufl., Bielefeld, 2003

Baumann, Jürgen, Endlich strafrechtliche Bekämpfung des Submissionsbetruges, NJW 1992, S. 1661 ff.

ders., Zum Ärgernis Submissionsbetrug, in: Festschrift für Dietrich Oehler zum 70. Geburtstag, Köln u.a., 1985, S. 291 ff.

Bechthold, Rainer/Otting, Olaf, Kartellgesetz, Gesetz gegen Wettbewerbsbeschränkungen, 4. Aufl., München, 2006

Beulke, Werner, Der praktische Fall – Strafrecht: Der findige Bauunternehmer, JuS 1977, S. 35 ff.

Birnbaum, Johann Michael Franz, Ueber das Erforderniß einer Rechtsverletzung zum Begriffe des Verbrechens, mit besonderer Rücksicht auf den Begriff der Ehrenkränkung, Archiv des Criminalrechts, Neue Folge 1 (1834), S. 149 ff.

Binding, Karl, Lehrbuch des Gemeinen Deutschen Strafrechts, Besonderer Teil, Band 1, 2. Aufl., Leipzig, 1902

Bleckmann, Albert, Die Überlagerung des nationalen Strafrechts durch das Europäische Gemeinschaftsrecht in: Festschrift für Walter Stree und Johannes Wessels zum 70. Geburtstag, Heidelberg, 1993, S. 107 ff.

Bock, Michael, Kriminologie, Für Studium und Praxis, 3. Aufl., München, 2007

Böse, Martin, Strafen und Sanktionen im Europäischen Gemeinschaftsrecht, Köln u.a., 1996

ders., Die Zuständigkeit der Europäischen Gemeinschaft für das Strafrecht – Zugleich Besprechung von EuGH, Urteil vom 13.9.2005, GA 2006, S. 211 ff.

Bohnert, Joachim, OWiG, Kommentar zum Ordnungswidrigkeitenrecht, 7. Aufl., München, 2007

Bottke, Wilfried, Das Wirtschaftsstrafrecht in der Bundesrepublik Deutschland – Lösungen und Defizite, wistra 1991, S. 1 ff.

ders., Zur Legitimität des Wirtschaftsstrafrechts im engen Sinne und seiner spezifischen Deliktsbeschreibungen in: Bausteine des europäischen Wirtschaftsstrafrechts, Madrid-Symposium für Klause Tiedemann, Köln u.a., 1994, S. 109 ff.

Boujong, Karlheinz (Hrsg.), Karlsruher Kommentar zum Gesetz über Ordnungswidrigkeiten, 2. Aufl., München, 2000

Braum, Stefan, Grundgesetzinterpretation und Strafrecht, KritV 1995, S. 371 ff.

ders., Das „Corpus Juris“ – Legitimität, Erforderlichkeit und Machbarkeit, JZ 2000, S. 493 ff.

ders., Europäische Strafgesetzlichkeit, Frankfurt am Main, 2003

ders., Das Prinzip der gegenseitigen Anerkennung Historischer Grundlagen und Perspektiven europäischer Strafrechtsentwicklung, GA 2005, S. 681 ff.

ders., Europäische Strafgesetzgebung: Demokratische Strafgesetzlichkeit oder administrative Opportunität, wistra 2006, S. 121 ff.

Bruns, H. J., Können ordnungswidrige Preisabsprachen bei öffentlichen Ausschreibungen nach geltendem Recht auch als Betrug mit Kriminalstrafe geahndet werden?, NStZ 1983, S. 385 ff.

Bundesministerium der Justiz (Hrsg.), Tagungsberichte der Sachverständigenkommission zur Bekämpfung der Wirtschaftskriminalität – Reform des Wirtschaftsstrafrechts X. und XI. Band, Bonn, 1976

Bunte, Hermann-Josef (Hrsg.), Kartellrecht mit neuem Vergaberecht, München, 2003

Bürger, Sebastian, § 299 StGB – eine Straftat gegen den Wettbewerb?, wistra 2003, S. 130 ff.

Calliess, Christian/Ruffert Matthias (Hrsg.), EUV/EGV, Das Verfassungsrecht der Europäischen Union mit Europäischer Grundrechtscharta, 3. Aufl., München, 2007

Cramer, Peter, Zur Strafbarkeit von Preisabsprachen in der Bauwirtschaft – Der Submissionsbetrug –, Heidelberg 1995

Cuerta, Antonio, Besitzt die Europäische Gemeinschaft ein ius puniendi? in: Bausteine des europäischen Wirtschaftsstrafrechts, Madrid-Symposium für Klaus Tiedemann, Köln u.a., 1994, S. 367 ff.

Dahs, Hans (Hrsg.), Kriminelle Kartelle? – Zur Entstehungsgeschichte des neuen § 298 StGB, Baden-Baden, 1998

Dannecker, Gerhard, Strafrecht in der Europäischen Gemeinschaft, JZ 1996, S. 869 ff.

ders., Die Entwicklung des Strafrechts unter dem Einfluss des Gemeinschaftsrechts, Jura 1998, S. 79 ff.

ders., Das materielle Strafrecht im Spannungsfeld des Rechts der Europäischen Union (Teil I), Jura 2006, S. 95 ff.

ders., Das materielle Strafrecht im Spannungsfeld des Rechts der Europäischen Union (Teil II), Jura 2006, S. 173 ff.

Delmas-Marty, Mireille (Hrsg.), Corpus Juris der strafrechtlichen Regelungen zum Schutz der finanziellen Interessen der Europäischen Union – mit einer Einführung zur deutschen Übersetzung von Ulrich Sieber, Köln u.a., 1998

Delmas-Marty, Mireile/Vervaele, John A.E., The implementiation of the Corpus Juris in the Member States, Antwerpen, 2000

Diehm, Dirk, Die "safe-harbor" – Verordnung und das Urteil des EuGH zum Rahmenbeschluss über den Schutz der Umwelt durch das Strafrecht, wistra 2006, S. 366 ff.

Dölling, Dieter, Empfehlen sich Änderungen des Straf- und Strafprozessrechts, um der Gefahr von Korruption in Staat, Wirtschaft und Gesellschaft wirksam zu begegnen?, Verhandlungen des 61. Deutschen Juristentages, 1996, Band I, Gutachten Teil C

ders., Die Neuregelung der Strafvorschriften gegen Korruption, ZStW 112 (2000), S. 334 ff.

ders. (Hrsg.), Handbuch der Korruptionsprävention für Wirtschaftsunternehmen und öffentliche Verwaltung, München, 2007

Dreier, Horst (Hrsg.), Grundgesetz, Kommentar, Band I, Artikel 1 – 19, Tübingen, 1996

Dubber, Markus Dirk, Positive Generalprävention und Rechtsgutstheorie: Zwei zentrale Errungenschaften der deutschen Strafrechtswissenschaft aus amerikanischer Sicht, ZStW 117 (2005), S. 485 ff.

Eichler, Helmut, Submissionsabsprachen auf dem Bausektor zwischen Verwaltungsunrecht und Strafrecht, BB 1972, S. 1347 ff.

Eisele, Jörg, Einführung in das Europäische Strafrecht – Sanktionskompetenzen auf Europäischer Ebene – , JA 2006, S. 896 ff.

ders., Systematik des Rechtsgüterschutzes durch die Mitgliedstaaten, JA 2006, S. 991 ff.

Eisenberg, Ulrich, Kriminologie, 6. Aufl., Mannheim, 2005

Emmerich, Volker, Kartellrecht, 7. Aufl., München, 1994

Eser, Albin, Rechtsgut und Opfer: zur Überhöhung des einen auf Kosten des anderen, in: Festschrift für Ernst-Joachim Mestmäcker zum 70. Geburtstag, Baden-Baden, 1996, S. 1005 ff.

Franzen, Karlheinz, Die Strafbarkeit und Strafwürdigkeit von Submissionskartellen und Bietungsabkommen, Köln, 1970

Freiherr von Gamm, Otto-Friedrich, Gesetz gegen den unlauteren Wettbewerb, 3. Aufl., Köln/Berlin/Bonn/München, Stand: 10. Januar 1993

Friedrich-Ebert-Stiftung (Hrsg.), Korruption in Deutschland: Ursachen, Erscheinungsformen, Bekämpfungsstrategien, Dokumentation, eine Tagung der Friedrich-Ebert-Stiftung am 16. und 17. Februar 1995 in Berlin, Berlin, 1995

Frisch, Wolfgang, An den Grenzen des Strafrechts in: Festschrift für Walter Stree und Johannes Wessels zum 70. Geburtstag, Heidelberg, 1993, S. 69 ff.

Fromm, Ingo, Die Frage der Einführung einer partiellen strafrechtlichen Anweisungskompetenz des Rates der EG zum Schutz der Finanzinteressen der Europäischen Gemeinschaft unter besonderer Berücksichtigung der Unberührtheitsklausel in Art. 280 Abs. 4 S. 2 EG-Vertrag, ZIS 2007, S. 26 ff.

ders., "Der strafrechtliche Schutz der finanziellen Interessen der Europäischen Gemeinschaften durch das EU-Übereinkommen vom 26. Juli 1995" - Eine kritische Zwischenbilanz, Einordnung in die aktuelle Rechtsprechung des EuGH und Ausblicke in die Zukunft, HRRS 2008, S. 87 ff.

Fürhoff, Jens, Neuregelung der Ad-hoc-Publizitätspflicht auf europäischer Ebene, AG 2003, S. 80 ff.

Geerds, Friedrich, Über Änderungen der Bekämpfung krimineller Korruption, JR 1996, S. 309 ff.

Geiger, Rudolf, EUV/EGV, Vertrag über die Europäische Union und Vertrag zur Gründung der Europäischen Gemeinschaft, 4. Aufl., München, 2004

Göhler, Erich, Gesetz über Ordnungswidrigkeiten, 13. Aufl., München, 2002

Göppinger, Hans (Begr.), Kriminologie, 5. Aufl., München, 1997

Goldschmidt, James Paul, Das Verwaltungsstrafrecht, Eine Untersuchung der Grenzgebiete zwischen Strafrecht und Verwaltungsrecht auf rechtsgeschichtlicher und rechtsvergleichender Grundlage, Berlin, 1902

Grabitz, Eberhard/Hilf, Meinhard, Das Recht der Europäischen Union, Band I, EUV/EGV, 33. Ergänzungslieferung, München, Stand: Oktober 2007

Graul, Eva, Abstrakte Gefährdungsdelikte und Präsumtion im Strafrecht, Berlin, 1989

Grützner, Thomas, Die Sanktionierung von Submissionsabsprachen – Eine Untersuchung der bestehenden Möglichkeiten einer Bekämpfung von Submissionsabsprachen unter besonderer Berücksichtigung des § 298 StGB, Göttingen, 2002

Günther, Hans-Ludwig, Die Genese eines Straftatbestandes – Eine Einführung in Fragen der Strafgesetzgebungslehre, JuS 1978, S. 8 ff.

Haft, Fritjof/Schwoerer, Max, Bestechungen im internationalen Geschäftsverkehr in: Festschrift für Ulrich Weber zum 70. Geburtstag, Bielefeld, 2004, S. 367 ff.

Hassemer, Winfried, Theorie und Soziologie des Verbrechens – Ansätze zu einer praxisorientierten Rechtsgutslehre, Frankfurt, 1973

ders., Buchbesprechung von Amelung, Knut: Rechtsgüterschutz und Schutz der Gesellschaft. Untersuchungen zum Inhalt und Anwendungsbereich eines Strafrechtsprinzips auf dogmengeschichtlicher Grundlage. Zugleich ein Beitrag zur Lehre von der „Sozialschädlichkeit“ des Verbrechens. Frankfurt, 1972, ZStW 87 (1975), S. 146 ff.

ders., Symbolisches Strafrecht und Rechtsgüterschutz, NStZ 1989, S. 553 ff.

ders., Kennzeichen und Krisen des modernen Strafrechts, ZRP 1992, S. 378 ff.

ders., Anmerkungen zum Urteil des BGH vom 08.01.1992, JuS 1992, S. 616 f.

ders., Warum und zu welchem Ende strafen wir?, ZRP 1997, S. 316 ff.
ders., „Corpus Juris“: Auf dem Weg zu einem europäischen Strafrecht?, KritV 1999, S. 133 ff.
ders., Welche Zukunft hat das Strafrecht? in: Gedächtnisschrift für Ellen Schlüchter, Köln u.a., 2002, S. 133 ff.
Hecker, Bernd, Europäisches Strafrecht, 2. Aufl., Berlin/Heidelberg/New York, 2007
Hefendehl, Roland/von Hirsch, Andrew/Wohlers, Wolfgang, Die Rechtsgutstheorie, Legitimationsbasis des Strafrechts oder dogmatisches Glasperlenspiel?, Baden-Baden, 2003
Hefendehl, Roland, Die Submissionsabsprache als Betrug: ein Irrweg! – BGHSt 38, 186, JuS 1993, S. 805 ff.
ders., Die Materialisierung von Rechtsgut und Deliktsstruktur, GA 2002, S. 21 ff.
ders., Strafvorschriften zum Schutz der finanziellen Interessen der Europäischen Union: Gestalten, korrigieren oder verweigern? in: Festschrift für Klaus Lüderssen zum 70. Geburtstag, Baden-Baden, 2002
ders., Kollektive Rechtsgüter im Strafrecht, Köln u.a., 2002
ders., Europäischer Umweltschutz: Demokratiespritze für Europa oder Brüssler Putsch?, ZIS 2006, S. 161 ff.
Heger, Martin, Urteilsanmerkung zu EuGH JZ 2006 (Umweltstrafrecht), JZ 2006, S. 310 ff.
Heinz, Wolfgang, Die Bekämpfung der Wirtschaftskriminalität mit strafrechtlichen Mitteln – unter besonderer Berücksichtigung des 1. WiKG, GA 1977, S. 193 ff.
Herdegen, Matthias, Europarecht, 3. Aufl., München, 2001
Hermes, Georg, Das Grundrecht auf Schutz von Leben und Gesundheit – Schutzpflicht und Schutzanspruch aus Art. 2 Abs. 2 S. 1 GG, Heidelberg, 1987
Herzog, Felix, Gesellschaftliche Unsicherheit und strafrechtliche Daseinsvorsorge, Studien zur Vorverlegung des Strafrechtsschutzes in den Gefährdungsbereich, Heidelberg, 1990
Hettinger, Michael, Das Strafrecht als Büttel?, Fragmentarische Bemerkungen zum Entwurf eines Korruptionsbekämpfungsgesetzes des Bundesrats vom 3.11.1995, NJW 1996, S. 2263 ff.
Hetzer, Wolfgang, Korruptionsbekämpfung in Europa, NJW 2004, S. 3746 ff.

Hirsch, Hans Joachim, Strafrechtliche Verantwortlichkeit von Unternehmen, ZStW 107 (1995), S. 283 ff.

Hobe, Stephan, Europarecht, 3. Aufl., Köln, 2006

Hoffmann, Frank/Zimmermann, Bernd, Steuerliche Behandlung von Schmiergeldern als Hindernis für die effiziente Korruptionsbekämpfung, ZRP 1999, S. 49 ff.

Hoffmann, Frank/Zimmermann, Bernd, Die Bekämpfung der Korruption, Aktivitäten des Gesetzgebers zur Eindämmung der Korruption, Kriminalistik 1999, S. 585 ff.

Hohmann, Olaf, Das Rechtsgut der Umweltdelikte, Grenzen des strafrechtlichen Umweltschutzes, Frankfurt am Main u.a., 1991

ders., Die strafrechtliche Beurteilung von Submissionsabsprachen, Ein altes Thema und noch immer ein Problem? – Ein Überblick, NStZ 2001, S. 566 ff.

ders., Gedanken zur Akzessorietät des Strafrechts, ZIS 2007, S. 38 ff.

Honig, Richard Martin, Die Einwilligung des Verletzten, Band I, Mannheim u.a., 1919

Huhn, Sascha Peter Michael, Die strafrechtliche Problematik des Submissionsbetruges unter besonderer Berücksichtigung der neueren Rechtsprechung, München, 1996

*Immenga, Ulrich/Mestmäcker, Ernst-Joach*im, Kommentar zum GWB, 3. Aufl., München, 2001

Immenga, Ulrich/Mestmäcker, Ernst-Joachim, Wettbewerbsrecht, Band 2, GWB, Kommentar zum deutschen Kartellrecht, 4. Aufl., München, 2007

Immenga, Ulrich/Mestmäcker, Ernst-Joachim (Hrsg.), Wettbewerbsrecht, Band 1, EG/Teil 2, Kommentar zum Europäischen Kartellrecht, 4. Aufl., München, 2007

Isensee, Josef, Das Grundrecht auf Sicherheit – Zu den Schutzpflichten des freiheitlichen Verfassungsstaates, Berlin, 1983

Jaath, Karl-Ernst, Empfiehlt sich die Schaffung eines strafrechtlichen Sondertatbestandes zum Ausschreibungsbetrug, in: Festschrift für Karl Schäfer zum 80. Geburtstag, Berlin/New York, 1980

Jäger, Herbert, Strafgesetzgebung und Rechtsgüterschutz bei Sittlichkeitsdelikten, Stuttgart, 1957

Jähnke, Burkhard/Laufhütte, Heinrich Wilhelm/Odersky, Walter, Strafgesetzbuch, Leipziger Kommentar, Großkommentar, 11. Aufl., Berlin, 1997 ff.

Jakobs, Günther, Schuld und Prävention, Tübingen, 1976
ders., Kriminalisierung im Vorfeld einer Rechtsgutsverletzung, ZStW 97 (1985), S. 751 ff.
ders., Strafrecht Allgemeiner Teil, Die Grundlagen und die Zurechnungslehre, 2. Aufl., Berlin/New York, 1991
Jaques, Henning, Die Bestechungstatbestände unter besonderer Berücksichtigung des Verhältnisses der §§ 331 ff. StGB zu § 12 UWG, Kiel, 1996
Jarass, Hans D./Pieroth, Bodo, Grundgesetz für die Bundesrepublik Deutschland, 8. Aufl., München, 2006
Jescheck, Hans-Heinrich, Die Geldstrafe als Mittel moderner Kriminalpolitik in rechtsvergleichender Sicht in: Festschrift für Thomas Würtenberger zum 70. Geburtstag, Berlin, 1977, S. 257 ff.
Jescheck, Hans-Heinrich/Weigend, Thomas, Lehrbuch des Strafrechts, Allgemeiner Teil, 5. Aufl., Berlin, 1996
Joecks, Wolfgang, Zur Schadensfeststellung beim Submissionsbetrug, wistra 1992, S. 247 ff.
ders. (Hrsg.), Münchener Kommentar zum Strafgesetzbuch, München, Band 1 (2003) und Band 4 (2006)
ders., Strafgesetzbuch, Studienkommentar, 7. Aufl., München, 2007
Kaiafa-Gbandi, Maria, Das Corpus Juris und die Typisierung des Strafphänomens im Bereich der Europäischen Union, KritV 1999, S. 162 ff.
dies., Aktuelle Strafrechtsentwicklung in der EU und rechtstaatliche Defizite, ZIS 2006, S. 521 ff.
Kaiser, Günther, Kriminologie, Ein Lehrbuch, 3. Aufl., Heidelberg, 1996
Kantzenbach, Erhard, Die Funktionsfähigkeit des Wettbewerbs, 2. Aufl., Göttingen, 1967
Kartte, Wolfgang/von Portatius, Alexander, Kriminalisierung des Kartellrechts?, BB 1975, S. 1169 ff.
Kasper, Bernd, Die Erheblichkeitsschwelle im Bereich des Umweltstrafrechts, insbesondere bei § 324 StGB: Bagatellkriminalität im Umweltstrafrecht, Frankfurt am Main u.a., 1997
Kaufmann, Arthur, Unrecht und Schuld beim Delikt der Volltrunkenheit, JZ 1963, S. 425 ff.
ders., Strafrechtspraxis und sittliche Normen, JuS 1978, S. 361 ff.
Kempf, Eberhard, Die Funktion von Strafrecht und Strafverteidigung in einer modernen Gesellschaft, NJW 1997, S. 1729 ff.

Kempf, Eberhard/Schilling, Hellen, Nepper, Schlepper, Bauernfänger – zum Tatbestand strafbarer Werbung (§ 16 Abs. 1 UWG), wistra 2007, S. 41 ff.

Kerner, Hans-Jürgen/Rixen, Stephan, Ist Korruption ein Strafrechtsproblem? – Zur Tauglichkeit strafgesetzlicher Vorschriften gegen die Korruption –, GA 1996, S. 355 ff.

Kienle, Florian/Kappel, Jan, Korruption am Bau - Ein Schlaglicht auf Bestechlichkeit und Bestechung im geschäftlichen Verkehr, NJW 2007, S. 3530 ff.

Kindhäuser, Urs, Strafgesetzbuch, Lehr- und Praxiskommentar, 2. Aufl., Bonn, 2004

ders., Zur Legitimität der abstrakten Gefährdungsdelikte im Wirtschaftsstrafrecht in: Bausteine des europäischen Wirtschaftsstrafrechts, Madrid-Symposium für Klaus Tiedemann, Köln u.a., 1994

Kindhäuser, Urs/Neumann, Ulfrid/Paeffgen, Hans-Ullrich (Hrsg.), Strafgesetzbuch, Band 1, §§ 1-145d, 2. Aufl., Baden-Baden, 2005

Kindhäuser, Urs/Neumann, Ulfrid/Paeffgen, Hans-Ullrich (Hrsg.), Strafgesetzbuch, Band 2, §§ 146-358, 2. Aufl., Bad-Baden, 2005

Klein, Eckart, Grundrechtliche Schutzpflicht des Staates, NJW 1989, S. 1633 ff.

Kleinmann, Werner/Berg, Werner, Änderungen des Kartellrechts durch das „Gesetz zur Bekämpfung der Korruption" vom 13.08.1997, in: BB 1998, S. 277 ff.

Köhler, Helmut/Bornkamm, Joachim, Wettbewerbsrecht, 25. Aufl., München, 2007

Koriath, Heinz, Zum Streit um den Begriff des Rechtsguts, GA 1999, S. 561 ff.

Korte, Matthias, Bekämpfung der Korruption und Schutz des freien Wettbewerbs mit den Mitteln des Strafrechts, NStZ 1997, S. 513 ff.

ders., Kampfansage an die Korruption, NJW 1997, S. 2556 ff.

König, Peter, Tagungsbericht 61. Deutscher Juristentag in Karlsruhe vom 17. bis 20. September 1996, JZ 1997, S. 132 ff.

ders., Neues Strafrecht gegen die Korruption, JR 1997, S. 397 ff.

Krack, Ralf, Die Tätige Reue im Wirtschaftsstrafrecht, NStZ 2001, S. 505 ff.

Kreuzer, Arthur, Kriminologische Dunkelfeldforschung, NStZ 1994, S. 10 ff.

Krey, Volker/Hellmann, Uwe, Strafrecht, Besonderer Teil, Band 2, Vermögensdelikte, 13. Aufl., Stuttgart, 2002

Krey, Volker, Deutsches Strafrecht, Band 1, Grundlagen, Tatbestandsmäßigkeit, Rechtswidrigkeit, Schuld, 2. Aufl., Stuttgart, 2004

Krüger, Matthias, Die Entmaterialisierungstendenz beim Rechtsgutsbegriff, Berlin, 2000

Kube, Edwin/Vahlenkamp, Werner, Korruption – hinnehmen oder handeln?, Verwaltungsarchiv 85 (1994), S. 432 ff.

Kühl, Kristian, Wertordnung oder Freiheitsordnung? Zur Bedeutung der Rechtsphilosophie für die Kriminalpolitik, GA 1977, S. 353 ff.

ders., Lackner/Kühl, Strafgesetzbuch, Kommentar, 26. Aufl., München, 2007

Kuhlen, Lothar, Anmerkungen zu § 298, in: Festschrift für Ernst-Joachim Lampe zum 70. Geburtstag, Berlin, 2003, S. 743 ff.

Lagodny, Otto, Strafrecht vor den Schranken der Grundrecht, Tübingen, 1996

Lang-Hinrichsen, Dietrich, Literaturbesprechung: Rotberg, Hans, Gesetz über Ordnungswdrigkeiten, 4. Aufl., Berlin/Frankfurt, 1969, JZ 1970, S. 796 ff.

Lemke, Michael/Mosbacher, Andreas, Ordnungswidrigkeitengesetz, Kommentar, 2. Aufl., Heidelberg, 2005

Lexikonredaktion des Verlags F.A. Brockhaus, Der Brockhaus Wirtschaft, Betriebs- und Volkswirtschaft, Börse, Finanzen, Versicherungen und Steuern, Leipzig/Mannheim, 2004

Liszt, Franz von, Lehrbuch des Deutschen Strafrechts, 16. und 17. Aufl., Berlin, 1908

Littwin, Frank, Maßnahmen zur Bekämpfung der nationalen und internationalen Korruption. ZRP 1996, 308.

Lüderssen, Klaus, Submissionsabsprachen sind nicht eo ipso Betrug, wistra 1995, S. 243 ff.

ders., Sollen Submissionsabsprachen zu strafrechtlichem Unrecht werden?, Beilage 11 zu BB 1996, Heft 25; ebenfalls abgedruckt in: Lüderssen, Klaus (Hrsg.), Entkriminalisierung des Wirtschaftsrechts, S. 181 ff.

ders., Ein Prokrustes Bett für ungleiche Zwillinge – Angestelltenbestechung und Submissionsabsprachen, vereinigt in einem neuen Abschnitt des Strafgesetzbuchs, BB 1996, S. 2525; ebenfalls abgedruckt in: Lüderssen, Klaus (Hrsg.), Entkriminalisierung des Wirtschaftsrechts, S. 228 ff.

ders., Die Symbiose von Macht und Staat – auseinanderdividiert durch Strafrecht?, StV 1997, S. 318 ff.

Maiwald, Manfred, Zum fragmentarischen Charakter des Strafrechts in: Festschrift für Reinhart Maurach zum 70. Geburtstag, Karlsruhe, 1972, S. 9 ff.

Manoledakis, Ioannis, Das Corpus Juris als falsche Grundlage eines gesamteuropäischen Strafjustizsystems, KritV 1999, S. 181 ff.

Maunz, Theodor/Dürig, Günter, Grundgesetz, Kommentar, Band II und III, Loseblattsammlung, München, Stand: Juni 2007

Maurach, Reinhart/Schroeder, Friedrich-Chrstian/Maiwald, Manfred, Strafrecht Besonderer Teil, Teilband 2, Straftaten gegen Gemeinschaftswerte, 8. Aufl., Heidelberg, 1999

Maurer, Hartmut, Staatsrecht – Grundlagen, Verfassungsorgane, Staatsfunktionen, München, 1999

Meier, Bernd-Dieter, Kriminologie, 3. Aufl., München, 2007

Michalke, Regina, Kriminelle Kartelle? – Fachtagung des Vereins der Deutschen Strafverteidiger e.V. in Frankfurt am Main, NJW 1997, S. 380 f.

Möhrenschlager, Manfred, Strafrechtliche Vorhaben zur Bekämpfung der Korruption auf nationaler und internationaler Ebene, JZ 1996, S. 822 ff.

Möllering, Jürgen, Prävention oder Strafe – Eine kritische Würdigung aktueller Gesetzentwürfe zur Bekämpfung der Korruption, WRP 1997, S. 933 ff.

Möschel, Wernhard, Zur Problematik einer Kriminalisierung von Submissionsabsprachen, Köln/Berlin/Bonn/München, 1980

Moosecker, Karlheinz, Die Beurteilung von Submissionsabsprachen nach § 263 StGB, in: Festschrift für Otfried Lieberknecht zum 70. Geburtstag, München, 1997, S. 407 ff.

Müller, Udo, Korruption in der öffentlichen Verwaltung, Typologie und Schaden im Baubereich, Kriminalistik 1993, S. 509 ff.

Müller-Gugenberger, Christian/Bieneck, Klaus (Hrsg.), Wirtschaftsstrafrecht, Handbuch des Wirtschaftsstraf- und –ordnungswidrigkeitenrechts, 4. Aufl., Köln, 2006

Müssig, Bernd J.A., Schutz abstrakter Rechtsgüter und abstrakter Rechtsgüterschutz, Zu den materiellen Konstitutionskriterien sog. Universalrechtsgüter und deren normentheoretischem Fundament – am Beispiel der Rechtsgutbestimmung für die §§ 129, 129a und 324 StGB, Bonn, 1993

Naucke, Wolfgang, Die Kriminalpolitik des Marburger Programms 1882, ZStW 94 (1982), S. 525 ff.

ders., Schwerpunktverlagerung im Strafrecht, KritV 1993, S. 135 ff.

ders., Die Grenzen des Strafrechts, Eine Problemskizze in 7 Thesen, Archivum Iuridicum Cracoviense, Bd. 27/28, 1994-1995, S. 65 ff.

ders., Strafrecht, Eine Einführung, 10. Aufl., Neuwied/Kriftel, 2002

Oehler, Dietrich, Fragen zum Strafrecht der Europäischen Gemeinschaft, in: Festschrift für Hans-Heinrich Jescheck zum 70. Geburtstag, Berlin, 1985, S. 1399 ff.

ders., Der Europäische Binnenmarkt und sein wirtschaftsstrafrechtlicher Schutz, in: Festschrift für Jürgen Baumann zum 70. Geburtstag, Bielefeld, 1992, S. 561 ff.

Oldigs, Dirk, Möglichkeiten und Grenzen der strafrechtlichen Bekämpfung von Submissionsabsprachen, Heidelberg, 1998

ders., Die Strafbarkeit von Submissionsabsprachen nach dem neuen § 298 StGB, Notwendige Reform oder purer Aktionismus?, wistra 1998, S. 291 ff.

Oppermann, Thomas, Europarecht, 2. Aufl., München, 1999

Otto, Harro, Rechtsgutsbegriff und Deliktstatbestand in: Müller-Dietz, Heinz (Hrsg.), Strafrechtsdogmatik und Kriminalpolitik, Köln u.a., 1971

ders., Die strafrechtliche Bekämpfung unlauterer Einflussnahmen auf öffentliche Versteigerungen durch Scheingebote, NJW 1979, S. 681 ff.

ders., Konzeption und Grundsätze des Wirtschaftsstrafrechts (einschließlich Verbraucherschutz), ZStW 96 (1984), S. 339 ff.

ders., Die Tatbestände gegen Wirtschaftskriminalität im Strafgesetzbuch, Jura 1989, S. 24 ff.

ders., Submissionsbetrug und Vermögensschaden, ZRP 1996, S. 300 ff.

ders., Wettbewerbsbeschränkende Absprachen bei Ausschreibungen, § 298 StGB, wistra 1999, S. 41 ff.

ders., Das Corpus Juris der strafrechtlichen Regelungen zum Schutz der finanziellen Interessen der Europäischen Union, Jura 2000, S. 98 ff.

ders., Grundkurs Strafrecht, Allgemeine Strafrechtslehre, 7. Aufl., Berlin/New York, 2004

Pache, Eckard, Der Schutz der finanziellen Interessen der Europäischen Gemeinschaften, Berlin, 1993

Pasewaldt, David, Zehn Jahre Strafbarkeit wettbewerbsbeschränkender Absprachen bei Ausschreibungen gemäß § 298 StGB, ZIS 2008, S. 84 ff.

Pfeiffer, Gerd, Das strafrechtliche Schmiergeldverbot nach § 12 UWG, in: Festschrift für Otto-Friedrich Freiherr von Gamm, Köln/Berlin/Bonn/München, 1990, S. 129 ff.

Pieroth, Bodo/Schlink Bernhard, Grundrechte, Staatsrecht II, 15. Aufl., Heidelberg, 1999

Pohl, Tobias, Verfassungsvertrag durch Richterspruch – Die Entscheidung des EuGH zu Kompetenzen der Gemeinschaft im Umweltstrafrecht, ZIS 2006, S. 213 ff.

Pragal, Oliver, Die Korruption innerhalb des privaten Sektors und ihre strafrechtliche Kontrolle durch § 299 StGB, Erscheinungsformen, Rechtsgut, Tatbestandsauslegung und ein Reformvorschlag, Köln u.a., 2006

ders., § 299 StGB – keine Straftat gegen den Wettbewerb!, ZIS 2006, S. 63 ff.

Prittwitz, Cornelius, Strafrecht und Risiko, Untersuchungen zur Krise von Strafrecht und Kriminalpolitik in der Risikogesellschaft, Frankfurt am Main, 1993

Raith, Werner, Der Korruptionsschock, Demokratie zwischen Auflösung und Erneuerung: Das Beispiel Italien, Hamburg, 1994

Randt, Karsten, Abermals Neues zur Korruptionsbekämpfung: Die Ausdehnung der Angestelltenbestechung des § 299 StGB auf den Weltmarkt, BB 2002, S. 2252 ff.

Ransiek, Andreas, Strafrecht und Korruption – Zum Gutachten C für den 61. Deutschen Juristentag, StV 1996, S. 446 ff.

Rebmann, Kurt/Roth, Werner/Herrmann, Siegried, Gesetz über Ordnungswidrigkeiten, Band 1, 3. Aufl., Stuttgart, 12. Lieferung, Stand: April 2007

Ritter, Ernst-Hasso, Der Wandel der Wirtschaftspolitik und die wirtschaftsverfassungsrechtliche Bedeutung des Gesetzes gegen Wettbewerbsbeschränkungen, BB 1968, S. 1393 ff.

Rittner, Fritz/Dreher, Meinrad, Europäisches und deutsches Wirtschaftsrecht, 3. Aufl., Heidelberg, 2008

Rittner, Fritz, Wettbewerbs- und Kartellrecht, Eine systematische Darstellung des deutschen und europäischen Rechts für Studium und Praxis, 5. Aufl., Heidelberg, 1995

ders., Drei Grundfragen des Wettbewerbs, in: Festschrift für Alfons Kraft zum 70. Geburtstag, Neuwied u.a.,1998

Rönnau, Thomas, Täuschung, Irrtum und Vermögensschaden beim Submissionsbetrug – BGH, NJW 2001, 3718, NJW 2001, S. 545 ff.

Rosenau, Henning, Zur Europäisierung im Strafrecht, Vom Schutz finanzieller Interessen der EG zu einem gemeineuropäischen Strafgesetzbuch?, ZIS 2008, S. 9 ff.

Roxin, Claus, Sinn und Grenzen staatlicher Strafe, JuS 1966, S. 377 ff.

ders., Strafrecht Allgemeiner Teil, Band I, Grundlagen – Der Aufbau der Verbrechenslehre, 4. Aufl., München, 2006

ders., Täterschaft und Tatherrschaft, 8. Aufl., Berlin, 2006

Rudolphi, Hans-Joachim/Wolter Jürgen (Gesamtred.), Systematischer Kommentar zum Strafgesetzbuch, 41. Lieferung(Stand Oktober 2005)

Rudolphi, Hans-Joachim, Die verschiedenen Aspekte des Rechtsgutsbegriffs in: Festschrift für Richard M. Honig, Göttingen, 1970, S. 151 ff.

ders., Inhalt und Funktion des Handlungsunwertes im Rahmen der personalen Unrechtslehre, in: Festschrift für Reinhart Maurach zum 70. Geburtstag, Heidelberg, 1972

Rüter, Frederik, Harmonie trotz Dissonanz, Gedanken zur Erhaltung eines funktionsfähigen Strafrechts im grenzenlosen Europa, ZStW 105 (1993), S. 30 ff.

Sander, Lisa Kathrin, Grenzen instrumenteller Vernunft im Strafrecht, Eine Kritik der Präventionsdoktrin aus strafrechtsgeschichtlicher und empirischer Perspektive, Frankfurt am Main u.a., 2007

dies., Menschenwürde und „Exklusion" – Zum Selbstverständnis eines rechtsstaatlichen Strafrechts in: Sonderdruck aus Institut für Kriminalwissenschaften und Rechtsphilosophie Frankfurt a.M. (Hrsg.), Jenseits des rechtstaatlichen Strafrechts, Frankfurt am Main, 2007, S. 253 ff.

Satzger, Helmut, Der Submissionsbetrug, Eine Untersuchung zur Strafbarkeit von Manipulationen bei Ausschreibungsverfahren als Betrug, Berlin, 1994

ders., Die Europäisierung des Strafrechts – Eine Untersuchung zum Einfluss des Europäischen Gemeinschaftsrechts auf das deutsche Strafrecht, Köln u.a., 2001

ders., Internationales und Europäisches Strafrecht, 2. Aufl., Baden-Baden, 2008

Savelsberg, Joachim J./Brühl, Peter, Politik und Wirtschaftsstrafrecht - Eine soziologische Analyse von Rationalitäten, Kommunikation und Macht, Opladen, 1988

Sax, Walter, Grundsätze der Strafrechtspflege, in: Bettermann, Karl August/Nipperdey, Hans Carl/Scheuner, Ulrich: Die Grundrechte, Handbuch der Theorie und Praxis der Grundrechte, Bd. III/2, Berlin, 1959

Schäfer, Peter, Europarecht, Verhältnis EU – zu EG – Recht: EU-Rahmenbeschluss zum Umweltstrafrecht und vorrangige Gemeinschaftskompetenz nach Art. 175 EG, JA 2006, S. 342 ff.

Schaupensteiner, Wolfgang J., Korruptions-Kartelle, Ein Blick hinter die Kulissen des Bauwesens, Kriminalistik 1990, S. 507 ff.

ders., Submissionsabsprachen und Korruption im öffentlichen Bauwesen, ZRP 1993, S. 250 ff.

ders., Bekämpfung von Korruptionsdelinquenz, Kriminalistik 1994, S. 514 ff.

ders., Gesamtkonzept zur Eindämmung der Korruption, NStZ 1996, S. 409 ff.

ders., Das Korruptionsbekämpfungsgesetz – Eine scharfe Waffe gegen ein verbreitetes Übel?, Kriminalistik 1996, S. 237 ff.

ders., Das Korruptionsbekämpfungsgesetz – Eine scharfe Waffen gegen ein verbreitetes Übel? – Teil 2 –, Kriminalistik 1996, S. 306 ff.

ders., Korruption in Deutschland – Das Ende der Tabuisierung in: Pieth, Mark/Eigen, Peter (Hrsg.), Korruption im internationalen Geschäftsverkehr, Bestandsaufnahme, Bekämpfung, Prävention, Neuwied/Kriftel, 1999

Schmalenberg, Florian, Ein Europäisches Umweltstrafrecht – Anforderungen und Umsetzungsprobleme unter Berücksichtigung des Richtlinienvorschlags KOM (2001) 139 endg., Berlin, 2004

Schmid, Reinhard, Der Ausschreibungsbetrug als ein Problem der Strafgesetzgebung, Stuttgart, 1982

ders., Schadensersatzansprüche des Bauherrn bei Submissionsabsprachen, ZIP 1983, S. 652 ff.

ders., Die staatliche Reaktion auf Baupreisabsprachen, wistra 1984, S. 1 ff.

Schmidt-Bleibtreu, Bruno/Klein, Franz, Kommentar zum Grundgesetz, 9. Aufl., Neuwied/Kriftel, 1999

Schönke, Adolf/Schröder, Horst, Strafgesetzbuch, Kommentar, 27. Aufl., München, 2006

Schröder, Christian, Europäische Richtlinien und deutsches Strafrecht, Berlin/New York, 2002

Schröder, Horst, Die Gefährdungsdelikte im Strafrecht, ZStW 81 (1969), S. 7 ff.

Schroth, Ulrich, Strafrecht, Besonderer Teil, Strukturen, Aufbauschemata, Fälle, 3. Aufl., Stuttgart u.a., 2000

Schubert, Claudia, Verbotene Worte?, Versuch einer Neubestimmung im Umgang mit rassistischen Äußerungen jenseits des Strafrechts, Frankfurt, 2004

Schünemann, Bernd, Moderne Tendenzen in der Dogmatik der Fahrlässigkeits- und Gefährdungsdelikte, JA 1975, S. 787 ff.

ders., Strafrechtsdogmatische und kriminalpolitische Grundfragen der Unternehmenskriminalität, wistra 1982, S. 41 ff.

ders., Ein Gespenst geht um in Europa – Brüsseler „Strafrechtspflege“ intra muros - , GA 2002, S. 501 ff.

Schuler, Patrick, Strafrechtliche und ordnungswidrigkeitenrechtliche Probleme bei der Bekämpfung von Submissionsabsprachen unter besonderer Berücksichtigung der Änderungen durch das Korruptionsbekämpfungsgesetz und die 6. GWB-Novelle, Konstanz, 2002

Schwacke, Peter, Recht der Ordnungswidrigkeiten, 4. Aufl., Stuttgart, 2006

Schwind, Hans-Dieter, Kriminologie, Eine praxisorientierte Einführung mit Beispielen, 13. Aufl., Heidelberg, 2003

Sieber, Ulrich, Europäische Einigung und Europäisches Strafrecht, ZStW 103 (1991), S. 957 ff.

ders. (Hrsg.), Europäische Einigung und Europäisches Strafrecht: Beiträge zum Gründungssymposium der Vereinigung für Europäisches Strafrecht e.V., Köln u.a., 1993

ders., Entwicklungen und Perspektiven des europäischen Wirtschaftsstrafrechts in: Bausteine des europäischen Wirtschaftsstrafrechts, Madrid-Symposium für Klaus Tiedemann, Köln u.a., 1994, S. 349 ff.

Sielaff, Wolfgang, Bruchstellen im polizeilichen Berufsethos, Kriminalistik 1992, S. 351 ff.

Sievers, Reimer, Bestechung und Bestechlichkeit von Angestellten, Eine strafrechtlich-kriminologische Untersuchung zu § 12 UWG, Kiel, 1963

Spinellis, Dionysios D., Der Corpus Juris zum Schutz der finanziellen Interessen der Europäischen Union, KritV 1999, S. 141 ff.

Stächelin, Gregor, Strafgesetzgebung im Verfassungsstaat, Berlin,1998

Ständige Deputation des deutschen Juristentages (Hrsg.), Verhandlungen des 49. Deutschen Juristentages, Band II (Sitzungsberichte), München, 1972

Stratenwerth, Günter, Zum Begriff des „Rechtsguts“ in: Festschrift für Theodor Lenckner zum 70. Geburtstag, München, 1998, S. 377 ff.

Stratenwerth, Günter/Kuhlen, Lothar, Strafrecht, Allgemeiner Teil I, Die Straftat, 5. Aufl., Köln u.a., 2004

Streinz, Rudolf (Hrsg.), EUV/EGV, Vertrag über die Europäische Union und Vertrag zur Gründung der Europäischen Gemeinschaft, München, 2003

ders., Europarecht, 6. Aufl., Heidelberg, 2003

Szebrowski, Nickel, Kick-Back, Köln u.a., 2005

Tiedemann, Klaus, Tatbestandsfunktionen im Nebenstrafrecht, Untersuchungen zu einem rechtsstaatlichen Tatbestandsbegriff, entwickelt am Problem des Wirtschaftsstrafrechts, Tübingen, 1969

ders., Welche strafrechtlichen Mittel empfehlen sich für eine wirksame Bekämpfung der Wirtschaftskriminalität?, Verhandlungen des 49. Deutschen Juristentages 1972, Gutachten Teil C

ders., Sollen einzelne Kartellrechtsverstöße – einschließlich typisierungsfähiger Fälle aus dem Bereich der Missbrauchsaufsicht – unter Strafandrohung gestellt werden?, Referat in: Tagungsberichte der Sachverständigenkommission zur Bekämpfung der Wirtschaftskriminalität – Reform des Wirtschaftsstrafrechts – Band X, Anlage 1, Bonn, 1976

ders., Kartellrechtsverstöße und Strafrecht, Köln, u.a., 1976

ders., Verfassungsrecht und Strafrecht, Heidelberg, 1991

ders., Submissionskartell als Betrug, ZRP 1992, S. 149 ff.

ders., Zur Geschichte eines Straftatbestandes des ungenehmigten Rüstungsexports in: Festschrift für Günter Spendel zum 70. Geburtstag, Berlin/New York, 1992, S. 591 ff.

ders., Europäisches Gemeinschaftsrecht und Strafrecht, NJW 1993, S. 23 ff.

ders., Wettbewerb als Rechtsgut des Strafrechts, in: Festschrift für Heinz Müller-Dietz zum 70. Geburtstag, München, 2001

ders., Schmiergeldzahlungen in der Wirtschaft – Alte und neue Reformprobleme, in: Festschrift für Ernst-Joachim Lampe zum 70. Geburtstag, Berlin, 2003

ders., Gegenwart und Zukunft des Europäischen Strafrechts, ZStW 116 (2004), S. 943 ff.

ders., Wirtschaftsstrafrecht, Einführung und Allgemeiner Teil mit wichtigen Rechtstexten, 2. Aufl., Köln/München, 2007

Tröndle, Herbert/Fischer, Thomas, Strafgesetzbuch und Nebengesetze, 53. Aufl., München, 2006

Ulmer, Peter; Sollen einzelne Kartellrechtsverstöße – einschließlich typisierungsfähige Fälle aus dem Bereich der Missbrauchsaufsicht – unter Strafandrohung gestellt werden?, Korreferat, in: Tagungsberichte der Sachverständigenkommission zur Bekämpfung der Wirtschaftskriminalität – Reform des Wirtschaftsstrafrechts – Band X, Anlage 2, Bonn, 1976

von Unger, Moritz, Pupino: Der EuGH vergemeinschaftet das intergouvernementale Recht, NVwZ 2006, S. 46 ff.

Vogel, Joachim, Strafrechtsgüter und Rechtsgüterschutz durch Strafrecht im Spiegel der Rechtsprechung des Bundesverfassungsgerichts, StV 1996, S. 110 ff.

Volk, Klaus, Strafrecht und Wirtschaftskriminalität, JZ 1982, S. 85 ff.

ders., Zur Bestrafung von Unternehmen, JZ 1993, S. 429 ff.

von Groeben, Has/Thiesing, Jochen/Ehlermann, Claus Dieter (Hrsg.), Kommentar zum EU-/EG-Vertrag, Band 5, 5. Aufl., Baden-Baden, 1997

von der Groeben, Hans/Schwarze, Jürgen, Kommentar zum Vertrag über die Europäische Union und zur Gründung der Europäischen Gemeinschaft, Band 1, 6. Aufl., Baden-Baden, 2003

von Mangoldt, Hermann/Klein, Friedrich, Das Bonner Grundgesetz, Kommentar, 4. Aufl., München, 1999

Wabnitz, Heinz-Bernd/Janovsky, Thomas (Hrsg.), Handbuch des Wirtschafts- und Steuerstrafrechts, 3. Aufl., München, 2007

Wasmeier, Martin, Der europäische Haftbefehl vor dem Bundesverfassungsgericht – Verzahnung des nationalen und europäischen Strafrechts, ZEuS 2006, S. 23 ff.

Wassermann, Rudolf (Hrsg.), Reihe Alternativkommentare, Kommentar zum Strafgesetzbuch, Band 1 (§§ 1 – 21 StGB), Neuwied, 1990

Wattenberg, Andreas, Der „Corpus Juris" – Tauglicher Entwurf für ein einheitliches europäisches Straf- und Strafprozessrecht?, StV 2000, S. 95 ff.

Weber, Ulrich, Die Überspannung der staatlichen Bußgeldgewalt, ZStW 92 (1980), S. 313 ff.

Weigend, Thomas, Über die Begründung der Straflosigkeit bei Einwilligung des Betroffenen, ZStW 98 (1986), S. 44 ff.

ders., Strafrecht durch internationale Vereinbarungen – Verlust an nationaler Strafrechtskultur, ZStW 105 (1993), S. 774 ff.

Weinmann, Günther, Gesetzgeberische Maßnahmen zur Bekämpfung der Wirtschaftskriminalität: Besteht nach dem 1. und 2. WiKG ein weiterer Regelungsbedarf? in: Festschrift für Gerd Pfeiffer zum Abschied aus dem Amt als Präsident des Bundesgerichtshofes, Köln u.a., 1988, S. 87 ff.

Welzel, Hans, Das deutsche Strafrecht, 11. Aufl., Berlin, 1969

Wessels, Johannes/Beulke, Werner, Strafrecht- Allgemeiner Teil, Die Straftat und ihr Aufbau, 30. Aufl., Heidelberg, 2000

Wessels, Johannes/Hillenkamp, Thomas, Strafrecht, Besonderer Teil/2, Straftaten gegen Vermögenswerte, 23. Aufl., Heidelberg, 2000

Wiedemann, Gerhard, Handbuch des Kartellrechts, München, 1999

Winkelbauer, Wolfgang, Ketzerische Gedanken zum Tatbestand der Angestelltenbestechlichkeit (§ 299 Abs. 1 StGB) in: Festschrift für Ulrich Weber zum 70. Geburtstag, Bielefeld, 2004

Wittkämper, Gerhard W./Krevert, Peter/Kohl, Andreas, Europa und die innere Sicherheit, Auswirkungen des EG-Binnenmarktes auf die Kriminalitätsentwicklung und Schlussfolgerungen für die polizeiliche Kriminalitätsbekämpfung, Wiesbaden, 1996

Wohlers, Wolfgang, Deliktstypen des Präventionsstrafrecht – Zur Dogmatik „moderner" Gefährdungsdelikte, Berlin, 2000

Wolf, Dieter/Burchardi, Wolrad, Zuständigkeitsprobleme bei der Verfolgung von Submissionsabsprachen in: Festschrift für Otfried Lieberknecht zum 70. Geburtstag, München, 1997

Wolf, Erik, Die Stellung der Verwaltungsdelikte im Strafrechtssystem in: Festgabe für Reinhard von Frank zum 70. Geburtstag, Band II, Tübingen, 1930, S. 516 ff.

Wolter, Jürgen, Menschenrechte und Rechtsgüterschutz in einem europäischen Strafrechtssystem in: Bausteine des europäischen Strafrechts, Coimbra-Symposium für Claus Roxin, Köln u.a., 1995, S. 3 ff.

Wolters, Geron, Die Änderungen des StGB durch das Gesetz zur Bekämpfung der Korruption, JuS 1998, S. 1100 ff.

Zieschang, Frank, Die Gefährdungsdelikte, Berlin, 1998

Zuleeg, Manfred, Der Beitrag des Strafrechts zur europäischen Integration, JZ 1992, S. 761 ff.

FRANKFURTER KRIMINALWISSENSCHAFTLICHE STUDIEN

Band 1 Peter Böning: Die Lehre vom Unrechtsbewußtsein in der Rechtsphilosophie Hegels 100 S., 1978.

Band 2 Wolfgang Schneider: Kriminelle Straßenverkehrsgefährdung (§ 315c Abs. 1 Ziff. 2, Abs. 3 StGB). Eine kriminologische und strafrechtliche Untersuchung zur Problematik dieser Verkehrsstraftaten unter Berücksichtigung ausländischer Rechte. 342 S., 1978.

Band 3 Lothar Kuhlen: Die Objektivität von Rechtsnormen. Zur Kritik des radikalen labeling approach in der Kriminalsoziologie. 178 S., 1978.

Band 4 Günther Grewe: Straßenverkehrsdelinquenz und Marginalität. Untersuchungen zur institutionellen Regelung von Verhalten. 148 S., 1978.

Band 5 Dieter Haberstroh: Strafverfahren und Resozialisierung. Eine Studie über Verstehen und Nicht-Verstehen, über Verstanden-Werden und Nicht-Verstanden-Werden und deren Bedingungen in der Hauptverhandlung. 202 S., 1979.

Band 6 Thomas Vogt: Die Forderungen der psychoanalytischen Schulrichtungen für die Interpretation der Merkmale der Schuldunfähigkeit und der verminderten Schuldfähigkeit (§§ 51 a.F., 20, 21 StGB). 182 S., 1979.

Band 7 Andreas Michael: Der Grundsatz in dubio pro reo im Strafverfahrensrecht. Zugleich ein Beitrag über das Verhältnis von materiellem Recht und Prozeßrecht. 214 S., 1981.

Band 8 Ilias G. Anagnostopoulos: Haftgründe der Tatschwere und der Wiederholungsgefahr (§§ 112 Abs. 3, 112 a StPO). Kriminalpolitische und rechtssystematische Aspekte der Ausweitung des Haftrechts. 1984.

Band 9 Helga Müller: Der Begriff der Generalprävention im 19. Jahrhundert. Von P.J.A. Feuerbach bis Franz v. Liszt. 1984.

Band 10 Frowin Jörg Kurth: Das Mitverschulden des Opfers beim Betrug. 1984.

Band 11 Martin J. Worms: Die Bekenntnisbeschimpfung im Sinne des § 166 Abs. 1 StGB und die Lehre vom Rechtsgut. 1984.

Band 12 Jong-Dae Bae: Der Grundsatz der Verhältnismäßigkeit im Maßregelrecht des StGB. 1985.

Band 13 Helmut Fünfsinn: Der Aufbau des fahrlässigen Verletzungsdelikts durch Unterlassen im Strafrecht. 1985.

Band 14 Christoph Krehl: Die Ermittlung der Tatsachengrundlage zur Bemessung der Tagessatzhöhe bei der Geldstrafe. 1985.

Band 15 Walter-Hermann Kiehl: Strafrechtliche Toleranz wechselseitiger Ehrverletzungen - Zur ratio legis der §§ 199, 233 Strafgesetzbuch -. 1986.

Band 16 Matthias Krahl: Die Rechtsprechung des Bundesverfassungsgerichts und des Bundesgerichtshof zum Bestimmtheitsgrundsatz im Strafrecht (Art. 103 Abs. 2 GG). 1986.

Band 17 Patrick Carroll Campbell: § 220a StGB. Der richtige Weg zur Verhütung und Bestrafung von Genozid? 1986.

Band 18 Winfried Hassemer (Hrsg.): Strafrechtspolitik. Bedingungen der Strafrechtsreform. 1987.

Band 19 Felix Herzog: Prävention des Unrechts oder Manifestation des Rechts. Bausteine zur Überwindung des heteronom-präventiven Denkens in der Strafrechtstheorie der Moderne. 1987.

Band 20 Astrid Michalke-Detmering: Die Mindestanforderungen an die rechtliche Begründung des erstinstanzlichen Strafurteils. Zur Auslegung des § 267 StPO. 1987.

Band 21 Lothar Kuhlen: Die Unterscheidung von vorsatzausschließendem und nichtvorsatzausschließendem Irrtum. 1987.

Band 22 Michael Buttel: Kritik der Figur des Aufklärungsgehilfen im Betäubungsmittelstrafrecht (§ 31 BtMG). 1988.

Band 23 Matthias Kögler: Die zeitliche Unbestimmtheit freiheitsentziehender Sanktionen des Strafrechts. Eine vergleichende Untersuchung zur Rechtslage und Strafvollstreckungspraxis in der Bundesrepublik Deutschland und den USA. 1988.

Band 24 Klaus Lüderssen/Cornelius Nestler-Tremel/Ewa Weigend(Hrsg.): Modernes Strafrecht und ultima-ratio-Prinzip. 1990.

Band 25 Jürgen Taschke: Die behördliche Zurückhaltung von Beweismitteln im Strafprozeß. 1989.

Band 26 Daniela Westphalen: Karl Binding (1841-1920). Materialien zur Biographie eines Strafrechtsgelehrten. 1989.

Band 27 Sigrid Jans: Die Aushöhlung des Klageerzwingungsverfahrens. 1990.

Band 28 Dimitris Spirakos: Folter als Problem des Strafrechts. Kriminologische, kriminalsoziologische und (straf-)rechtsdogmatische Aspekte unter besonderer Berücksichtigung der Folterschutzkonvention und der Pönalisierung der Folter in Griechenland. 1990.

Band 29 Stephan Moll: Strafrechtliche Aspekte der Behandlung Opiatabhängiger mit Methadon und Codein. 1990.

Band 30 Stefan Werner: Wirtschaftsordnung und Wirtschaftsstrafrecht im Nationalsozialismus. 1991.

Band 31 Xanthi Bassakou: Beiträge zur Analyse und Reform des Absehens von Strafe nach § 60 StGB. 1991.

Band 32 Rainer Runte: Die Veränderung von Rechtfertigungsgründen durch Rechtsprechung und Lehre. Moderne Strafrechtsdogmatik zwischen Rechtsstaatsprinzip und Kriminalpolitik. 1991.

Band 33 Olaf Hohmann: Das Rechtsgut der Umweltdelikte. Grenzen des strafrechtlichen Umweltschutzes. 1991.

Band 34 Klaus Jochen Müller: Das Strafbefehlsverfahren (§§ 407 ff. StPO). Eine dogmatisch-kriminalpolitische Studie zu dieser Form des schriftlichen Verfahrens unter besonderer Berücksichtigung der geschichtlichen Entwicklung – zugleich ein Beitrag zum StVÄG 1987. 1993.

Band 35 Sang-Don Yi: Wortlautgrenze, Intersubjektivität und Kontexteinbettung. Das strafrechtliche Analogieverbot. 1991.

Band 36 Birgit Malsack: Die Stellung der Verteidigung im reformierten Strafprozeß. Eine rechtshistorische Studie anhand der Schriften von C. J. A. Mittermaier. 1992.

Band 37 Rüdiger Schäfer: Die Privilegierung des "freiwillig-positiven" Verhaltens des Delinquenten nach formell vollendeter Straftat. Zugleich ein Beitrag zum Grundgedanken des Rücktritts vom Versuch und zu den Straftheorien. 1992.

Band 38 Cornelius Nestler-Tremel: AIDS und Strafzumessung. 1992.

Band 39 Christine Gutmann: Freiwilligkeit und (Sozio-)Therapie – notwendige Verknüpfung oder Widerspruch? 1993.

Band 40 Walter Kargl: Der strafrechtliche Vorsatz auf der Basis der kognitiven Handlungstheorie. 1993.

Band 41 Jürgen Rath: Zur strafrechtlichen Behandlung der aberratio ictus und des error in objecto des Täters. 1993.

Band 42 Martin Fischer: Wille und Wirksamkeit. Eine Untersuchung zum Problem des *dolus alternativus*. 1993.

Band 43 Regina Harzer: Der Naturzustand als Denkfigur moderner praktischer Vernunft. Zugleich ein Beitrag zur Staats- und Rechtsphilosophie von Hobbes und Kant. 1994.

Band 44 Helmut Pollähne: Lockerungen im Maßregelvollzug. Eine Untersuchung am Beispiel der Anwendung des nordrhein-westfälischen Maßregelvollzugsgesetzes im Westfälischen Zentrum für Forensische Psychiatrie (Lippstadt). 1994.

Band 45 Hans-Joachim Leonhardt: Rechtsmittelermessen der Staatsanwaltschaft. Eine Gegenüberstellung von § 296 StPO mit Nummern 147 und 148 Richtlinien für das Strafverfahren und das Bußgeldverfahren (RiStBV). 1994.

Band 46 Rolf Grünebaum: Zur Strafbarkeit des Therapeuten im Maßregelvollzug bei fehlgeschlagenen Lockerungen. 1996.

Band 47 Barbara Bialas: Promille-Grenzen, Vorsatz und Fahrlässigkeit. 1996.

Band 48 Christine Pott: Die Außerkraftsetzung der Legalität durch das Opportunitätsdenken in den Vorschriften der §§ 154, 154a StPO. Zugleich ein Beitrag zu einer kritischen Strafverfahrensrechtstheorie. 1996.

Band 49 Wolfgang Köberer: *Iudex non calculat.* Über die Unmöglichkeit, Strafzumessung sozialwissenschaftlich-mathematisch zu rationalisieren. 1996.

Band 50 Institut für Kriminalwissenschaften Frankfurt a.M. (Hrsg.): Vom unmöglichen Zustand des Strafrechts. 1995.

Band 51 Petra Kamberger: Treu und Glauben (§ 242 BGB) als Garantenstellung im Strafrecht? 1996.

Band 52 Anastassios Triantafyllou: Das Delikt der gefährlichen Körperverletzung (§ 223a StGB) als Gefährdungsdelikt. (Zugleich ein Beitrag zur Dogmatik der Gefährdungsdelikte). 1996.

Band 53 Norbert Kissel: Aufrufe zum Ungehorsam und § 111 StGB. Grundrechtlicher Einfluß bei der Feststellung strafbaren Unrechts. 1996.

Band 54 Susanne Ehret: Franz von Liszt und das Gesetzlichkeitsprinzip. Zugleich ein Beitrag wider die Gleichsetzung von Magna-charta-Formel und Nullum-crimen-Grundsatz. 1996.

Band 55 Stefan Braum: Geschichte der Revision im Strafverfahren von 1877 bis zur Gegenwart. Zugleich eine Kritik der Kontinuität politischer Macht im Recht. 1996.

Band 56 Katja Diel: Das Regreßverbot als allgemeine Tatbestandsgrenze im Strafrecht. 1997.

Band 57 Christoph Koller: Die Staatsanwaltschaft – Organ der Judikative oder Exekutivbehörde? Die Stellung der Anklagebehörde und die Gewaltenteilung des Grundgesetzes. 1997.

Band 58 Frank Schößler: Anerkennung und Beleidigung. Rechtsgut und Strafzweck des § 185 StGB. 1997.

Band 59 Regina Engelstädter: Der Begriff des Unfallbeteiligten in § 142 Abs. 4 StGB. Zugleich eine Kritik an aktuellen Zurechnungslehren. 1997.

Band 60 Jörg Reinhardt: Der Ausschluß und die Ablehnung des befangen erscheinenden Staatsanwaltes. 1997.

Band 61 Jens Christian Müller-Tuckfeld: Integrationsprävention. Studien zu einer Theorie der gesellschaftlichen Funktion des Strafrechts. 1998.

Band 62 Peter Maria Rohe: Verdeckte Informationsgewinnung mit technischen Hilfsmitteln zur Bekämpfung der Organisierten Kriminalität. Zugleich eine rechtsvergleichende Analyse der polizeilichen Abhörbefugnisse in den U.S.A. 1998.

Band 63 Dirk Fabricius: Was ein Lehrbuch lehrt ... Eine exemplarische Untersuchung von Jakobs *Strafrecht – Allgemeiner Teil.* 1998.

Band 64 Stefan Sinner: Der Vertragsgedanke im Strafprozeßrecht. 1999.

Band 65 Sebastian Schattenfroh: Die Staatsphilosophie Giovanni Gentiles und die Versuche ihrer Verwirklichung im faschistischen Italien. 1999.

Band 66 Athanassia Dionyssopoulou: Der Tatbestand der Geldwäsche. Eine Analyse der dogmatischen Grundlagen des § 261 StGB. 1999.

Band 67 Klaus von Lampe: *Organized Crime.* Begriff und Theorie organisierter Kriminalität in den USA. 1999.

Band 91 Leonie Frenz: Faktizität des Rechts in der forensischen Psychiatrie. Eine Untersuchung im LKH Moringen. 2005.

Band 92 Eva-Maria Unger: Schutzlos ausgeliefert? Der Europäische Haftbefehl. Ein Beispiel für die Missachtung europäischer Bürgerrechte. 2005.

Band 93 Marcus Bastelberger: Die Legitimität des Strafrechts und der *moralische Staat*. Utilitaristische und retributivistische Strafrechtsbegründung und die rechtliche Verfassung der Freiheit. 2006.

Band 94 Marc Reiß: Rechtliche Aspekte der Präimplantationsdiagnostik. Unter besonderer Berücksichtigung der Rechte der von einem Verbot betroffenen Paare. 2006.

Band 95 Alexander Kolz: Einwilligung und Richtervorbehalt. 2006.

Band 96 Vasco Reuss: Eine Kritik der juristischen Vernunft. Rezeptionsversuche der Negativen Dialektik Adornos für die Dogmatik des Strafrechts. 2007.

Band 97 Lutz Eidam: Die strafprozessuale Selbstbelastungsfreiheit am Beginn des 21. Jahrhunderts. 2007.

Band 98 Christiane Rüdiger: Schutzinteresse und Deliktsstruktur der „Bestechungsdelikte" (§§ 331 ff. StGB). 2007.

Band 99 Urte Eisenhardt: Das nemo tenetur-Prinzip: Grenze körperlicher Untersuchungen beim Beschuldigten. Am Beispiel des § 81a StPO. 2007.

Band 100 Institut für Kriminalwissenschaften und Rechtsphilosophie Frankfurt a. M. (Hrsg.): Jenseits des rechtsstaatlichen Strafrechts. 2007.

Band 101 Nils Möckelmann: Die rechtliche, psychiatrische und gesellschaftliche Beurteilung jugendlicher Straftäter in der jüngeren deutschen Geschichte. Eine Analyse anhand zweier Strafverfahren mit Gutachten des Psychiaters Ernst Rüdin aus den Jahren 1915/1917 unter Berücksichtigung der Entwicklungen bis zur Gegenwart. 2007.

Band 102 Alexa Albrecht: Zur Erosion der Menschenrechte im demokratischen Rechtsstaat. Reaktionen der Systeme und der Zivilgesellschaft. 2007.

Band 103 Dirk Lange: Die politisch motivierte Tötung. 2007.

Band 104 Ulfrid Neumann / Cornelius Prittwitz (Hrsg.): „Personale Rechtsgutslehre" und „Opferorientierung im Strafrecht". 2007.

Band 105 Lisa Kathrin Sander: Grenzen instrumenteller Vernunft im Strafrecht. Eine Kritik der Präventionsdoktrin aus strafrechtsgeschichtlicher und empirischer Perspektive. 2007.

Band 106 Stephan Werner: Zur Notwendigkeit der Verteidigeranwesenheit während der polizeilichen Beschuldigtenvernehmung. 2008.

Band 107 Inti Schubert: Europol und der virtuelle Verdacht. Die Suspendierung des Rechts auf informationelle Selbstbestimmung. 2008.

Band 108 Bong-Jin Ko: Menschenwürde und Biostrafrecht bei der embryonalen Stammzellenforschung. 2008.

Band 109 Wanja Andreas Welke: Die Repersonalisierung des Rechtskonflikts. Zum gegenwärtigen Verhältnis von Straf- und Zivilrecht. 2008.

Band 110 Jan Helmrich: Die Berufung gewerblicher Sicherheitskräfte auf Notwehr und Nothilfe. Zugleich ein Beitrag zu den Grundlagen des Notwehr- und Nothilferechts. 2008.

Band 111 Alexander Köstler-Loewe: Strafrecht US-Style: „Three Strikes and You're Out!" Baseball, Rückfall und Kriminalpolitik? 2008.

Band 112 Christina Bott: Die Medienprivilegien im Strafprozess. Zeugnisverweigerungsrecht und Beschlagnahmeverbot zum Schutz der Medien im Strafverfahren. 2009.

Band 113 Mario Riechmann: Organisierte Kriminalität und Terrorismus. Zur Funktionalisierung von Bedrohungsszenarien beim Abbau eines rechtsstaatlichen Strafrechts. 2009.

Band 114 Dirk Simon: Präzeptoraler Sicherheitsstaat und Risikovorsorge. 2009.

Band 115 Stefan Kirsch: Der Begehungszusammenhang der Verbrechen gegen die Menschlichkeit. 2009.

Band 116 Heng-da Hsu: Zurechnungsgrundlage und Strafbarkeitsgrenze der Fahrlässigkeitsdelikte in der modernen Industriegesellschaft. 2009.

Band 117 Dennis Teschner: Die soziale Kontrolle im virtuellen Raum. Eine juristische, soziologische und soialpsychologische Untersuchung der Instrumentalisierbarkeit von Internetkriminalität. 2009.

Band 118 Daniel Schilling: Fragmentarisch oder umfassend? Wege strafrechtlichen Zugriffs bei der Veruntreuung fremden Vermögens am Beispiel des deutschen und des italienischen Untreuestrafrechts. 2009.

Band 119 Andreas Stüdemann: Die Entwicklung der zwischenstaatlichen Rechtshilfe in Strafsachen im nationalsozialistischen Deutschland zwischen 1933 und 1945. Kontinuität und Diskontinuität im Auslieferungsrecht am Beispiel der Rechtsentwicklung im NS-Staat. 2009.

Band 120 Matthias Achenbach: Strafrechtlicher Schutz des Wettbewerbs? Eine kritische Analyse von Sinn und Zweck der Straftatbestände zum Schutz des Wettbewerbs. 2009.

www.peterlang.de